Grundwissen Politik

Reihe herausgegeben von

Lars Holtkamp, Institut für Politikwissenschaft, FernUniversität Hagen
Hagen, Deutschland

Viktoria Kaina, Institut für Politikwissenschaft, FernUniversität Hagen
Hagen, Deutschland

Susanne Lütz, Institut für Politikwissenschaft, FernUniversität Hagen
Hagen, Deutschland

Michael Stoiber, Institut für Politikwissenschaft, FernUniversität Hagen
Hagen, Deutschland

Annette Elisabeth Töller, Institut für Politikwissenschaft, FernUniversität Hagen
Hagen, Deutschland

Gunther Hellmann

Deutsche Außenpolitik
Eine Einführung

3. Auflage

unter Mitarbeit von Andreas Nölke ⓘ

Gunther Hellmann
Goethe-Universität Frankfurt
Frankfurt am Main, Deutschland

ISSN 2570-4397 ISSN 2629-1037 (electronic)
Grundwissen Politik
ISBN 978-3-658-43678-0 ISBN 978-3-658-43679-7 (eBook)
https://doi.org/10.1007/978-3-658-43679-7

Die Deutsche Nationalbibliothek verzeichnet diese Publikation in der Deutschen Nationalbibliografie; detaillierte bibliografische Daten sind im Internet über https://portal.dnb.de abrufbar.

© Der/die Herausgeber bzw. der/die Autor(en), exklusiv lizenziert an Springer Fachmedien Wiesbaden GmbH, ein Teil von Springer Nature 2006, 2014, 2024
Das Werk einschließlich aller seiner Teile ist urheberrechtlich geschützt. Jede Verwertung, die nicht ausdrücklich vom Urheberrechtsgesetz zugelassen ist, bedarf der vorherigen Zustimmung des Verlags. Das gilt insbesondere für Vervielfältigungen, Bearbeitungen, Übersetzungen, Mikroverfilmungen und die Einspeicherung und Verarbeitung in elektronischen Systemen.
Die Wiedergabe von allgemein beschreibenden Bezeichnungen, Marken, Unternehmensnamen etc. in diesem Werk bedeutet nicht, dass diese frei durch jedermann benutzt werden dürfen. Die Berechtigung zur Benutzung unterliegt, auch ohne gesonderten Hinweis hierzu, den Regeln des Markenrechts. Die Rechte des jeweiligen Zeicheninhabers sind zu beachten.
Der Verlag, die Autoren und die Herausgeber gehen davon aus, dass die Angaben und Informationen in diesem Werk zum Zeitpunkt der Veröffentlichung vollständig und korrekt sind. Weder der Verlag noch die Autoren oder die Herausgeber übernehmen, ausdrücklich oder implizit, Gewähr für den Inhalt des Werkes, etwaige Fehler oder Äußerungen. Der Verlag bleibt im Hinblick auf geografische Zuordnungen und Gebietsbezeichnungen in veröffentlichten Karten und Institutionsadressen neutral.

Planung/Lektorat: Jan Treibel
Springer VS ist ein Imprint der eingetragenen Gesellschaft Springer Fachmedien Wiesbaden GmbH und ist ein Teil von Springer Nature.
Die Anschrift der Gesellschaft ist: Abraham-Lincoln-Str. 46, 65189 Wiesbaden, Germany

Das Papier dieses Produkts ist recycelbar.

Vorwort

Die Ursprünge dieses Textes liegen in der gemeinsamen Zeit mit meinen früheren Mitarbeitern Rainer Baumann und Wolfgang Wagner an der Goethe-Universität vor zwei Jahrzehnten. Die deutsche Außenpolitik war in Forschung und Lehre ein gemeinsamer Schwerpunkt. Das Angebot der Fernuniversität Hagen, gemeinsam einen Studienbrief zu diesem Thema zu verfassen, hatten wir damals ebenso dankend angenommen wie einige Jahre später die Anfrage, eine grundlegende Aktualisierung und Überarbeitung vorzunehmen. Bei einer weiteren Anfrage für eine neuerliche Überarbeitung im vergangenen Jahr hatten sich die beruflichen Kontexte so stark verändert, dass eine erneute gemeinsame Überarbeitung nicht mehr möglich war. Umso dankbarer bin ich dafür, dass mein Frankfurter Kollege Andreas Nölke bereit war, ein Kapitel zu einem Themengebiet beizusteuern, in dem er, im Unterschied zu mir, international als ausgewiesener Experte gilt: dem Feld der Theorien der Internationalen Politischen Ökonomie und ihrer Anwendung auf die Außen- und Außenwirtschaftspolitik der Bundesrepublik (Kap. 5). Alle anderen Kapitel wurden von mir überarbeitet und aktualisiert. Die ursprüngliche Version von Kap. 6 hatte Wolfgang Wagner, die Kap. 9 und 10, sowie, zusammen mit mir, Kap. 8 hatte Rainer Baumann (mit)verfasst. Ihnen allen sei an dieser Stelle herzlich gedankt.

Für ihre Unterstützung bei der Aktualisierung und technischen Vorbereitung des Manuskripts danke ich zudem David Bitterling, Isabel Serpa da Silva und Simon

Conert, letzterem insbesondere auch für die Anpassung der technischen Voraussetzung gemäß den Vorgaben des Verlags Springer Nature. Auch dem Verlag, vertreten durch Jan Treibel und Daniel Hawig gilt mein Dank.

Frankfurt am Main, Deutschland   Gunther Hellmann
Oktober 2023

Inhaltsverzeichnis

1 Einführung: Begriff und Dimensionen von Außenpolitik.......... 1
   1.1   Was ist „Außenpolitik"? Alltagsverständnis und
wissenschaftliche Definition............................. 2
   1.2   Überblick über Struktur und Inhalte der einzelnen Kapitel....... 6
       1.2.1   Rahmenbedingungen deutscher Außenpolitik........... 6
       1.2.2   Systemische Ansätze............................ 7
       1.2.3   Subsystemische Ansätze.......................... 10
       1.2.4   Schluss....................................... 13
   Literatur.. 14

2 Entstehung und Entwicklung von Außenpolitik.................. 17
   2.1   Einleitung... 18
   2.2   Außenpolitik als Sphäre des Soldaten und des Diplomaten....... 19
   2.3   Die Entstehung von Außenpolitik.......................... 22
   2.4   Ausprägungen moderner Außenpolitik im Zeitalter von
Demokratisierung, Transnationalisierung, Europäisierung
und Globalisierung...................................... 25
       2.4.1   Demokratisierung von Außenpolitik?................. 27
       2.4.2   Europäisierung................................. 30
       2.4.3   Transnationalisierung und Globalisierung............. 32
   2.5   Schluss... 35
   Literatur.. 36

3 Wer macht deutsche Außenpolitik?........................... 41
   3.1   Einleitung... 42
   3.2   Auswärtige Gewalt und Außenpolitik....................... 42

3.3 Das politische System und die Verteilung der außenpolitischen
Kompetenzen. 43
   3.3.1 Kompetenzverteilung zwischen Bund und Ländern. 43
   3.3.2 Die Kompetenzverteilung zwischen den Organen des
       Bundes 45
3.4 Informelle Beratungs- und Entscheidungsstrukturen 58
3.5 Zusammenfassung. 61
Literatur 61

4 Machtverteilung und deutsche Außenpolitik bis 1945 65
4.1 Einleitung 65
4.2 Der Realismus als systemische und als Außenpolitiktheorie 67
   4.2.1 Kernaussagen des Realismus 67
   4.2.2 Macht und Machtverteilung als zentrale Triebkräfte 71
   4.2.3 Staatliche Ziele und Strategien. 74
4.3 Eine realistische Interpretation deutscher Außenpolitik
1870–1940. 77
   4.3.1 Außenpolitik im Kaiserreich 78
   4.3.2 Die Außenpolitik des Dritten Reiches 84
4.4 Schluss 87
Literatur 88

5 Außenpolitik und wirtschaftliche Verflechtungen: Die Außenpolitik der Exportnation Deutschland, 1945–1989. 91
5.1 Einleitung: Das „second image" in der Außenpolitikanalyse 92
5.2 Exportorientierung als deutsches Wirtschaftsmodell und
Außenpolitikproblem 93
5.3 Historische Herausbildung: Außenwirtschaft und
Außenpolitik nach dem Zweiten Weltkrieg 98
5.4 Deutschlands Außenpolitik im europäischen Binnenmarkt 102
5.5 Währungsaußenpolitik: Bretton Woods und Europäisches
Währungssystem..104
5.6 Das Verhältnis von Außenhandels- und Sicherheitspolitik........107
5.7 Schluss: Möglichkeiten und Grenzen der Exportorientierung
als Erklärungsfaktor 110
Literatur 111

6 Deutschland in der internationalen Gemeinschaft: Normative Erwartungen und deutsche Außenpolitik nach 1990 115
6.1 Die Theorie des soziologischen Institutionalismus. 116

6.2 Alltägliche Europäisierung: Deutschland in der Gemeinsamen
    Außen- und Sicherheitspolitik 119
6.3 Deutschland nach 1990: Außenpolitische Kontinuität in einer
    sich wandelnden Welt? 120
    6.3.1 Rückblick: Einbindungspolitik und die Ausbildung eines
          „reflexiven Multilateralismus" 120
    6.3.2 Außenpolitische Weichenstellungen. 122
    6.3.3 Deutsche NATO-Politik nach der Vereinigung. 123
6.4 Deutsche EU-Politik nach der Vereinigung 126
    6.4.1 Die Erweiterung der EU. 127
    6.4.2 Die Schaffung einer Währungsunion 129
    6.4.3 Das Ziel einer Politischen Union 131
6.5 Schluss 132
Literatur 133

7 Individuen und Außenpolitik. 137
7.1 Einleitung 138
7.2 (Wann) Machen „Männer" Geschichte? 139
7.3 Deutsche Außenpolitik als Ergebnis persönlicher Führung 149
    7.3.1 Hitlers Anteil am deutschen Weg in den Zweiten
          Weltkrieg 150
    7.3.2 Bismarck und Wilhelm II in der Außenpolitik des
          Kaiserreichs 152
    7.3.3 Führungspersönlichkeiten in der Außenpolitik eines
          demokratischen Deutschland nach 1945 156
7.4 Schluss 162
Literatur 163

8 Bürokratien und Entscheidungsprozesse. 167
8.1 Einleitung: Individuen, Bürokratie und außenpolitische
    Entscheidungsprozesse 168
8.2 Theorie I: Modelle zur Analyse außenpolitischer
    Entscheidungen 169
    8.2.1 Das Modell des rationalen Akteurs 170
    8.2.2 Die Alternative: „Opening the black box" 171
    8.2.3 Zwei alternative Modelle im Detail: Organisatorischer
          Prozess und Bürokratische Politik 173
8.3 Theorie II: Typen von Entscheidungssituationen und die
    Mechanismen politischer Entscheidungsfindung 177
    8.3.1 Routineentscheidungen 178

8.3.2 Planungsentscheidungen 178
8.3.3 Die Analyse von Planungsentscheidungen am Beispiel von Egon Bahrs Ostpolitik-Konzept 181
8.3.4 Krisenentscheidungen 185
8.3.5 Die Analyse von Krisenentscheidungen am Beispiel der deutschen Politik im „Zwei-plus-Vier"-Prozess: Die Frage der deutschen NATO-Mitgliedschaft 186
8.4 Zusammenfassung 188
Literatur 189

9 Der Einfluss von Verbänden und Nichtregierungsorganisationen auf die deutsche Außenpolitik 191

9.1 Außenpolitik und organisierte Interessen 192
9.2 Gesellschaftliche Interessengruppen als außenpolitische Akteure in der Bundesrepublik Deutschland 193
    9.2.1 Verbände 193
    9.2.2 Nichtregierungsorganisationen 195
9.3 Möglichkeiten und Grenzen des Einflusses gesellschaftlicher Interessengruppen 197
    9.3.1 Die Organisationsfähigkeit außenpolitischer Interessen ... 197
    9.3.2 Das Wirkungsfeld der Interessengruppen: national, europäisch, global? 198
    9.3.3 Wie können Interessengruppen die deutsche Außenpolitik beeinflussen? 200
    9.3.4 Die Frage der Legitimität des Einflusses von Interessengruppen 203
9.4 Fallbeispiel: Die deutsche Außenpolitik in der Frage des internationalen Klimaschutzes 207
    9.4.1 Der Treibhauseffekt und die internationalen Verhandlungen zum Klimaschutz 207
    9.4.2 Die Akteure in der Klimapolitik 209
    9.4.3 Die deutsche Position in den Verhandlungen 212
    9.4.4 Strategien von Interessengruppen zur Beeinflussung der deutschen Position 213
9.5 Schluss 215
Literatur 216

Inhaltsverzeichnis

10 Die Bedeutung von politischer Kultur und nationaler Identität für die deutsche Außenpolitik 219
- 10.1 Politische Kultur und nationale Identität 220
  - 10.1.1 Was sind und wie entstehen Kulturen und Identitäten? . . 220
  - 10.1.2 Wie beeinflussen Kulturen und Identitäten die Außenpolitik? 224
- 10.2 Die politische Kultur der Bundesrepublik nach dem Zweiten Weltkrieg 226
- 10.3 Politische Kultur und die deutsche Außenpolitik: das Beispiel der Auslandseinsätze der Bundeswehr 229
  - 10.3.1 Die bundesdeutsche Haltung zu militärischen Einsätzen vor der Vereinigung 230
  - 10.3.2 Schocks und Schecks: Deutschland und der Golfkrieg 231
  - 10.3.3 Vorsichtige Schritte auf dem Weg in eine neue Rolle: Die Bundeswehr in Somalia und auf dem Balkan 232
  - 10.3.4 Das langsame Ende der Kultur der Zurückhaltung: Kosovokrieg, Anti-Terror-Einsätze, Nichtteilnahme am Irak-Krieg und Ukraine 235
- 10.4 Schluss 239
- Literatur 239

11 Außenpolitische Diskurse 243
- 11.1 Einleitung und Überblick 244
- 11.2 Diskurs und Diskursanalyse 245
  - 11.2.1 Die zentrale Bedeutung der Sprache 245
  - 11.2.2 Diskursanalyse als Instrument der Außenpolitikanalyse 250
- 11.3 Diskursanalyse und deutsche Außenpolitik 252
  - 11.3.1 Staat, Nation und Europa als identitätsstiftende Konzepte 252
  - 11.3.2 Außenpolitische Denkschulen und Gesamtkonzepte.... 256
  - 11.3.3 Alte Begriffe, neue Bedeutung: Diskursanalyse und deutscher Multilateralismus 260
- 11.4 Schluss 263
- Literatur 264

12 Ausblick: Die Zukunft der deutschen Außenpolitik 269
    12.1   Einleitung 270
    12.2   Zukunft als Terrain wissenschaftlicher Analyse 271
    12.3   Deutschland in Europa – Die nächsten Jahre 275
           12.3.1   Die Ausgangslage..............................275
           12.3.2   Die Zeitenwende des russischen Angriffskrieges 2022 ...279
    12.4   Schluss 291
    Literatur 294

Einführung: Begriff und Dimensionen von Außenpolitik

1

Zusammenfassung

Im Zentrum dieses Buches steht die Analyse deutscher Außenpolitik. Der Schwerpunkt liegt dabei auf einer problemorientierten Einführung anhand gängiger theoretischer und methodischer Instrumentarien, wie sie in der Außenpolitikanalyse zumeist Anwendung finden. In diesem einführenden Kapitel wird die große Bandbreite von Phänomenen, die mit dem Begriff „Außenpolitik" bezeichnet werden kann, umrissen, um ein angemessenes Begriffsverständnis zu entwickeln. Dies reicht über die bloße Wiedergabe einer wissenschaftlichen Definition hinaus, weil erst durch das Verständnis berechtigter unterschiedlicher Gebrauchsweisen ein Gespür davon entwickelt wird, worum es sich bei „Außenpolitik" handelt. Im zweiten Teil wird ein Überblick über die Inhalte und die Struktur des Lehrtextes gegeben, um die Zusammenhänge zwischen den einzelnen Kapiteln zu verdeutlichen. Konkrete Bezüge auf Deutschland bleiben in diesem Kapitel noch im Hintergrund.

Im Zentrum dieses Lehrtextes steht die Analyse deutscher Außenpolitik. Der Schwerpunkt liegt allerdings nicht auf einer möglichst breiten – sei es historischen oder systematischen – Darstellung, sondern auf der problemorientierten Einführung anhand gängiger theoretischer und methodischer Instrumentarien, wie sie in der Außenpolitikanalyse zumeist Anwendung finden. Die Leserinnen und Leser sollen mit unterschiedlichen Herangehensweisen vertraut gemacht werden, damit sie die Zusammenhänge zwischen theoretischen Perspektiven und entsprechenden Forschungsmethoden auf der einen Seite und konkreten Gegenständen der Analyse

© Der/die Autor(en), exklusiv lizenziert an Springer Fachmedien Wiesbaden GmbH, ein Teil von Springer Nature 2024
G. Hellmann, *Deutsche Außenpolitik*, Grundwissen Politik,
https://doi.org/10.1007/978-3-658-43679-7_1

deutscher Außenpolitik auf der anderen Seite besser verstehen und dabei sowohl die Chancen wie auch die Grenzen der jeweiligen Perspektiven verstehen lernen.

In diesem einführenden Kapitel soll problematisiert werden, welch große Bandbreite von Phänomenen mit dem Begriff „Außenpolitik" bezeichnet werden kann und bezeichnet wird. Zweitens soll ein Überblick über die Inhalte und die Struktur des Lehrtextes gegeben werden, um so die Zusammenhänge zwischen den einzelnen Kapiteln zu verdeutlichen. Konkrete Bezüge auf Deutschland bleiben in diesem Teil noch im Hintergrund. Da der Begriff der „Außenpolitik" für die nachfolgenden Kapitel von zentraler Bedeutung ist, sind einige einführende Bemerkungen angebracht. Dies gilt umso mehr deshalb, weil sich ein angemessenes Begriffsverständnis nicht durch die bloße Wiedergabe einer wissenschaftlichen Definition, sondern erst durch das Verständnis unterschiedlicher Gebrauchsweisen einstellt.

1.1 Was ist „Außenpolitik"? Alltagsverständnis und wissenschaftliche Definition

Wenn wir – einer gängigen Konvention folgend – vom Gebrauch des Begriffs auf seine Bedeutung schließen, scheint sowohl im Blick auf die Alltagssprache wie auch auf die Wissenschaftssprache einigermaßen klar, was mit „Außenpolitik" gemeint ist. In der Alltagssprache wird der Begriff zumeist im Zusammenhang mit weitgehend routinisierten Handlungen von Regierungsvertreter*innen gegenüber anderen Staaten und deren Repräsentant*innen gebraucht: beispielsweise wenn der Bundespräsident einen Staatsbesuch in Israel absolviert und dabei eine Rede vor dem israelischen Parlament hält, wenn die Bundeskanzlerin nach Beratungen des Kabinetts dessen Entscheidung mitteilt, dass sich Deutschland in einer Abstimmung im UN-Sicherheitsrat über militärische Maßnahmen gegen die Regierung Libyens der Stimme enthalten wird oder wenn die deutsche Außenministerin in Brüssel mit ihren Amtskolleg*innen in der Europäischen Union Verhandlungen über Sanktionen gegenüber Russland führt. In den eingespielten Formen der medialen Darstellung dieser Handlungen zeigt sich, womit (deutsche) Außenpolitik im breiteren öffentlichen Diskurs im Allgemeinen assoziiert wird.

Wissenschaftliche Vorschläge zur Klärung des Begriffs scheinen von diesem Verständnis nicht weit entfernt. Zwar überwiegen hier – wie bei allen wissenschaftlichen Begriffsklärungen oder *Definitionen* – abstrakte Kategorien, aber auch wenn verschiedene Wissenschaftler*innen unterschiedliche Kategorien gebrauchen, scheint Übereinstimmung über einige wesentliche Elemente zur Kennzeichnung

1.1 Was ist „Außenpolitik"? Alltagsverständnis und wissenschaftliche Definition

von „Außenpolitik" zu bestehen. Fünf Beispiele seien hier angeführt (die Hervorhebungen in den nachfolgenden Zitaten sind, sofern nicht anders markiert, hinzugefügt):

> „Außenpolitik meint **die Aktionen eines bestimmten Staates in der Verfolgung seiner Interessen gegenüber anderen Staaten**; Außenpolitik ist also je bestimmte Außenpolitik, bzw. Analyse von Außenpolitik ist konkrete Analyse der Handlungen und Interessen eines je konkreten Staates." (Krippendorff 1963, S. 243–24)

> „Außenpolitik ist die Gesamtheit **aller über die eigenen Hoheitsgrenzen hinausgreifenden Aktivitäten**, mit denen Staaten – oder andere im internationalen Kräftespiel handlungsfähige Organisationen – ihre **Interessen** wahren und ihre Ziele verfolgen, mit denen sie ihre territoriale Integrität und ihre politische Unabhängigkeit schützen, ihre wirtschaftliche Existenz sichern und ihren Wohlstand mehren, ihre Ideale und ihre geistigen und kulturellen Rang fördern." (Grewe 1985, S. 439)

> „(W)hile process-oriented researchers seem reluctant to be too explicit about defining their object of analysis (understandably, since human decisional behaviour is highly complex, contingent, and multifaceted), there is considerable consensus today among scholars (…) that the nature of the explanandum should at a minimum be defined in terms of the **purposive nature** of foreign policy actions, a focus on **policy undertakings**, and the crucial role of **state boundaries**." (Carlsnaes 2013, S. 305, Hervorh. im Original)

> „Auch wenn (…) keine völlige Einigkeit über die Substanz des Begriffs besteht, lässt sich Außenpolitik zusammenfassend als das **zielorientierte, über die eigenen Staatsgrenzen hinaus gerichtete Handeln von staatlichen Akteuren** bezeichnen." (Brummer und Oppermann 2019, S. 1)

> „Außenpolitik ist eine **pathologische Erscheinungsform und Praxis des Politischen**. Pathologisch wird das Politische, die große Entdeckung von Öffentlichkeit und Selbstbestimmung, wenn es in das **Streben von Menschen nach Herrschaft über Menschen** verkehrt wird." (Krippendorff 2000, S. 18)

So unterschiedlich diese Definitionen im Einzelnen auch sein mögen, so weisen sie doch (vielleicht mit Ausnahme der letzten Definition von Krippendorff) einige Gemeinsamkeiten auf: Im Mittelpunkt steht jeweils eine spezifische Gruppe von *Akteur*innen* (zumeist durch territoriale „Hoheitsgrenzen" identifizierbare Staaten) sowie deren auf der Verfolgung von *Interessen* basierenden absichtsvollen *Handlungen* gegenüber ihrem Umfeld, das sich aus staatlichen und nicht-staatlichen Akteur*innen zusammensetzt. Drei weitere Begriffe helfen, das Bedeutungsfeld weiter einzugrenzen (vgl. hierzu auch List et al. 1995, S. 13–15).

Im Unterschied zum Begriff der *internationalen Politik* stehen bei Außenpolitik die Handlungen *einzelner* Staaten im Mittelpunkt. Zwar sind diese Handlungen immer auch Bestandteil eines *Beziehungsmusters* mit anderen Staaten, im Unterschied zur internationalen Politik, bei der die grenzüberschreitenden Handlungszusammenhänge gleichsam aus einer Vogelperspektive betrachtet werden, geht es bei der Analyse von Außenpolitik aber in erster Linie um eine Betrachtung dieser Beziehungsmuster aus der Perspektive der Handelnden.

Im Unterschied zur *transnationalen Politik* stehen bei der Analyse von Außenpolitik jene Akteur*innen im Mittelpunkt, die aufgrund bestimmter Legitimationsverfahren autoritativ für die jeweiligen Staaten sprechen können. Während transnationale Politik die grenzüberschreitenden Handlungen *nicht-staatlicher Akteur*innen* (z. B. Parteien, transnational operierende Unternehmen oder NGOs wie Amnesty International, aber auch grenzüberschreitende Wissensgemeinschaften) beschreibt (vgl. Risse 2013), wird der Begriff der Außenpolitik zumeist für staatliche Akteur*innen reserviert, die *legitimerweise* im Namen der von ihnen repräsentierten Gesellschaften auftreten.

Der Begriff der Außenpolitik wird schließlich drittens oftmals in Abgrenzung zum Begriff der *Innenpolitik* definiert. Dabei wird unterstellt, dass Politik in beiden Sphären unterschiedlichen Regeln folgt. Die Innenpolitik erscheint (idealtypisch) als eine Sphäre des Politischen, die auf einer stets *hierarchischen* und zumeist (wie im Falle von Demokratien) auch *legitimen* Organisation von Herrschaft basiert. Im Kontrast dazu vollzieht sich nach diesem Verständnis die Außenpolitik in der Sphäre der internationalen Politik in einem eher *anarchischen* Umfeld, da eine den Staaten übergeordnete zwingende Autorität, die Regeln vergleichbar wirksam umzusetzen vermag wie Staaten in ihrem Innern, nicht vorhanden ist und deshalb die internationale Herrschaftsorganisation letztlich als Ausdruck spezifischer, häufig *nicht legitimierter* Machtverhältnisse zu begreifen ist.[1] Die Betonung eines prinzipiellen Unterschieds zwischen Innen- und Außenpolitik wird zwar von vielen Beobachter*innen mittlerweile stark relativiert, aber dass zwischen beiden Sphären nach wie vor ein zumindest gradueller Unterschied besteht, wird kaum bestritten.

Mit Außenpolitik, so könnte man zusammenfassend resümieren, ist daher jene Sphäre des Politischen gemeint, in der in erster Linie legitimierte Repräsentant*innen von Staaten bestimmte Ziele gegenüber ihrem internationalen Umfeld verfolgen. Für die Zwecke dieses Lehrtextes kann daher folgende knappe Defini-

---

[1] Auf diese Dimension weist insbesondere der jüngere Definitionsvorschlag von Krippendorff hin.

1.1 Was ist „Außenpolitik"? Alltagsverständnis und wissenschaftliche Definition

tion als erste Orientierung dienen: *Unter Außenpolitik werden jene Handlungen staatlicher Akteur*innen gefasst, die auf die Ermöglichung und Herstellung von kollektiv bindenden Entscheidungen in den internationalen Beziehungen abzielen.*[2]

Wie bei Definitionen üblich, ist damit ein grober Rahmen abgesteckt, der allerdings inhaltlich ausgefüllt werden muss, denn insbesondere *welche Akteur*innen* und *welche Handlungen* im Mittelpunkt der Analyse stehen sollen, ist damit noch nicht hinreichend geklärt. Im Blick auf die Akteur*innen können beispielsweise die herausragenden politischen Entscheidungsträger*innen eines Staates, die Diplomat*innen oder auch Parlamentarier*innen gemeint sein, die entsprechend ihrer Kompetenzen in unterschiedlichen Funktionen an der Formulierung und Umsetzung von Außenpolitik beteiligt sind. Im Blick auf die Handlungen können konkrete außenpolitische Entscheidungen (in der Form von Routine-, Planungs- oder Krisenentscheidungen[3]), umfassendere außenpolitische Konzepte für Teilbereiche der Außenpolitik eines Staates (wie etwa die später noch eingehender zu behandelnde „Ostpolitik" von Willy Brandt) oder gar die gesamte Außenpolitik eines Staates umfassenden Strategien gemeint sein. Kurzum, die Definition von Außenpolitik steckt lediglich einen Rahmen ab, der für die konkrete Analyse im Hinblick auf das jeweilige Aggregationsniveau der zu untersuchenden Akteure und Handlungen präzisiert werden muss. Der folgende Überblick über die Struktur und Inhalte der einzelnen Kapitel soll eine erste Vorstellung davon liefern, wie diese Konkretisierung im Rahmen dieses Lehrbuchs erfolgen soll.

---

[2] Im Hinblick auf den zugrunde liegenden Politikbegriff lehnt sich diese Definition an die Definition von Politik an, die Niklas Luhmann vorgeschlagen hat. Luhmann definiert das Politische als die „Ermöglichung und Herstellung von kollektiv bindenden Entscheidungen", wobei dies „immer auch am Staat, aber nie nur am Staat orientiert" ist Luhmann 1984, S. 103. Die Begriffe „staatlicher Akteur" und „internationale Beziehungen" implizieren natürlich, dass „Außenpolitik" eng mit dem Staatensystem der Moderne assoziiert wird. Dies wird in der Fachsprache der Außenpolitikanalyse auch zumeist unterstellt. Wie das 2. Kapitel allerdings zeigen wird, gibt es gute Gründe, warum man auch für weiter zurückliegende Zeitalter davon sprechen kann, dass zwischen jenen politischen Einheiten Beziehungsmuster und Handlungsweisen zu beobachten sind, die man als „Außenpolitik" kennzeichnen kann. Für die Zwecke dieses Lehrtextes ist allerdings zunächst lediglich hervorzuheben, dass „Außenpolitik" als Praxis des Politischen historisch gewachsen ist und nicht immer schon irgendwie gegeben war.
[3] Zur Unterscheidung zwischen diesen Typen von Entscheidungen vgl. Haftendorn 1990, S. 403–404.

1.2 Überblick über Struktur und Inhalte der einzelnen Kapitel

Da dieser Lehrtext möglichst umfassend in die Analyse deutscher Außenpolitik einführen soll, sollen möglichst viele unterschiedliche Dimensionen von Akteur*innen und Handlungen diskutiert werden. Zwei Überlegungen waren bei der Auswahl der Untersuchungsgegenstände und der Unterteilung des Lehrtextes in vier Teile handlungsleitend: Zum einen sollte der *strukturelle Rahmen*, innerhalb dessen Außenpolitik gemacht wird, erläutert werden. Diesem Zweck dienen die Kap. 2 und 3. Zum anderen sollten prominente Theorien bzw. gängige Ansätze vorgestellt werden, die in der Forschung zur Beschreibung und Erklärung von Außenpolitik häufig herangezogen werden (vgl. auch Brummer und Oppermann 2019). Dabei hat es sich eingebürgert, zwischen so genannten „systemischen" und „subsystemischen" Ansätzen zu unterscheiden. Die ersten stehen im Mittelpunkt der Kap. 4, 5 und 6, die letzteren im Zentrum der Kap. 7, 8, 9, 10 und 11. Das abschließende 12. Kapitel bietet einen Ausblick auf die Zukunft deutscher Außenpolitik an.

Im Folgenden wird erläutert, welche Aspekte in den einzelnen Kapiteln behandelt werden und wie die einzelnen Teile zusammengenommen ein vielfältiges und umfassendes, keineswegs aber vollständiges Bild der Analyse deutscher Außenpolitik zeichnen.

1.2.1 Rahmenbedingungen deutscher Außenpolitik

Da es bei der Analyse von Außenpolitik nicht nur um die *Herstellung* kollektiv bindender Entscheidungen in der internationalen Politik geht, sondern auch um eine Problematisierung der diese Entscheidungen *ermöglichenden Strukturen*, werden in einem ersten Teil (bestehend aus zwei Kapiteln) die Rahmenbedingungen untersucht, die für deutsche Außenpolitik prägend sind. Zum einen betrifft dies Entwicklungen in der Praxis von Außenpolitik, die in *Veränderungen des internationalen Systems* selbst begründet sind (Kap. 2). Die Wurzeln moderner Außenpolitik reichen bis in die frühe Neuzeit und zur Herausbildung des modernen Staatensystems zurück. Bis heute sind die Spuren dieser Anfänge moderner Außenpolitik im internationalen Regelwerk der Diplomatie sichtbar. Vor allem im Zuge der Herausbildung moderner Nationalstaaten im 18. und 19. Jahrhundert sowie der Globalisierung und Transnationalisierung im 20. Jahrhundert haben sich nicht nur die Rahmenbedingungen, sondern auch die Praxis von Außenpolitik verändert. In der Europäischen Union ist dies am deutlichsten sichtbar, haben sich doch hier die

Grenzen zwischen Innen- und Außenpolitik am stärksten verschoben. Trotz dieser grenzüberschreitenden Veränderungen der die Außenpolitik moderner Nationalstaaten prägenden Strukturen kann jedoch von einem Ende einzelstaatlicher Außenpolitik selbst in jenen Bereichen nicht die Rede sein, in denen – wie etwa bei der Europäischen Union – die Trennlinie zwischen Staat und Staaten übergreifenden Strukturen des Regierens zunehmend verschwimmen.

Die internationalen Rahmenbedingungen stellen die eine Seite der Ermöglichung von Außenpolitik dar, innerstaatliche Strukturen die andere. Das zweite Kapitel in diesem ersten Teil (Kap. 3) wird daher der Frage nachgehen, welche verfassungsrechtlichen und institutionellen Rahmenbedingungen deutsche Außenpolitik prägen. Dabei geht es nicht nur um eine Darstellung der Kompetenzen außenpolitischer Akteure – von der Bundeskanzlerin bis zu den Ländern –, sondern auch um typische Interaktionsmuster, wie sie sich im Laufe der letzten 70 Jahre bundesrepublikanischer Außenpolitik zwischen unterschiedlichen Akteur*innen herausgebildet haben. Vergleiche zwischen der heutigen Bundesrepublik und Deutschland in anderen historischen Phasen (etwa im Blick auf die Rolle des Bundeskanzlers im Vergleich zum 19. und frühen 20. Jahrhundert) sollen dabei nicht nur die historischen Wurzeln der gegenwärtigen institutionellen Strukturen verdeutlichen, sondern auch kurze Einblicke in frühere Epochen deutscher Außenpolitik vermitteln.

Im Zentrum des Lehrtextes stehen allerdings nicht so sehr die Strukturen deutscher Außenpolitik, sondern ihre Praxis – und zwar vor allem unter dem Gesichtspunkt, wie diese Praxis anhand gängiger theoretischer Instrumentarien angemessen beschrieben und erklärt werden kann. Die Frage „Was prägt deutsche Außenpolitik?", in ihren unterschiedlichen Dimensionen, leitet daher die Kapitel des zweiten und dritten Teils an.

1.2.2 Systemische Ansätze

Ziel der Kap. 4, 5 und 6 ist es, mit Hilfe dreier *systemischer* theoretischer Perspektiven einen Überblick über deutsche Außenpolitik im 19. und 20. Jahrhundert zu liefern. Dabei handelt es sich um den Realismus, die Internationale Politische Ökonomie sowie soziologische Ansätze. Das Attribut „systemisch" zur Kennzeichnung dieser theoretischen Zugriffe soll dabei vor allem darauf hinweisen, dass sich diese Perspektiven auf *Staaten übergreifende* Prozesse oder Strukturen beziehen, die zur Beschreibung und Erklärung von Außenpolitik herangezogen werden. „Systemisch" markiert dabei eine grobe Unterscheidung zu jenen „subsystemischen" Perspektiven, die Außenpolitik in erster Linie unter Rückgriff auf Prozesse und

Strukturen erklären, die sich innerhalb der einzelnen Staaten lokalisieren lassen. Diese subsystemischen Perspektiven stehen in den Kap. 7, 8, 9, 10 und 11 im Mittelpunkt.

Der Konzentration auf ausgewählte theoretische Perspektiven liegt die Überzeugung zugrunde, dass *jegliche Beschreibung durch theoretische Überlegungen angeleitet* ist. Im Unterschied zu den meisten Überblicksdarstellungen zur deutschen Außenpolitik sollen diese theoretischen Orientierungen daher *offengelegt* und *systematisch eingesetzt* werden, um einen explizit theoriegeleiteten Überblick über wichtige Epochen deutscher Außenpolitik zu vermitteln. Da mit jeder theoretischen Perspektive bestimmte Facetten sozialer Wirklichkeit hervorgehoben und andere vernachlässigt werden, kann es nicht das Ziel sein, einen Überblick „aus einem Guss" zu liefern, wenn die Vor- und Nachteile unterschiedlicher systemischer theoretischer Perspektiven diskutiert werden sollen. Den Vorzug einer Darstellung aus einem Guss haben sicherlich die großen, eher historischen Gesamtdarstellungen deutscher Außenpolitik.[4] Der Nachteil bewusster theoretischer Selektivität soll allerdings durch den Vorteil aufgewogen werden, dass am konkreten Beispiel deutscher Außenpolitik aufgezeigt wird, wie auch systemische Ansätze, die (obwohl sie nicht minder wichtig sind als subsystemische Ansätze) in der Außenpolitikanalyse eher seltener explizit angewandt werden, zur Erklärung vor allem größerer historischer Zusammenhänge beitragen können. Wenn daher in den Kap. 4, 5 und 6 jeweils *eine* prominente theoretische Perspektive gleichsam als Filter zur Darstellung *einer bestimmten* Phase deutscher Außenpolitik herangezogen wird, dann sollte immer bedacht werden, dass für die jeweilige Kombination didaktische und weniger historische Überlegungen maßgeblich waren. Jede *einzelne* dieser theoretischen Perspektiven kann auf *alle drei Phasen* angewandt werden, und dies würde – angesichts der unterschiedlichen Selektivität der jeweiligen Perspektiven – auch zu unterschiedlichen Ergebnissen führen.

In Kap. 4 wird unter Rückgriff auf den Realismus ein Überblick über deutsche Außenpolitik von der Gründung des Kaiserreichs bis zur Naziherrschaft gegeben. Um es nochmals zu betonen: Ziel dieser wie auch der beiden nachfolgenden Kapitel ist es *nicht* in erster Linie, eine möglichst umfassende Darstellung der wichtigsten historischen Wegmarken zu geben. Vielmehr sollen anhand der analytischen

---

[4] Als Ergänzungslektüre zu diesem Lehrbuch eignen sich (mit unterschiedlichen Vorzügen und in alphabetischer Reihenfolge) vor allem die Darstellungen zur Außenpolitik der Bundesrepublik Deutschland von Bierling 2014; Gareis 2021; Hacke 2003b; Haftendorn 2001 und Schöllgen 2021, Band 2. Gute Überblicke über die Außenpolitik Deutschlands vor der Gründung der Bundesrepublik liefern Hildebrand 2008; Niedhart 2013; Recker 2010 und Schöllgen 2021, Band 1.

1.2 Überblick über Struktur und Inhalte der einzelnen Kapitel

Begriffe sowie der theoretischen Postulate einer prominenten systemischen Theorie, hier des Realismus, jene Aspekte beleuchtet werden, die zur Beschreibung und Erklärung deutscher Außenpolitik aus dem Blickwinkel dieser theoretischen Perspektive besonders relevant erscheinen. Mit den Konzepten der staatlichen Macht, der internationalen Machtverteilung und der Polarität des internationalen politischen Systems soll verdeutlicht werden, wie deutsche Außenpolitik in der zweiten Hälfte des 19. und der erste Hälfte des 20. Jahrhunderts beschrieben und erklärt werden kann. Insbesondere an den Entwicklungen, die zu den beiden Weltkriegen führten, können die Auswirkungen von Machterweiterungsstrategien und Machtrivalitäten in einem multipolaren Europa gut verdeutlicht werden.

In Kap. 5 wird die Entwicklung bundesdeutscher Außenpolitik von 1945 bis zur Vereinigung rekapituliert, eine Zeit, die neben der Einbindung in westliche Bündnisstrukturen vor allem durch eine starke Orientierung auf wirtschaftliche Fragen geprägt war. Außenpolitik war in dieser Phase über weite Strecken Außenwirtschaftspolitik, die sich nicht zuletzt in der für den Wohlstand der Bundesrepublik essenziellen, fortschreitenden europäischen Integration sowie der Währungs- und Handelspolitik manifestierte. Da wirtschaftliche Interessengruppen sowie die unterschiedlichen nationalen wirtschaftlichen Institutionen und Strukturen in Bezug auf die Außenpolitik in einem wirtschaftlich dominierten Kontext eine besonders große Rolle spielen, kommt hier solchen theoretischen Ansätzen eine zentrale Funktion zu, die sich im Grenzbereich zwischen Vergleichender Politikwissenschaft, Politischer Ökonomie und Internationalen Beziehungen bewegen. Da die Bundesrepublik Deutschland eine sehr spezielle Wirtschaftsstruktur aufweist, die sich deutlich von jener anderer Länder absetzt, und da insbesondere Exporte für die deutsche Wirtschaft eine wesentlich größere Rolle spielen als für jede andere große Volkswirtschaft, steht diese spezifische Wirtschaftsstruktur im Zentrum der Analyse. Nach der Skizzierung des Stellenwerts der deutschen Exportorientierung im Kontext deutscher Außenwirtschaftspolitik und ihrer historischen Herausbildung werden die Implikationen für die Währungs- sowie Sicherheitspolitik untersucht. Dabei spielen bestimmte Institutionen – neben Außenministerium und Kanzleramt insbesondere das Finanzministerium und die Bundesbank – und das Lobbying wirtschaftlicher Interessen eine besondere Rolle.

Der Überblick über die deutsche Außenpolitik seit dem 19. Jahrhundert wird mit dem 6. Kapitel abgeschlossen, das sich dem Zeitraum seit der Vereinigung widmet. Unter Rückgriff auf die beiden vorherigen Kapitel wird zunächst gezeigt, dass Vereinigung und Ende des Ost-West-Konflikts aus (neo-)realistischer Perspektive als Machtzuwachs Deutschlands erscheinen, von dem auch eine Zunahme von Machtpolitik zu erwarten wäre. Die im 5. Kapitel beschriebene starke Exportorientierung und Fixierung auf wirtschaftlichen Erfolg erscheint aus neorealistischer

Perspektive als ‚unnatürliche' Priorisierung wirtschaftlicher Interessen. Allerdings erschöpft sich der Einfluss des internationalen Systems auf die deutsche Außenpolitik nicht in Machtpolitik und wirtschaftlicher Interdependenz. Wie soziologische Theorien betonen, üben die normativen Erwartungen der internationalen Gemeinschaft ebenfalls einen starken Einfluss auf die deutsche Außenpolitik aus. Die im 5. Kapitel beschriebene Einbindung der Bundesrepublik in EG/EU und westlich geprägte Weltwirtschaftszusammenhänge hat nämlich auch zu einer Sozialisation in die Normen und Werte der westlichen Gemeinschaft beigetragen. Deren Einfluss wird am Beispiel der ‚out of area' Einsätze der Bundeswehr und der Europapolitik gezeigt.

1.2.3 Subsystemische Ansätze

Da die Analyse von Außenpolitik (im Kontrast zur Vogelperspektive der internationalen Politik) weniger die Beziehungsmuster zwischen den Staaten als die Handlungen einzelner Staaten in den Mittelpunkt rückt, lag es für die Außenpolitikforschung nahe, die Erklärung einzelstaatlicher Außenpolitik weniger im internationalen System als innerhalb der Staaten selbst zu verorten. Insofern überrascht es nicht, dass die meisten theoretischen Instrumentarien, die in der Außenpolitikanalyse in den vergangenen Jahrzehnten entwickelt wurden, auf der Ebene unterhalb des internationalen Systems angesiedelt sind. Das zentrale Kennzeichen dieser „subsystemischen" Ansätze ist dabei, dass sie den Akteur „Staat" nicht – wie die meisten systemischen Ansätze – als ein einheitliches Ganzes begreifen, sondern in einzelne Teile zerlegen (oder „desaggregieren"). Im Fachjargon wird dieses Bestreben oftmals mit der Formulierung umschrieben, dass die „black box" des einheitlich und rational handelnden Staates „geöffnet" werden müsse. In den Blick rücken dabei relevante innerstaatliche Akteure und Strukturen, die aus Sicht der Vertreter*innen subsystemischer Ansätze für die Erklärung von Außenpolitik entscheidend sind. Im dritten Teil sollen einige prominente subsystemische Ansätze vorgestellt und an konkreten Beispielen aus der deutschen Außenpolitik illustriert werden. Dabei wird sozusagen die bisherige Untersuchungsrichtung umgekehrt: Statt von der „höchsten" Ebene auszugehen, beginnen wir nunmehr mit der „niedrigsten", der Ebene des Individuums, um uns nach und nach wieder auf „höhere" Ebenen vorzuarbeiten, die gewisse Ähnlichkeiten mit den bereits diskutierten systemischen Ansätzen haben, auch wenn sie in ihren gängigen Anwendungsweisen eher zu den subsystemischen Ansätzen zu rechnen sind.

In Kap. 7 wird das vor allem in den Medien transportierte Alltagsverständnis einer stark personalisierten Außenpolitik aufgegriffen. Die These, dass Außenpolitik

1.2 Überblick über Struktur und Inhalte der einzelnen Kapitel

wesentlich von Individuen geprägt werde, wird sowohl als eine unreflektierte Prämisse („Männer machen Geschichte") wie auch als eine durchaus reflektierte Position bei der Analyse deutscher Außenpolitik diskutiert. Gerade der Hinweis auf gängige Überblicksdarstellungen zur deutschen Außenpolitik zeigt, dass diese häufig als eine Geschichte des Wirkens der deutschen Kanzler und der bisher einzigen Kanzlerin erscheint – von Bismarcks europäischer Gleichgewichtspolitik über Hitlers Weltmachtsterben, Adenauers Westbindung, Brandts Ostpolitik bis zu Kohls Politik der Vereinigung, Schröders Neupositionierung unter dem Stichwort eines neuen „Selbstbewusstseins" und Angela Merkels Konkretisierung dieser Formel in einem machtvolleren Auftreten in Europa, das manche Beobachter*innen dazu verleitete, eine Wiederauferstehung Bismarck'scher Großmachtpolitik zu diagnostizieren. Es sind jedoch nicht nur (und eher selten in erster Linie) „die großen Staatsmänner" oder „Staatsfrauen", die der Außenpolitik als Individuen unter bestimmten Bedingungen ihren Stempel aufdrücken können, sondern auch und vor allem die zahllosen, zumeist ungenannten Helfer*innen, Ideengeber*innen und Verwalter*innen im Hintergrund. Unter Rückgriff auf neuere Forschungen soll daher gezeigt werden, wie und unter welchen Bedingungen Individuen Außenpolitik wesentlich beeinflussen können, warum Individuen wie Bismarck und Hitler zurecht beträchtlicher, weit über Deutschland hinausreichender Einfluss attestiert werden kann und warum dies in geringerem, aber trotzdem noch immer bemerkenswertem Maße auch für die Bundeskanzler Adenauer und Brandt gilt.

So wichtig individuelle Charaktermerkmale in bestimmten Situationen auch sein mögen, politische Entscheidungsträger*innen handeln nie nur als Individuen, sondern immer auch aufgrund der Rollenbeschreibungen, die ihnen in ihrer jeweiligen Funktion zugewiesen sind. In Kap. 8 soll daher verdeutlicht werden, dass das Handeln politischer Entscheidungsträger*innen wesentlich durch die Positionen geprägt wird, die sie im politischen System bekleiden. Unter Verweis auf Kap. 3 wird hier näher erläutert, wie das außenpolitische Entscheidungssystem in der parlamentarischen Demokratie der Bundesrepublik Deutschland organisiert ist, warum Außenpolitik im deutschen Regierungssystem zumeist als Domäne der Exekutive beschrieben wird, wie sich die jeweiligen Rollenzuweisungen im Entscheidungsprozess auswirken und inwiefern außenpolitische Entscheidungen häufig das Ergebnis komplexer Aushandlungsprozesse mit vielen Beteiligten auf unterschiedlichen Ebenen darstellen. Das Modell der „bürokratischen Politik", das zuerst in den 1970er Jahren in den USA entwickelt wurde, dient als theoretisches Instrumentarium zur Veranschaulichung. Am Beispiel der Verhandlungen im so genannten „Zwei-plus-Vier"-Prozess über die Vereinigung der beiden deutschen Staaten wird nicht nur die Prozesshaftigkeit von Außenpolitik, sondern auch die wichtige Rolle bürokratischer Apparate innerhalb und zwischen Staaten aufgezeigt.

Auch wenn die Außenpolitik im deutschen Regierungssystem wesentlich von den verfassungsrechtlich legitimierten Akteuren*innen des politischen Systems bestimmt wird, sind die Einflussmöglichkeiten organisierter Interessen nicht zu übersehen. Diese stehen in Kap. 9 im Zentrum der Untersuchung. Verbände und Industrievertreter*innen, aber auch national und transnational tätige Nichtregierungsorganisationen zählen zu den prominenten Gruppen der Zivilgesellschaft, die ihre Interessen gegenüber der Außenpolitik der staatlichen Akteur*innen geltend machen. Im Ergebnis bleibt die deutsche Außenpolitik davon selten unberührt. Wie die organisierten gesellschaftlichen Akteur*innen versuchen, durch Lobbyarbeit in Berlin und Brüssel, aber zum Teil auch durch öffentlichkeitswirksame Kampagnen Einfluss auf deutsche Außenpolitik zu nehmen, wird unter Rückgriff auf neuere Forschungsarbeiten zur Rolle von Nichtregierungsorganisationen am Beispiel der deutschen Haltung in den internationalen Verhandlungen zum Klimaschutz erörtert.

Aufgrund spezifischer Messinstrumente, die bei Umfragen zur Erhebung der öffentlichen Meinung eingesetzt werden, stellen diese immer nur eine Momentaufnahme der öffentlichen Befindlichkeit dar. Gefestigte Einstellungsmuster sowie Selbst- und Weltbilder, die in der Bevölkerung und unter der außenpolitischen Elite eines Landes kaum umstritten sind und oft gar nicht mehr hinterfragt werden, lassen sich damit aber nur eingeschränkt erfassen. Forschungsarbeiten, die sich mit der außenpolitischen Kultur bzw. der nationalen Identität eines Landes beschäftigen, können hier Abhilfe schaffen. Sie stehen in Kap. 10 im Mittelpunkt. Im Unterschied zu jenen Faktoren, die in den vorangehenden Einheiten diskutiert werden, handelt es sich dabei um kollektive soziale Phänomene, deren Wirkung bei außenpolitischen Einzelentscheidungen zumeist kaum nachweisbar ist, die aber trotzdem die großen Linien der Außenpolitik eines Landes wesentlich mitprägen. Mit anderen Worten: Wir haben es bei diesem Erklärungsfaktor mit Phänomenen auf einer sehr hohen Aggregationsebene zu tun. Unter Rückgriff auf neuere Arbeiten, vor allem aus den USA, wird skizziert, wie und unter welchen Bedingungen die politische Kultur bzw. die nationale Identität eines Landes dessen Außenpolitik beeinflusst. Für die deutsche Außenpolitik nach 1945 wird dies an zwei weithin geteilten Überzeugungen verdeutlicht, die für die politische Kultur Deutschlands nach 1945 prägend waren und daher auch die Außenpolitik beeinflussten: der Verpflichtung Deutschlands auf den Multilateralismus und den Antimilitarismus. Dass Identität und Kultur vergleichsweise stabile Phänomene sind, ändert allerdings nichts daran, dass sie sich (vor allem über längere Zeiträume betrachtet) im Fluss befinden. Wie sich solche grundlegenden Überzeugungen über Zeit auch ändern können, wird am Beispiel der deutschen Teilnahme an internationalen Militäreinsätzen nach der Vereinigung illustriert.

1.2 Überblick über Struktur und Inhalte der einzelnen Kapitel

Ein Kernproblem von Ansätzen, die sich mit der Wirkung vergleichsweise stabiler Überzeugungen auf außenpolitisches Handeln beschäftigen, ist, dass sie über kein Sensorium für den Prozess der Veränderung dieser Überzeugungen verfügen. Wie das Beispiel der sich ausweitenden deutschen Militäreinsätze in den 1990er Jahren zeigt, sind solche Veränderungen jedoch ein wesentlicher Bestandteil in der Entwicklung eines Landes. In der politikwissenschaftlichen Fachsprache hat sich daher die Formulierung eingebürgert, dass sich sowohl politische Institutionen wie auch handlungsleitende Identitäten durch Praxis ständig „reproduzieren" müssen. Dieser „(Re-)Produktionsprozess" kann daher auch als Prozess der stetigen Veränderung gedacht werden. Ein sehr vielfältiges theoretisches wie auch methodisches Instrumentarium, um solchen Reproduktionsprozessen nachzuspüren, wird mit dem Konzept der Diskursanalyse verbunden, das im 11. Kapitel im Mittelpunkt steht. Etwas vereinfachend könnte man sagen, dass diskursanalytische Ansätze im Vergleich zu Ansätzen der politischen Kultur nur eine andere Brille aufsetzen, letzten Endes aber ähnliche Phänomene beschreiben oder erklären wollen. Der Unterschied besteht lediglich darin, dass die einen Veränderung und Wandel und die anderen Stabilität und Kontinuität privilegieren. Mit diesen unterschiedlichen Foki verändert sich allerdings auch der Blick. Nach einem kurzen Überblick über die Quellen neuerer diskursanalytischer Ansätze im Strukturalismus/Post-Strukturalismus sowie in der Sprachphilosophie des 20. Jahrhunderts wird aufgezeigt, wie dieses Instrumentarium in der Analyse von Außenpolitik zum Einsatz kommt und welche Facetten von Außenpolitik es aufdecken hilft, die in anderen Ansätzen vernachlässigt oder gar ignoriert werden. Am Beispiel deutscher Außenpolitik wird sodann gezeigt, wie man mit Hilfe eines diskursanalytischen Zugriffs Veränderungen der deutschen Außenpolitik in den 1990er Jahren nachvollziehbar machen kann und welche Implikationen sich daraus auch hinsichtlich möglicher zukünftiger Entwicklungen ergeben.

1.2.4 Schluss

In den Kap. 4, 5, 6, 7, 8, 9, 10 und 11 des Lehrtextes stehen theoretische Instrumentarien im Mittelpunkt, die häufig zur Analyse von Außenpolitik herangezogen werden. Die wissenschaftliche Analyse bewegt sich dabei zumeist auf einem vergleichsweise festen empirischen Fundament: es geht praktisch immer um vergangene oder gegenwärtige Ereignisse, Prozesse oder Strukturen – es handelt sich also um Phänomene, denen einen gewisser Realitätsgehalt zugesprochen werden kann, auch wenn strittig sein mag, worin eine angemessene Beschreibung der jeweiligen Realität liegt. Damit wird aber eine Dimension ausgespart, die in der

Wissenschaftsentwicklung stets eine herausgehobene Bedeutung hatte: die Zukunft. Für nicht wenige wissenschaftliche Disziplinen besteht ein wesentlicher Zweck theoretischer Arbeit darin, die Zukunft durchschaubarer und berechenbarer zu machen – und damit auch die Gestaltungs- und Einflussmöglichkeiten menschlichen Handelns zu optimieren. Auch in der internationalen Politik hat der Blick in die Zukunft immer eine nicht unwesentliche Rolle gespielt. Allerdings wird dieser Reflexion (im Vergleich zur Beschreibung und Erklärung gegenwärtiger oder vergangener Ereignisse und Prozesse) nicht selten ein minderer wissenschaftlicher Stellenwert zugewiesen.

Zum Abschluss des Lehrbuchs soll aufgezeigt werden, wie eine informierte Reflexion über die Zukunft deutscher Außenpolitik aussehen kann. Zu diesem Zweck wird zusammenfassend diskutiert, wie die Wissenschaft ihre üblichen Instrumente (Theorien und Erklärungen) auf Zukünftiges bezieht und wo die Grenzen liegen, wenn wir Erkenntnisse, die auf der Untersuchung gegenwärtiger oder vergangener Ereignisse, Prozesse oder Strukturen beruhen, auf die Zukunft ausdehnen oder anwenden wollen. In einem zweiten Schritt wird *eine* Beschreibung der gegenwärtigen Lage „der" deutschen Außenpolitik entwickelt. Zudem werden einige Faktoren identifiziert, die die zukünftige Entwicklung deutscher Außenpolitik in besonderer Weise prägen könnten. Daran anschließend werden zwei mögliche Szenarien skizziert – eines, das von weiteren krisenhaften Zuspitzungen ausgeht und eines, das ein etwas optimistischeres Entwicklungsszenario skizziert. Das Kapitel (und das Lehrbuch) schließen mit einer Zusammenfassung möglicher Entwicklungstendenzen, vor allem aber dem Plädoyer, dass die Zukunft deutscher Außenpolitik offener ist als dies manche Beobachter*innen wahrhaben wollen.

Literatur

Bierling, S. (2014). *Vormacht wider Willen: Deutsche Außenpolitik von der Wiedervereinigung bis zur Gegenwart*. C.H. Beck

Brummer, K. & Oppermann, K. (2019). *Außenpolitikanalyse*. De Gruyter Oldenbourg

Carlsnaes, W. (2013). Foreign Policy. In W. Carlsnaes, T. Risse, & B. A. Simmons (Hrsg.), *Handbook of International Relations* (2. Aufl., S. 298-325). SAGE

Gareis, S. B. (2021). *Deutschlands Außen- und Sicherheitspolitik: Eine Einführung*. 3. Aufl. Verlag Barbara Budrich

Grewe, W. G. (1985). Außenpolitik. In Görres Gesellschaft (Hrsg.), *Staatslexikon: Recht, Wirtschaft, Gesellschaft* (7. Aufl., Band 1, 439–448). Herder

Hacke, C. (2003b). *Die Außenpolitik der Bundesrepublik Deutschland: Von Konrad Adenauer bis Gerhard Schröder*. Ullstein

Haftendorn, H. (1990). Zur Theorie außenpolitischer Entscheidungsprozesse. *Politische Vierteljahresschrift*, Sonderheft 21, 401-423

Literatur

Haftendorn, H. (2001). *Deutsche Außenpolitik zwischen Selbstbeschränkung und Selbstbehauptung: 1945–2000*. Deutsche Verlags-Anstalt
Hildebrand, K. (2008)[1995]. *Das vergangene Reich: Deutsche Außenpolitik von Bismarck bis Hitler*. Oldenbourg
Krippendorff, E. (1963). Ist Außenpolitik ‚Außen'politik? *Politische Vierteljahresschrift*, 4(3), 243–266
Krippendorff, E. (2000). *Kritik der Außenpolitik*. Suhrkamp
List, M., Behrens, M., Reichardt, W., & Simonis, G. (1995). *Internationale Politik: Probleme und Grundbegriffe* (Grundwissen Politik, Bd. 12). Leske + Budrich
Luhmann, N. (1984). Staat und Politik: Zur Semantik der Selbstbeschreibung politischer Systeme. In U. Bermbach (Hrsg.), *Politische Theoriengeschichte: Probleme einer Teildisziplin der Politischen Wissenschaft* (PVS-Sonderheft 15/1984, 99–125). Westdeutscher Verlag
Niedhart, G. (2013). *Die Außenpolitik der Weimarer Republik* (Enzyklopädie deutscher Geschichte Bd. 53). 3. Aufl. Oldenbourg
Recker, M.-L. 2010. *Die Außenpolitik des Dritten Reiches* (Enzyklopädie Deutscher Geschichte, Bd. 8). 2. Aufl. Oldenbourg
Risse, T. (2013). Transnational Actors and World Politics. In W. Carlsnaes, T. Risse, & B. A. Simmons (Hrsg), *Handbook of International Relations* (2. Aufl., S. 426–452). SAGE
Schöllgen, G. (2021). *Deutsche Außenpolitik I: Von 1815 bis 1945. II: Von 1945 bis zur Gegenwart*. 2 Bände. C.H. Beck

Entstehung und Entwicklung von Außenpolitik

2

Zusammenfassung

Außenpolitik findet in einem bestimmten räumlichen und zeitlichen Kontext statt. In diesem Kapitel werden die Außenpolitik ermöglichenden „externen" Strukturen und Rahmenbedingungen untersucht. Zum einen betrifft dies Entwicklungen in der Praxis von Außenpolitik, die in historischen Veränderungen des internationalen Systems selbst begründet sind. Besonders prägend waren dabei bis ins Mittelalter zurückreichende Wurzeln moderner Außenpolitik, die zur Herausbildung des modernen Staatensystems geführt haben. Außenpolitik erscheint zudem als eine besondere Sphäre des Politischen, die idealtypisch an den Professionen des Soldaten und der Diplomaten festgemacht werden kann. Vor allem im internationalen Regelwerk der Diplomatie werden diese Spuren moderner Außenpolitik sichtbar. Im Zuge der Herausbildung moderner Nationalstaaten im 18. und 19. Jahrhundert sowie der Globalisierung und Transnationalisierung im 20. Jahrhundert haben sich aber nicht nur die Rahmenbedingungen, sondern auch die Praxis von Außenpolitik verändert. In der Europäischen Union ist dies am deutlichsten sichtbar. Trotz dieser grenzüberschreitenden Veränderungen der die Außenpolitik moderner Nationalstaaten prägenden Strukturen kann von einem Ende einzelstaatlicher Außenpolitik selbst in jenen Bereichen nicht die Rede sein, in denen – wie etwa bei der Europäischen Union – die Trennlinie zwischen Staat und staatenübergreifenden Strukturen des Regierens zunehmend verschwimmen. Daher wird auch Außenpolitik als eine distinkte Praxis des Politischen auf absehbare Zeit nicht verschwinden.

© Der/die Autor(en), exklusiv lizenziert an Springer Fachmedien Wiesbaden GmbH, ein Teil von Springer Nature 2024
G. Hellmann, *Deutsche Außenpolitik*, Grundwissen Politik,
https://doi.org/10.1007/978-3-658-43679-7_2

2.1 Einleitung

Da es bei der Analyse von Außenpolitik nicht nur um die Herstellung kollektiv bindender Entscheidungen in der internationalen Politik geht, sondern auch um eine Problematisierung der diese Entscheidungen ermöglichenden Strukturen, werden in einem ersten Teil (Kap. 2 und 3) die Rahmenbedingungen untersucht, die für die Außenpolitik im Allgemeinen und die deutsche Außenpolitik im Besonderen prägend sind. Zum einen betrifft dies Entwicklungen in der Praxis von Außenpolitik, die in Veränderungen des internationalen Systems selbst begründet sind (Kap. 2).

Die Wurzeln moderner Außenpolitik reichen bis in das Mittelalter und zur Herausbildung des modernen Staatensystems zurück, das irreführenderweise häufig „westfälisches Staatensystem" genannt wird (Duchhardt 1999; Schmidt 2011). Bis heute sind die Spuren dieser Anfänge moderner Außenpolitik im internationalen Regelwerk der Diplomatie sichtbar. Vor allem im Zuge der Herausbildung moderner Nationalstaaten im 18. und 19. Jahrhundert sowie der Globalisierung und Transnationalisierung im 20. Jahrhundert haben sich aber nicht nur die Rahmenbedingungen, sondern auch die Praxis von Außenpolitik verändert. In der Europäischen Union ist dies am deutlichsten sichtbar, haben sich doch hier die Grenzen zwischen Innen- und Außenpolitik am stärksten verwischt. Trotz dieser grenzüberschreitenden Veränderungen der die Außenpolitik moderner Nationalstaaten prägenden Strukturen kann jedoch von einem Ende einzelstaatlicher Außenpolitik selbst in jenen Bereichen nicht die Rede sein, in denen – wie etwa bei der Europäischen Union – die Trennlinie zwischen Staat und staatenübergreifenden Strukturen des Regierens zunehmend verschwimmen.

Im Folgenden wird es darum gehen, in groben Strichen die wichtigsten Entwicklungslinien in der Entstehung und Entwicklung von Außenpolitik nachzuzeichnen. In einem ersten Schritt werden einzelne Stränge der Diskussion einer angemessenen Definition von Außenpolitik (Kap. 1) nochmals aufgegriffen und auf ihre historischen Wurzeln hin befragt. Außenpolitik erscheint hier als eine besondere Sphäre des Politischen, die idealtypisch an den Professionen des Soldaten und der Diplomaten festgemacht werden kann (Abschn. 2.2). Außenpolitik ist aber auch (und vor allem) eine Praxis, die historisch gewachsen ist, d. h. über einen bestimmten Zeitraum hinweg geschaffen wurde (Abschn. 2.3) und sich seither vor dem Hintergrund anderer struktureller Veränderungen weiterentwickelt hat. Einige strukturelle Veränderungen des gegenwärtigen internationalen Systems werden in ihrer Bedeutung für die Praxis von Außenpolitik unter den Stichworten Demokratisierung, Europäisierung, Transnationalisierung und Globalisierung in Abschn. 2.4 diskutiert, bevor im abschließenden Teil kurz skizziert wird, warum Außenpolitik als distinkte Praxis des Politischen auf absehbare Zeit nicht verschwinden wird.

2.2 Außenpolitik als Sphäre des Soldaten und des Diplomaten

Das Konzept „Außenpolitik" lebt von einer grundlegenden Unterscheidung – der Unterscheidung zwischen einem Innen und einem Außen, einer Grenze, die zwischen jenen, die zu „uns" gehören, und „Fremden" trennt. Das „Außen" hat dabei über die Jahrhunderte in der Wahrnehmung derjenigen, die Außenpolitik betrieben, vor allem zwei Qualitäten angenommen: generell handelt es sich bei Außenpolitik um eine Aktivität, die in einer Sphäre betrieben wird, die nach anderen Regeln zu funktionieren scheint als die Sphäre der Innenpolitik. In den Internationalen Beziehungen hat es sich eingebürgert, hier zwischen hierarchisch und anarchisch strukturierten Systemen zu unterscheiden (vgl. Waltz 1979, S. 102–116). Während Herrschaft im innerstaatlichen Bereich in der Regel hierarchisch geordnet ist und eine klare Aufteilung der Kompetenzen zwischen Einheiten vorliegt, die sich durch Spezialisierung auszeichnen, ist sie nach dieser Auffassung im internationalen Bereich (zumindest prinzipiell) anarchisch strukturiert. Denn jenseits der Staaten gebe es hier erstens keine allseits anerkannte zentrale Autorität, die sowohl über die Legitimation wie auch die Fähigkeit verfügt, Regeln zu erlassen und durchsetzen, und zweitens sei (weitgehend als Folge dieser fehlenden zentralen Autorität) das Maß an Spezialisierung zwischen Staaten, die nach ähnlichen Organisationsprinzipien aufgebaut sind, weit weniger ausgeprägt als dies im innerstaatlichen Bereich der Fall ist. Zwischen den USA oder Indien auf der einen Seite und Luxemburg oder Liberia auf der anderen gibt es sicherlich gewichtige Unterschiede hinsichtlich Staatsform, militärischem Machtpotenzial oder der Fähigkeit ihrer Regierungen, sich gegenüber ihren jeweiligen Gesellschaften im Innern durchzusetzen. Trotzdem überwiegen ihre funktionellen Gemeinsamkeiten, wenn man sie in ihrem Verkehr untereinander sowie gegenüber ihren Gesellschaften kontrastiert mit der Art und Weise wie die Akteure *innerhalb* dieser Staaten zueinanderstehen und interagieren. Dieser Sphärenunterschied zwischen internationaler und innerstaatlicher Politik hat daher unter anderem zur Folge, dass die *Akteur*innen*, denen sich *Außen*politik gegenübersieht, eine andere Qualität haben als jene in der Innenpolitik: es handelt sich um *Fremde* – Gemeinschaften und Individuen, die nicht zu „uns" gehören, also nicht jenem Gemeinwesen angehören, das (zumindest prinzipiell) nach selbstgesetzten Regeln hierarchischer Herrschaftsorganisation regiert werden kann.

Nun sind diese beiden für Außenpolitik konstitutiven Merkmale eines prinzipiellen Unterschieds der Sphären und der Akteure keine ahistorischen, irgendwie „immer schon" bestehenden Gegebenheiten. Darauf hat in den IB Alexander Wendt mit einem wichtigen Aufsatz hingewiesen, in dem er argumentierte, dass Anarchie das Produkt der Interaktion von Staaten (und damit „gemacht") ist (Wendt 1992). Die Unterscheidung zwischen zwei Sphären des Politischen ist insofern historisch gewachsen als Ergebnis politischer Prozesse, die zur Herausbildung von Staaten und Nationen und zu dem geführt haben, was als „internationales System" bezeichnet wird. Zwar ist „die Unterscheidung zwischen ‚uns' und ‚denen da'", die Trennung zwischen dem, was die Soziologie „In-Group" und „Out-Group" nennt, ein Urphänomen sozialen Lebens (vgl. Bauman 2000, S. 56–101, Zitat S. 60). Ihre Ausdehnung auf den Verkehr zwischen Staaten in der Form einer *neuen Praxis der Außenpolitik* ist allerdings eine Erfindung der Moderne, die vor allem für den Austausch *zwischen Staaten* entwickelt wurde (vgl. Hellmann et al. 2016). Auch die Bewohner*innen zweier benachbarter Dörfer oder Städte (beispielsweise Frankfurt und Offenbach) oder zweier Bundesländer (z. B. Bayern und Schleswig-Holstein) können einander stark nach der Unterscheidung „wir" *versus* „die da" eingruppieren. Und in der Tat lässt sich dies auch häufig beobachten. Dies bedeutet allerdings nicht, dass Bayern eine „diplomatische Vertretung" in Schleswig-Holstein oder Frankfurt dergleichen in Offenbach unterhält. Die Vergemeinschaftungsformen von Städten, Bundesländern und Staaten wie auch die Verkehrsformen, die sie untereinander pflegen, unterscheiden sich insofern an einigen wichtigen Stellen. Wie die spätere Diskussion noch zeigen wird, hängt dies unter anderem damit zusammen, dass bestimmte Formen der Konkurrenz zwischen Gemeinschaften, die nicht selten auch gewaltsam ausgetragen wurde, dazu beigetragen haben, dass geheimniskrämerische Herrschaftspraktiken zugenommen und damit der Herausbildung von „Außenpolitik" Vorschub geleistet haben (Leira 2019). Damit wuchs aber auch der Bedarf an – wie wir heute sagen würden – „nachrichtendienstlichen Erkenntnissen" über die Absichten potenziell konkurrierender benachbarter politischer Gemeinschaften. Die sich über Jahrhunderte entwickelnde Institution der Diplomatie schien eine praktische Handhabe zu liefern, um eine spezifisch „zwischenstaatliche" Form der Trennung zwischen *In-Group* und *Out-Group* sowohl klarer zu markieren als auch einigermaßen erträglich zu gestalten. Die damit einhergehende Beobachtung, dass Menschen in unterschiedlichen Vergemeinschaftungsformen lange Zeit auch ohne Außenpolitik zusammenleben konnten, unterstreicht allerdings nochmals, dass Außenpolitik ein Produkt sozialen Handelns und kein unveränderliches Strukturmerkmal der internationalen Beziehungen ist. Insofern ist zumindest prinzipiell denkbar, dass an die Stelle einer vergleichsweise klaren Grenzziehung zwischen (national-)staatlich organisierten Einheiten als Ergebnis historischer Prozesse zukünftig auch andere Vergemeinschaftungsformen bzw. fluidere oder stärker ausdifferenzierte Formen der Grenzziehung treten können. Darauf wird in einem späteren Abschnitt dieses Kapitels noch einmal zurückzukommen sein.

2.2 Außenpolitik als Sphäre des Soldaten und des Diplomaten

Bevor wir aber die Entstehungsbedingungen dieser neuen Praxis genauer untersuchen, ist es wichtig, den Begriff der Außenpolitik zu präzisieren, wie er *heute* zumeist verstanden wird, damit klarer ist, worauf sich die historische Entwicklung der vergangenen Jahrhunderte zubewegt hat und von wo aus sie sich zukünftig womöglich weiter entwickeln könnte. Im 1. Kapitel wurde die Herstellung kollektiv bindender Entscheidungen im zwischenstaatlichen Bereich als Kern von Außenpolitik beschrieben. Im Unterschied zum innerstaatlichen Bereich, in dem die Herstellung kollektiv bindender Entscheidungen durch Regelbefolgung aufgrund der Akzeptanz legitimer Herrschaft oder durch Gehorsamserzwingung mittels staatlicher Macht erfolgt, gestaltet sich die Herstellung kollektiv bindender Entscheidungen in der internationalen Politik aufgrund des Fehlens einer vergleichbaren übergeordneten Autorität schwieriger. Dies bedeutet nicht, dass es nicht auch hier Formen des „Regierens" gibt, die zu kollektiv bindenden Entscheidungen führen. Im Gegenteil. Gerade die Entwicklung des letzten halben Jahrhunderts hat zu einer wahren Explosion solcher „post-nationaler" Regierensformen geführt (Leibfried und Zürn 2005; Zürn 2018). Dazu zählen internationale Organisationen genauso wie so genannte internationale Regime oder supranationale Vergemeinschaftungsformen wie die Europäische Union, aber auch weniger stark formalisierte Regelungsformen, die für eine zunehmend „entgrenzte" Welt typisch werden.

Trotzdem gilt für den klassischen, mit der Frage von „Krieg und Frieden" umschriebenen Kernbereich der Außenpolitik nach wie vor, dass hier die Herstellung kollektiv bindender Entscheidungen zumindest über weite Strecken noch immer nach anderen Mustern abläuft. Dies zeigt sich vor allem daran, wie Regeln entwickelt werden und im Falle der (tatsächlichen oder vermeintlichen) Zuwiderhandlung mit Regelverletzer*innen umgegangen wird. An die Stelle von Gesetzen bzw. Strafverfolgung im Falle gesetzwidrigen Verhaltens im innerstaatlichen Bereich treten im internationalen Verkehr zumeist Verträge bzw. die gewaltsame Durchsetzung (außen)politischer Ziele. Krieg und Diplomatie sind hier seit langem die beiden wesentlichen Instrumente der Außenpolitik. Der Soziologe Raymond Aron hat dies in folgenden Worten zum Ausdruck gebracht:

> „Die internationalen Beziehungen werden dargestellt in und durch spezifische Verhaltensweisen von Personen, die ich symbolisch nennen möchte, dem **Diplomaten** und dem **Soldaten**. Zwei Männer, und nur zwei handeln in allem nicht mehr wie irgendwelche Mitglieder von Kollektiven, zu denen sie gehören, sondern als deren Repräsentanten: der **Botschafter ist** in Ausübung seiner Amtspflichten die politische Einheit, in deren Namen er spricht; der **Soldat ist** auf dem Schlachtfeld die politische Einheit, in deren Namen er seinesgleichen den Tod gibt. (…) Der Botschafter und der Soldat **leben** und **symbolisieren** die internationalen Beziehungen, die, soweit sie zwischenstaatlich sind, sich auf die Diplomatie und auf den Krieg zurückführen lassen."(*Aron* 1986, S. 14, Hervorhebung im Original)

Während der Krieg so alt ist wie die Menschheit, ist die Diplomatie als „zivile und zivilisierende" Institution des zwischenstaatlichen Verkehrs mit spezifischen Regeln und Praktiken eine vergleichsweise neue Erfindung.[1] Wie das Zitat von Aron zeigt, galt sie bis weit in das 20. Jahrhundert hinein als die spezifisch friedliche Form der Interessenregulierung zwischen Staaten. Die durchaus gängige dichotomische Gegenüberstellung von (friedlicher) Diplomatie und Krieg wird allerdings nicht von allen geteilt. Einige Wissenschaftler*innen weisen vielmehr darauf hin, dass es sinnvoller sei, die Grenze zwischen beiden als fließend zu betrachten und sich Diplomatie und Krieg als ein Kontinuum außenpolitischer Instrumentarien vorzustellen, das von friedlichem Konfliktaustrag über den subtilen Einsatz von Drohungen bis zu brutaler Gewaltanwendung reicht. Veränderungen in der Praxis von Außenpolitik über die Jahrhunderte hinweg sind nicht zuletzt auf Veränderungen in diesen beiden Institutionen zurückzuführen.[2] Der Schwerpunkt der nachfolgenden Diskussion wird allerdings deshalb auf der Entwicklung der Diplomatie liegen, weil dies trotz gewisser Fortschritte noch immer ein vernachlässigtes Feld der Internationalen Beziehungen im Allgemeinen und der Außenpolitikanalyse im Besonderen ist.

2.3 Die Entstehung von Außenpolitik

Insbesondere zwei Faktoren haben zur Entwicklung von Außenpolitik in ihrer modernen Form beigetragen: die Herausbildung einer „europäischen internationalen Gesellschaft" aus der vorangehenden „christlichen internationalen Gesellschaft" (Bull 1977, S. 24–38) sowie damit zusammenhängend die Herausbildung eines modernen Staatensystems im Zuge der zusammenbrechenden Autorität des Papsttums sowie der ideellen Fundierung „souveräner", von einem übergeordneten Prinzip der Staatsräson geleiteter politischer Einheiten.

Unter einer „*internationalen Gesellschaft*" versteht der britische Politikwissenschaftler Hedley Bull eine Gruppe von Staaten, die aufgrund gemeinsamer Interessen und Werte in dem Sinne eine Gesellschaft bilden, dass sie sich untereinander durch ein System von Regeln und gemeinsame Institutionen verbunden sehen (Bull 1977, 13). Eine internationale Gesellschaft ist daher mehr als ein

---

[1] *Watson* 1992, S. 159; Vgl. auch den breiten Überblick bei *Constantinou* et al. 2016.
[2] *Jönsson* 2002, S. 213 weist zu Recht darauf hin, dass es gerade in den vergangenen Jahrzehnten zahlreiche Studien über die Bedeutung von gewaltbereiter, wenn auch formal gewaltloser Außenpolitik gegeben hat, die den mittleren Bereich des Kontinuums zwischen friedlicher Diplomatie und Krieg in den Mittelpunkt rückten.

2.3 Die Entstehung von Außenpolitik

„internationales System" (von Staaten), das lediglich dadurch gekennzeichnet ist, dass Staaten miteinander in Kontakt stehen und diese Wechselbeziehung in ihre jeweiligen Kalküle einbeziehen. Anders formuliert: die internationale Gesellschaft setzt ein internationales System voraus, umgekehrt gilt dies allerdings nicht.

Eine solche internationale Gesellschaft bildete noch im späten Mittelalter das abendländische Christentum (Leppin 2016). Allerdings war die Einheit von Kirche und Staat als zentrales Herrschaftsprinzip bereits in dieser Zeit durch den moralischen Zerfall des Papsttums sowie zahllose Kriege und dynastische Rivalitäten in Mittel- und Westeuropa unter Druck geraten. Dies war Ende des 15. Jahrhunderts nirgends deutlicher zu sehen als in Italien, wo das prekäre Gleichgewicht unter den rivalisierenden Stadtstaaten Italiens nach mehreren Wellen äußerer Intervention zerbrach. Hier hatten sich als Ausdruck einer *„wechselseitigen Entfremdung zwischen* Staaten" (Der Derian 1987, S. 110) bei gleichzeitiger Anerkennung der Notwendigkeit eines politischen Ausgleichs auf der Grundlage sicherer Informations- und Kommunikationskanäle erste Formen moderner Diplomatie etabliert. Den Zerfall Italiens und seine Unterwerfung unter die Fremdherrschaft anderer europäischer Mächte hatte dieses System allerdings nicht aufhalten können. In der Verknüpfung mit zwischenstaatlicher Rivalität und kriegerischer Zerstörung hat es aber mit dazu beigetragen, die Idee der „Staatsräson" zu befördern – der Vorstellung einer alles andere übersteigenden Notwendigkeit, die Selbstbehauptung des Staates „um jeden Preis, mit allen Mitteln" (Meinecke 1976, S. 251) zu gewährleisten. Diese Idee basierte wesentlich auf dem Werk Nicolo Machiavellis (1469–1527), der sich als Zeitgenosse des Niedergangs der italienischen Stadtstaaten und Exponent eines neuen, von der Wissenschaft der Mechanik inspirierten Denkens gegen das Papsttum und die christliche Einheit Europas profilierte und ihr die Staatsräson als „,Ethik' der Selbsterhaltung des Staates" gegenüberstellte.[3]

Der Niedergang des Papsttums, der damit einhergehende Zerfall der Einheit von kirchlicher und weltlicher Herrschaft (*Respublica Christiana*) und die Freisetzung des politischen Denkens von seiner religiösen und moralischen Fundierung bildeten so eine wichtige Voraussetzung für die Entstehung des modernen Staatensystems – und mit ihm der modernen Diplomatie. Verstärkt bzw. flankiert wurde diese Entwicklung durch drei weitere Prozesse. Aufbauend auf der Idee der Staatsräson lieferte Jean Bodin (1530–1596) im ausgehenden 16. Jahrhundert erstens eine streng rationale Begründung der „Souveränität" des Staates nach innen und außen. Der Staat – verstanden als eine Ansammlung von „Haushalten" – könne nur insofern eine Einheit darstellen, als er von höchster Gewalt und Vernunft geleitet

---

[3] *Münkler* 1984, S. 282; vgl. ferner *Devetak* 2021, sowie zur Bedeutung Machiavellis für die Herausbildung der modernen Diplomatie, *Der Derian* 1987, S. 102–103.

werde. Diese müsste daher eine „souveräne", keiner irdischen Macht unterworfene oder an sie gebundene Gewalt sein. Die Souveränität des Staates, so Bodin, sei deshalb eine „absolute und immerwährende Gewalt".[4] Sie ist absolut, weil sie unwiderruflich die Quelle aller Macht und Autorität innerhalb des Staates darstellt und sie ist immerwährend und beständig, weil sie unabhängig ist vom Kommen und Gehen individueller Herrscher. Für das moderne Staatensystem hatte Bodin damit nicht nur das theoretische Fundament für die Trennung zwischen zeitlich begrenzter Herrschaft eines Individuums und der diese überdauernde Beständigkeit des Staates gelegt. Das Konzept der Souveränität begründete auch die Norm einer zumindest *prinzipiellen* Gleichheit aller Staaten im Verkehr untereinander.

Parallel zur Durchsetzung der Ideen der Staatsräson und der Souveränität entwickelte sich im italienischen Stadtstaatensystem zweitens die *Idee* des Mächtegleichgewichts bzw. der Gleichgewichtspolitik (Fenske 1975, S. 959–961; Der Rian 1987, S. 128–132; Andersen und Wohlforth 2021). Im 15. und 16. Jahrhundert verbarg sich dahinter vor allem die Vorstellung, dass es Ziel der äußeren Politik sein müsse, die Vorherrschaft (oder Hegemonie) eines Staates durch Gegenmachtbildung zu verhindern. Als *Institution* einer sich langsam herausbildenden internationalen Gesellschaft etablierte sich das Mächtegleichgewicht in der Praxis der internationalen Politik aber erst im 17. und 18. Jahrhundert (Fenske 1975, S. 961–971; Andersen und Wohlforth 2021, S. 290–291).

Drittens begann im 15. Jahrhundert ein längerer Prozess der Ablösung einer „von Natur aus" vorgegebenen Rechtsordnung durch das moderne Völkerrecht (Bull 1977, S. 27–33; Vergerio 2021). Die europäische Expansion in „überseeische" Gebiete seit dem späten 15. Jahrhundert war nicht nur mit Grausamkeiten gegenüber den unterworfenen Völkern verbunden, sondern auch mit heftigen Rivalitäten und kriegerischen Auseinandersetzungen zwischen den expandierenden europäischen Kolonialreichen. Das Recht auf den freien Zugang der Meere diente in diesem Zusammenhang dem holländischen Rechtsgelehrten Hugo de Groot (lat. Grotius, 1583–1645) als Ausgangspunkt für die Grundlegung einer Rechtsordnung, die die Beziehungen der Gemeinschaft der Staaten untereinander regeln sollte. Zwar war auch hier der Krieg keineswegs geächtet, er war aber (im Unterschied etwa zu Machiavelli) integraler Bestandteil eines Rechtssystems, das kriegführenden Staaten auch Pflichten auferlegte (van der Pijl 1996, S. 48–51).

Diese drei Prozesse – die Herausbildung des „souveränen" Staates, die Durchsetzung der Idee des Mächtegleichgewichts und der Gegenmachtbildung in den Beziehungen zwischen diesen Staaten sowie die Verdrängung des Naturrechts

---

[4] *Jean Bodin*, Sechs Bücher über den Staat, I, S. 9 zit. nach *Bergstraesser und Oberndörfer* 1975(2), S. 147; vgl. auch *Kratochwil* 2018, S. 77–92.

durch ein modernes Völkerrecht – etablierten neue Formen des zwischenstaatlichen Umgangs. Sie führten insofern zu einer „Entfremdung" (Der Derian 1987) zwischen den neu entstehenden politischen Einheiten als sie die zuvor geltenden universalistischen Vorstellungen einer christlichen internationalen Gesellschaft zugunsten einer stärker nach rationalistischen Prinzipien organisierten europäischen (Staaten-)Gesellschaft verdrängten. Die damit einhergehende Überhöhung staatlicher Macht und Gewalt und die Institutionalisierung zwischenstaatlicher Rivalität (Mächtegleichgewicht) erforderten daher auch neue Formen der Konfliktregulierung.

Vor diesem Hintergrund erst wird die „Erfindung" der modernen Diplomatie verständlich. Diese Erfindung ist allerdings nicht als punktueller Akt, sondern als Prozess kollektiver Kreativität über Zeit zu verstehen, der sich über mehrere Jahrhunderte hin zog[5] und erst mit der Zeit jene ausdifferenzierte, häufig nur den Eingeweihten verständliche Form fand, die die Diplomatie in Teilen auch heute noch auszeichnet. Etwa seit dem 17. Jahrhundert ist sie sowohl eine der wichtigsten Institutionen wie auch eine der auffälligsten Ausdrucksformen der *inter-nationalen* Beziehungen. Dass die Institution der Diplomatie in etwa zur selben Zeit reifte als sich das herauszubilden begann, was wir (mit Blick auf den so genannten „Westfälischen Frieden" von 1648) als modernes Staatensystem begreifen, ist daher wenig erstaunlich. Denn die Institution der Diplomatie symbolisierte wie wenige andere „die Vermittlung der gleichmäßig und wechselseitig entfremdeten Beziehungen zwischen Staaten" (Der Derian 1987, S. 133) genauso wie sie zur Reproduktion des modernen *inter-nationalen* Systems beitrug.

2.4 Ausprägungen moderner Außenpolitik im Zeitalter von Demokratisierung, Transnationalisierung, Europäisierung und Globalisierung

Heute steht die Diplomatie in weit höherem Maße für „Außenpolitik" im Allgemeinen als dies für das zweite Instrument, den Krieg, gilt. Dies bedeutet zwar nicht, dass letzterer unbedeutend geworden wäre. Im Gegenteil, selbst in der Gegenwart dient Kriegführung noch immer als probates außenpolitisches Mittel der Vergemeinschaftung, d. h. der unmissverständlichen Markierung einer Grenze zwischen *In-Group* und *Out-Group* wie auch als Mittel zur gewaltsamen Durchsetzung eines politischen Willens. Der im westlichen Europa für sehr unwahrscheinlich gehaltene Krieg Putins gegen die Ukraine ist hier das jüngste

---

[5] Vgl. hierzu *Jönsson* 2002, S. 214–215 sowie *Leira* 2021 und *Der Derian* 1987, S. 44–198.

Beispiel. Trotzdem wird Krieg vor allem im westlichen Kulturkreis zumeist als Ausweis des Scheiterns von (Außen-)Politik und nicht mehr, wie zu Clausewitz' Zeiten, als Fortsetzung der Politik mit anderen Mitteln betrachtet (vgl. Wille 2021). Der Herstellung kollektiv bindender Entscheidungen dient Krieg in einer vielfach „entgrenzten" globalen Welt immer seltener. Zwar hat auch die Institution der Diplomatie im vergangenen Jahrhundert gravierende Veränderungen erlebt (Leira 2021, S. 304–307). Aber trotz der Tatsache, dass sie manchen im Zeitalter der Globalisierung als Anachronismus erscheint, ist es bemerkenswert, wie resistent und anpassungsfähig sie sich immer wieder erweist (Berridge 2022, S. 277–279).

In diesem Abschnitt sollen daher im Kontrast zu einem historischen Zugriff, der die Entstehung der Außenpolitik untersuchte, einige Probleme moderner Außenpolitik in systematischer Weise behandelt werden. Dabei wird deutlich werden, dass sich der Stellenwert von Außenpolitik unter dem Einfluss systemischer Prozesse auch im 20. und frühen 21. Jahrhundert erheblich verändert hat. Dazu zählen insbesondere jene Prozesse, die hier unter den Begriffen Demokratisierung, Transnationalisierung, Europäisierung und Globalisierung subsumiert werden – Prozesse, die in ihrer Bedeutung an jene zuvor diskutierten, strukturellen Veränderungen im Mittelalter zweifellos heranreichen, die zur ursprünglichen „Erfindung" der Diplomatie führten. Dass Außenpolitik deshalb aber überholt ist (wie jene Appelle suggerieren, die an ihrer Stelle eine „Weltinnenpolitik" fordern), mag als normative Forderung unterstützenswert erscheinen, überzeugt in empirischer Hinsicht allerdings nicht.

Schon allein die Tatsache, dass die Staaten vom Anfang des 19. Jahrhunderts bis Anfang der 1960er-Jahre über eine ausgefeilte Konvention zur völkerrechtlichen Kodifizierung diplomatischer Beziehungen verhandelt haben, zeigt, welche Vorteile die Institution der Diplomatie nicht zuletzt aufgrund der Ritualisierung und Formalisierung zugleich „entfremdeter" wie auch auf Kommunikation und Ausgleich angewiesener *zwischenstaatlicher* Beziehungen nach wie vor hat (James 2016). Wie bei allen Institutionen, die über einen ausgefeilten bürokratischen Unterbau verfügen, ist daher auch bei der Diplomatie/Außenpolitik nicht zu erwarten, dass sie in absehbarer Zeit verschwinden wird. Solange es Außenministerien und Diplomat*innen gibt, wird es auch Außen- und internationale Politik geben, oder anders formuliert: nur in dem Maße, in dem es gelingt, die Interessent*innen an der Aufrechterhaltung einer starken Unterscheidung zwischen Innen- und Außenpolitik von den Vorzügen einer Verwischung dieser Grenzziehung zu überzeugen, wird es auch gelingen, Außenpolitik im Sinne einer „Weltinnenpolitik" weiter zu transformieren. Dass dieser Transformationsprozess in vollem Gang ist, wird jedem unmittelbar einleuchten, der die internationalen Beziehungen in größeren historischen Zusammenhängen beobachtet. Wie auch sonst in diesem Lehrbuch kann an dieser Stelle nicht auf die Details dieses Transformationsprozesses eingegangen werden, aber anhand einiger herausragender Felder kann und soll verdeutlicht werden, wie sich Außenpolitik strukturell verändert hat. Wie die nachfolgende Diskussion zeigen wird, waren und sind diese Veränderungen nicht zuletzt auch für die deutsche Außenpolitik von besonderer Bedeutung.

2.4.1 Demokratisierung von Außenpolitik?

Die Außenpolitik bleibt auch in der Gegenwart zuvörderst eine Domäne der Exekutive. Selbst in den hoch entwickelten Demokratien sind die Parlamente von wichtigen Verhandlungen und Entscheidungsprozessen weiterhin ausgeschlossen (vgl. Kap. 3). Trotzdem ist nicht zu übersehen, dass die Praxis der Außenpolitik im vergangenen Jahrhundert immer stärker geöffnet und auch öffentlich gerechtfertigt werden musste. Der „Große Krieg", wie der Erste Weltkrieg von den Zeitgenossen genannt wurde, markierte dabei einen wichtigen Einschnitt, weil er bereits den Zeitgenossen im Nachhinein nicht als jene unausweichliche Notwendigkeit erschien, als die ihn die Herrschenden darstellen wollten. Vielen erschien er als das Ergebnis des Handelns rücksichtsloser Machtcliquen, die an ihren Völkern vorbei mit Geheimverträgen und anderen Instrumenten klassischer Großmachtdiplomatie ihr realpolitisches Spiel betrieben (vgl. Kap. 4). Der amerikanische Präsident Woodrow Wilson sah in der geheimnisumwitterten, öffentlicher Kontrolle weitestgehend entzogenen Diplomatie eine wesentliche Ursache des Krieges und forderte daher in seinen berühmt gewordenen „14 Punkten" u. a. ein „Programm des Weltfriedens", in dem „offene, öffentlich abgeschlossene Friedensverträge" an die Stelle der Geheimdiplomatie treten sollten. Es sollten „keinerlei geheime internationale Abmachungen mehr bestehen, sondern die Diplomatie soll immer aufrichtig und vor aller Welt getrieben werden."[6]

Diese Forderung ist von Wilsons „realpolitischen" Kritikern als weltfremdidealistische Vorstellung charakterisiert worden (vgl. Kissinger 1994, S. 29–55, 218–245). Und in der Tat besteht auch heute noch ein erhebliches Demokratiedefizit im Feld der Außenpolitik. Wenn Demokratisierung verstanden wird als Öffnung der Sphäre des Außenpolitischen für eine *Teilhabe* des Souveräns an *Entscheidungen*, die jener in der Innenpolitik entspricht, dann hat es eine solche Öffnung im vergangenen Jahrhundert in der Tat gegeben. Insbesondere die parla-

---

[6] Vgl. 14-Punkte-Programm von US-Präsident Woodrow Wilson vom 8. Januar 1918, hier Punkt 1 https://usa.usembassy.de/etexts/ga2d-14points.htm (22.05.2022).

mentarischen Mitspracherechte sind hier ausgebaut worden. Trotzdem reicht sie noch immer nicht an jene Teilhabe heran, die in Demokratien für das Feld der Innenpolitik mit der „größtmöglichen Teilhabe der Gesellschaft an den Herrschaftsprozessen" wie auch der „möglichst adäquaten Übersetzung gesellschaftlicher Anforderungen in die Entscheidungen des Politischen Systems" verbunden wird (Czempiel 1999, S. 34). Dieses Defizit hängt erstens damit zusammen, dass sich auch die politischen Eliten in entwickelten Demokratien mit einem exklusiven Zugriffsrecht auf die Außenpolitik „ein Arkanum, einen Raum [bewahren können], den die Gesellschaft kaum kontrollieren kann" (Czempiel 1999, S. 36). Auf dem Feld der Außenpolitik können die Regierenden nicht nur weiter glänzen, sondern auch freier schalten und walten als dies in der Innenpolitik möglich ist. Hinzu kommt, dass diese Exklusivität der Sphäre des Außenpolitischen, die noch immer als Prärogative der Exekutive gilt, auch von einer überwiegenden Mehrheit der Verfassungsrechtler*innen in westlichen Demokratien für angemessen erachtet wird. In der Rechtsprechung des Bundesverfassungsgerichts etwa, in der im Vergleich zu anderen westlichen Demokratien eine vergleichsweise weitreichende Beteiligung des Bundestages geschaffen wurde, wird trotzdem eine „grundsätzliche Zuordnung der Akte des auswärtigen Verkehrs zum Kompetenzbereich der Exekutive" vorgenommen und mit der pragmatischen Annahme begründet, dass

> „institutionell und auf Dauer typischerweise allein die Regierung in hinreichendem Maße über die personellen, sachlichen und organisatorischen Möglichkeiten verfügt, auf wechselnde äußere Lagen zügig und sachgerecht zu reagieren und so die staatliche Aufgabe, die auswärtigen Angelegenheiten verantwortlich wahrzunehmen, bestmöglich zu erfüllen." (BVerfGE 68, 1 [87][7] (dazu mehr in Kap. 3))

Drittens schließlich scheinen die Öffentlichkeiten der westlichen Demokratien mit diesem Arrangement nach wie vor weitgehend einverstanden zu sein. Ein Aufbegehren gegen mögliche Benachteiligungen in der Teilhabe an Außenpolitik ist nur punktuell zu beobachten, etwa wenn es zur Skandalisierung bestimmter außenpolitischer Praktiken durch Veröffentlichungen im Internet kommt (Cull 2011; Huug 2016). Das *Interesse* an außenpolitischen Problemen scheint zwar höher als dies gemeinhin angenommen wird (vgl. Güllner 2003; Kertzer und Zeitzoff 2017), aber gleichzeitig zeigen Umfragen in westlichen Demokratien, dass die Außen-

---

[7] Urteile des Bundesverfassungsgerichts zur Frage der Atomwaffenstationierung vom 18. Dezember 1984 (BVerfGE 68, 1 [86–87]) und zum Einsatz der Bundeswehr vom 12. Juli 1994 (BVerfGE 90, 286 [98, 130]); diese wie die folgenden Verweise auf Urteile des Bundesverfassungsgerichts werden zitiert nach https://www.bundesverfassungsgericht.de/SiteGlobals/Forms/Suche/Entscheidungensuche_Formular.html?language_=de (4.05.2022).

2.4 Ausprägungen moderner Außenpolitik im Zeitalter von ...

politik zumeist den niedrigsten Stellenwert hat, wenn es um ihre *Wichtigkeit* im Vergleich zu innenpolitischen Themen geht (Holst 1998, S. 228; Robinson 2016, S. 188–190).

Kurzum, auch wenn die Teilhabe des Souveräns an außenpolitischen Entscheidungen nach dem Ersten und Zweiten Weltkrieg deutlich ausgebaut wurde, bleibt im Vergleich zur Innenpolitik eine merkliche Differenz hinsichtlich der demokratischen Legitimierung außenpolitischer Entscheidungen bestehen. Als besonders problematisch wird sie allerdings nicht empfunden (was u. a. auch als ein Indiz dafür interpretiert werden kann, dass Außenpolitik nicht im Absterben begriffen ist). Wenig problematisch erscheint dieses (tatsächliche oder vermeintliche) Demokratiedefizit wohl auch deshalb, weil sich in den modernen Mediendemokratien Mechanismen ausgebildet haben, die eine offensichtliche oder gar dauerhafte Missachtung von außenpolitischen Mehrheiten in der Öffentlichkeit durch politische Entscheidungsträger*innen höchst unwahrscheinlich machen. Wie zahlreiche Arbeiten gezeigt haben, existieren indirekte und informelle Mechanismen, die eine Rückkoppelung zwischen den durch Meinungsumfragen ermittelten Überzeugungen des Souveräns und den außenpolitischen Entscheidungsträger*innen sicherstellen (vgl. Risse-Kappen 1991; Brettschneider 1998; Shiraev 2000). Empirische Untersuchungen kommen sogar zu dem Ergebnis, dass in den USA und Westeuropa Entscheidungen über Erhöhungen oder Kürzungen der Verteidigungsausgaben eindeutig auf entsprechende Signale aus Umfragen zurückzuführen sind (Eichenberg und Stoll 2003; Conrad und Souva 2020).

Die modernen Kommunikationstechnologien im Allgemeinen und die Sozialen Medien im Besonderen scheinen hier einen weit ambivalenteren Einfluss zu haben, denn natürlich sind auch sie ein wichtiges Instrument, um Außenpolitik potenziell transparenter zu machen. Einerseits eröffnen das Internet und die Sozialen Medien für die Informationsbeschaffung und die Teilhabe an außenpolitischen Diskursen noch Ende des 20. Jahrhunderts ungeahnte neue Möglichkeiten. Andererseits gibt es aber auch einige Anzeichen dafür, dass diese Medien aufgrund ihrer Produktions- und Wettbewerbsbedingungen sowie der Veränderungen in der Struktur der Medienöffentlichkeit nicht nur zu einem wichtigen Instrument der Vermittlung internationaler und außenpolitischer Themen oder der Aufdeckung von Skandalen geworden sind, sondern auch zunehmend zu einem eigenständigen Akteur in der Definition außenpolitisch wichtiger Themen werden („agenda setting") und damit Außenpolitik nicht unwesentlich beeinflussen (vgl. Brettschneider 1998, S. 215–221; Nacos et al. 2000; Baum und Potter 2019). „WikiLeaks" ist ein prominenter Hinweis darauf, dass im Zeitalter des Internets selbst den traditionellen Medien solche Prozesse entgleiten können.

2.4.2 Europäisierung

Ein zweiter Prozess mit weitreichenden Veränderungen für die Außenpolitik einer besonders prominenten Gruppe von Staaten, der Mitgliedstaaten der Europäischen Union, lässt sich mit dem Begriff der Europäisierung umschreiben. In einem breiteren Verständnis ist mit Europäisierung „die Erweiterung des Wahrnehmungshorizontes und des politischen Handlungsraumes um die europäische Dimension" gemeint (Kohler-Koch 2000, S. 22). Da der Prozess der europäischen Integration nun seit mehr als 70 Jahren in Gang ist, reichen derartige Europäisierungseffekte weit in alle Politikbereiche hinein.[8] In unserem Zusammenhang interessiert allerdings lediglich, wie dadurch die Praxis der Außen-politik verändert wurde.

Die Erweiterung des Wahrnehmungshorizontes einer politischen Handlungseinheit um eine den Nationalstaat übergreifende Dimension hat zunächst zur Folge, dass jene grundlegenden Identitätsfragen, die mit Vergesellschaftungs- bzw. Vergemeinschaftungsprozessen immer einhergehen, anders beantwortet werden, als dies in einem ausschließlich auf den Nationalstaat fixierten Kontext der Fall ist. So zeigen eine ganze Reihe von Untersuchungen, dass für viele EU-Bürger*innen Nationalstaat und Europäische Union keine Gegensätze darstellen müssen, sondern sich zunehmend ergänzen und diese Komplementarität mittlerweile in manchen Fällen (hier ragt Deutschland trotz erlahmenden Europa-Enthusiasmus' noch immer hervor) sogar als so selbstverständlich angesehen werden wie im ausgehenden 19. Jahrhundert die Tatsache, dass der deutschen Staatsbürgerschaft lokale Bindungen (z. B. als „Frankfurter") oder „landsmannschaftliche" Identifikationen (etwa als „Bayer") keineswegs entgegenstehen.[9]

Diese weit in die Gesellschaften der Europäischen Union hineinreichenden Wahrnehmungsveränderungen sind natürlich nicht folgenlos für die Praxis der Außenpolitik, gründet diese doch auf einer *starken* Unterscheidung zwischen „uns" und „denen da". Zwei Effekte sind daher besonders wichtig: Erstens verschwimmt die starke „Innen-Außen"-Unterscheidung *innerhalb* der Union und zweitens bildet sich eine neue „Innen-Außen"-Unterscheidung gegenüber anderen politischen Gemeinschaften *außerhalb* der Union. Beide Identitätsverschiebungen finden mittlerweile auch ihren Niederschlag in der institutionellen

---

[8] Vgl. hierzu neben dem bereits zitierten Einführungsbeitrag von Kohler-Koch auch den gesamten Sammelband Knodt und Kohler-Koch 2000 sowie Katzenstein 1997 und Dosenrode 2020. „Europäisierung" ist allerdings kein zwangsläufig linearer oder uni-direktionaler Prozess dergestalt, dass „Nationales" unaufhaltsam durch „Europäisches" verdrängt wird – sei es nun institutionell *König und Mäder* 2008 oder identitär *Hellmann* 2006.
[9] Vgl. *Hellmann* 2011, S. 738–739 sowie *Handler* 2021, S. 131–168.

2.4 Ausprägungen moderner Außenpolitik im Zeitalter von …

Struktur klassischer nationalstaatlicher Außenpolitik wie auch in der institutionellen Struktur der Europäischen Union. Innerhalb der meisten EU-Mitgliedsstaaten wird in der Organisation der außenpolitischen Entscheidungsstrukturen zwischen den „Außen"-Beziehungen zu den EU-Partnern und jenen mit dem Rest der Welt systematisch unterschieden. Im Auswärtigen Amt ist etwa die „Europaabteilung" nicht nur „federführend" zuständig für die „Konzeption, Gestaltung und Koordinierung der Europapolitik der Bundesregierung", also gleichsam die „Innenpolitik" innerhalb der Europäischen Union, sondern auch für sämtliche Fragen der Außenbeziehungen der EU sowie die institutionellen Fragen der Weiterentwicklung der Union und die (klassischen) „bilateralen Beziehungen" zu den EU-Partnern.[10] Ein weiteres Indiz für den Strukturwandel der Außenpolitik unter dem Einfluss der Europäisierung ist die Tatsache, dass die zentrale Koordinierung aller „europapolitischen" Felder zwar in den meisten Staaten noch immer im Außenministerium angesiedelt ist, vor allem nach Inkrafttreten des Lissaboner Vertrages im Dezember 2009 aber eine stetige Verlagerung von Zuständigkeiten zu konkurrierenden Fachministerien sowie den Staats- und Regierungschefs stattgefunden hat (vgl. Hoyer 1998; Janning 2007, S. 758–760; Schwarz 2020).

Auch die sich zunehmend herausbildende neue „Innen-Außen"-Unterscheidung gegenüber anderen politischen Gemeinschaften *außerhalb* der Union findet ihren institutionellen Niederschlag in der Europäischen Union. Die in früheren Verträgen noch stärkere Unterscheidung zwischen den *Außenbeziehungen* der Union in ihrer Gesamtheit und der (klassischen) *Außenpolitik* im engeren Sinne ist im Zuge der Umsetzung des Lissaboner Vertrages zwar nicht vollständig, aber weitgehend aufgehoben worden. In der „Gemeinsamen Außen- und Sicherheitspolitik" (GASP) und dem mit neuen Kompetenzen ausgestatteten Amt des „Hohen Vertreters der Union für die Außen- und Sicherheitspolitik" werden nunmehr die meisten außen- und sicherheitspolitischen Aufgaben institutionell gebündelt.[11] Hinzu kommt erstmalig ein institutioneller Unterbau, der sogenannte „Europäische Auswärtige Dienst" (EAD), der in seinen Kernfunktionen durchaus mit herkömmlichen Außenministerium vergleichbar ist (vgl. Duke 2009; Juncos und Pomorska 2015). Betrachtet man jedoch die GASP vor dem Hintergrund der *weitreichenden Integration anderer Politikfelder* ist nach wie vor auffällig, dass die institutionelle Struktur und die Entscheidungsregeln weitgehend *intergouvernemental* gestaltet sind,

---

[10] Vgl. die Erläuterung zu den Aufgaben der Europaabteilung durch das Auswärtige Amt (https://www.auswaertiges-amt.de/de/aamt/auswdienst/abteilungen/europaabteilung/214972) sowie die Organigramme von Bundeskanzleramt und Auswärtigem Amt in Kap. 3.

[11] Vgl. zur Genese der GASP, *Wagner und Hellmann* 2006 sowie *Bendiek* 2018.

d. h. dass die Staaten letztlich immer noch auf ein Vetorecht zurückgreifen können, wenn sie staatliche Kerninteressen tangiert sehen.

Die Außenpolitik der Union ist also viel stärker durch die gewachsene Praxis der Außenpolitik geprägt als die meisten anderen Felder der Union, in denen Mehrheitsentscheidungen dominieren. Betrachtet man die ausgefeilten institutionellen Mechanismen und Verfahren der GASP allerdings durch die Brille der klassischen Außenpolitik, ist es bemerkenswert wie weit diese Verfahren – trotz der Tatsache, dass das Prinzip der Regierungszusammenarbeit vorherrscht – die Praxis nationalstaatlicher Außenpolitik bereits verändert hat (Wong und Hill 2011; Bendiek 2018). Auffällig ist hier nicht nur das engmaschige Kommunikations- und Interaktionsnetz zwischen den nationalstaatlichen Außenministerien, sondern auch der stetige, wenn auch langsame Ausbau der außenpolitischen Kompetenzen auf der Ebene der Union wie auch die zunehmende Kohärenz der Außenpolitik. Diese reicht (wie immer wiederkehrende außenpolitische Divergenzen zwischen den EU-Mitgliedern wie etwa während des Irak-Krieges 2003 oder dem Libyen-Einsatz 2011 zeigen) gewiss bei weitem noch nicht an jene Kohärenz heran, die mit nationalstaatlicher Außenpolitik assoziiert wird. Aber wenn man sich die Entwicklung der GASP und ihres Vorläufers, der „Europäischen Politischen Zusammenarbeit" (EPZ) ansieht, ist es nach wie vor bemerkenswert, welche Entwicklung die Union trotz zahlreicher und immer wiederkehrender Rückschläge in den letzten Jahrzehnten genommen hat.

2.4.3 Transnationalisierung und Globalisierung

Eine weitere Dimension systemischer Veränderungen wird mit den Begriffen Transnationalisierung, Denationalisierung bzw. Globalisierung umschrieben. Wenn im Abschn. 2.4.1 Demokratisierung als ein Aufbrechen *innerstaatlicher* außenpolitischer Entscheidungs-strukturen aufgrund *sozialer* Veränderungen und die Europäisierung von Außenpolitik im vorangehenden Abschnitt als eine primär *gouvernementale* Reaktion auf neue Anforderungen des Regierens in einem zunehmend *integrierten Europa* dargestellt wurde, dann kann man jene Prozesse, die in diesem Abschnitt im Mittelpunkt stehen, vor allem als grenzüberschreitende Veränderungen fassen, die ein Aufbrechen jener exklusiven Kommunikationsverbindungen notwendig erscheinen ließen, die Diplomat*innen bis in das 20. Jahrhundert hinein untereinander pflegten.

Exklusiv waren diese Kommunikationsverbindungen früher in zweierlei Hinsicht: zum einen hinsichtlich der Herkunft und Zugehörigkeit einer „kosmopolitischen Bruderschaft" bzw. einer „aristokratischen Internationalen" von professionellen Diplomat*innen (vgl. Jönsson 2002, S. 215), die die Grenzen zwischen den Staaten, die sie repräsentierten, umso mehr betonen mussten als sie sich ansonsten kaum unterschieden. Exklusiv waren diese Kommunikationsverbindungen aber auch in dem Sinne, dass es ausschließlich den „Botschafter*innen" eines Staates erlaubt war, für diesen zu handeln. Transnationalisierung und Globalisierung beschreiben Prozesse, die diese überkommenen regierungszentrischen Kommunikationsformen deshalb als veraltet erscheinen lassen, weil sie (zumindest in ihrer Ausschließlichkeit) den zeitgenössischen transnationalen bzw. globalen Problemlagen nicht mehr angemessen sind.

Mit dem älteren Begriff der Transnationalisierung oder der transnationalen Politik (vgl. auch Abschn. 1.1) wird eine Entwicklung beschrieben, die durch eine enorme Zunahme jener grenzüberschreitenden Beziehungen und Interaktionen gekennzeichnet ist, bei denen mindestens ein nicht-staatlicher Akteur*innen involviert ist (vgl. Keohane und Nye 1972, S. xii–xvi; Risse 2013). Dabei kann es sich um Beziehungen handeln, die transnationale Akteur*innen an staatlichen Strukturen vorbei miteinander pflegen oder es kann sich um grenzüberschreitende Aktivitäten von nicht-staatlichen mit staatlichen Akteur*innen handeln. Diese Beziehungen sind nach dem Zweiten Weltkrieg zwar nicht erfunden worden, aber erst in der 2. Hälfte des 20. Jahrhunderts haben sie sich (teilweise exponentiell) vervielfacht (Barnett und Sikkink 2008). Ein Thema der Forschung wurden diese Beziehungen aber erst in den späten 1960er Jahren (vgl. Risse 2013, S. 429–430). Der Fokus dieser Forschung lag jedoch lange eher auf der Frage, was diese neue Form der Politik von alten Formen unterscheidet und inwieweit die neuen Akteur*innen Einfluss auf *staatliche Politiken* haben. Bis zum heutigen Tag weit weniger erforscht ist demgegenüber die Frage, inwieweit die Transnationalisierung die *Strukturen* nationalen bzw. internationalen Regierens (und insofern auch der Außenpolitik) verändert hat (vgl. Risse 2013, S. 436–438).

Mit diesen Fragen hat sich die mittlerweile unübersichtliche Globalisierungsliteratur weit mehr beschäftigt. Die Wurzeln dieser Forschung reichen wie jene der Literatur zur Transnationalisierung auf den klassischen Gegenpol zum Realismus, den „Idealismus", zurück, also in das frühe 20. Jahrhundert. In der Analyse wachsender zwischenstaatlicher Interdependenz in den 1970er Jahren trafen beide zusammen. Im Unterschied zur transnationalen Politik, bei der der Nationalstaat häufig noch den Bezugsrahmen abgibt, wird dieser Rahmen in der neueren Globalisierungsdiskussion weiter zurückgelassen (vgl. u. a. die Überblicke bei Milner 2011; Zürn 2013). Kernbeobachtung ist hier, dass sich die Grundkonfiguration der internationalen Beziehungen grundlegend gewandelt hat. Die „nationale Konstellation", die durch nationale Problemlagen, national staatliches Regieren, national staatlich gebündelte Ressourcen und nationale Legitimierungsprozesse geprägt gewesen sei, sei in den letzten Jahrzehnten zumindest in der so genannten OECD-Welt (d. h. im Kreis der marktwirtschaftlichen Demokratien des „Westens") zusehends durch eine „post-nationale Konstellation" ersetzt worden.[12] Gewiss, kaum jemand argumentiert, dass der Staat in dieser neuen Konstellation verschwindet. Aber dass sich Problemlagen seit mehreren Jahrzehnten „transnationalisieren" und zunehmend von internationalen Institutionen in die Nationalstaaten „hineinregiert" wird, lässt sich trotz der Tatsache, dass sich der Nationalstaat behauptet, zumindest für gewisse Problembereiche nicht mehr ignorieren (Zürn 2018; Nullmeier 2021).

Für die Außenpolitik ist dabei vor allem der Ausgangspunkt von Bedeutung – die Tatsache, dass sich Staaten zunehmend einer Reihe von neuartigen globalen Problemlagen ausgesetzt sehen, die zumindest Anpassungen, wenn nicht gar gravierende Veränderungen erfordern. Solche weitreichenden Verschiebungen der Problemlagen haben bereits im Zweiten Weltkrieg mit dem Atomwaffeneinsatz begonnen, als mit dem beginnenden Nuklearzeitalter die Irrationalität einer modernen Kriegführung, die die wechselseitige Auslöschung heraufbeschwor, allen bewusst wurde und neue Formen der Drohung („Abschreckung") und der Kommunikation („heißer Draht") erfunden wurden (vgl. Der Derian 1987, S. 202–207 sowie Jervis 1989). Sie zeigt sich in einer ganzen Serie von globalen Herausforderungen wie Klimawandel, Bevölkerungswachstum oder der Corona-Pandemie, die zu neuen, häufig auch in internationalen Organisationen dauerhaft institutionalisierten Formen der staatenübergreifenden Regulierung geführt haben (vgl. Rittberger und Zangl 2003, S. 49–87). Sie zeigt sich in den Möglichkeiten des Internet, klassische Formen diplomatischer Kommunikation wie etwa im Falle von WikiLeaks systematisch zu kompromittieren (Page und Spence 2011). Und sie zeigt sich nicht zuletzt in den neuen Formen des Terrorismus, der sich nicht nur transnational organisiert, sondern auch durch die Selektion der Opfer jenseits nationaler Vergemeinschaftungsformen eine klassische nationalstaatliche Antwort als völlig inadäquat erscheinen lässt (vgl. Daase 2003; Jackson et al. 2011).

In allen diesen Bereichen ist es ganz offensichtlich, dass das klassische Repertoire nationalstaatlicher Außenpolitik zumindest nicht mehr ausreicht, um eine adäquate Problemlösung zu erreichen. Entsprechend haben sich in Teilbereichen neue Formen des Regierens bereits durchgesetzt. Staaten unterliegen zumindest in Teilbereichen einer Art „TÜV" (Zangl und Zürn 2003, S. 166), der, teilweise auch durch Nichtregierungsorganisationen, von der Einhaltung bestimmter Menschenrechtsstandards (Amnesty International) oder Umweltstandards (Greenpeace) über Bonitätseinstufungen durch privatwirtschaftliche Unternehmen (etwa im Fall der

---

[12] Vgl. *Habermas* 1998; *Zangl und Zürn* 2003, S. 149–171 sowie *Nullmeier* 2021.

Ratingagenturen) oder suprastaatliche Qualitätssiegel (IWF oder Europäische Kommission zum Haushaltsgebaren) reicht. Selbst nach traditionellen Kriterien „mächtige" Staaten müssen mit spürbaren Kosten rechnen, wenn sie solche Standards verletzen. Sie können sich Qualitätsprüfungsverfahren zwar leichter als kleine Staaten entziehen, aber selbst sie werden dann die Folgen der Nicht-Einhaltung bestimmter Regeln zu spüren bekommen. Die Mitgliedsstaaten der Europäischen Union, die zu den wichtigsten Akteuren in der globalen Wirtschafts- und Finanzpolitik gehören, haben dies im Zuge der europäischen Staatsschuldenkrise 2010/2011 schmerzlich erfahren, als wiederholte Herabstufungen durch privatwirtschaftliche Ratingagenturen die Schuldenkrise verschärften.

Diese Veränderung der zunehmenden Legitimierung staatlicher (Außen-)Politik durch externe, teilweise nicht-staatliche Akteure wird noch übertroffen durch die sukzessive Aushöhlung des Prinzips der Souveränität, das für das moderne Staatensystem konstitutiv ist. Das Prinzip der Nicht-Einmischung in die inneren Angelegenheiten, ein Grundpfeiler der auf prinzipieller Gleichheit beruhenden internationalen Gesellschaft, verliert zusehends an Gültigkeit. Die Verletzung von Menschenrechten wie in Ruanda 1994 oder Libyen 2011 kann nicht nur aus moralischen, sondern auch aus pragmatischen Gründen dazu führen, dass gerade für Demokratien Einmischung zur Pflicht wird und die inneren Angelegenheiten eines anderen Staates zu einer Angelegenheit einer neuen Form der Vergesellschaftung erklärt werden, die dieses Innere zu einem gemeinsamen Innen (wie in dem Begriff der „Weltinnenpolitik") erhebt (vgl. Hasenclever 2001; Doyle 2011; Swatek-Evenstein 2020).

2.5 Schluss

Außenpolitik wurde in diesem Kapitel als eine soziale Praxis des Politischen beschrieben, deren Entwicklungslinien bis ins Mittelalter zurückreichen, sich über die nachfolgenden Jahrhunderte entfaltete und klarere Konturen gewann und die sich bis in die Gegenwart als eine zwar stets anpassungsbedürftige, insgesamt aber auch bemerkenswert anpassungsfähige Praxis des Politischen behauptet hat. Diplomatie und Krieg erschienen dabei als die beiden wichtigsten Instrumente, die diese Praxis von anderen („innen"-)politischen Praxen abheben und zur Reproduktion eines *inter-nationalen* Systems beitragen. Gerade die letzten Abschnitte haben allerdings auch gezeigt, dass eine staats- oder regierungszentrische Perspektive der Vielfalt der internationalen Beziehungen nicht mehr gerecht wird. Dies zeigt sich bereits an den Veränderungen des modernen Krieges, der als Mittel der (Außen-)Politik zur Lösung zwischenstaatlicher Konflikte zwischen

Großmächten nicht zuletzt deshalb völlig kontraproduktiv ist, weil ihm die Zerstörungskraft moderner Waffen jeden Rest von Rationalität genommen hat, die er vor siebzig oder achtzig Jahren vielleicht noch hatte. Es zeigt sich auch an der deutlichen Ausweitung der Akteursgruppen, die in die Domäne der Außenpolitik als einer vormals exklusiven Sphäre des Diplomaten und des Soldaten eingedrungen sind. Die Ermöglichung und Herstellung kollektiv bindender Entscheidungen in staatenübergreifenden Zusammenhängen sind daher nicht mehr den Staaten und Regierungen allein überlassen.

Entgegen mancher verfrühter Todesanzeigen erweist sich der (National-)Staat allerdings als vergleichsweise robust – und mit ihm seine Diplomat*innen und Soldat*innen. Eine Abschaffung der Bundeswehr, die angesichts der Bedrohungslage in den 1990er Jahren keineswegs völlig irrational erschien, steht nicht erst seit Putins Krieg in der Ukraine nicht mehr zur Diskussion. Und obwohl Deutschland nach der Osterweiterung der Europäischen Union und der NATO nur noch von Staaten umgeben ist, die ihm wohlgesonnen sind, mit denen es auf das engste zusammenarbeitet und denen gegenüber „Außen-"politik im klassischen Sinne bestenfalls in eingeschränktem Maße vorkommt – trotz all dieser Veränderungen der Außenpolitik spricht nichts dafür, dass der „Auswärtige Dienst" als Karriereschmiede und personelle Verkörperung deutscher Außenpolitik, irgendwann verschwinden wird. Die Praxis der Außenpolitik ist also lebendig, auch wenn sich ihre Formen ändern. Sie überlebt nicht zuletzt deshalb, weil wohl auf absehbare Zeit keine Vergemeinschaftungsprozesse realisierbar sind, die die Differenz zwischen politischen Einheiten so weit einebnen, dass es nur noch ein einziges „Innen" gibt. Auch wenn daher die Institutionen der Diplomatie und des Krieges sich verändern mögen, bedeutet dies lediglich, dass auch Außenpolitik sich anpassen muss. Angesichts der Erfahrungen der letzten Jahrhunderte dürfte ihr dies wohl nicht allzu schwerfallen.

Literatur

Andersen, M. S., & Wohlforth, W. C. (2021). Balance of Power: A Key Concept in Historical Perspective. In B. de Carvallo, J. Costas Lopez, & H. Leira (Hrsg.), *Routledge Handbook of Historical International Relations* (S. 289–301). Routledge

Aron, R. (1986). *Frieden und Krieg: Eine Theorie der Staatenwelt*. Fischer Verlag

Barnett, M., Sikkink, K. (2008). From International Relations to Global Society. In C. Reus-Smit, & D. Snidal (Hrsg.), *The Oxford Handbook of International Relations* (S. 62–83). Oxford University Press

Baum, M. A., & Potter, P. B. K. (2019). Media, Public Opinion, and Foreign Policy in the Age of Social Media. *Journal of Politics*, 81(2).

Literatur

Bauman, Z. (2000). *Vom Nutzen der Soziologie*. Suhrkamp

Bendiek, A. (2018). *Europa verteidigen: Die Gemeinsame Außen- und Verteidigungspolitik der Europäischen Union*. Verlag W. Kohlhammer

Bergstraesser, A., & Oberndörfer, D. (1975). *Klassiker der Staatsphilosophie*. Koehler

Berridge, G. R. (2022). *Diplomacy: Theory and Practice*. Springer International Publishing

Brettschneider, F. (1998). Massenmedien, öffentliche Meinung und Außenpolitik. In W.-D. Eberwein, & K. Kaiser (Hrsg.), *Deutschlands neue Außenpolitik* (Band 4: Institutionen und Ressourcen, S. 215–226). Oldenbourg

Bull, H. (1977). *The Anarchical Society: A Study of Order in World Politics*. Columbia University Press

Conrad, J., & Souva, M. (2020, 27. Oktober). *Interests, Institutions, and Defense Spending*. Oxford Research Encyclopedia of Politics. Erhalten am 14. April 2022, unter https://doi.org/10.1093/acrefore/9780190228637.013.1881

Constantinou, C. M., Kerr, P., & Sharp, P. (2016). *The Sage Handbook of Diplomacy*. SAGE

Cull, N. J. (2011). WikiLeaks, Public Diplomacy 2.0 and the State of Digital Public Diplomacy. *Place Branding and Public Diplomacy*, 7(1), 1–8

Czempiel, E.-O. (1999). *Kluge Macht: Außenpolitik für das 21. Jahrhundert*. C.H.Beck

Daase, C. (2003). Krieg und politische Gewalt. In G. Hellmann, K. D. Wolf, & M. Zürn (Hrsg.), *Die neuen Internationalen Beziehungen* (S. 161–208). Nomos

Der Derian, J. (1987). *On Diplomacy: A Genealogy of Western Estrangement*. Blackwell

Devetak, R. (2021). Reason of State: An Intellectual History. In B. de Carvallo, J. Costas Lopez, & H. Leira (Hrsg.), *Routledge Handbook of Historical International Relations* (S. 277–288). Routledge

Dosenrode, S. (2020). Europeanization. Oxford Research Encyclopedia of Politics. Erhalten am 16. Mai 2022, unter https://doi.org/10.1093/acrefore/9780190228637.013.1477

Doyle, M. W. (2011). International Ethics and the Responsibility to Protect. *International Studies Review*, 13(1), 72–84

Duchhardt, H. (1999). Westphalian System: Zur Problematik einer Denkfigur. *Historische Zeitschrift*, 269, 305–315

Duke, S. (2009). Providing for European-Level Diplomacy after Lisbon: The Case of the European External Action Service. *The Hague Journal of Diplomacy*, 4, 211–233

Eichenberg, R. C., & Stoll, R. (2003). Democratic Control of the Defense Budget in the United States and Western Europe. *Journal of Conflict Resolution*, 47(4), 399–422

Fenske, H. (1975). Gleichgewicht, Balance. In O. Brunner, W. Conze, & R. Koselleck (Hrsg.), *Geschichtliche Grundbegriffe: Historisches Lexikon zur politisch-sozialen Sprache in Deutschland* (Band 2, S. 959–996). Klett-Cotta

Güllner, M. (2003). Hinten in der Türkei…. Die Bedeutung außenpolitischer Themen für die Deutschen. *Internationale Politik*, 58(9), 51–56

Habermas, J. (1998). *Die postnationale Konstellation: Politische Essays*. Suhrkamp

Handler, H. (2021). *Krisengeprüftes Europa. Wie wir die Solidarität in der EU stärken können*. Springer Nature

Hasenclever, A. (2001). *Die Macht der Moral in der internationalen Politik: Militärische Interventionen westlicher Staaten in Somalia, Ruanda und Bosnien-Herzegowina*. Campus Verlag

Hellmann, G. (2006). *Germany's EU Policy in Asylum and Defense: De-Europeanization by Default?*. Palgrave Macmillan

Hellmann, G. (2011). Das neue Selbstbewusstsein deutscher Außenpolitik und die veränderten Standards der Angemessenheit. In T. Jäger, A. Höse, & K. Oppermann (Hrsg.), *Deutsche Außenpolitik* (2. erw. Aufl., S. 735–758). Verlag für Sozialwissenschaften

Hellmann, G., Fahrmeir, A., & Vec, M. (2016). *The Transformation of Foreign Policy: Drawing and Managing Boundaries from Antiquity to the Present*. Oxford University Press

Holst, C. (1998). Einstellungen der Bevölkerung und der Eliten: Vom alten zum neuen außenpolitischen Konsens? In W.-D. Eberwein, & K. Kaiser (Hrsg.), *Institutionen und Ressourcen* (Deutschlands neue Außenpolitik 4, S. 227–238). Oldenbourg

Hoyer, W. (1998). Nationale Entscheidungsstrukturen deutscher Europapolitik. In W.-D. Eberwein, & K. Kaiser (Hrsg.), *Institutionen und Ressourcen* (Deutschlands neue Außenpolitik 4, S. 75–86). Oldenbourg

Huug, E. (2016). Public Diplomacy. In C. M. Constantinou, P. Kerr, & P. Sharp (Hrsg.), *The Sage Handbook of Diplomacy* (S. 437–450). SAGE

Jackson, R., Jarvis, L., Gunning, J., & Smyth, M. B. (2011). *Terrorism: A Critical Introduction*. Palgrave Macmillan

James, A. (2016). Diplomatic Relations between States. In C. M. Constantinou, P. Kerr, & P. Sharp (Hrsg.), *The Sage Handbook of Diplomacy* (S. 257–267). SAGE

Janning J. (2007). Europäische Union und deutsche Europapolitik. In S. Schmidt, G. Hellmann, & R. Wolf (Hrsg.), *Handbuch zur deutschen Außenpolitik* (S. 747–762). Verlag für Sozialwissenschaften

Jervis. (1989). *The Meaning of the Nuclear Revolution: Statecraft and the Prospect of Armageddon*. Cornell University Press

Jönsson, C. (2002). Diplomacy, Bargaining and Negotiation. In W. Carlsnaes, T, Risse, & B. A. Simmons (Hrsg), *Handbook of International Relations* (S. 212–234). SAGE

Juncos, A. E., & Pomorska, K. (2015). The European External Action Service. In K. E. Jørgensen, Å. K. Aarstad, E. Drieskens, K. Laatikainen, & B. Tonra (Hrsg.), *The Sage Handbook on European Foreign Policy* (S. 238–250). SAGE

Katzenstein, P. J. (1997). United Germany in an Integrating Europe. In ders. (Hrsg.), *Tamed Power: Germany in Europe* (S. 1–48). Cornell University Press

Keohane, R. O., & Nye, J. S. Jr. (1972). Transnational Relations and World Politics: An Introduction. In dies. (Hrsg.), *Transnational Relations and World Politics* (S. ix–xxix). Harvard University Press

Kertzer, J. D., & Zeitzoff, T. (2017). A Bottom-Up Theory of Public Opinion about Foreign Policy. *American Journal of Political Science*, 61(3), 543–558

Kissinger, H. (1994). *Diplomacy*. Simon & Schuster

Knodt, M., & Kohler-Koch, B. (2000). *Deutschland zwischen Europäisierung und Selbstbehauptung* (Mannheimer Jahrbuch für Europäische Sozialforschung 5). Campus Verlag

Kohler-Koch, B. (2000). Europäisierung: Plädoyer für eine Horizonterweiterung. In M. Knodt, & B. Kohler-Koch (Hrsg.), *Deutschland zwischen Europäisierung und Selbstbehauptung* (Mannheimer Jahrbuch für Europäische Sozialforschung 5, S. 11–31). Campus Verlag

König, T., & Mäder, L. (2008). Das Regieren jenseits des Nationalstaates und der Mythos einer 80- Prozent-Europäisierung in Deutschland. *Politische Vierteljahresschrift*, 49(3), 438–463

Kratochwil, F. (2018). *Praxis: On Acting and Knowing*. Cambridge University Press

Leibfried, S., & Zürn, M. (2005*). Transformations of the State?*. Cambridge University Press

Leira, H. (2019). The Emergence of Foreign Policy. *International Studies Quarterly*, 63(1), 187–198

Leira, H. (2021). Diplomacy: The World of States and Beyond. In B. de Carvallo, J. Costas Lopez, & H. Leira (Hrsg.), *Routledge Handbook of Historical International Relations* (S. 302–310). Routledge

Leppin, H. (2016). Aspects of the Christianization of Foreign Policy in Late Antiquity. In G. Hellmann, A. Fahrmeir, & M. Vec (Hrsg.), *The Transformation of Foreign Policy: Drawing and Managing Boundaries from Antiquity to the Present* (S. 105–124). Oxford University Press

Meinecke, F. (1976). *Die Idee der Staatsräson in der neueren Geschichte*. Oldenbourg

Milner, H. V. (2011). Globalization. In B. Badie, D. Berg-Schlosser, & L. Morlino (Hrsg.), *International Encyclopedia of Political Science* (S. 973–984). SAGE

Münkler, H. (1984). *Machiavelli: Die Begründung des politischen Denkens der Neuzeit aus der Krise der Republik Florenz*. Fischer Verlag

Nacos, B. L., Shapiro, R. Y., & Isernia, P. (2000). *Decisionmaking in a Glass House: Mass Media, Public Opinion, and American and European Foreign Policy in the 21st Century*. Rowman & Littlefield

Nullmeier, F. (2021). Handlungsspielräume des Nationalstaates: Demokratisches Regieren in der post-nationalen Konstellation. In K. Korte, M. Florack (Hrsg.), *Handbuch Regierungsforschung* (S. 1–10). Springer Nature

Page, M., & Spence, J. E. (2011). Open Secrets Questionably Arrived At: The Impact of Wikileaks on Diplomacy. *Defence Studies*, 11(2), 234–243

Risse, T. (2013). Transnational Actors and World Politics. In W. Carlsnaes, T. Risse, & B. A. Simmons (Hrsg), Handbook of International Relations (2. Aufl., S. 426–452). SAGE

Risse-Kappen, T. (1991). Public Opinion, Domestic Structure, and Foreign Policy in Liberal Democracies. *World Politics* 43(4), 479–512

Rittberger, V., & Zangl, B. (2003). *Internationale Organisationen: Politik und Geschichte* (Grundwissen Politik, Band 10). Leske + Budrich

Robinson, P. (2016). The Role of Media and Public Opinion. In S. Smith, A. Hadfield, & T. Dunne (Hrsg.), *Foreign Policy: Theories, Actors, Cases*. Oxford University Press

Schmidt, S. (2011). To Order the Minds of Scholars: The Discourse of the Peace of Westphalia in International Relations Literature. *International Studies Quarterly*, 55(3), 1–23

Schwarz, O. (2020). Die Europäisierung des Intergouvernementalismus. In K.-R. Korte, & M. Florack (Hrsg.), *Handbuch Regierungsforschung*. Springer

Shiraev, E. (2000). Toward a Comparative Analysis of the Public Opinion-Foreign Policy Connection. In B. L. Nacos, R. Y. Shapiro & P. Isernia (Hrsg.), *Decisionmaking in a Glass House: Mass Media, Public Opinion, and American and European Foreign Policy in the 21st Century* (S. 297–304). Rowman & Littlefield

Swatek-Evenstein, M. (2020). *A History of Humanitarian Intervention*. Cambridge University Press

Van der Pijl, K. (1996). *Vordenker der Weltpolitik: Einführung in die internationale Politik aus ideengeschichtlicher Perspektive* (Grundwissen Politik, Bd. 13). Leske + Budrich

Vergerio, C. (2021). International Law and the Laws of War. In B. de Carvallo, J. Costas Lopez, & H. Leira (Hrsg.), *Routledge Handbook of Historical International Relations* (S. 321–329). Routledge

Wagner, W., & Hellmann, G. (2006). Zivile Weltmacht? Die Außen-, Sicherheits- und Verteidigungspolitik der Europäischen Union. In M. Jachtenfuchs, & B. Kohler-Koch (Hrsg.), *Europäische Integration* (2. Aufl., S. 569–596). Verlag für Sozialwissenschaften

Waltz, K. N. (1979). *Theory of International Politics.* McGraw-Hill

Watson, A. (1992). Diplomacy. In J. Baylis, & N. J. Rengger (Hrsg.), *Dilemmas of World Politics: International Issues in a Changing World* (S. 159–173). Clarendon Press

Wendt, A. (1992). Anarchy is What States Make of It: The Social Construction of Power Politics. *International Organization, 46*(2), 391–425

Wille, T. (2021). Politik und ihre Grenzen in Clausewitz' Denken über den Krieg. *Politische Vierteljahresschrift, 62*(1), 45–67

Wong, R., & Hill, C. (2011). *National and European Foreign Policies: Towards Europeanization.* Routledge

Zangl, B., & Zürn, M. (2003). *Frieden und Krieg: Sicherheit in der nationalen und postnationalen Konstellation.* Suhrkamp

Zürn, M. (2013). From Interdependence to Globalization. In W. Carlsnaes, T. Risse, & B. A. Simmons (Hrsg*.), Handbook of International Relations* (2. Aufl., S. 401–425). SAGE

Zürn, M. (2018). *A Theory of Global Governance: Authority, Legitimacy, and Contestation.* Oxford University Press

Wer macht deutsche Außenpolitik? 3

Zusammenfassung

Die Redeweise, dass Außenpolitik „gemacht" wird, verweist auf die große Bedeutung bestimmter Akteure, die sie prägen. In diesem Kapitel stehen neben solchen Akteuren vor allem die „internen" Strukturen im Mittelpunkt, die Außenpolitik prägen. Dazu zählen insbesondere die Normen, Regeln und Praktiken, die die Außenpolitik eines Staates kennzeichnen und die sich häufig von den Normen, Regeln und Praktiken anderer Staaten unterscheiden. Die konkrete Ausprägung dieser innerstaatlichen Rahmenbedingungen deutscher Außenpolitik wird in diesem Kapitel diskutiert. Zunächst wird geklärt, welche Akteure zu unterscheiden sind, wenn danach gefragt wird wer Außenpolitik „macht". Im Zentrum dieses Kapitels steht sodann die Aufteilung der verfassungsrechtlichen Kompetenzen zwischen Bund und Ländern auf der einen sowie auf der Ebene des Bundes auf der anderen Seite. Danach wird anhand einiger Beispiele illustriert und diskutiert, dass und inwiefern sich die Analyse außenpolitischer Entscheidungsstrukturen nicht auf formelle Institutionen beschränken kann. Das Kapitel schließt mit einigen zusammenfassenden Einschätzungen neuerer Entwicklungen im Spannungsfeld zwischen den Erfordernissen einer sowohl demokratisch legitimierten als auch effektiven Außenpolitik.

3.1 Einleitung

Im ersten Kapitel wurde Außenpolitik definiert als jene Handlungen staatlicher Akteure, die auf die Ermöglichung und Herstellung kollektiv bindender Entscheidungen in den internationalen Beziehungen abzielen. Im Hinblick auf die Ermöglichung von kollektiv bindenden Entscheidungen sind dabei zwei wichtige Dimensionen zu unterscheiden. Zum einen gibt es bestimmte *internationale* Rahmenbedingungen oder Strukturen, die solche Handlungen überhaupt erst ermöglichen. Sie sind ihrerseits über Jahrhunderte hinweg aus den Handlungen und Interaktionen internationaler Akteure entstanden und fortgeschrieben worden. Die Praxis der internationalen Diplomatie und das Völkerrecht sowie umfassendere historische Prozesse wie Europäisierung oder Globalisierung, die im vorangehenden Kapitel untersucht wurden, sind Ausdruck solcher Strukturen. Sie bilden den internationalen Rahmen, innerhalb dessen sich die Außenpolitik eines jeden Staates bewegt. Zum anderen gibt es *innerstaatliche* Rahmenbedingungen – Normen, Regeln und Praktiken, die die Außenpolitik eines Staates kennzeichnen und die sich häufig von den Normen, Regeln und Praktiken anderer Staaten unterscheiden. Die konkrete Ausprägung dieser innerstaatlichen Rahmenbedingungen deutscher Außenpolitik wird in diesem Kapitel diskutiert.

Im Folgenden wird zunächst geklärt, welche Akteure zu unterscheiden sind, wenn danach gefragt wird „wer Außenpolitik macht" (Abschn. 3.2). Im Zentrum dieses Kapitels (Abschn. 3.3) steht sodann die Aufteilung der verfassungsrechtlichen Kompetenzen zwischen Bund und Ländern auf der einen (Abschn. 3.3.1) sowie auf der Ebene des Bundes auf der anderen Seite (Abschn. 3.3.2). Im (Abschn. 3.4) werden einige Beispiele vorgestellt, die zeigen, dass sich die Analyse außenpolitischer Entscheidungsstrukturen nicht auf formelle Institutionen beschränken kann. Das Kapitel schließt (Abschn. 3.5) mit einigen zusammenfassenden Einschätzungen neuerer Entwicklungen im Spannungsfeld zwischen den Erfordernissen einer sowohl demokratisch legitimierten als auch effektiven Außenpolitik.

3.2 Auswärtige Gewalt und Außenpolitik

Die Frage „Wer macht (deutsche) Außenpolitik?" unterstellt einen Akteur oder mehrere Akteur*innen der oder die Außenpolitik „machen", also wesentlichen Anteil an der Herstellung kollektiv bindender Entscheidungen in den internationalen Beziehungen haben. In einem sehr grundlegenden Sinne ist das *der Staat* als solcher. Durch die Praxis der internationalen Politik und ihre Fixierung in völkerrechtlichen Regeln, vor allem dem Prinzip der einzelstaatlichen Souveränität, wird ihm gleichsam „von außen" eine Handlungskompetenz zugewiesen. In der Sprache des Völkerrechts und des Staatsrechts ist das die eine Seite des Begriffs der „auswärtigen Gewalt" – die Befähigung eines Staates, sich als Völkerrechtssubjekt zu betätigen. Die andere Seite des Begriffs der auswärtigen Gewalt verweist auf innerstaatliche Regelungen, insbesondere über die vertikale und horizontale Kompetenzverteilung im Staat, „einschließlich des Aspekts, ob auch Privatrechtssubjekte außenpolitisch in Erscheinung treten dürfen" (Schorkopf 2017, S. 236–243, hier S. 238).

Im Blick auf diese innerstaatliche Seite wäre es nun aber keineswegs befriedigend, lediglich davon zu sprechen, dass „der Staat" Außenpolitik „macht", denn ganz offensichtlich bedarf es hier eines genaueren Blicks, *welche Akteur*innen* mit *welchen Kompetenzen* ausgestattet sind. Hinzu kommt, dass die in der Frage „Wer macht Außenpolitik?" angelegte weitergehende Frage, was genau die Formulierung „Außenpolitik machen" bedeutet, eine weitere wichtige Unterscheidung zwischen mindestens zwei Typen von Akteur*innen nahe legt: Akteur*innen, die legitimiert sind, Entscheidungen mit verbindlicher Wirkung zu treffen, und Akteur*innen, die zwar Einfluss auf Außenpolitik nehmen und möglicherweise auch ihrerseits Außenbeziehungen pflegen, aber keine formalen Kompetenzen besitzen, Entscheidungen mit verbindlicher Wirkung zu treffen. Im Mittelpunkt dieses Kapitels stehen Akteur*innen des ersten Typs. Die zweite Kategorie von Akteur*innen, also etwa so genannte „Nicht-Regierungsorganisationen" (NRO), wird in einem nachfolgenden Kapitel untersucht.

3.3 Das politische System und die Verteilung der außenpolitischen Kompetenzen

3.3.1 Kompetenzverteilung zwischen Bund und Ländern

„Die Bundesrepublik Deutschland ist ein demokratischer und sozialer Bundesstaat" (Art. 20 Abs. 1 GG). Im staatsrechtlichen Sinne handelt es sich also um eine Verbindung zwischen einem Gesamtstaat (dem „Bund") und seinen Gliedstaaten (den „Ländern"). Die grundlegende Frage ist daher, wie im Verhältnis zwischen Bund und Ländern die Kompetenzen in der Außenpolitik verteilt sind. Prinzipiell sind die Gewichte im föderalen System der Bundesrepublik so verteilt, dass in allen nicht explizit geregelten Fragen eine so genannte „Zuständigkeitsvermutung" zugunsten der Länder vorliegt (Art. 30 GG; Katz 2010, S. 133–134). In Fragen der Außenpolitik nimmt das Grundgesetz allerdings eine solche Festlegung eindeutig vor: „Die Pflege der Beziehungen zu auswärtigen Staaten ist Sache des Bundes" (Art. 32 Abs. 1 GG). In Fragen der Außenpolitik wie auch der Verteidigung hat der Bund die „ausschließliche Gesetzgebung" (Art. 73 Abs. 1, Satz 1 GG), d. h., die Länder sind nur dann zuständig, wenn der Bund sie durch Gesetz dazu „ausdrücklich ermächtigt" (Art. 71 GG). Liegt eine solche Ermächtigung vor, können die Länder aber „mit Zustimmung der Bundesregierung mit auswärtigen Staaten Verträge abschließen" (Art. 32 Abs. 3 GG; Jarass und Pieroth 2011, S. 641–643). In der Geschichte der Bundesrepublik hat dieses Recht lange Zeit nur begrenzte Wirkung entfaltet. So haben etwa einige Länder im Bereich ihrer Gesetzgebungskompetenz für das Schulwesen von diesem Recht Gebrauch gemacht, indem sie mit dem Vatikan Verträge über den Religionsunterricht in den Schulen schlossen (vgl. Bierling 2005, S. 23). Zudem haben insbesondere die Länder Bayern, Baden-Württemberg und Rheinland-Pfalz zahlreiche Verträge mit den jeweils angrenzenden Nachbarstaaten geschlossen (Rudolf 1989, S. 11). Im Zuge der Vertiefung der europäischen Integration (s. u.) hat sich dieser Prozess weiter intensiviert. Ferner haben die Länder in bestimmten Fällen Anhörungsrechte. So müssen sie vor dem Abschluss eines Vertrages, „der die besonderen Verhältnisse eines Landes berührt, (…) rechtzeitig" angehört werden (Art. 32 Abs. 2 GG). Grundsätzlich bedeutet dies allerdings nur, dass der Bund gehalten ist, Einwände oder Anregungen der Länder zu prüfen. Er ist aber nicht verpflichtet, sich diese zu eigen zu machen (Jarass und Pieroth 2011, S. 640).

Diese klassischen Regelungen haben eine weiter reichende Veränderung erst im Zusammenhang mit der deutschen Vereinigung sowie im Zuge der Vertiefung der europäischen Integration durch den Vertrag von Maastricht im Jahr 1992 und den Vertrag von Lissabon erfahren (vgl. Schmuck 2010). Da aufgrund der engen Verflechtung mit und teilweise weitgehender Souveränitätsübertragungen auf die Europäische Gemeinschaft (bzw. seit 1992 die Europäische Union) die für die Kompetenzabgrenzung zwischen Bund und Ländern maßgebliche Unterscheidung zwischen Innen- und Außenpolitik zunehmend brüchig geworden war und die Handlungsfähigkeit der Länder durch Eingriffe der europäischen Ebene immer stärker eingeschränkt wurde, drängten die Länder auf eine Neuregelung der Kompetenzen in diesem Bereich. Die Neufassung des Art. 23 GG trug dem Rechnung. Den Ländern wurde nunmehr nicht nur das Recht eingeräumt, über den Bundesrat in allen Angelegenheiten der Europäischen Union mitzuwirken und „umfassend und zum frühestmöglichen Zeitpunkt" unterrichtet zu werden (Art. 23 Abs. 2 GG). Hinzu kam, dass der Bund die Interessen der Länder nicht mehr nur über ein Anhörungsrecht prüfen, sondern sachlich „berücksichtigen" oder gar „maßgeblich berücksichtigen" muss, je nachdem ob die primäre Zuständigkeit der Gesetzgebung beim Bund oder bei den Ländern liegt (Art. 23 Abs. 5 GG; vgl. auch Jarass und Pieroth 2011, S. 582–586). Noch weiter gehen die Mitwirkungsrechte in Bereichen, in denen die ausschließlichen Gesetzgebungsbefugnisse bei den Ländern liegen, also etwa der schulischen Bildung, der Kultur oder dem Rundfunk. Hier soll die Wahrnehmung der Rechte, die Deutschland als Mitglied der EU zustehen, „vom Bund auf einen vom Bundesrat benannten Vertreter der Länder übertragen werden." Zwar sollen diese Ländervertreter nur „unter Beteiligung und in Abstimmung mit der Bundesregierung" handeln, aber die Federführung liegt nunmehr eindeutig bei den Ländern (Art. 23 Abs. 6 GG; Jarass und Pieroth 2011, S. 587–588).[1] Diese Entwicklung belegt nicht nur, wie die Ausdifferenzierung moderner Formen des Regierens auf unterschiedlichen Handlungsebenen die klassische Trennung zwischen Innen- und Außenpolitik unterläuft. Sie zeigt auch, wie im einvernehmlichen Handeln zwischen Bund und Ländern Kompetenzzuweisungen verändert werden.[2]

3.3.2 Die Kompetenzverteilung zwischen den Organen des Bundes

Trotz dieser Verschiebung in der Kompetenzzuweisung zwischen Bund und Ländern in der Europapolitik ist die Dominanz des Bundes in Fragen der Außenpolitik nach wie vor weitgehend unumstritten. Wichtig ist dabei vor allem die Prärogative der Exekutive, also der Vorrang der Bundesregierung. Sie ist prinzipiell diejenige, die Außenpolitik *macht*: Sie schließt Verträge und andere internationale Vereinbarungen, sie vertritt Deutschland in internationalen Institutionen und gegenüber anderen Staaten. Die anderen Verfassungsorgane auf der Ebene des Bundes – Bundestag, Bundesrat und Bundespräsident – haben zwar zum Teil wichtige Mitwirkungsrechte, das Recht zur *Initiative* in der Außenpolitik liegt aber weitgehend bei der Bundesregierung.

---

[1] Die Bestimmungen des Art. 23 GG werden ergänzt durch zweierlei Rechtsakte, in denen weitere Details geregelt sind: das „Gesetz über die Zusammenarbeit von Bund und Ländern in Angelegenheiten der Europäischen Union" (EUZBLG) vom 12. März 1993, zuletzt geändert durch das Gesetz vom 22. September 2009 (Bundesgesetzblatt Teil I Seite 3031), https://www.gesetze-im-internet.de/euzblg/BJNR031300993.html (04.05.2022) sowie die „Vereinbarung zwischen der Bundesregierung und den Regierungen der Länder zur Regelung weiterer Einzelheiten der Zusammenarbeit von Bund und Ländern in Angelegenheiten der Europäischen Union" (§ 9 Satz 2 EUZBLG), https://www.bundesrat.de/DE/aufgaben/recht/bund-laender-eu/bund-laender-eu-node.html (04.05.2022).

[2] Zur Rolle der Länder in der EU-Politik vgl. Nettesheim 2010 und Schmuck 2010.

Die Bundesregierung

Auch wenn sich im Grundgesetz nur wenige explizite Vorgaben finden, gilt die Außenpolitik nach der Rechtsprechung des Bundesverfassungsgerichts als „weitgehend dem Kompetenzbereich der Exekutive zugeordnet" (BVerfGE 68, 1 [86]). Dabei kommt dem Bundeskanzler aufgrund seiner hervorgehobenen Stellung im politischen System der Bundesrepublik eine zentrale Rolle zu. Er:

- „bestimmt die Richtlinien der Politik und trägt dafür die Verantwortung" (Art. 65 Satz 1 GG).[3]
- schlägt dem Bundespräsidenten die Minister zur Ernennung vor (Art. 64 Abs 1 GG);
- kann im Bundestag die Vertrauensfrage stellen (Art. 68 Abs 1 GG);
- übernimmt mit der Verkündung des so genannten Verteidigungsfalles automatisch vom Verteidigungsminister die Befehls- und Kommandogewalt über die Bundeswehr (Art. 115b GG) (Abb. 3.1).

In der Fachliteratur ist deshalb davon die Rede, dass neben dem so genannten „Ressort-" und „Kabinettsprinzip" das „Kanzlerprinzip" von besonderer Bedeutung ist (Mertes 2000, S. 66–76; Siwert-Probst 1998, S. 13; Korte 2007, S. 203–206). Verglichen mit den verfügbaren personellen Ressourcen in den einzelnen Ministerien ist das die Bundeskanzlerin unterstützende Bundeskanzleramt zwar recht klein, aber der wichtigen Koordinierungsfunktion im bundesrepublikanischen Regierungssystem tut dies keinen wesentlichen Abbruch (Korte 2007, S. 206–207). Wie stark sich das Kanzlerprinzip jedoch in der Praxis des alltäglichen außenpolitischen Geschäfts auswirkt, hängt von mehreren Faktoren ab. Von wesentlicher Bedeutung ist natürlich erstens die Persönlichkeit des jeweiligen Kanzlers bzw. der Kanzlerin. Hier gibt es zwischen den bisherigen neun Amtsinhabern deutliche Unterschiede. So engagierten sich etwa Konrad Adenauer, Willy Brandt, Helmut Schmidt, Helmut Kohl und Angela Merkel in der Außenpolitik

---

[3] Paragraph 1 der Geschäftsordnung der Bundesregierung (GOBReg.) präzisiert darüber hinaus, dass der Bundeskanzler „die Richtlinien der inneren und äußeren Politik" bestimmt; hinzu kommt, dass er nach § 9 GOBReg. „in den Grundzügen" die Geschäftsbereiche der einzelnen Bundesminister festlegt, er also Kompetenzen verlagern kann (Geschäftsordnung der Bundesregierung vom 11. Mai 1951 in der zuletzt am 21. November 2002 geänderten Fassung (GMBl. S. 848) https://www.bundesregierung.de/breg-de/themen/geschaeftsordnung-der-bundesregierung-459846 (04.05.2022)). Dies ist für die Außenpolitik im letzten Jahrzehnt zunehmend von Bedeutung geworden, weil sich Stimmen mehrten, Zuständigkeiten für die Europapolitik auch jenseits der etwa durch den Vertrag von Lissabon erfolgten Änderungen zugunsten des Bundeskanzlers aus dem Außenministerium auszulagern.

3.3 Das politische System und die Verteilung der außenpolitischen ...

Vorrang des Bundes vor den Ländern

„Die Pflege der Beziehungen zu auswärtigen Staaten ist Sache des Bundes."(Art. 32 Abs. 1 GG)

Kanzler-, Ressort- und Kabinettsprinzip

„Der Bundeskanzler bestimmt die Richtlinien der Politik und trägt dafür die Verantwortung. Innerhalb dieser Richtlinien leitet jeder Bundesminister seinen Geschäftsbereich selbständig und unter eigener Verantwortung. Über Meinungsverschiedenheiten zwischen den Bundesministern entscheidet die Bundesregierung."(Art. 65, Satz 1, GG)

Mitwirkungsrechte der Legislative in allgemeinen Fragen der Außenpolitik

„Verträge, welche die politischen Beziehungen des Bundes regeln oder sich auf Gegenstände der Bundesgesetzgebung beziehen, bedürfen der Zustimmung oder der Mitwirkung der jeweils für die Bundesgesetzgebung zuständigen Körperschaften in der Form eines Bundesgesetzes."(Art. 59 Abs. 2 GG)

Erweiterte Rechte der Legislative in EU-Angelegenheiten

„In Angelegenheiten der Europäischen Union wirken der Bundestag und durch den Bundesrat die Länder mit. Die Bundesregierung hat den Bundestag und den Bundesrat umfassend und zum frühestmöglichen Zeitpunkt zu unterrichten."(Art. 23 Abs. 2 GG)

Der Bundespräsident als oberster Repräsentant des Staates

„Der Bundespräsident vertritt den Bund völkerrechtlich. Er schließt im Namen des Bundes die Verträge mit auswärtigen Staaten. Er beglaubigt und empfängt die Gesandten."(Art. 59 Abs. 1 GG)

Abb. 3.1 Die wichtigsten Bestimmungen des Grundgesetzes über die Verteilung der außenpolitischen Kompetenzen

sehr stark, während Ludwig Erhard und Kurt Georg Kiesinger hier in den 1960er-Jahren deutlich weniger Profil entwickeln konnten.

Zum Teil hing dies aber zweitens auch damit zusammen, dass Erhard und Kiesinger mit erfahrenen bzw. starken Persönlichkeiten im Außenministerium zurechtkommen mussten. Erhard hatte während seiner kurzen Kanzlerschaft den bereits unter Adenauer zum Außenminister berufenen Gerhard Schröder an seiner Seite, der zumindest in Teilen der CDU über eine eigene Gefolgschaft verfügte. Zudem galt Erhard generell als eher durchsetzungsschwacher Kanzler. In der Regierung Kiesinger war Willy Brandt als Außenminister und Vizekanzler nicht nur außenpolitisch besonders aktiv, sondern auch aufgrund seiner Stellung als Vorsitzender des Koalitionspartners SPD in einer politisch starken Position. Drittens zeigt ein Blick auf die Entwicklungen der einzelnen Regierungsperioden, dass alle Bundeskanzler mit zunehmender Amtszeit die Außenpolitik als Feld der eigenen Profilierung entdeckten. Zwar ist es ihnen (wie im Verhältnis zwischen Helmut Kohl und Hans-Dietrich Genscher oder Gerhard Schröder und Joschka Fischer) nicht immer leicht gefallen, ihre jeweiligen Außenminister zurückzudrängen, aber wenn sie eher unerfahrene, teilweise auch nach ihnen ins Amt gekommene Minister an ihrer Seite hatten (wie Walter Scheel bei Willy Brandt, Genscher bei Helmut Schmidt, Klaus Kinkel bei Helmut Kohl oder Guido Westerwelle bei Angela Merkel), konnten sie deutlich stärkere außenpolitische Akzente setzen.

Durch die zunehmende Bedeutung der Europäischen Union und die mit dem Vertrag von Lissabon einhergehende Verlagerung von Zuständigkeiten von der Ebene der Außenminister*innen auf die Ebene der Regierungs- und Staatschefs hat sich dieser Trend sogar noch verstärkt (Rinke 2010). Zumeist vollziehen sich Kompetenzverlagerungen allerdings eher informell, ohne dass dies öffentlich auffällt. In kritischen Entscheidungssituationen kann es aber auch zu offenen Konflikten zwischen Kanzler und Außenminister kommen. Beispielsweise entwickelte Helmut Kohl seinen so genannten „Zehn-Punkte-Plan", in dem er im November 1989 ambitionierte Ziele für die Herstellung der deutschen Einheit formulierte, ganz bewusst am damaligen Amtsinhaber Genscher vorbei.[4] Noch deutlicher nutzte Gerhard Schröder seine Macht, als er seine eigene Partei sowie den grünen Koalitionspartner auf seinen außenpolitischen Kurs einschwor, indem er erstmals eine anstehende Sachentscheidung auf dem Feld der Außenpolitik (die Frage der Entsendung der Bundeswehr nach Afghanistan im Herbst 2001) mit der Vertrauensfrage nach Art. 68 Abs. 1 GG verband (Bannas und Lohse 2001; Fischer 2011, S. 55–61). Diese beiden Beispiele zeigen, wie stark die Stellung des Bundeskanzlers sein kann, wenn der jeweilige Amtsinhaber seine Möglichkeiten voll ausschöpft. Dem sind im Alltagsgeschäft jedoch enge Grenzen gesetzt; denn das Kabinetts- und das Ressortprinzip bilden wichtige Gegengewichte gegen die Machtstellung des Kanzlers. Hinzu kommt, dass das Außenministerium mit Ausnahme der beiden Großen Koalitionen Ende der 1960er-Jahre sowie zwischen 2005 und 2009 stets von einer als Mehrheitsbeschafferin fungierenden deutlich kleineren Koalitionspartei geführt wurde und daher die Außenpolitik in die zunehmenden Zwänge koalitionspolitischer Erwägungen einbezogen werden muss. Dies engt die Handlungsspielräume der Bundeskanzlerin deutlich ein, entreißt ihr aber, wie die

---

[4] Vgl. zu den unterschiedlichen Einschätzungen Teltschik 1991, S. 42–86; Kiessler und Elbe 1993, S. 49–55; Genscher 1995, S. 669–697 und Kohl 1996, S. 157–211.

3.3 Das politische System und die Verteilung der außenpolitischen ...

beiden Beispiele gezeigt haben, nicht die Möglichkeiten, in außergewöhnlichen Situationen von den vorhandenen Machtbefugnissen Gebrauch zu machen.

Neben dem Kanzlerprinzip haben insbesondere das Ressort- und das Kabinettsprinzip prägenden Einfluss auf die deutsche Außenpolitik. Innerhalb der vom Bundeskanzler vorgegebenen Richtlinien „leitet jeder Bundesminister seinen Geschäftsbereich selbständig und unter eigener Verantwortung" (Art. 65 Satz 2 GG). Unter der Verantwortung des Außenministers sind daher unter einer einheitlichen Bundesbehörde, dem Auswärtigen Amt (AA), die Zuständigkeiten für alle Bereiche der Außenpolitik gebündelt. Dies bedeutet zwar nicht, dass die anderen Fachministerien nicht auch Außenpolitik machen. Im Gegenteil: Zahlreiche Untersuchungen zeigen, dass mittlerweile jedes Ministerium internationale Aufgaben wahrnimmt – eine Entwicklung, die der zunehmenden internationalen Verflechtung und den die klassischen Problemstellungen traditioneller Außenpolitik weit übersteigenden neuen Herausforderungen einer *global governance* Rechnung trägt. So sind mehr als 300 Referate in Bundesministerien mit internationalen Aufgaben befasst, davon der überwiegende Teil mit erheblichen Aufgaben über die EU-Grenzen hinaus (Eberlei und Weller 2001, S. 39; sowie Weller 2007; vgl. auch Andreae und Kaiser 1998). Besonders wichtig sind dabei die Ministerien für Verteidigung, Wirtschaft, Finanzen und Entwicklung (Abb. 3.2).

Trotz dieser Ausweitung außenpolitischer Problemstellungen auf alle Ministerien gilt in der Regierungspraxis aber nach wie vor, dass das Auswärtige Amt eine Vorrangstellung einnimmt. Dies hängt nicht zuletzt damit zusammen, dass dem AA aufgrund des Gesetzes über den Auswärtigen Dienst (GAD) die Koordinierungskompetenz in allen außenpolitischen Fragen zugewiesen ist.[5] Ob allerdings noch immer von einem „Primat der Außenpolitik gegenüber der Fachpolitik" die Rede sein kann, ist nicht zuletzt vor dem Hintergrund der institutionellen Entmachtung der Außenministerien durch den Vertrag von Lissabon mehr denn je zweifelhaft.[6] Neben dem Ressortprinzip ist des Weiteren das Kabinettsprinzip von Bedeutung, denn das Grundgesetz legt fest, dass der Bundesregierung alle Fragen zur Entscheidung vorzulegen sind, bei denen es zu „Meinungsverschiedenheiten zwischen den Bundesministern" kommt (Art. 65 Satz 3 GG; Jarass und Pieroth 2011, S. 774–776). Die Geschäftsordnung der Bundesregierung geht darüber noch hinaus. In ihr ist festgelegt, dass der Bundesregierung prinzipiell alle Angelegenheiten

---

[5] Gesetz über den Auswärtigen Dienst (GAD) vom 30. August 1990 (BGBl. I S. 1842), zuletzt geändert am 28.06.2021 (BGBl. I S. 2250), http://www.gesetze-im-internet.de/gad/GAD.pdf (04.07.2022).

[6] Die These des Primats vertreten Andreae und Kaiser 1998, S. 34–37; zur Relativierung der Rolle des AA vgl. allerdings auch Eberlei 2001.

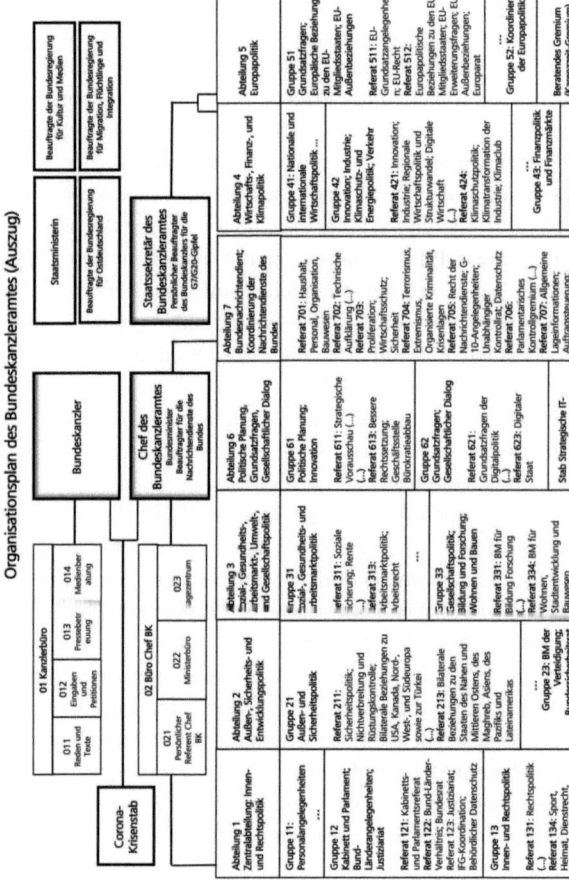

Abb. 3.2 Organisationsplan des Bundeskanzleramtes (Auszug). (Quelle: https://www.bundeskanzleramt.gv.at/dam/jcr:7e96d35b-993a-4d65a500edb108ea10ee/BKA_Organigramm-14-Maerz-2022.pdf (06.06.2022))

von allgemeiner innen- und außenpolitischer Bedeutung zur Beratung und Beschlussfassung vorzulegen sind (GOBReg § 15, Abs. 1). In der Praxis bedeutet dies, dass außenpolitische Fragen häufig unter Federführung des AA auf der Ebene der ministeriellen Fachapparate in stärker formellen Kabinettsausschüssen oder informellen Arbeitsgruppen vorbereitet und sodann dem Kabinett vorgelegt werden.

Der bürokratische Unterbau der Exekutive erscheint in der formalen Aufteilung der außenpolitischen Kompetenzen kaum, im Alltagsgeschäft der Außenpolitik bildet er aber das Rückgrat der außenpolitischen Expertise und macht wesentlich den Vorsprung aus, den die Bundesregierung gegenüber den anderen Akteuren im Feld der Außenpolitik hat. Tausende von Diplomat*innen und Beamt*innen sind im Bundeskanzleramt, den unterschiedlichen Ministerien sowie den deutschen Botschaften und internationalen Organisationen im Ausland über vielfältige formelle und informelle Koordinierungsmechanismen miteinander verbunden, um Entscheidungen vorzubereiten und umzusetzen. Auch wenn sie, im Sinne der „Gemeinsamen Geschäftsordnung der Bundesministerien" (GGO),[7] formal nur „in Vertretung" oder „im Auftrag" ihrer jeweiligen Vorgesetzten handeln (GGO § 18), sind sie doch weitgehend diejenigen, die Außenpolitik tatsächlich *machen*.

Dies erfordert eine effiziente Organisation über die Zuweisung bestimmter Aufgaben an dafür ausgewiesene Arbeitseinheiten sowie die Beachtung bestimmter Verfahren. Die Aufgaben sind im Bundeskanzleramt und in den Ministerien immer hierarchisch und zumeist nach bestimmten thematischen oder regionalen Kriterien, die in einem „Geschäftsverteilungsplan" festgehalten sind, Abteilungen und Referaten zugewiesen (GGO §§ 6–10; siehe beispielhaft die Organigramme des Bundeskanzleramtes sowie des Auswärtigen Amtes [Abb. 3.2 und 3.3]). Den Leitungsebenen im unmittelbaren Umfeld des Bundeskanzlers bzw. des zuständigen Ministers kommt dabei die Aufgabe zu, den nachgeordneten Arbeitseinheiten nach Rücksprache mit Bundeskanzlerin oder Ministerin Weisungen zu geben sowie Berichte und Vorlagen, die von den Beamten auf den unterschiedlichen Hierarchiestufen nach festen formalen Vorgaben und Abläufen erstellt werden, entgegenzunehmen, auszuwerten und in Entscheidungsvorlagen zu übersetzen. Diese internen entscheidungsvorbereitenden Abläufe sind fast immer in schriftlicher und zunehmend auch elektronischer Form organisiert (GGO §§ 12, 13). Unter den Fachministerien sowie zwischen ihnen und dem Bundeskanzleramt gibt es darüber hinaus ein Netz von formellen Kabinettsausschüssen bzw. interministeriellen Ausschüssen, die „die Einheitlichkeit der Maßnahmen und Erklärungen der

---

[7] Gemeinsame Geschäftsordnung der Bundesministerien (GGO), Stand 22. Januar 2020, https://www.verwaltungsvorschriften-im-internet.de/bsvwvbund_21072009_O11313012.htm (04.07.2022).

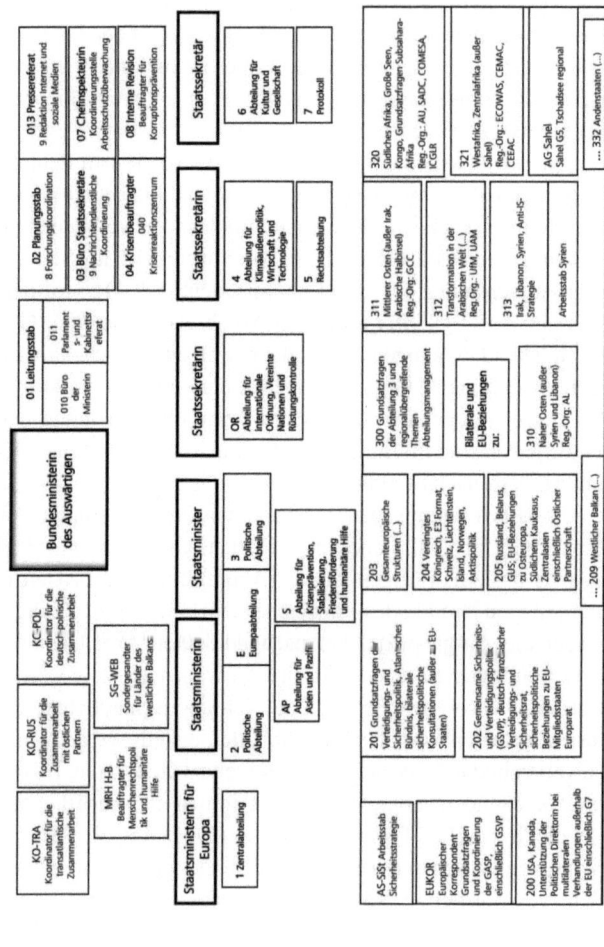

Abb. 3.3 Organisationsplan des Auswärtigen Amtes (Auszug). (Quelle: https://www.auswaertiges-amt.de/blob/215270/2be846adf0370bcc12f7c94a6ca07e62/organisationsplan-data.pdf (07.07.2022))

Bundesregierung" sicherstellen sollen und die zu diesem Zweck ihre Koordinierungsergebnisse zumeist in Kabinettsvorlagen verschriftlichen (GGO §§ 19–24). Für das Feld der Außen- und Sicherheitspolitik sind dabei insbesondere der Bundessicherheitsrat (Zähle 2005; Gärditz 2021) und der Kabinettsausschuss für die Europapolitik von Bedeutung.

Alles in allem erweckt die hohe Formalisierung des Koordinierungs- und Entscheidungsprozesses den Eindruck eines bis ins Detail regulierten bürokratischen Ablaufs. Es wäre allerdings irreführend, daraus abzuleiten, dass informelle Koordinierungsmechanismen keine Rolle spielen. Das Gegenteil ist der Fall, denn über das Telefon oder bei eher nicht-dienstlich anmutenden Anlässen wie Empfängen o. Ä. werden nicht selten wichtige Sondierungen im Rahmen der Entscheidungsfindung vorgenommen. Solchen informellen Koordinierungsmechanismen kommt daher hinsichtlich des Zeitaufwandes, den die einzelnen Beamt*innen für sie aufbringen, erhebliche Bedeutung zu.[8] In der wissenschaftlichen Analyse stehen sie aber zumeist deshalb im Hintergrund, weil sie rein forschungspraktisch nur schwer erfassbar sind.

Der Bundespräsident

Der Bundespräsident steht in der Außenpolitik lediglich im formalen Sinne an erster Stelle: Er „vertritt den Bund völkerrechtlich. Er schließt im Namen des Bundes die Verträge mit auswärtigen Staaten. Er beglaubigt und empfängt die Gesandten" (Art. 59 Abs. 1 GG). Darüber hinaus kann er mit Zustimmung des Bundestages völkerrechtliche Erklärungen über das Bestehen des Verteidigungsfalles abgeben (Art. 115a Abs. 5 GG). Alle diese Funktionen sind allerdings primär repräsentativer bzw. formaler Art. Zwar gab es in den ersten Jahrzehnten der Bundesrepublik immer wieder Fälle, in denen der Bundespräsident versuchte, seinen materiell eng definierten Kompetenzbereich im Feld der Außenpolitik auszuweiten. Dabei kam es immer wieder zu Konflikten zwischen Bundeskanzler Adenauer und dem ersten Bundespräsidenten Heuss. In der Praxis hat sich mit der Zeit daher weitgehend die Prärogative der Bundesregierung durchgesetzt (vgl. Billing 1975, S. 144–150). Die „machtpolitische Entleerung des Präsidentenamtes" war allerdings weniger Ausfluss verfassungsrechtlicher Bestimmungen als einer im ersten Jahrzehnt „eingeübten Verfassungspraxis" (Jochum 2007, S. 170).

Trotzdem verbleiben dem Bundespräsidenten einige wichtige Funktionen. Zum einen fällt ihm formal die Aufgabe zu, sämtliche Gesetze (und somit auch alle

---

[8] Vgl. hierzu insbesondere Bagger 2002; Buck 2002; Ischinger 2002; von Morr 2002 sowie diverse „diplomatische Reminiszenzen und Anekdoten" bei Bettzuege 1996, S. 136–317.

durch den Bundestag verabschiedeten Verträge) auf ihre Rechtmäßigkeit hin zu prüfen (Art. 82 Abs. 1 GG). Zweitens steht es ihm frei, über formelle und informelle Kanäle die Bundesregierung zu beraten. Diese in der Fachliteratur als „informative Kontrolle" (Billing 1975, S. 145) bezeichnete Funktion schließt beispielsweise ein, dass der Bundespräsident „laufend" durch den Bundeskanzler über die Regierungsgeschäfte unterrichtet wird und sowohl sämtliche Vorlagen der Kabinettssitzungen erhält wie auch durch die Teilnahme des Chefs des Bundespräsidialamtes an den Kabinettsberatungen beteiligt ist. Drittens (und in der Außenwirkung wohl am wichtigsten) hat der Bundespräsident als oberster Repräsentant des Staates eine wichtige symbolische Funktion: Er repräsentiert die Bundesrepublik nach außen und soll nach innen auch als „Integrationsfigur" fungieren (zur Kritik van Oyen 2015, S. 33–64).

Die Repräsentationsfunktion zeigt sich beispielsweise in seiner Rolle als Gastgeber bei Staatsbesuchen ausländischer Staatsoberhäupter oder bei seinen eigenen Besuchen im Ausland. Dabei werden in aller Regel mit Bundeskanzleramt und Auswärtigem Amt abgestimmte, aber keineswegs diktierte Grundsatzreden gehalten, die der besonderen Qualität der jeweiligen zwischenstaatlichen Beziehungen Ausdruck verleihen sollen. Durch symbolische Gesten oder treffende Worte kann dem Bundespräsident aber auch „schlagartig eine Schlüsselrolle zuwachsen" (Jochum 2007, S. 172). Bundespräsident Rau etwa fand bei dem ersten offiziellen Besuch eines deutschen Staatsoberhauptes in Israel viel Zustimmung, als er in deutscher Sprache vor dem israelischen Parlament um Vergebung bat für das, was Deutsche dem jüdischen Volk angetan haben. Gesten wie diese können erheblich dazu beitragen, die Beziehungen zwischen zwei Staaten zu vertiefen. Auch nach innen hat der Bundespräsident aber eine wichtige Funktion als oberster Repräsentant Deutschlands. So bearbeitet er mit seinen Mitarbeiter*innen Tausende von Briefen, die ihn aus dem Inland, aber auch dem Ausland erreichen. Alleine nach den Ereignissen des 11. September 2001 haben ihn mehr als 2000 Briefe erreicht, die alle persönlich oder in seinem Auftrag beantwortet wurden. Diese Beispiele zeigen, dass auch mit einer scheinbar „nur" repräsentativen Funktion Einflussmöglichkeiten einhergehen. In der Summe sind diese allerdings im Blick auf die zentralen Fragen deutscher Außenpolitik beschränkt.

Bundestag und Bundesrat
Bundestag und, mehr noch, Bundesrat haben in außenpolitischen Fragen nur in eng eingegrenzten durchaus aber zentralen Bereichen gewisse und in den letzten Jahren tendenziell wachsende Mitwirkungsrechte – vor allem wenn man, was völker- und europarechtlich wohl der Fall ist, die Europapolitik nach wie vor zur klassischen Sphäre der „Außenpolitik" rechnet. Indirekt können sie natürlich prinzipiell auch

3.3 Das politische System und die Verteilung der außenpolitischen ...

hier über ihre grundlegenden Rechte (z. B. durch das Budgetrecht, die Wahl des Bundeskanzlers oder ihr Recht zu parlamentarischen Anfragen und Anträgen) Einfluss nehmen, ihre direkten Möglichkeiten sind allerdings im Vergleich zur Innenpolitik stärker beschränkt.[9]

Dabei ist nach der Rechtsprechung des Bundesverfassungsgerichts zwischen außenpolitischen Fragen im Allgemeinen und sicherheitspolitischen bzw. „die Wehrverfassung" betreffenden Fragen im engeren Sinne zu unterscheiden. Die ersteren betreffen insbesondere das Recht des Gesetzgebers, beim Abschluss von Verträgen mitzuwirken. Allerdings hat das Grundgesetz hier eine deutliche Einschränkung vorgenommen. Nach Art. 59 Abs. 2 GG bedürfen nur „Verträge, welche die politischen Beziehungen des Bundes regeln oder sich auf Gegenstände der Bundesgesetzgebung beziehen, (...) der Zustimmung oder der Mitwirkung der jeweils für die Bundesgesetzgebung zuständigen Körperschaften". Unter dem Begriff des „politischen Vertrages" werden dabei – wie das Bundesverfassungsgericht bereits 1952 formulierte – nicht alle internationalen Übereinkünfte zusammengefasst, sondern nur solche, durch die die „Existenz des Staates, seine territoriale Integrität, seine Unabhängigkeit, seine Stellung und sein maßgebliches Gewicht in der Staatengemeinschaft berührt werden". Dazu gehören vor allem Verträge, die darauf gerichtet sind, „die Machtstellung des Staates anderen Staaten gegenüber zu behaupten, zu befestigen oder zu erweitern".[10] Dieser Art von Verträgen, zu der vor allem militärische Bündnisse, Friedens- oder Abrüstungsverträge sowie Abkommen über politische Zusammenarbeit gerechnet werden, müssen Bundestag und ggf. auch Bundesrat zustimmen. Beispiele im Falle der Bundesrepublik wären etwa der NATO-Vertrag, die Verträge über Fragen der europäischen Integration oder auch die so genannten Ostverträge aus den frühen 1970er-Jahren. Aus dem Grundgesetz ergeben sich allerdings keinerlei bindende Vorschriften, dass für zwischenstaatliche Vereinbarungen zwingend die Form des politischen Vertrages zu wählen ist. Vielmehr ist auch dies durch die Bundesregierung selbst festzulegen, d. h., sie kann auch eine Form wählen, die ein Mitwirkungsrecht der Legislative

---

[9] Vgl. Krause 1998; Art. 45a Abs. 1 GG sieht vor, dass der Bundestag jeweils einen Ausschuss für auswärtige Angelegenheiten und einen Ausschuss für Verteidigung einsetzt. Die Tatsache, dass diese (im Unterschied zu allen anderen Ausschüssen) zwingend eingesetzt werden müssen, deutet darauf hin, dass die Verfassungsväter und -mütter auch auf diesem Wege eine Kontrolle durch die Legislative sicherstellen wollte; zur Bedeutung des Auswärtigen Ausschusses vgl. Münzing und Pilz 1998.

[10] BVerfGE 1, 372 [381]; vgl. auch BVerfGE 90, 286 [359].

ausschließt. Lediglich im Bereich der europäischen Integration hat das Bundesverfassungsgericht durch seine Rechtsprechung die Grenzen exekutiver Eigenständigkeit stärker beschnitten (vgl. zu unterschiedlichen Einschätzungen Calliess 2009; Nettesheim 2010).

Im Kontrast zum Bundestag hat der Bundesrat als weitere Gesetzgebungskörperschaft auf der Ebene des Bundes nur dann ein Mitwirkungsrecht am Abschluss von Verträgen, wenn die Rechte der Länder im Rahmen des normalen Gesetzgebungsverfahrens berührt sind. Weitergehende Rechte hat er lediglich im Rahmen der oben diskutierten Befugnisse in EU-Angelegenheiten. Für beide Gesetzgebungskörperschaften gilt zudem, dass ein Vertrag nur in Gänze angenommen oder abgelehnt werden kann, d. h., der Gesetzgeber hat keine Möglichkeiten, den Inhalt zu verändern. Er ist lediglich befugt, „die Exekutive in Gesetzesform verfassungsrechtlich zum Abschluss von Verträgen der genannten Art zu ermächtigen oder nicht zu ermächtigen", hat darüber hinaus aber ausdrücklich „keine Initiativ-, Gestaltungs- oder Kontrollbefugnis im Bereich der auswärtigen Beziehungen" (BVerfGE 68, 1 [86]). Dieser sehr stark eingeschränkten Kompetenzzuweisung liegt die Auffassung zugrunde, dass die Außenpolitik nach der Intention des Grundgesetzes zum „Kernbereich exekutiver Eigenverantwortung" gehört (BVerfGE 68, 1 [87] und BVerfGE 67, 100 [139]).

Diese Interpretation wiederum basiert auf einem bestimmten Verständnis von Gewaltenteilung: Staatliche Entscheidungen sollten „möglichst richtig, das heißt von den Organen getroffen werden, die dafür nach ihrer Organisation, Zusammensetzung, Funktion und Verfahrensweise über die besten Voraussetzungen verfügen" (BVerfGE 68, 1 [85]). In der internationalen Politik ist dies nach Auffassung des Bundesverfassungsgerichts eindeutig die Bundesregierung:

> „Die grundsätzliche Zuordnung der Akte des auswärtigen Verkehrs zum Kompetenzbereich der Exekutive beruht auf der Annahme, dass institutionell und auf Dauer typischerweise allein die Regierung in hinreichendem Maße über die personellen, sachlichen und organisatorischen Möglichkeiten verfügt, auf wechselnde äußere Lagen zügig und sachgerecht zu reagieren und so die staatliche Aufgabe, die auswärtigen Angelegenheiten verantwortlich wahrzunehmen, bestmöglich zu erfüllen." (BVerfGE 68, 1 [87]).

Das Bundesverfassungsgericht macht sich hier also die Auffassung zu eigen, dass die internationale Politik nach anderen, teilweise auch komplizierteren Gesetzen funktioniert als die Innenpolitik und diese anderen Mechanismen es nahe legen, der Exekutive in Fragen der Außenpolitik weitgehende Gestaltungsfreiheit einzuräumen. Diese Auffassung ist auch unter außenpolitischen Expert*innen weit verbreitet. Selbst unter außenpolitisch sehr erfahrenen Parlamentarier*innen wird

3.3 Das politische System und die Verteilung der außenpolitischen …

argumentiert, dass „Parlamente nicht außenpolitisch denken" können.[11] Hier fehle es sowohl an der notwendigen Kenntnis anderer Länder wie auch der Spielregeln der internationalen Politik. Dass diese Sichtweise erhebliche demokratietheoretische Probleme aufwirft, kann an dieser Stelle nur angedeutet, nicht aber vertieft werden. Später wird darauf zurückzukommen sein.

Auch im sicherheitspolitischen Feld im engeren Sinne (den „grundgesetzlichen Regelungen über die Wehrverfassung") gibt es eine Prärogative der Exekutive, allerdings nicht in gleicher Weise wie im breiten Feld der Außenpolitik. Zwar ist in der Sicherheitspolitik oftmals eine noch schnellere Reaktion auf neue Umstände erforderlich als in der Außenpolitik – und zwar insbesondere dann, wenn es um Fragen von Krieg und Frieden geht. Aber wann immer es um die Sicherheitspolitik geht, hat das Parlament aufgrund seines explizit im Grundgesetz ausgewiesenen Rechts der Haushaltskontrolle (Art. 87a Abs. 1 Satz 2 GG) eine „Grundsatzverantwortlichkeit". Das Bundesverfassungsgericht geht an dieser Stelle sogar so weit, dass diese Grundgesetzbestimmung „für den Bereich der Streitkräfte eine Regierungsaufgabe des Parlaments begründet" (BVerfGE 90, 286 [385]). Diese ist nicht nur auf die Feststellung des so genannten Spannungs- oder Verteidigungsfalls nach Art. 80a GG bzw. Art. 115a Abs. 1 GG beschränkt, sondern auf die Frage des Einsatzes der Streitkräfte im Allgemeinen. Hier sind die Grundgesetzbestimmungen „stets darauf angelegt, die Bundeswehr nicht als Machtpotenzial allein der Exekutive zu überlassen, sondern als ‚Parlamentsheer' in die demokratisch rechtsstaatliche Verfassungsordnung einzufügen, d. h. dem Parlament einen rechtserheblichen Einfluss auf Aufbau und Verwendung der Streitkräfte zu sichern" (BVerfGE 90, 286 [381]).

In der Praxis deutscher Außen- und Sicherheitspolitik hat diese Interpretation vor allem seit der zweiten Hälfte der 1990er-Jahre eine zunehmende Bedeutung erlangt. Im Hinblick auf sogenannte ‚out-of-area'-Einsätze war es lange Zeit strittig, inwieweit und unter welchen Bedingungen die Bundeswehr außerhalb des NATO-Vertrages zum Einsatz kommen kann. In der Zeit vor der Vereinigung stellte sich diese Frage nicht, da die Bundeswehr sich nahezu ausschließlich auf den Fall einer Verteidigung gegen einen Angriff des Warschauer Paktes vorbereitete. Da nach dem Ende des Ost-West-Konflikts allerdings die alte Bedrohung wegfiel und sich gleichzeitig Konflikte mehrten, in denen nicht nur den deutschen Verbündeten, sondern auch einer zunehmenden Zahl deutscher Politiker*innen der „friedensbewahrende" oder auch „friedensschaffende" Einsatz der Bundeswehr wichtig erschien, schien eine Anpassung zwingend.

---

[11] So der ehemalige CDU-Abgeordnete Karl Lamers, zit. nach Schuller 2001.

In einem Urteil vom Juli 1994 entschied das Bundesverfassungsgericht, dass der Einsatz der Bundeswehr aufgrund des Art. 24 Abs. 2 GG für alle friedenbewahrenden Systeme gegenseitiger kollektiver Sicherheit zulässig sei, wobei der Begriff des „Systems gegenseitiger kollektiver Sicherheit" so ausgelegt wurde, dass dieser universelle Institutionen wie die Vereinten Nationen ebenso einschloss wie stärker exklusive Sicherheitssysteme wie das militärische Bündnis der NATO (BVerfGE 90, 286 [348–351]). Eine wichtige Stärkung des Parlaments wurde aber vor allem darin gesehen, dass die Bundesregierung für jeden Einsatz der Bundeswehr verpflichtet wurde, „die grundsätzlich vorherige konstitutive Zustimmung des Deutschen Bundestages einzuholen" (BVerfGE 90, 286 [286]). Auch hier gilt jedoch weiterhin, dass der Bundestag weder eine Initiativbefugnis hat (d. h. die Regierung nicht zu einem Einsatz verpflichten kann), noch Änderungen an Planungen der Bundesregierung vornehmen kann. Im sogenannten „Parlamentsbeteiligungsgesetz" ist explizit festgehalten, dass der Bundestag dem Antrag der Bundesregierung lediglich „zustimmen oder ihn ablehnen" kann und dass „Änderungen des Antrags (…) nicht zulässig" sind.[12] Zudem ermöglicht das Gesetz der Bundesregierung bei sogenannten „Einsätzen von geringer Intensität" ein vereinfachtes Zustimmungsverfahren. Explizit wird dem Bundestag aber auch ein „Rückholrecht" eingeräumt.[13] Zusammenfassend kann also festgehalten werden, dass die Rechte des Gesetzgebers auf dem Feld der Außen- und Sicherheitspolitik zwar eingeschränkt sind, ein Mindestmaß an parlamentarischer Kontrolle aber vor allem in grundlegenden Fragen von Krieg und Frieden gewährleistet ist.

3.4 Informelle Beratungs- und Entscheidungsstrukturen

An verschiedenen Stellen wurde bereits darauf hingewiesen, dass sich Antworten auf die Frage „Wer macht Außenpolitik?" häufig allzu schnell in einer Beschreibung formaler Entscheidungsstrukturen erschöpfen. Diese sind zwar deshalb von zentraler Bedeutung, weil nur hier autoritativ entschieden werden kann. Aber nicht selten

---

[12] „Gesetz über die parlamentarische Beteiligung bei der Entscheidung über den Einsatz bewaffneter Streitkräfte im Ausland" vom 18. März 2005, veröffentlicht in: Bundesgesetzblatt Jg. 2005, Teil I, Nr. 17 (23. März 2005), S. 775–776, https://www.gesetze-im-internet.de/parlbg/BJNR077500005.html 0(4.07.2022).

[13] Zu den praktischen Erfahrungen im Lichte des neuen Gesetzes aus der Perspektive eines Parlamentariers vgl. Wiefelspütz 2009; vgl. ferner Wissenschaftliche Dienste 2018 sowie allgemein zu den Erfahrungen mit Auslandseinsätzen Glatz et al. 2018.

3.4 Informelle Beratungs- und Entscheidungsstrukturen

wird in formalen Entscheidungs-instanzen nur vollzogen, was auf informellem Wege vorbereitet wurde. Abschließend soll daher an dieser Stelle auf zwei sehr unterschiedliche, für das Zustandekommen außenpolitischer Entscheidungen aber nicht unwichtige Strukturen hingewiesen werden.

Weiter oben wurde bereits kurz angesprochen, dass zentrale Fragen der Außenpolitik aufgrund der im deutschen Regierungssystem zumeist auftretenden Notwendigkeit zur Koalitionsbildung häufig zu einem Gegen-stand der Auseinandersetzung innerhalb der Bundesregierung bzw. der sie tragenden Koalitionsmehrheit werden. Dies rührt nicht zuletzt daher, dass seit Mitte der 1960er-Jahre in sämtlichen Koalitionsregierungen die Außenpolitik in der Zuständigkeit des oder der kleineren Koalitionspartner lag und der jeweilige Außenminister bzw. die Außenministerin zumeist auch eine politische Führungsposition in der kleineren Koalitionspartei innehatte. Willy Brandt, Hans-Dietrich Genscher, Joschka Fischer, Guido Westerwelle und Annalena Baerbock waren beispielsweise in bestimmten Phasen Vorsitzende ihrer jeweiligen Partei oder galten zumindest weithin als zentrale Führungspersönlichkeit. Da die jeweiligen Bundeskanzler ihrerseits häufig zugleich Parteivorsitzende des größeren Koalitionspartners waren und Koalitionsvereinbarungen in erster Linie Ausdruck eines machtpolitischen Kalküls sind, hatte die formale Verteilung der Kompetenzen zwischen Bundeskanzlerin und Außenminister nur eine eingeschränkte praktische Bedeutung. Hinzu kam, dass die Bundeskanzlerin ihr Vorschlagsrecht zur Ernennung des Außenministers bestenfalls eingeschränkt zur Geltung bringen konnte, d. h. zumeist gehalten war, die personalpolitischen Entscheidungen des Koalitionspartners zu akzeptieren.

Für die formelle Zuweisung der außenpolitischen Kompetenzen noch wichtiger aber ist, dass sich machtpolitische Erwägungen im Spannungsfeld zwischen formaler Richtlinienkompetenz und Ressortverantwortung auf der einen Seite und koalitionspolitischen Überlegungen auf der anderen Seite nicht selten als gewichtiger erwiesen. Insider des politischen Geschäfts argumentieren daher, dass sich in den letzten Jahrzehnten das „Koalitionsprinzip" als „viertes, ungeschriebenes Prinzip" neben Kanzler- Ressort- und Kabinettsprinzip durchgesetzt habe (Mertes 2000, S. 67; Korte 2007, S. 204–205). Dies galt früher vor allem für die Regierungszeit Helmut Kohls, in der sich beim damaligen Bundeskanzler nach Auskunft eines engen Mitarbeiters die folgende „goldene Regel" eingebürgert habe: „Mute deinem Koalitionspartner niemals zu, was du nicht selber zugemutet bekommen möchtest" (Mertes 2000, S. 67). Nach den ersten Erfahrungen mit der „Ampelkoalition" zwischen SPD, Grünen und FDP seit Dezember 2021 scheint dies auch von großer Bedeutung für diese erste Dreierkoalition. Praktisch bedeutet dies, dass alle potenziell strittigen Fragen vorab in paritätisch besetzten Koalitionsrunden gelöst und somit an den verfassungsrechtlich eigentlich zuständigen Institutionen vorbei entschieden werden.

Ein zweites Beispiel für die zunehmende Bedeutung informeller Strukturen ist die Rolle externer Berater*innen im Prozess der außenpolitischen Entscheidungsfindung (vgl. Mols 1998; Eberwein und Hörsch 1994). Zwar haben diese bislang im deutschen System noch nicht die Rolle, die ihnen im amerikanischen Regierungssystem zukommt, aber in den letzten Jahren hat ihre Bedeutung sichtbar zugenommen. Manche Beratungsformen sind über bestehende Einrichtungen wie die Stiftung Wissenschaft und Politik (SWP), die Deutsche Gesellschaft für Auswärtige Politik (DGAP) oder das weitgehend aus privaten Mitteln finanzierte Centrum für angewandte Politikforschung (CAP) mehr oder weniger stark institutionalisiert.[14] Andere nehmen eher die Form von ad hoc- Beratungskommissionen an, die der Bundesregierung hinsichtlich konkreter Problemstellungen Entscheidungshilfen geben oder auch deren politische Präferenzen argumentativ absichern sollen. Ein prominentes Beispiel ist die so genannte Weizsäcker-Kommission, die sich Ende der 1990er-Jahre im Auftrag der Bundesregierung mit der Zukunft der Bundeswehr beschäftigte.[15] Gerade auf der höchsten Entscheidungsebene nicht minder wichtig sind aber auch informelle und der Öffentlichkeit häufig nicht bekannte Beratungsformen, derer sich insbesondere Spitzenpolitiker bedienen. In diesen Fällen kommt der Vertraulichkeit eine große Bedeutung zu.[16] Unabhängig vom Institutionalisierungsgrad oder der Sichtbarkeit dieser Beratungsforen gilt jedoch für alle, dass sie außerhalb des formalisierten und rechtlich abgesicherten Entscheidungsprozesses stattfinden.

---

[14] Vgl. https://www.swp-berlin.org/, https://www.dgap.org sowie https://www.cap-lmu.de/ (07.07.2022); zur Einschätzung der Rolle der Direktoren dieser drei Einrichtungen als außenpolitische Berater der Bundesregierung vgl. die Beiträge von Peter Mueller, Häppchen für die Macht: Christoph Bertram versucht als Berater, die deutsche Außenpolitik wissenschaftlich zu veredeln, in: Die Zeit, Nr. 38 (2002), Jochen Buchsteiner, Außenpolitik (ZEIT-Dossier „Die Berater sind los"), in: Die Zeit, Nr. 42 (8. Oktober 1998), S. 18 sowie Hartmut Kistenfeger, Ideen vom Campus: Deutsche Politologen küren Werner Weidenfeld zum einflussreichsten Politikberater ihrer Zunft, in: Focus, 31. August 1998, auch verfügbar unter https://www.cap-lmu.de/aktuell/medien/1998/1998_08_31.htm (05.02.2003).

[15] Vgl. Mantzke 2000 (in diesem Beitrag sind auch Auszüge aus dem Bericht der Kommission sowie einer Pressekonferenz von Bundesverteidigungsminister Rudolf Scharping enthalten); eine vollständige Version des Kommissionsberichts ist verfügbar unter http://www.ejuba.de/frieden/Bericht.pdf, http://www.igbi.de/berweizs.exe (05.02.2003).

[16] Kurze aber instruktive Einblicke in die Welt dieser informellen Beratungen liefert im Zusammenhang mit der Rolle externer Berater im Prozess der deutschen Vereinigung Teltschik 1991, S. 110, 192–193; vgl. ferner Hellmann 2007 sowie Thunert 2007.

3.5 Zusammenfassung

Wie in jedem Feld der Politik gilt auch für die Außenpolitik, dass der institutionelle Rahmen, innerhalb dessen sie „gemacht" wird, aus einem komplexen Geflecht von teils gut überschaubaren formalen, teilweise aber auch recht diffusen informellen Strukturen besteht. In einer funktionierenden Demokratie ist es nicht nur erforderlich, dass die letzteren nicht überhand nehmen, sondern auch, dass die formalen Strukturen demokratieschonend sind. Dies ist zwar im Feld der Außen- und internationalen Politik aufgrund der – vermeintlich oder tatsächlich – andersartigen Regeln nicht immer einfach, aber im politischen System der Bundesrepublik alles in allem gut gelöst. Wie in den meisten anderen westlichen Demokratien sind die außenpolitischen Kompetenzen nach wie vor verhältnismäßig stark zugunsten der Exekutive aufgeteilt. Die gesetzgebenden Körperschaften haben jedoch in den letzten beiden Jahrzehnten ihre Rechte ausbauen können. Dies gilt insbesondere für den Bereich der Europapolitik und die gewachsenen Mitsprache- und Mitentscheidungsrechte des Bundestages und der Länder, es gilt für den Bundestag aber auch hinsichtlich seiner Mitsprache bei Entscheidungen über den Einsatz der Bundeswehr. In diesen beiden Feldern reichen die Rechte der Legislative mittlerweile weiter als in den meisten anderen westlichen Staaten. Was unter demokratietheoretischen Erwägungen zweifelsohne wünschenswert erscheint, wird allerdings nicht durchgängig als Vorteil gesehen. Sowohl die gestärkten Rechte des Bundestages und der Länder in EU-Angelegenheiten wie auch das durch das Bundesverfassungsgericht gestärkte Recht der parlamentarischen Mitwirkung an Bundeswehreinsätzen wird von manchen Beobachter*innen unter Effektivitätsgesichtspunkten als nachteilig gewertet.[17] Das Spannungsfeld zwischen Demokratieschonung auf der einen Seite und Effektivierung von Entscheidungsprozessen auf der anderen wird daher wohl auch in den kommenden Jahren zu den wesentlichen Parametern gehören, innerhalb deren sich eventuelle institutionelle Reformen bewegen werden.

Literatur

Andreae, L., & Kaiser, K. (1998). *Deutschlands neue Außenpolitik*. Oldenbourg
Bagger, T. (2002). Minister, Staatsminister und Staatssekretäre. In E. Brandt, & C. Buck (Hrsg.), *Auswärtiges Amt: Diplomatie als Beruf* (2. Aufl., S. 106–116). Leske + Budrich

---

[17] Zur Europapolitik vgl. Janning und Meyer 1998; zur Sicherheitspolitik vgl. Meier-Klodt 2002 und Krause 2015.

Bannas, G., & Lohse, E. (2001, 14. November). Eine letzte Chance für die Koalition: Schröder stellt die Vertrauensfrage. *FAZ*

Bettzuege, R. (1996). *Auf Posten ... Berichte und Erfahrungen aus 50 Jahren deutscher Außenpolitik.* Olzog

Bierling, S. (2005). *Die Außenpolitik der Bundesrepublik Deutschland: Normen, Akteure, Entscheidungen.* Oldenbroug

Billing, W. (1975). Die Rolle des Bundespräsidenten im Bereich der Außenpolitik. In H.-P. Schwarz (Hrsg.), *Handbuch der deutschen Außenpolitik* (S. 142–157). Piper

Buchsteiner, J. (1998, 8. Oktober). Außenpolitik (ZEIT-Dossier „Die Berater sind los"). *Die Zeit*

Buck, C. (2002). Ein Tag im Auswärtigen Amt: Von der Morgenpresse bis zum Nachtdienst. In E. Brandt, & C. Buck (Hrsg.), *Auswärtiges Amt: Diplomatie als Beruf* (2. Aufl., S. 11–28). Leske + Budrich

Calliess, C. (2009). Integrationsverantwortung und Begleitgesetze nach dem Lissabon-Urteil des Bundesverfassungsgerichts. *Berliner Online-Beiträge zum Europarecht*, 1, 1–37

Eberlei, W. (2001). Globalisierte Politikfelder mitgestalten: Zur Rolle des Auswärtigen Amtes in der deutschen „Außenpolitik". In T. Fues, & B. Hamm (Hrsg.), *Die Weltkonferenzen der 90er Jahre: Baustelle für Global Governance* (S. 225–261). Dietz

Eberlei, W., & Weller, C. (2001). *Deutsche Ministerien als Akteure von Global Governance: Eine Bestandsaufnahme der auswärtigen Beziehungen der Bundesministerien* (Report 51). INSTITUT FÜR ENTWICKLUNG UND FRIEDEN DER GERHARD-MERCATOR-UNIVERSITÄT DUISBURG. Erhalten am 16. Juni 2022, unter https://www.uni-due.de/imperia/md/content/inef/report51.pdf

Eberwein, W. D., & Hörsch, B. (1994). Beziehungsprobleme: Zum Verhältnis von Wissenschaft und Praxis. In E. Forndran, & H.-D. Lemke (Hrsg.), *Sicherheitspolitik für Europa zwischen Konsens und Konflikt* (S. 345–369). Nomos

Fischer, J. (2011). „*I am not convinced*": Der Irak-Krieg und die rot-grünen Jahre. Kiepenheuer & Witsch

Gärditz, K. F. (2021). Ein „Bundessicherheitsrat" als Bundesbehörde?. Verfassungsblog. Erhalten am 04. Juli 2022, unter https://verfassungsblog.de/ein-bundessicherheitsrat-als-bundesbehoerde/

Genscher, H.-D. (1995). *Erinnerungen*. Siedler

Glatz, R., Hansen, W., Kaim, M., & Vorrath, J. (2018). *Die Auslandseinsätze der Bundeswehr im Wandel* (SWP-Studie 7). Stiftung Wissenschaft und Politik.

Hellmann, G. (2007). Forschung und Beratung in der Wissensgesellschaft: Das Feld der internationalen Beziehungen und der Außenpolitik – Einführung und Überblick. In ders. (Hrsg.), *Forschung und Beratung in der Wissensgesellschaft: Das Feld der internationalen Beziehungen und der Außenpolitik* (Bd. 6 der Schriftenreihe „Internationale Beziehungen", S. 9–43). Nomos

Ischinger, W. (2002). Traumjob: Botschafter in Washington. In E. Brandt, & C. Buck (Hrsg.), *Auswärtiges Amt: Diplomatie als Beruf* (2. Aufl., S. 157–164). Leske + Budrich

Janning, J., & Meyer, P. (1998). *Deutsche Europapolitik: Vorschläge zur Effektivierung.* Bertelsmann Stiftung

Jarass, H. D., & Pieroth, B. (2011). *Grundgesetz für die Bundesrepublik Deutschland: Kommentar.* C.H. Beck

Jochum, M. (2007). Bundespräsident. In S. Schmidt, G. Hellmann, & R. Wolf (Hrsg.), *Handbuch zur deutschen Außenpolitik* (S. 169–174). Verlag für Sozialwissenschaften

Katz, A. (2010). *Staatsrecht: Grundkurs im Öffentlichen Recht* (18. Aufl.). Müller

Kiessler, R., & Elbe F. (1993). *Ein runder Tisch mit scharfen Ecken: Der diplomatische Weg zur deutschen Einheit*. Nomos

Kistenfeger, H. (1998, 31. August). Ideen vom Campus: Deutsche Politologen küren Werner Weidenfeld zum einflussreichsten Politikberater ihrer Zunft. *Focus*

Kohl, H. (1996). *Helmut Kohl: „Ich wollte Deutschlands Einheit"* (dargestellt von K. Diekmann, & R. G. Reuth). Propyläen

Korte, K.-R. (2007). Bundeskanzleramt. In S. Schmidt, G. Hellmann, & R. Wolf (Hrsg.), *Handbuch zur deutschen Außenpolitik* (S. 203–209). Verlag für Sozialwissenschaften

Krause, J. (1998). Die Rolle des Bundestages in der Außenpolitik. In W.-D. Eberwein, & K. Kaiser (Hrsg.), *Deutschlands neue Außenpolitik* (Band 4: Institutionen und Ressourcen, S. 137–152). Oldenbourg

Krause, U. (2015). *Das Parlament und die Bundeswehr: Zur Diskussion über die Zustimmung des Deutschen Bundestages zu Auslandseinsätzen*. Springer

Mantzke, M. (2000). Der Weizsäcker-Bericht zur Reform der Bundeswehr. *Internationale Politik*, 10, 93–120

Meier-Klodt, C. (2002). *Einsatzbereit in der Krise? Entscheidungsstrukturen der deutschen Sicherheitspolitik auf dem Prüfstand* (SWP-Studie 34). Stiftung Wissenschaft und Politik

Mertes, M. (2000). Führen, koordinieren, Strippen ziehen: Das Kanzleramt als Kanzlers Amt. In K.-R. Korte, & G. Hirscher (Hrsg.), *Darstellungspolitik oder Entscheidungspolitik? Über den Wandel von Politikstilen in westlichen Demokratien* (S. 62–84). Hanns-Seidel-Stiftung

Mols, M. (1998). Politikberatung im außenpolitischen Entscheidungsprozess. In W.-D. Eberwein, & K. Kaiser (Hrsg.), *Deutschlands neue Außenpolitik* (Band 4: Institutionen und Ressourcen, S. 253–264). Oldenbourg

Mueller, P. (2002, 12. September). Häppchen für die Macht: Christoph Bertram versucht als Berater, die deutsche Außenpolitik wissenschaftlich zu veredeln. *Die Zeit*

Münzing, E., & Pilz, V. (1998). Der Auswärtige Ausschuss des Deutschen Bundestages: Aufgaben, Organisation und Arbeitsweise. *Zeitschrift für Parlamentsfragen*, 4, 3–24

Nettesheim, M. (2010). Die Lissabon-Entscheidung des Bundesverfassungsgerichts: Grundgesetzliche Grenzen der Integration. In H. Förster (Hrsg.), *Jahrbuch des Föderalismus* (S. 403–413). Nomos

Rinke, A. (2010) Chefsache Europa. Die EU-Außenpolitik, ein Präsidialsystem? *Internationale Politik*, 3, 90–94

Rudolf, W. (1989). Bundesstaat und Völkerrecht. *Archiv des Völkerrechts*, 27, 130

Schmuck, O. (2010). Die deutschen Länder und der europäische Reformprozess. In O. Leiße (Hrsg.), *Die Europäische Union nach dem Vertrag von Lissabon* (S. 255–268). Verlag für Sozialwissenschaften

Schorkopf, F. (2017). *Staatsrecht der internationalen Beziehungen*. C.H. Beck

Schuller, K. (2001, 19. August). Schweigen aus Angst vor der „self-fulfilling prophecy". *FAZ*

Siwert-Probst, J. (1998). Die klassischen außenpolitischen Institutionen. In W.-D. Eberwein, & K. Kaiser (Hrsg.), *Deutschlands neue Außenpolitik* (Band 4: Institutionen und Ressourcen, S. 13–28). Oldenbourg

Teltschik, H. (1991). *329 Tage: Innenansichten der Einigung.* Siedler

Thunert, M. (2007). Politikberatung. In S. Schmidt, G. Hellmann, & R. Wolf (Hrsg.), *Handbuch zur deutschen Außenpolitik* (S. 336–350). Verlag für Sozialwissenschaften

Van Oyen, R. C. (2015). *Das Amt des Bundespräsidenten: Fehldeutungen im parlamentarischen Regierungssystem.* Springer

Von Morr, H. (2002). Dichtung und Wahrheit: Wozu dient der Cocktail? In E. Brandt, & C. Buck (Hrsg.), *Auswärtiges Amt: Diplomatie als Beruf* (2. Aufl., S. 295–299). Leske + Budrich

Weller, C. (2007). Bundesministerien. In S. Schmidt, G. Hellmann, & R. Wolf (Hrsg.), *Handbuch zur deutschen Außenpolitik* (S. 210–224). Verlag für Sozialwissenschaften

Wiefelspütz, D. (2009). Der Auslandseinsatz der Streitkräfte und der Deutsche Bundestag. In J. von Blumenthal, & S. Bröchler (Hrsg.), *Müssen Parlamentsreformen scheitern?* (S. 109–146). Verlag für Sozialwissenschaften

Wissenschaftliche Dienste (2018). *Parlamentarischer „Rückholvorbehalt" und parlamentarisches Rückholrecht bei Auslandseinsätzen der Bundeswehr.* Erhalten am 04. Juli 2022, unter https://www.bundestag.de/resource/blob/586226/4b4c707d4709 0984ebd52d-be3750bef8/WD-2-174-18-pdf-data.pdf

Zähle, K. (2005). Der Bundessicherheitsrat. *Der Staat*, 44, 462–482

Machtverteilung und deutsche Außenpolitik bis 1945

4

Zusammenfassung

In diesem ersten von insgesamt drei Kapiteln werden drei ausgewählte systemische Theorien zur Analyse von Außenpolitik vorgestellt und mit Beispielen aus der deutschen Außenpolitik illustriert. Sie werden „systemisch" genannt, weil sie Außenpolitik nicht – wie die „subsystemischen" Perspektiven – „von unten", sondern „von oben", sozusagen aus der Vogelperspektive betrachten, um unterschiedliche Facetten eines „Ganzen" in ihrer Bedeutung für die Außenpolitik eines Staates zu betrachten. In diesem Kapitel geht es um das Ganze des internationalen Staatensystems in seiner Bedeutung für die Außenpolitik Deutschlands seit der Gründung des Kaiserreichs. Dabei leitet als systemische Perspektive die Theorie des „Realismus" die Analyse. Diese Theorie zählt zu den Klassikern der Internationalen Beziehungen. Wie in allen nachfolgenden Kapiteln werden zunächst die Grundannahmen der Theorie sowie die Kernaussagen der hier im Mittelpunkt stehenden „offensiven" Variante des Realismus vorgestellt. Im darauf folgenden Illustrationsteil geht es darum zu zeigen, wie diese theoretische Perspektive helfen kann, deutsche Außenpolitik zwischen Kaiserreich und Drittem Reich besser zu verstehen.

4.1 Einleitung

In Kap. 2 wurde Außenpolitik als soziales Handeln definiert, das sich aus der Wechselwirkung zwischen dem Handeln staatlicher Akteure und bestimmten strukturellen Vorgaben sowie dem Handeln anderer Akteure ergibt. Außenpolitik zielt in diesem Sinne auf die Ermöglichung und Herstellung kollektiv bindender Entscheidungen in den internationalen Beziehungen.

In diesem und den beiden nachfolgenden Kapiteln werden drei ausgewählte systemische Theorien zur Analyse von Außenpolitik vorgestellt und mit Beispielen aus der deutschen Außenpolitik illustriert. Diese Herangehensweisen zählen zwar nicht zu den prominenten Theorieinstrumenten der Außenpolitikanalyse, sie sind aber trotzdem unmittelbar relevant und werden zumindest indirekt auch häufig mit Außenpolitik in Verbindung gebracht. Sie werden „systemisch" genannt, weil sie Außenpolitik nicht – wie die so genannten „subsystemischen" Perspektiven – „von unten", sondern „von oben" betrachten. Mit anderen Worten: Aus der Vogelperspektive dieser systemischen Blickwinkel geht es darum, unterschiedliche Facetten eines „Ganzen" in ihrer Bedeutung für die Außenpolitik eines Staates zu betrachten. In diesem Kapitel geht es um das Ganze des internationalen *Staatensystems* in seiner Bedeutung für die Außenpolitik Deutschlands seit der Gründung des Kaiserreichs.

Zwei Aspekte bedürfen nochmals der Wiederholung: Erstens muss betont werden, dass die Außenpolitik Deutschlands im Folgenden notgedrungen immer nur in groben Strichen bzw. beispielhaften Ausschnitten zur Sprache kommen kann. Das Ziel dieser Darstellung ist es nicht, eine Gesamtdarstellung der historischen Entwicklungslinien deutscher Außenpolitik zu liefern, wie dies zahlreiche andere Autoren sehr viel besser getan haben.[1]

Vielmehr soll die hier gewählte Fokussierung auf wichtige theoretische Perspektiven verdeutlichen helfen, dass (und wie) wir immer schon mit einem bestimmten „theoretischen" Blick auf „die" Geschichte oder gegenwärtige Außenpolitik Deutschlands schauen. Daraus ergibt sich, zweitens, dass die nachfolgende Kombination der drei ausgewählten systemischen Perspektiven mit jeweils einer historischen Entwicklungsphase deutscher Außenpolitik nicht bedeutet, dass dieselbe Phase nicht auch aus einer der beiden anderen Perspektiven hätte betrachtet werden können.

Im Gegenteil, genau dies wird unterstellt: Der Realismus könnte genauso auf die Phase deutscher Außenpolitik nach 1990 angewendet werden wie umgekehrt der soziologische Institutionalismus auf das Kaiserreich. Ob durch einen solchen Tausch möglicherweise die Plausibilität der beiden Theorien leiden würde, sei dahin gestellt. Intuitiv würden allerdings wohl die meisten Expert*innen zustimmen, dass die hier vorgenommene Zuordnung jeder Perspektive ein „Heimspiel" ermöglicht, d. h. ihre Erklärungs-kraft besonders überzeugend in der Kombination mit der jeweils ausgewählten historischen Entwicklungsphase deutscher Außenpolitik nachzuweisen sein sollte.

---

[1] Vgl. Anmerkung 4 in Kap. 1.

Der Realismus, die systemische Perspektive, die diesem Kapitel zugrunde liegt, zählt zu den Klassikern der Internationalen Beziehungen. Wie in allen nachfolgenden Kapiteln werden im nächsten Abschnitt zuerst die Grundannahmen der Theorie sowie die Kernaussagen der hier im Mittelpunkt stehenden Variante vorgestellt. Im darauf folgenden Illustrationsteil geht es darum zu zeigen, wie diese theoretische Perspektive helfen kann, deutsche Außenpolitik zwischen Kaiserreich und Drittem Reich besser zu verstehen.

4.2 Der Realismus als systemische und als Außenpolitiktheorie

Der „Realismus" steht zweifelsohne für jene Theorietradition, mit der Studierende der Internationalen Beziehungen seit Jahrzehnten, wenn nicht seit Jahrhunderten am ehesten vertraut sind. Vielen gilt er als die älteste, den meisten Laien und manchen Expert*innen noch immer als die erklärungskräftigste, der Mehrzahl der Politikwissenschaftler*innen heute wohl aber als die umstrittenste der großen Theorietraditionen in der Geschichte der Internationalen Beziehungen. In diesem (aber auch *nur* in diesem) Sinne kann man berechtigterweise auch heute noch sagen, dass der Realismus die dominierende Theorie der Internationalen Beziehungen ist.

4.2.1 Kernaussagen des Realismus

Einer gängigen Praxis des Wissenschaftsbetriebs folgend werden die Kernaussagen der realistischen Tradition von ihren *Anhänger*innen* zumeist sehr differenziert dargestellt, zugleich aber auch sehr unterschiedlich akzentuiert. Die *Kritiker*innen* des Realismus hingegen können sich häufig schneller über (tatsächliche oder vermeintliche) Kernaussagen verständigen und sind schon alleine aufgrund des eingenommenen Blickwinkels weniger an Differenzierungen denn an einer klaren Konturierung einer Zielscheibe interessiert. Entsprechend unterschiedlich fallen die Darstellungen „des" Realismus aus.[2] Folgt man den Anhänger*innen,

---

[2] Gute Überblicke zur Geschichte und gegenwärtigen Bedeutung des Realismus im Fach Internationale Beziehungen liefern *Walt* 2002; *Mearsheimer* 2007; *Wohlforth* 2016; *Lebow* 2011 und *Reichwein* 2012 (aus der Perspektive unterschiedlicher Anhänger*innen bzw. Sympathisant*innen) sowie *Legro und Moravcsik* 1999 und *Vasquez* 2003a, b (aus der Perspektive der Kritiker*innen); leicht zugänglich und um Differenzierung bemüht sind in deutscher Sprache *Zangl und Zürn* 2003, S. 25–55 sowie *Jacobs* 2010; *Kindermann* 2010; *Masala* 2017 und *Schörnig* 2010.

lassen sich trotzdem einige Aussagen destillieren, die – auch wenn sie möglicherweise nicht alle oder nicht alle mit dieser Gewichtung genannt werden – von der Mehrheit der Realist*innen als Kern einer realistischen Theorietradition angesehen werden.

1. Die Welt lässt sich am treffendsten als internationales Staatensystem beschreiben, und Staaten sind die wichtigsten politischen Einheiten in dieser Welt. Diese Bedeutung wächst ihnen zum einen aufgrund ihrer historisch gewachsenen Legitimität, mehr aber noch aufgrund des schieren Faktums zu, dass sie über beträchtliche militärische Gewaltmittel verfügen (bzw. in ihrem Namen über deren Einsatz entschieden wird).
2. Wichtige Dynamiken der internationalen Politik können am besten dadurch erfasst werden, dass man Staaten nicht nur als funktional gleiche, sondern auch als einheitliche Akteure und als rationale Nutzenmaximierer begreift. Die Annahme der funktionalen Gleichheit bedeutet, dass zwar zwischen mächtigen und schwachen Staaten unterschieden werden muss, aber alle Staaten sich ansonsten insofern gleichen, als sie im Innern in ähnlicher Weise (hierarchisch) organisiert sind und ähnliche Aufgaben erfüllen. Einheitlichkeit bedeutet, dass man Staaten trotz der offensichtlichen Tatsache, dass sie sich aus einer Vielzahl individueller und kollektiver Akteure zusammensetzen, so behandeln kann, als ob es sich um Individuen handelt. Die Annahme der Rationalität schließlich unterstellt, dass Staaten gegebene Ziele so verfolgen, dass sie ihren Nutzen maximieren.
3. Die Tatsache, dass sich das internationale Staatensystem im Kern aus gegeneinander abgegrenzten und auf ihre Unabhängigkeit bedachten politischen Einheiten, den Staaten, zusammensetzt, macht dieses System zu einem anarchischen. Anarchie bedeutet hier, dass eine den Staaten übergeordnete Autorität, die deren Handeln mit Aussicht auf Erfolg regulieren (d. h. notfalls auch sanktionieren) könnte, nicht existiert.
4. Aus dieser Strukturbedingung ergibt sich ein Handlungsimperativ für die Staaten: Jeder muss für seine Sicherheit selbst sorgen („Selbsthilfeprinzip"). Der Zwang zur Selbsthilfe konfrontiert allerdings auch jeden Staat mit dem unauflöslichen Sicherheitsdilemma – einer Entscheidungssituation nämlich, die dadurch gekennzeichnet ist, dass ständig eine Wahl zwischen zwei Übeln getroffen werden muss. Die eine Alternative besteht darin, auf den Erwerb bzw. die Anhäufung von Mitteln zu verzichten, die zur Gewährleistung der eigenen Sicherheit dienen können; die andere Alternative läuft darauf hinaus, sich eben diese Mittel zu beschaffen. Bei der Entscheidung zwischen diesen beiden Alternativen handelt es sich deshalb um eine Wahl zwischen zwei Übeln, weil die

4.2 Der Realismus als systemische und als Außenpolitiktheorie

Konsequenzen in beiden Fällen kontraproduktiv sein können: Falls ein Staat auf den Erwerb bzw. die Anhäufung von militärischen Mitteln verzichtet, läuft er Gefahr, expansionistischen Staaten zum Opfer zu fallen. Falls er sich demgegenüber solche Mittel beschafft, droht er eine Gegenreaktion anderer Staaten zu provozieren, da diese sich ihrerseits der wohlmeinenden Absichten des ersteren nicht sicher sein können. Dieses Sicherheitsdilemma wird von allen Realisten als wichtiges Charakteristikum der internationalen Politik angesehen, sie unterscheiden sich allerdings dahingehend, wie „Sicherheit" definiert und was zu ihrer Erreichung getan werden muss (vgl. Walt 2002; S. 204–209; Wohlforth 2016, S. 36–42). Die so genannten „defensiven Realisten" unterstellen, dass Staaten in erster Linie ihre gegenwärtige Position im internationalen System sichern wollen, insofern also im Wesentlichen defensive Absichten verfolgen. Die „offensiven Realisten" hingegen ziehen aus dem Sicherheitsdilemma den radikaleren Schluss, dass Staaten nie sicher sein können und daher unersättlich danach streben, ihre eigene Macht zu vergrößern. Da sie zu diesem Zweck unter günstigen Bedingungen auch vor der Anwendung von Gewalt nicht zurückschrecken, sind ihre Ambitionen offensiv.
5. Das Sicherheitsstreben und die unterschiedliche Ausstattung der einzelnen Staaten mit Machtressourcen – neben militärischen Gewaltmitteln und Wirtschaftskraft werden häufig noch die Größe des Territoriums, die geografische Lage und die Größe und Bildung der Bevölkerung genannt – produzieren eine spezifische Dynamik internationaler Politik, die sich in unterschiedlichen historischen Epochen in unterschiedlichen Polaritätskonfigurationen zwischen den mächtigsten Staaten manifestiert. Wenn sich die Machtressourcen in der Hand einer Großmacht bündeln, ist die Rede von einer unipolaren Welt. Historisch kommt diese Konstellation selten vor, aber einige Beobachter meinen, dass diese Beschreibung angesichts der damaligen Dominanz der USA zumindest um die Jahrtausendwende zutraf. Bestimmen zwei ähnlich starke und vom Rest der Staaten deutlich abgehobene Großmächte das internationale System, spricht man von einer bipolaren Welt. Die Zeit des Ost-West-Konflikts mit der prägenden Rivalität zwischen den USA und der Sowjetunion wird zumeist so charakterisiert. Bei drei und mehr Großmächten gilt das System als multipolar. Historisch gilt dies als die am häufigsten beobachtbare Form der Machtverteilung zwischen den Großmächten. Welche Polaritätskonstellation unter globalen Gesichtspunkten als besonders stabil oder fragil gelten kann, ist unter Realist*innen allerdings umstritten. Nur hinsichtlich der Beurteilung multipolarer Machtverteilung als vergleichsweise schwer berechenbar und daher auch kriegsanfälliger scheinen sich Realist*innen einig zu sein.

Diese fünf Punkte werden in der einen oder anderen Form von den meisten Realist*innen geteilt. Wichtige Unterschiede ergeben sich allerdings dahingehend, welche Kernmotivation den Staaten unterstellt wird und worin diese ihrerseits gründet. Der Klassiker des modernen Realismus, der in Deutschland geborene und unter dem aufstrebenden Nationalsozialismus in die USA emigrierte Hans Morgenthau, unterstellt den Staaten in einer Analogie mit der unveränderlichen „menschlichen Natur" ein unersättliches Streben nach Macht – salopp gesagt: Staaten verhalten sich allzu menschlich (Morgenthau 1985[1948], S. 4). Im Unterschied zu Morgenthau geht demgegenüber Kenneth Waltz (1979), der moderne Klassiker des so genannten strukturellen (oder Neo-)Realismus, davon aus, dass die Ursache dynamischer Machtrivalitäten nicht in der „Natur" der Staaten selbst, sondern in der anarchischen Struktur des internationalen Systems liegt. Zudem unterstellt Waltz, dass Staaten in erster Linie ihre Position im internationalen System sichern wollen, d. h. nicht unbedingt ständig auf Machtsteigerung erpicht sind. Für diese Sichtweise hat sich auch der Fachbegriff des „defensiven Positionalismus" eingebürgert. Waltz und seine Anhänger werden daher auch als „defensive Realisten" bezeichnet. John Mearsheimer (2001) bildet aus diesen beiden klassischen Varianten eine neue „offensive" Synthese. Von Morgenthau übernimmt er zwar die Annahme, dass Staaten unersättlich nach Macht streben, er führt dies aber nicht wie dieser auf eine bestimmte („menschliche") Natur der Staaten, sondern (wie Waltz) auf die anarchische Struktur des internationalen Systems zurück (vgl. Abb. 4.1).

	„Human Nature Realism"	Defensiver Realismus	Offensiver Realismus
Prominentester Vertreter	Hans Morgenthau (1985[1948])	Kenneth Waltz (1979)	John Mearsheimer (2001)
Ursache(n) staatlichen Machtstrebens	der menschlichen Natur vergleichbare Natur der Staaten	anarchische Struktur des internationalen Systems	anarchische Struktur des internationalen Systems
Wieviel Macht wollen Staaten haben	soviel sie können; Staaten maximieren relative Macht, Hegemonie ist das oberste Ziel	nicht mehr als sie gerade haben; sie sind in erster Linie an Machtgleichgewicht interessiert („defensive Positionalisten")	soviel sie können; Staaten maximieren relative Macht, Hegemonie ist das oberste Ziel

Abb. 4.1 Drei Realismen. (Vgl. Mearsheimer 2001, S. 17–22. Quelle: Eigene Darstellung)

Für unsere Zwecke ist diese Differenzierung deshalb von Bedeutung, weil insbesondere Waltz sich explizit darauf festgelegt hat, dass seine realistische „Theorie der internationalen Politik" keine Theorie der Außenpolitik sei (Waltz 1979, S. 71–72, 121–123). Mearsheimer hingegen beansprucht, dass sein „offensiver Realismus" sowohl als systemische wie auch als Außenpolitiktheorie anwendbar sei.[3] Da er sich in seinem Buch zudem recht ausführlich mit deutscher Außenpolitik während des Kaiserreichs und des Dritten Reichs beschäftigt, wird der Schwerpunkt der nachfolgenden Diskussion auf seiner Variante des Realismus liegen.

4.2.2 Macht und Machtverteilung als zentrale Triebkräfte

Wie alle Realisten geht auch Mearsheimer davon aus, dass die Kernfrage internationaler Politik, ob staatliche Ziele friedlich oder kriegerisch verwirklicht werden, wesentlich von der Machtverteilung im internationalen System abhängt. Im Vergleich zu anderen Realist*innen (ganz zu schweigen von recht anspruchsvollen Definitionen von Nicht-Realist*innen) operiert er allerdings mit einem sehr einfachen Verständnis von Macht. Zwei Dimensionen sollten unterschieden werden (Mearsheimer 2001, S. 55–82). Die *potenzielle* oder *latente Macht* eines Staates setzt sich zusammen aus der Größe seiner Bevölkerung und dem Niveau seines Wohlstandes, seine *tatsächliche Macht* äußert sich in der Stärke seiner Streitkräfte. In beiden Fällen geht es um die Verfügung über bestimmte Ressourcen und nicht (wie in den meisten anderen Machtdefinitionen) um den Einfluss eines Akteurs A auf einen Akteur B innerhalb einer sozialen Beziehung. Diese realistische Definition ist insofern einfacher, als sie leichter messbar ist. Sie erscheint den Realist*innen auch akzeptabel, weil die Ressourcenausstattung, insbesondere die Verfügung über schlagkräftige Streitkräfte, für das Überleben von Staaten entscheidend sei. Kritiker*innen hingegen argumentieren, dass sie die Komplexität von Machtbeziehungen in inakzeptabler Weise verkürzt.[4]

Die Messbarkeit von Macht ist für Realist*innen wie Mearsheimer deshalb wichtig, weil man die Erklärungskraft einer Theorie, die wesentlich auf der Machtverteilung basiert, nur unter Beweis stellen kann, wenn man den kausalen Zu-

---

[3] *Mearsheimer* 2001, Anm. 60 S. 422; vgl. zur Diskussion über den Realismus als Außenpolitiktheorie auch *Elman* 1996a, b; *Waltz* 1996 und *Wohlforth* 2016, S. 38–42 sowie *Baumann* et al. 1999.

[4] Vgl. als Überblick zu und Kritik an alternativen Machtdefinitionen *Baldwin* 2013; *Barnett und Duvall* 2005 und *Guzzini* 2011.

sammenhang zwischen Machtverteilung und Großmachtrivalität überzeugend darstellt. Dies erfordert eine nachvollziehbare Operationalisierung aufgrund von Indikatoren, für die Daten verfügbar sind. Die Indikatoren Bevölkerungsstärke und Wohlstandsniveau definieren, was Mearsheimer latente Macht nennt. Insbesondere die Berechnung des Wohlstandsniveaus ist jedoch höchst strittig und hinsichtlich der Verfügbarkeit von Daten für zurückliegende Jahrhunderte auch schwierig. Weil es ihm insbesondere um den für den Aufbau schlagkräftiger Streitkräfte „mobilisierbaren Wohlstand" eines Staates geht (Mearsheimer 2001, S. 62), konzentriert er sich auf die Stahl- und Eisenproduktion einerseits sowie den Energieverbrauch andererseits. Wenn man für den Zeitraum von Mitte des 19. bis Mitte des 20. Jahrhunderts die Anteile der Großmächte an diesen beiden Machtindikatoren errechnet, ergibt sich die Aufteilung in Abb. 4.2.

„Mobilisierbarer Wohlstand" ist die Voraussetzung, aber noch kein angemessener Ausdruck von Macht. Damit aus dieser latenten Macht „effektive" Macht wird, bedarf es der Konvertierung ökonomischer Macht in militärische

	1850	1870	1890	1913	1920	1930	1940
Vereinigtes Königreich	59 (70)	53 (64)	32 (50)	14 (28)	16 (44)	11 (27)	11 (24)
Preußen/ Kaiserreich	3 (4)	13 (16)	16 (25)	21 (40)	14 (38)	14 (33)	17 (36)
Frankreich	10 (12)	11 (13)	8 (13)	6 (12)	5 (13)	9 (22)	4 (9)
Russland	6 (7)	2 (2)	3 (5)	6 (11)	1 (2)	6 (14)	13 (28)
Österreich-Ungarn	6 (7)	4 (5)	4 (6)	4 (8)	–	–	–
Italien	–	0	1 (1)	1 (2)	1 (3)	2 (5)	2 (4)
USA	15	16	35	47	62	54	49

Abb. 4.2 Anteil an ökonomischen Machtressourcen im europäischen bzw. globalen Maßstab (Angaben in Prozent). (Quelle: Mearsheimer 2001, S. 71, 220. Die fett gedruckten Zahlen beziehen sich auf globale Verteilung des Wohlstands, die Zahlen in Klammern auf die europäische Verteilung ohne die USA. Die Kalkulation basiert (zu gleichen Teilen) auf dem jährlichen Anteil der jeweiligen Staaten an der Produktion von Kohle und Stahl sowie am Energieverbrauch. Für die Berechnung wurden allerdings nur die Großmächte herangezogen. Deshalb wird Italien erst ab 1870 einbezogen und Österreich-Ungarn nach dem 1. Weltkrieg ausgeschlossen. Die zu 100 % fehlenden Anteile für die Jahre ab 1910 werden Japan zugeschrieben, das von einem Anteil von einem Prozent 1913 auf einen Anteil von 6 % 1940 wächst)

4.2 Der Realismus als systemische und als Außenpolitiktheorie

Schlagkraft. Historisch ist dies unterschiedlichen Staaten unterschiedlich gut gelungen. Nicht alle wohlhabenden Staaten haben sie angestrebt und nicht allen, die sie anstrebten, ist es in gleicher Weise gelungen (vgl. Mearsheimer 2001, S. 75–82). Trotzdem besteht für Realist*innen ein klarer Zusammenhang zwischen ökonomischem Macht*potenzial* und tatsächlicher militärischer Macht. Eine gewisse Parallelität hinsichtlich des Wachstums ökonomischer Macht und militärischer Schlagkraft zeigt sich bereits, wenn man sich vor dem Hintergrund von Abb. 4.2. die Veränderungen in der Stärke der europäischen Streitkräfte im selben Zeitraum ansieht (vgl. Abb. 4.3).

Die Streitkräftestärke allein ist allerdings auch noch nicht sehr aussagekräftig. Inwieweit ein Staat durch die geografische Lage im Verhältnis zu den anderen Großmächten begünstigt oder benachteiligt wird, über welche technische Ausstattung seine Streitkräfte verfügen, wie gut sie ausgebildet bzw. wie kampferfahren sie sind – all das sind weitere wichtige Aspekte, die man in Rechnung stellen muss, wenn man die Dynamik der internationalen Beziehungen in einer spezifischen historischen Epoche verstehen will. Deutliche (relative) Machtzuwächse, wie sie allerdings das Deutsche Reich ab 1870 oder die USA seit dem Ende des

	1875	1885	1895	1905	1914–18	1925	1935	1939–45
Vereinigtes Königreich	540	580	670	740	6210	220	200	5900
Preußen/ Kaiserreich	1300	1540	3000	3000	13.250	100	480	17.900
Frankreich	1000	2500	2500	2500	8660	680	640	k.A.
Russland/ Sowjetunion	1210	1920	2530	4600	13.700	260	1300	22.400
Österreich-Ungarn	840	1070	1870	2580	8000	–	–	–
Italien	460	1240	1360	1060	5620	330	1300	9100

Abb. 4.3 Stärke der Streitkräfte im europäischen Mächtesystem (Angaben in Tausend). (Quelle: Mearsheimer 2001, S. 187, 303, 305, 317, 320. Für die Kriegszeiten 1914–1918 und 1939–1945 beziehen sich die Zahlen auf die insgesamt mobilisierten Streitkräfte, für 1925 und 1935 auf die Stärke der ständig bereiten Streitkräfte. Alle anderen Angaben beziehen sich auf die „Kriegsstärke" einer Armee, d. h. sowohl die ständig bereiten Streitkräfte wie auch die im Kriegsfall mobilisierbaren, teilweise aber sehr schlecht ausgebildeten Reserven. Alle Zahlen sind auf 10.000 gerundet)

19. Jahrhunderts verzeichneten und korrespondierende (relative) Machteinbußen, wie sie Großbritannien in derselben Zeit erlebte, sind allerdings aus realistischer Sicht wichtige Markierungen, die uns (vor dem Hintergrund der Prämisse, dass das Machtstreben der Staaten unersättlich ist) erste Vermutungen erlauben, welches die treibenden Kräfte in den jeweiligen historischen Phasen sind.

4.2.3 Staatliche Ziele und Strategien

Ein großer Anteil an der verfügbaren Macht ist nach realistischer Überzeugung eine wichtige Voraussetzung, um in der internationalen Politik bestehen zu können. Dieselbe Machtausstattung kann allerdings von unterschiedlichen Staaten in unterschiedlicher Weise genutzt werden. Das Geschick im Umgang mit bestimmten Strategien ist daher eine weitere wichtige Erfolgsvoraussetzung. Kriegführung ist die prominenteste, aber nicht die einzige Strategie im Arsenal der Staaten.

Dass Krieg eine Konstante der internationalen Beziehungen ist, ergibt sich für Realist*innen wie Mearsheimer aus der Kombination internationaler Anarchie und unersättlichem staatlichem Machtstreben. Die von anderen Realist*innen (wie etwa Waltz) vertretene Ansicht, dass Staaten unter bestimmten Bedingungen ein herausragendes Interesse am „Status quo" haben, akzeptiert er nicht. Für ihn sind die Großmächte prinzipiell „revisionistisch" – d. h., sie streben nach immer mehr Macht selbst dann, wenn sie bereits über einen großen Anteil verfügen. Dies bedeutet auch, dass sie, wenn sie sich auf kooperative Arrangements mit anderen Staaten einlassen, nicht in erster Linie an absoluten, sondern an relativen Gewinnen interessiert sind: Ihnen geht es also nicht nur darum, dass sie überhaupt einen positiven Nutzen aus solchen Kooperationen ziehen, sondern dass dieser Nutzen im Vergleich zu ihren Konkurrenten mindestens so hoch ausfällt, dass ihre relative Machtposition gestärkt wird. Eine „Status-quo"-Großmacht ist für Mearsheimer unter diesen Bedingungen theoretisch nur dann vorstellbar, wenn der (unwahrscheinliche) Fall einer globalen Hegemonie eintritt (Mearsheimer 2001, S. 29, 36). Der Einsatz militärischer Gewalt ist für Großmächte daher vor allem dann ein nahe liegendes Instrument der Politik, wenn auf diesem Wege potenzielle Konkurrenten verlässlich und unter Minimierung der eigenen Kosten geschwächt werden können. Die gewaltsame Auflösung von Machtkonkurrenzen durch Krieg ist in diesem Sinne ein immer wiederkehrendes Phänomen der internationalen Politik.

Krieg ergibt sich allerdings nicht zwingend aus den strukturellen Rahmenbedingungen des internationalen Systems. Er ist zwar nach realistischem Verständnis das wichtigste Instrument im Arsenal staatlicher Strategien, um Machtkonkurrenzen zu entscheiden, nicht aber das einzige. Vor allem ist er auch riskant,

4.2 Der Realismus als systemische und als Außenpolitiktheorie

denn jede angreifende Großmacht muss angesichts der potenziellen Machtverschiebungen als Folge großer Kriege davon ausgehen, dass unvorhersehbare Allianzen das Risiko beinhalten, aus einem Krieg wider Erwarten als Verlierer hervorzugehen. Diese alternativen Strategien lassen sich grob danach unterscheiden, ob sie auf einer Mobilisierung von Ressourcen im Innern oder im internationalen Umfeld basieren. Die *Mobilisierung innerstaatlicher Ressourcen* (z. B. Bodenschätze, technologisches Know-how oder wirtschaftliche Leistungsfähigkeit) gilt Realist*innen deshalb als verlässlicher, weil die damit einhergehenden Unwägbarkeiten durch Staaten leichter kontrollierbar sind als jene im internationalen Umfeld. Ob es einem Staat gelingt, beispielsweise durch technologische Innovation und wirtschaftliches Wachstum die Voraussetzungen zu schaffen, um seine militärische Macht auszubauen, liegt stärker in seiner Verfügungsgewalt als die Frage, ob es ihm gelingt, Verbündete im internationalen Umfeld zu finden, die seine außenpolitischen Ziele befördern helfen.

Allerdings reicht innerstaatliche Ressourcenmobilisierung nach realistischem Verständnis selbst bei den stärksten Staaten zumeist nicht aus, um in ihrer subjektiven Wahrnehmung Sicherheit zu gewährleisten. Deshalb sind alle Staaten darauf angewiesen, durch kluge Außenpolitik dazu beizutragen, dass sie im Spiel der Mächte obsiegen bzw. zumindest nicht übervorteilt werden. In Anlehnung an zumeist inner-realistische Fachdebatten unterscheidet John Mearsheimer jene nach außen gerichteten Mobilisierungsstrategien danach, ob sie in erster Linie darauf abzielen, die eigene Macht zu vergrößern oder ob sie der Eindämmung von Rivalen dienen.[5] Zu den *Machtsteigerungsstrategien* rechnet er neben Kriegführung u. a. die Strategie der *Erpressung*. Sie zielt darauf ab, von einem Gegner unter Androhung von Gewalt oder schmerzlichen Sanktionen Zugeständnisse zu erzwingen. Im Kaiserreich verfolgte Kaiser Wilhelm II in den beiden so genannten Marokko-Krisen 1905 und 1911 diese Strategie gegenüber England und Frankreich – allerdings in beiden Fällen erfolglos. Hitler hingegen war 1938 mit seinen erpresserischen Drohungen zur Abtretung der der sudetendeutschen Gebiete an das Deutsche Reich gegenüber England erfolgreich.

Eindämmungsstrategien sind im Unterschied zu Machtsteigerungsstrategien nicht auf die unmittelbare Ausweitung der eigenen Macht, sondern eher darauf gerichtet, Machtsteigerungen der Rivalen zu verhindern. Die klassische Strategie der *Gegenmachtbildung* setzt insbesondere auf Militärbündnisse mit anderen Staaten, um Rivalen in Schach zu halten. Das Bündnis zwischen England, Frankreich und Russland gegen das Kaiserreich ist ein solches Beispiel, auf das wir nachher

---

[5] Vgl. zum Folgenden *Mearsheimer* 2001, S. 147–167. Eine detaillierte Debatte zu diversen Strategien findet sich bei *Vasquez und Elman* 2003.

zurückkommen werden. Unter Realist*innen besteht dabei weitgehend Konsens, dass die jeweilige Polaritätskonstellation von großer Bedeutung für die Berechenbarkeit der Machtbalance ist. In multipolaren Systemen gelten Bündnispartner als vergleichsweise wenig verlässlich, weil die Machtbalance schwerer zu kalkulieren ist und die Staaten sich daher allianzpolitische Hintertüren offenhalten wollen. Unter den Bedingungen der Bipolarität sind die Bündnisoptionen klar überschaubar und daher auch der Druck auf die weniger mächtigen Staaten groß, sich zwischen den beiden dominanten Staaten zu entscheiden. Gegenmachtbildung erscheint hier also sowohl leichter wie auch in ihren Folgen besser abschätzbar. Die *„buck-passing"-Strategie* versucht die Eindämmung potenzieller Rivalen eher auf indirektem Wege dadurch zu erreichen, dass andere Staaten dazu gebracht werden, die Gegenmachtbildung zu bewerkstelligen und damit die Rolle derjenigen zu übernehmen, die gegenüber dem einzudämmenden Staat sozusagen die Karte des „Schwarzen Peter" halten. Sowohl Frankreich wie auch die Sowjetunion verfolgten Ende der 1930er-Jahre eine solche Politik gegenüber Nazi-Deutschland, als sie auf der einen Seite versuchten, gute Beziehungen mit Hitler zu etablieren und zugleich den jeweils anderen dazu zu bekommen, die Eindämmung des Dritten Reiches zu übernehmen.

Eine dritte Klasse typischer Strategien, Strategien der Beschwichtigung, ist unter Realist*innen hinsichtlich ihrer Erfolgsaussichten stärker umstritten, weil sie zumeist von Staaten angewendet werden, die aus einer Position der Schwäche agieren. Die klassische „Appeasement"-Strategie, die etwa der britische Premierminister Chamberlain mit der Überlassung der Sudentengebiete an Nazi-Deutschland während seines Münchener Treffens 1938 mit Hitler verfolgte, besteht darin, dass man einen drohenden Staat dadurch zu besänftigen sucht, dass man seinen Forderungen weit entgegenkommt oder sie gar gänzlich erfüllt (Kristensen 2021, S. 53–54). Dass sich dieses Entgegenkommen auszahlt, wird heute nicht nur von Realist*innen zumeist bezweifelt. Die so genannte „München"-Analogie, die das Scheitern von Chamberlains Beschwichtigungsstrategie als Bezugspunkt für diverse Plädoyers einer harten Politik in der Gegenwart gegenüber Saddam Hussein machte, geht davon aus, dass beschwichtigende Zugeständnisse die Machtgelüste drohender Staaten eher anheizen als sie zu stillen. „Bandwaggoning" – bildlich: auf einen fahrenden Zug aufspringen – bezeichnet demgegenüber eine Strategie, bei der sich schwächere Staaten einer starken Macht weitgehend freiwillig anschließen und in weiten Teilen auch unterwerfen, weil sie damit erhoffen, nicht selbst zur Zielscheibe zu werden bzw. sogar in den Genuss eines Teils der machtpolitischen Gewinne der führenden Großmacht zu gelangen.

Nach realistischem Verständnis ergibt sich aus unterschiedlichen Mischungen dieser machtpolitischen Strategien die strukturprägende Dynamik der internationalen Politik unter den Großmächten. Entscheidend ist allerdings immer die Machtverteilung, denn sie schafft bereits bestimmte Anreize, auf die eine oder andere Strategie zurückzugreifen. Im Folgenden soll skizziert werden, wie ein solcher realistischer Zugriff zum Verständnis der großen Linien deutscher Außenpolitik von der Gründung des Kaiserreichs bis zum Dritten Reich beitragen kann.

4.3 Eine realistische Interpretation deutscher Außenpolitik 1870–1940

Das 1871 ausgerufene Deutsche Kaiserreich hatte in Preußen einen Vorläufer, der schon im vorangehenden Jahrhundert im Konzert der europäischen Großmächte mitgespielt hatte. Aber erst mit der Gründung des Kaiserreiches waren die diversen deutschen Kleinstaaten unter Führung Preußens zu einem den benachbarten Nationen vergleichbaren Nationalstaat zusammengeführt worden. Da die Reichsgründung unmittelbar aus einem Krieg gegen Frankreich folgte und nunmehr erstmals die meisten deutschsprachigen Staaten im Zentrum des westlichen Europa unter einer einheitlichen politischen Führung Außenpolitik betrieben, veränderte dies die Dynamik der Großmachtpolitik in entscheidender Weise.[6] Der konservative Oppositionsführer im britischen Unterhaus, Benjamin Disraeli, sah in der „deutschen Revolution", wie er die Reichgründung nach dem Sieg über Frankreich nannte, bereits wenige Tage nach der Kaiserproklamation im Spiegelsaal von Versailles sogar ein „größeres politisches Ereignis" als in der Französischen Revolution. Den Hauptgrund für seine düstere Prognose, dass England am meisten unter den Folgen dieses Einschnitts leiden würde, sah er darin, dass „das Gleichgewicht der Macht (…) völlig zerstört" wurde (zit. nach Ullrich 1999, S. 27).

Diese machtpolitische Betrachtungsweise war nicht nur den Zeitgenossen besonders eingängig, sondern spielt auch in der historischen Forschung bis zum heutigen Tag eine wichtige Rolle. Selten aber wird sie in ähnlicher Weise zugespitzt wie in der Interpretation von John Mearsheimer. Während die meisten Historiker*innen schon aus Gründen professioneller Prägung selbst dann zu abwägenden Urteilen neigen, wenn sie entweder machtpolitischen (vgl. Hildebrand 1999) oder aber gesellschaftlichen Ursachen (vgl. Wehler 2007[1995]) eine vorrangige Bedeutung in der Kausalkette zuweisen, markiert Mearsheimer einen radikalen Gegenpol. Seine extrem einfache (oder „sparsame") Theorie des „offensiven Realismus" führt die großen Ereignisse der internationalen Politik im Wesent-

---
[6]Vgl. als Überblick die Darstellungen von *Wehler* 2007; *Hildebrand* 2008 sowie *Epkenhans* 2020.

lichen auf zwei Ursachen zurück – Anarchie und Machtverteilung. Beide reichen Mearsheimer auch völlig aus, um die deutsche und die Dynamiken der internationalen Politik zu erklären, die zum Ersten und zum Zweiten Weltkrieg führten. Zugespitzt:

> „Für die[se] Theorie ist es genauso irrelevant, ob Deutschland im Jahr 1905 von Bismarck, Kaiser Wilhelm oder Adolf Hitler geführt wurde, wie es irrelevant ist, ob Deutschland autokratisch beherrscht oder eine Demokratie war. Entscheidend für die Theorie ist, wie viel relative Macht Deutschland zu dieser Zeit besaß." (Mearsheimer 2001 S. 11, Übers. d. Verf.)

Mearsheimer leugnet nicht, dass Persönlichkeitsmerkmale von politischen Führern, auf die wir im 7. Kapitel zurückkommen werden, den Entscheidungsprozess prägen können und insofern sie dies tun, räumt er auch ein, dass seine Theorie in solchen Situationen versagen würde. Allerdings geht er davon aus, dass es in der realen Welt (bzw. Geschichte) nur ganz wenige solche Situationen gibt. Für ihn liefert insofern Deutschland zwischen 1870 und 1945 ideales Anschauungsmaterial, um die Erklärungskraft des „offensiven Realismus" vorzuführen.

4.3.1 Außenpolitik im Kaiserreich

Was zeigt uns sein Blickwinkel? Statt wie in klassischen historischen Analysen das Hauptaugenmerk auf diplomatische und inneradministrative Entscheidungsprozesse zu richten, stehen Machthunger, innerstaatliche Ressourcenmobilisierung, Kriegführung und Verschiebungen in der Machtverteilung unter den Großmächten im Mittelpunkt. Schon die Gründung des Kaiserreichs zeigt dies. In drei strategisch klug eingefädelten Kriegen gegen Dänemark (1864), den früheren Bundesgenossen Österreich (1866) und das dominante Frankreich (1870/71) gelang es Bismarck nicht nur seine unmittelbaren außenpolitischen Widersacher zu schwächen, sondern auch die innenpolitischen Gegner seiner Einigungspläne zu neutralisieren (Epkenhans 2020, S. 27–79). Aus seinen Großmachtambitionen hatte er nie einen Hehl gemacht. In einem Brief an den Gesandten in Paris hatte er bereits im Winter 1863/64 betont, dass die angestrebte „Stärkung" Preußens seiner Auffassung nach nicht aus dem klein karierten Hin und Her mit den deutschen Kleinstaaten, „sondern nur aus waffenmäßiger Großmachtpolitik hervorgehen" könnte (zit. nach Ullrich 1998, S. 69–70).

Die Reichsgründung markierte insofern einen weiteren Gipfel seiner Großmachtambitionen. Sie spiegelte auch, wie Mearsheimer (2001, S. 66–69) betont, die Machtverschiebung auf dem Kontinent. Zwischen 1830 und 1880 überflügelten

4.3 Eine realistische Interpretation deutscher Außenpolitik 1870–1940

Preußen bzw. das Deutsche Reich das bis dahin auf dem Kontinent führende Frankreich in allen einschlägigen Machtkategorien: Von Bevölkerungszahl über Bruttosozialprodukt, Eisen- und Stahlproduktion sowie Energieverbrauch bis zur Industrieproduktion und der Stärke der Streitkräfte konnte Frankreich nicht mehr mithalten. Die militärische Niederlage war insofern keine Überraschung. Erstaunen könnte auf den ersten Blick lediglich, warum die anderen Großmächte diesen Aufstieg zuließen. Aus realistischer Sicht ist jedoch auch dies wenig überraschend, denn Preußen gewähren zu lassen hatte für die Flankenmächte England und Russland zumindest in den 1860er-Jahren noch den Vorteil, dass es Frankreich und Österreich in Schach halten und damit ihre eigenen Aktivitäten in Afrika und Asien (England) bzw. auf dem Balkan (Russland) eher befördern würde (Mearsheimer 2001, S. 159).

Die erfolgreiche Etablierung des Kaiserreichs als europäische Zentralmacht veränderte diese Lage allerdings und sie schuf auch mehr Probleme als sie löste. Allerspätestens zu diesem Zeitpunkt zerbrach die stets prekäre Machtbalance, die während des Wiener Kongresses 1815 zwischen den europäischen Großmächten ausgehandelt worden war. Durch die unübersehbare Machtverschiebung zugunsten eines starken deutschen Nationalstaates bekam dessen Handeln einen anderen Stellenwert. Diese machtpolitische Veränderung war so gravierend, dass sich eine vergleichbare Berechenbarkeit, wie sie im Verhalten der Großmächte zumindest in der 1. Hälfte des 19. Jahrhunderts beobachtbar war, nicht mehr einstellte. Das nach der Reichgründung einsetzende und unter allen europäischen Großmächten weit verbreitete „Gefühl der Unsicherheit und des Misstrauens" (Craig 1989, S. 200; Epkenhans 2020, S. 59–60) gründete nicht zuletzt darin, dass die Sicherheit des Deutschen Reiches trotz (oder gerade wegen) der gewachsenen Macht prinzipiell prekär blieb. Keine andere Großmacht hatte so viele konkurrierende Großmächte in unmittelbarer strategischer Nachbarschaft: den „Erzfeind" Frankreich im Westen, Russland im Osten, Österreich-Ungarn im Südosten und das mit Argusaugen die kontinentalen Machtverschiebungen beobachtende Großbritannien jenseits des Kanals. Dass in dieser Konstellation jene „Einkreisungsängste" leicht aufkommen konnten, die von Bismarck bis Hitler alle Außenpolitik-Strategen in Berlin beschäftigten, war wenig erstaunlich. Das primäre Ziel deutscher Diplomatie bestand insofern darin, vor den Schreckensszenarien des sicherheitspolitischen Albtraums, den Bismarcks Einigungskriege erst in aller Schärfe heraufbeschworen hatten, in eine (noch) sicherere Zukunft zu fliehen. Gerade im deutschen Fall aber musste diese sich als Schimäre entpuppen, denn keine der beiden grundlegenden Optionen, die Bismarck und seinen Nachfolgern bis 1945 zur Verfügung standen, vermochte diese Art von Sicherheit auch nur annähernd zu versprechen. Nicht wenige hielten sie damals aber für erreichbar.

Die eine strategische Option bestand darin, die erlangte relative Machtposition durch ein Netzwerk von Bündnissen abzusichern (Epkenhans 2020, S. 94–107). Mit einem gewissen Erfolg hat Bismarck diese Strategie bis zu seiner Entlassung 1890 betrieben. Ihm selbst und allen Bündnispartnern und Rivalen war allerdings immer klar, dass das fein verästelte Allianzsystem keine verlässlichen Strukturen, sondern ein leicht zerreißbares Netz darstellte, um die wechselseitigen Ambitionen der Großmächte in Schach zu halten. Die andere strategische Option bestand darin, eine hegemoniale Stellung in Europa anzustreben, indem man die „Einkreisung" durchbrach und sowohl Frankreich wie auch Russland entscheidend militärisch schwächte oder gar unterwarf. Diese Option wurde von Kaiser Wilhelm II wie auch Hitler verfolgt. Sie bescherte der Welt ihre ersten beiden Kriege globalen Ausmaßes und den Deutschen zwei katastrophale Niederlagen.

Aus einem realistischen Blickwinkel ist entscheidend, dass die nach 1870 vorherrschende Machtkonstellation geradezu zu weiteren Kriegen einlud – und Deutschland aufgrund seiner prekären geopolitischen Lage notgedrungen im Zentrum solcher Entwicklungen liegen musste. Zumindest bis 1914 war es für Realist*innen wie Mearsheimer nicht das aggressive Verhalten der Deutschen, sondern die nahezu klassischen Zwänge des Systems, die die Machtrivalität vorantrieben.[7] Gerade im deutschen Fall schlug die Dynamik des Sicherheitsdilemmas voll durch: Die Reichsgründung hatte zwar ein mächtiges, für die Nachbarn aber eben auch bedrohliches Deutschland geschaffen. Die vorherrschende Wahrnehmung, von potenziellen Angreifern in West und Ost „eingekreist" zu sein, schuf umgekehrt neue Bedrohungsängste aufseiten der Deutschen. Eine doppelte Machtmobilisierungsstrategie, die nach innen Ressourcen ausbaute und nach außen Bündnisse mit anderen Großmächten schmiedete, bot jedoch gerade keinen Ausweg, sondern verschärfte das Dilemma, denn angesichts der immer weiter wachsenden Macht des Deutschen Reiches rückten die Deutschen unweigerlich in die Position des

---

[7]Vgl. *Mearsheimer* 2001, S. 213–215. Mit dieser Bewertung vertritt Mearsheimer natürlich alles andere als eine Konsensposition. Ganz im Gegenteil: Es ist unter Historiker*innen seit Jahrzehnten in hohem Maße umstritten, inwieweit der Erste Weltkrieg primär durch machtpolitische Dynamiken heraufbeschworen wurde, die in der Struktur des europäischen Großmächtesystems gründeten, bzw. inwiefern wesentliche ergänzende bzw. sogar dominierende Ursachen in den innergesellschaftlichen Strukturen oder Ambitionen der rivalisierenden Großmächte zu finden sind. Auf diese wichtigen Debatten kann an dieser Stelle nicht eingegangen werden und angesichts des gewählten Fokus muss auf sie auch nicht eingegangen werden. Interessierte finden allerdings kompetente Überblicke über diese Debatten in zahlreichen Veröffentlichungen, neben den in Anm. 8 genannten insbesondere in den Arbeiten von *Berghahn* 2020; *Dülffer* 2014; *Mommsen* 2002a und *Neitzel* 2002.

4.3 Eine realistische Interpretation deutscher Außenpolitik 1870–1940

potenziellen Hegemons – und deshalb auch in die Rolle desjenigen, gegen den sich die anderen Großmächte in erster Linie verbündeten. Einige wenige Zahlen verdeutlichen die dramatischen Verschiebungen: Zwischen 1870 und 1913 nahm der Kohleabbau um mehr als das Siebenfache zu, die Stahlproduktion vergrößerte sich um das Fünfzehnfache; im gleichen Zeitraum versechsfachte sich das Bruttosozialprodukt (Chickering 2002, S. 11). Auch im Verhältnis zu den anderen Großmächten lässt sich diese Machtverschiebung deutlich nachzeichnen. Verfügte Preußen 1850 in der innereuropäischen Machtbalance noch über einen Anteil von lediglich vier Prozent an den inneuropäischen Machtressourcen und die kleinste Armee unter den fünf Großmächten, so hatte sich diese Balance schon 1870 deutlich (16 % Machtanteil und personell nach Russland die zweitstärkste Armee) und kurz vor dem Ersten Weltkrieg dramatisch zugunsten der Deutschen verschoben: Die Wirtschaftskraft lag nunmehr deutlich über jener des Vereinigten Königreichs und die deutschen Streitkräfte personell nahezu gleichauf mit, technisch aber deutlich vor den Russen (vgl. hierzu die Abb. 4.2 und 4.3 sowie Mearsheimer 2001, S. 184–186, 295, 352).

Für Mearsheimer erklären diese Zahlen hinreichend, warum Bismarck und seine unmittelbaren Nachfolger drei Jahrzehnte lang kein Interesse an einem Krieg hatten, Wilhelm II unter den obwaltenden Bedingungen während seiner Herrschaft – (a) wachsender deutscher Macht und den damit notwendig einhergehenden (b) Gegenmachtbildungstendenzen der anderen Großmächte sowie (c) zunehmenden Einkreisungsängsten bei den Deutschen selbst – aber in der „Flucht nach vorne" einen Ausweg suchte. Trotz stetiger und beträchtlicher relativer Machtgewinne konnte das Deutsche Reich bis zum Beginn des 20. Jahrhunderts nicht hoffen, einen Krieg gegen eine der benachbarten Großmächte zu gewinnen, da angesichts der dann drohenden hegemonialen Stellung des Deutschen Reiches sich massive Gegenallianzen formiert hätten. Dies zeigte sich bereits bei der so genannten „Krieg-in-Sicht"-Krise 1875, als Bismarck angesichts tatsächlicher oder vermeintlicher Aufrüstungsbestrebungen Frankreichs mit einem Präventivkrieg drohte, Frankreich aber unter dem Beistand der Briten und Russen nicht nachgab. Es zeigte sich auch während der „Boulanger Krise" 1887 als abermalige Präventivkriegsforderungen unter den deutschen Militärs von Bismarck angesichts der drohenden Gegenmachtbildung bereits im Keim erstickt wurden. Bismarcks verschachteltes Allianzsystem, zuletzt insbesondere der im Sommer 1887 geschlossene „Rückversicherungsvertrag" mit Russland, sollte diese Risiken minimieren. Da aber insbesondere unter seinen Nachfolgern das Aufrüstungsprogramm vorangetrieben und die Machtbalance stetig zugunsten Deutschlands verschoben wurde, konnten damit keine dauerhaften strukturellen Sicherungen erzielt werden.[8] Insofern war es wenig verwunderlich, dass sein Bündnissystem schon bald nach seiner Abtretung im Jahr 1890 zerfiel.

Dass die hegemonialen Ambitionen erst nach der Jahrhundertwende voll durchbrachen, ist für Mearsheimer wenig verwunderlich, denn erst zu diesem Zeitpunkt konnte vor dem Hintergrund des deutlich gestiegenen deutschen Anteils an den ökonomischen Machtressourcen und des mit den deutschen Flottengesetzen von 1898 und 1900 in Gang gesetzten Rüstungswettlaufs mit Großbritannien von einer *potenziellen Hegemonialrolle* der Deutschen die Rede sein. Erstaunlich ist für den „offensiven Realismus" allerdings, dass die Führung des Reichs nicht bereits im Sommer 1905 einen Krieg begann, denn zu diesem Zeitpunkt hätte das Deutsche Reich „mit ziemlicher Sicherheit" einen Krieg gewonnen (Mearsheimer 2001, S. 216), da nicht nur die 1904 gebildete britisch-französische „Entente cordiale" noch nicht hinreichend gefestigt, sondern auch Russland nach der Niederlage im russisch-japanischen Krieg 1904/05 deutlich geschwächt war. In Berlin wurde diese Option allerdings nur kurzfristig in Erwägung gezogen und von der Reichsleitung letztlich deshalb verworfen, weil sie das Flottenbauprogramm noch nicht für ausgereift genug hielt, um die direkte Konfrontation mit Großbritannien zu riskieren (vgl. Ullrich 1999, S. 206–207). Stattdessen provozierte die politische Führung in Berlin im ersten Jahrzehnt des 20. Jahrhunderts durch eine stark prestigegetriebene Politik und wiederholte Herausforderungen insbesondere die Franzosen und Briten zu einem immer engeren Schulterschluss zwischen diesen und den Russen.

Vor diesem Hintergrund wird der Beginn des Ersten Weltkriegs im Juli 1914 in der Rückschau häufig als selbstzerstörerischer und unkluger Akt der Deutschen angesehen. Mearsheimer und ein Teil der Historiker*innen sind jedoch der Auffassung, dass das in Berliner Regierungskreisen bewusst eingegangene Risiko eines großen Krieges keineswegs irrational war und auch nicht absehbar in die Niederlage führen musste.[9] Erstens gelangte die Reichsleitung unter dem Eindruck eines sich immer fester schließenden Einkreisungsrings und einer forcierten Aufrüstung in Russland zu der durchaus nahe liegenden Schlussfolgerung, dass weiteres Zuwarten die Machtbalance eher verschlechtern als verbessern würde. Zweitens schien es keineswegs ausgemacht, dass der vergleichsweise nachrangige Anlass – die Ermordung des österreichischen Thronfolgers Franz Ferdinand im Sommer 1914 in Sarajewo – England so stark in seinen Bann ziehen würde, dass es dafür einen großen Krieg riskieren würde. Und drittens war es selbst für den

---

[8] Vgl. zu den historischen Details *Ullrich* 1999, S. 74–83, 100–107 sowie *Hildebrand* 2008, S. 31–38, 123–131.

[9] Vgl. *Mearsheimer* 2001, S. 213–216 sowie *Berghahn* 2020, S. 26–31.

4.3 Eine realistische Interpretation deutscher Außenpolitik 1870–1940

Fall, dass ein eher begrenzter Konflikt zum großen Krieg eskalieren würde, keineswegs sicher, dass das Deutsche Reich diesen Krieg verlieren müsste. Selbst nachdem die anfänglichen Erfolge der deutschen Armee schneller als erwartet ins Stocken gerieten, blieb es bis ins letzte Kriegsjahr und dem Eintritt der USA aufseiten der Westmächte ungewiss, wie er enden würde.

Kurzum: Auch wenn die Entscheidung für den Krieg aufseiten der Deutschen erhebliche Risiken barg, will ihr Mearsheimer eine gewisse Rationalität nicht absprechen. Der „Griff nach der Weltmacht", wie der Historiker Fritz Fischer (Fischer 1961) sein provokatives Buch betitelte, in dem er die Hauptursache des Krieges in den zielgerichteten Kriegsplänen der Deutschen sah, war nicht nur nicht aussichtslos, sondern (aus einem realistischen Blickwinkel) sogar nachvollziehbar. Denn vor dem Hintergrund der anarchischen Grundstruktur des internationalen Staatensystems, der harten Machtrivalitäten unter den europäischen Großmächten nach 1870 und der prekären geopolitischen Lage des Deutschen Reiches, trieben eine Reihe systemischer Faktoren unweigerlich auf eine kriegerische Zuspitzung zu. Die USA entpuppten sich dabei in der Endphase des Krieges als jener Machtfaktor, der das europäische Mächtekonzert endgültig aus den Angeln hob. Denn auch wenn der amerikanische Kriegseintritt unter militärischen Gesichtspunkten eher von nachgeordneter Bedeutung war, signalisierte die Beteiligung der USA doch eine gravierende Machtverschiebung, die an die Verschiebungen in der Folge der Reichgründung 1870 zumindest heranreichte. Mit einem Schlag verdrängten die USA das Deutsche Reich aus der Spitzenposition. Mehr noch, gemessen an Mearsheimers Machtindikatoren lagen die USA nicht nur klar vor den Deutschen, sondern überflügelten mit knapp unter 50 % der unter den Großmächten verfügbaren ökonomischen Ressourcen fast alle europäische Großmächte zusammen (vgl. Abb. 4.2).

Die Kriegsbeteiligung der USA war allerdings noch weniger kalkulierbar gewesen als jene der Briten. Vor diesem Hintergrund ist es sicherlich berechtigt, den Krieg nicht nur gemessen an seinen immensen Verlusten als „Urkatastrophe" Deutschlands wie auch Europas zu bezeichnen (Mommsen 2002a), sondern auch in dem Sinne, dass durch eine Serie von Fehlkalkulationen eine Kette von verhängnisvollen Ereignissen ausgelöst wurde. Derartige Fehlkalkulationen lassen sich zwar nicht prognostizieren, sie sind aber aus der Perspektive des offensiven Realismus weit eher unter den strukturellen Bedingungen einer multipolaren als einer bipolaren Mächtekonstellation zu erwarten. Da die Kriegsanfälligkeit des multipolaren Systems vor dem Ersten Weltkrieg zudem noch dadurch verschärft wurde, dass die Macht zwischen den Großmächten in hohem Maße asymmetrisch verteilt war und der potenzielle Hegemon Deutschland sich in einer geopolitisch äußerst prekären Situation befand, ist es aus realistischem Blickwinkel wenig überraschend, dass sich der Machtkampf zwischen den Großmächten im zweiten Jahrzehnt des 20. Jahrhunderts gewaltsam entlud.[10]

4.3.2 Die Außenpolitik des Dritten Reiches

An dieser Grundkonstellation hatte sich auch in den nachfolgenden Jahrzehnten wenig geändert. Im Versailler Vertrag waren Machtpotenzial und Bewegungsfreiheit des Deutschen Reiches durch die Besetzung des Rheinlandes und die Beschränkungen, die der Reichswehr auferlegt worden waren, zwar beträchtlich beschnitten worden, aber diese Einschnitte hatten die revisionistischen Ambitionen der Deutschen eher beflügelt als gedämpft.[11] Allerdings fehlten den Deutschen bis in die 1930er-Jahre die Machtressourcen, um ihre revisionistischen Ambitionen auch zu verwirklichen. Hitlers außenpolitisches Programm war wesentlich darauf angelegt, diesen Revisionismus umzusetzen – und dabei die Fehler Kaiser Wilhelms zu vermeiden.[12]

Sein Vorgehen zur Verwirklichung dieser Ziele entsprach dem Wegweiser realistischer Machtpolitik in nahezu klassischer Weise. Im Gegensatz zur prahlerisch plumpen Art Kaiser Wilhelms verfolgte Hitler sein revisionistisches Programm mit Hilfe einer raffiniert angelegten Salamitaktik, die die anderen Großmächte immer wieder auf dem falschen Fuß erwischte und mit vollendeten Tatsachen konfrontierte, dabei den Bogen aber zumindest nicht so weit überspannte, dass eine wirksame machtpolitische Gegenreaktion erfolgte. Die Entledigung von den noch aus dem Versailler Vertrag stammenden inneren und äußeren Restriktionen stand an der Spitze des revisionistischen Programms: Der Austritt aus dem Völkerbund, die Verweigerung von Rüstungskontrollvereinbarungen, nachdem deutsche Forderungen nach einer „tatsächlichen Gleichberechtigung" im Rüstungsbereich von den anderen Großmächten abgelehnt worden waren (beides im Herbst 1933), die „Heimkehr" des Saarlandes (Januar 1935) und der Einmarsch im Rheinland (März 1936) schufen im Innern die Voraussetzungen, um das nach wie vor beträchtliche latente Machtpotenzial des Dritten Reiches auch für militärische Zwecke zu optimieren und den außenpolitischen Handlungsspielraum zu vergrößern (vgl.

---

[10] Vgl. *Mearsheimer* 2001, S. 341–346, 493 (Anm. 60)

[11] Die Außenpolitik während der Weimarer Republik ist aus einem realistischen Blickwinkel aufgrund der machtpolitischen Schwäche Deutschlands wenig spektakulär und auch weniger interessant. Sie wird daher an dieser Stelle auch nicht detaillierter behandelt; vgl. allerdings die Überblicke bei *Niedhart* 2013 und *Kolb* 2010.

[12] Aus der sehr umfangreichen Literatur zur Außenpolitik unter Hitler vgl. insbesondere die Überblicke bzw. Darstellungen bei *Hildebrand* 2008, 2009; *Recker* 2010 und *Schmidt* 2002.

4.3 Eine realistische Interpretation deutscher Außenpolitik 1870–1940

Abb. 4.2). Gleichzeitig sprengte Hitler mit der Wiedereinführung der Wehrpflicht im März 1935 und der geplanten Erhöhung der Friedenspräsenzstärke der deutschen Armee von 100.000 Mann auf 580.000 Mann bis 1939 eine der wichtigsten Fesseln des Versailler Vertrages. Mit der Formierung der „Achse Berlin-Rom" sowie dem Bündnis zwischen Japan und Deutschland im Herbst 1936 verschaffte er sich zudem internationale Bündnisgenossen, die zumindest dabei helfen sollten, die potenziellen Gegner in Schach zu halten. Und schließlich bestärkte ihn die schwächliche Reaktion der „dekadenten" Demokratien in Frankreich und England auf seine dreisten Vertragsverletzungen in dem Glauben, dass sein risikobeladener Kurs letzten Endes von Erfolg gekrönt sein würde. Da sein massiver Aufrüstungskurs allerdings nur auf Kosten der Konsumbedürfnisse der Bevölkerung zu realisieren war und zudem eine Lösung der (aus Hitlers Sicht) chronischen Überbevölkerung Deutschlands nur „in einer Erweiterung des Lebensraumes bzw. der Rohstoff- und Ernährungsbasis unseres Volkes" gefunden werden konnte, gab Hitler in einer geheimen Denkschrift bereits im Spätsommer 1936 intern die Weisung aus, dass „die deutsche Armee (…) in 4 Jahren einsatzfähig" und „die deutsche Wirtschaft (…) in 4 Jahren kriegsfähig sein" müsse (zit. nach Recker 2010, S. 14; vgl. auch Schmidt 2002, S. 211–214).

Diese Einschätzung der Macht- und Kräfteverhältnisse entsprach durchaus nüchternem realistischem Kalkül. Nach Mearsheimers Berechnungen war Nazi-Deutschland zwar bereits in den frühen 1930er-Jahren die klar dominierende Macht in Europa, aber militärisch hinkte das Dritte Reich sowohl Frankreich wie auch der Sowjetunion bis etwa 1938 hinterher (vgl. Abb. 4.3). Von einer potenziell hegemonialen Rolle Deutschlands konnte also erst ab etwa 1939, dem Jahr des Kriegsbeginns, die Rede sein (Mearsheimer 2001, S. 318). Da sich in Hitlers Eroberungsplänen strategisches Geschick, machtpolitische Verschleierung und propagandistische Irreführung bestens paarten, erwischte der (zumindest strategische) Überraschungsschlag, der Hitler mit dem Überfall auf Polen im September 1939 gelang, die anderen europäischen Großmächte auf dem falschen Fuß. Sie hatten nicht hinreichend Vorsorge getroffen und die letzten Beschwichtigungsversuche, die während der Münchener Konferenz im September 1938 in der Abtretung der Sudetengebiete an das Deutsche Reich gipfelten, waren eher noch dazu angetan, Hitler in seinem Kurs zu bestärken. Worin dieser bestand, ist im Rückblick wenig strittig. Hitler zielte auf die Unterwerfung der europäischen Großmächte Frankreich und Sowjetunion, die Schaffung „neuen Lebensraumes" im Osten und letzten Endes sogar auf die Weltherrschaft.[13]

---

[13] Zum außenpolitischen „Programm" Hitlers vgl. *Recker* 2010, S. 58–64 sowie *Schmidt* 2002, S. 78–121.

Wenn der Erste Weltkrieg manchen Beobachtern noch als ein Krieg erscheint, in den Europa „hineinschlitterte", gibt es keine allzu großen Kontroversen darüber, dass der Zweite Weltkrieg eindeutig in den ideologischen und machtpolitischen Ambitionen Hitlers bzw. seines Regimes wurzelte.[14] Der Zweite Weltkrieg gilt manchen allerdings auch als ein „unnötiger Krieg", denn wie der britische Premierminister und Historiker Winston Churchill schrieb: „Niemals hätte sich ein Krieg leichter verhindern lassen" (zit. nach Schmidt 2002, S. 21). Gemeint ist damit, dass die Zielstrebigkeit, mit der Hitler Deutschland und die Welt in den Krieg trieb, im Nachhinein offensichtlich erscheint. Dass trotzdem keine rechtzeitigen Gegenmaßnahmen ergriffen wurden, ist aus realistischem Blickwinkel allerdings insofern leicht erklärbar, als die Machtverteilung derartige Vorsichtsmaßnahmen lange Zeit nicht notwendig erscheinen ließ. Während Wilhelm II seinen (potenziellen) Gegnern etwa zehn Jahre Zeit ließ, um ihre Differenzen zu überwinden und sich gegen die drohende Hegemonie Deutschlands zusammen zu schließen, enthielt Hitlers ambitionierter Zeitplan keine vergleichbaren zeitlichen Puffer. Noch 1937/38 konnte ein militärischer Schlag als wenig aussichtsreich gelten. 1939 allerdings hatte die Wehrmacht eine Stärke erlangt, die Hitler vor dem Hintergrund der Lehren des Ersten Weltkrieges (keinen Krieg an zwei Fronten zugleich zu führen) und angesichts der unzureichenden militärischen Vorbereitungen der Westmächte zumindest in die Lage versetzte, Polen zu überrollen. Diesem „Blitzkrieg" hatten Frankreich und England im Westen zumindest unmittelbar wenig entgegen zu setzen und da er zudem mit Stalin abgestimmt war, drohte vorerst auch keine Konfrontation mit den Sowjets.

Hitler hatte seine Gegner also nicht nur in militärstrategischer Sicht, sondern auch in machtpolitischer Hinsicht blitzartig überrollt. Die Formierung einer Gegenallianz schien solange nicht notwendig zu sein, wie Hitler nicht über die entsprechenden Ressourcen verfügte. Sie kam dann aber nicht schnell genug und nicht in hinreichender Stärke zustande, als Hitlers militärische Potenz offensichtlich gegeben war. Hinzu kam, dass die Strategie des „buck-passing" bei allen beteiligten Großmächten eine gewisse Rolle gespielt zu haben schien: Man meinte, den „Schwarzen Peter" der Gegenmachtbildung gegen Hitler anderen zuschieben und dabei die eigenen Ressourcen schonen zu können (vgl. Mearsheimer 2001, S. 305–322). Insofern hätte es aus realistischem Blickwinkel einer recht unwahrscheinlichen Überwindung machtpolitischer Dynamiken bedurft, um diesen vermeintlich „unnötigen Krieg" auch tatsächlich zu verhindern. Die Strategie des „buck-passing" erschien deshalb aussichtsreich (und eine effektive Gegenmacht-

---

[14] Zu den Debatten um die persönlichen Anteile Hitlers im Vergleich zu anderen Faktoren vgl. *Schmidt* 2002, S. 121–132; *Pyta* 2021, S. 417–427.

bildung in der Form einer Allianz wie gegen das Kaiserreich vor dem Ersten Weltkrieg nicht notwendig), weil Hitler-Deutschland erstens bis kurz vor Kriegsbeginn ohne formelle Allianz eindämmbar und zweitens die Sowjetunion weit besser als Russland im Ersten Weltkrieg gerüstet schien und ihr Überleben insofern im Falle eines Feldzuges Hitlers nicht gefährdet war (vgl. Mearsheimer 2001, S. 316–322).

4.4 Schluss

Der realistische Blick auf die Entwicklung deutscher Außenpolitik von der Gründung des Kaiserreichs bis zum Zweiten Weltkrieg richtet sich auf einige wenige Variablen, die das machtpolitische Verhältnis zwischen den Großmächten der jeweiligen Zeit beschreiben. Er richtet sich weder auf innenpolitische Faktoren noch auf systemische ökonomische Prozesse oder ideelle Faktoren. Realist*innen wie Mearsheimer wollen nicht gelten lassen, dass Deutschlands Außenpolitik in der wilhelminischen Zeit (das Streben nach einem „Platz an der Sonne") oder während Hitlers Regime (mit seinem rassenideologisch unterfütterten Weltbeherrschungsprogramm) stärker ideell als materiell-machtpolitisch angetrieben war. Solche „nicht-realistischen" Erklärungsfaktoren mögen zwar auch etwas zur Erklärung des jeweiligen deutschen Verhaltens beitragen, zentral sind sie allerdings aus einem realistischen Blickwinkel nicht: „Staaten können sie [„non-security goals", GH] so lange verfolgen, wie das entsprechende Verhalten nicht mit der Machtgleichgewichtslogik konfligiert" (Mearsheimer 2001, S. 46). In den meisten Fällen wird dem aber so sein, sodass strukturelle Faktoren wie Anarchie, Machtverteilung und geografische Positionierung im Mittelpunkt stehen.

Wenn man diese drei Faktoren betrachtet, erscheint deutsche Außenpolitik zumindest bis zum Zweiten Weltkrieg schon allein deshalb durch eine große Kontinuität gekennzeichnet, weil sich von 1870 bis 1945 an der machtpolitischen Grundkonstellation wenig veränderte: Deutschland fand sich in einer wenig beneidenswerten „Mittellage" im Zentrum des europäischen Kontinents, umringt („eingekreist") von mehreren anderen Großmächten. Das zumindest vom offensiven Realismus unterstellte unstillbare Sicherheitsstreben, das in dieser exponierten Lage zur militärischen Expansion geradezu zwang, hätte wohl selbst ein noch größeres außenpolitisches Genie, als es Bismarck weitgehend zugebilligt wird, überfordert. Die vernichtende Niederlage des Dritten Reiches im Zweiten Weltkrieg, die Teilung Deutschlands und die gravierende machtpolitische Neuordnung in einer bipolaren Konfrontation zwischen den Flankenmächten USA und UdSSR nach 1945 war für das machtpolitische Gefüge Europas sicherlich nicht weniger gravierend als jene Verschiebungen, die sich nach der Gründung des Kaiserreichs ergeben hatten. Für die deutsche Außenpolitik brachte sie jedoch zumindest insofern eine enorme Entlastung, als sich die Entscheidungsträger*innen in den nunmehr zwei deutschen „Hauptstädten" in Bonn und Ost-Berlin über Weltpolitik keine Gedanken mehr zu machen braucht

Literatur

Baldwin, D. A. (2013). Power and International Relations. In W. Carlsnaes, T. Risse, & B. A. Simmons (Hrsg.), *Handbook of International Relations* (S. 273–297). SAGE

Barnett, M., & Duvall, R. (2005). Power in International Politics. *International Organization*, 59(1), 39–75

Baumann, R., Rittberger, V., & Wagner, W. (1999). Macht und Machtpolitik: Neorealistische Außenpolitiktheorie und Prognose über die deutsche Außenpolitik nach der Vereinigung. *Zeitschrift für Internationale Beziehungen* 6(2), 245–287

Berghahn, V. (2020). *Der Erste Weltkrieg*. C.H.Beck

Chickering, R. (2002). *Das deutsche Reich und der Erste Weltkrieg*. C.H.Beck

Craig, G. A. (1989). *Geschichte Europas 1815–1980: Vom Wiener Kongress bis zur Gegenwart* (3. Aufl.). C.H.Beck

Dülffer, J. (2014). Der Weg in den Krieg. In G. Hirschfeld, G Krumeich, & I. Renz (Hrsg.), *Enzyklopädie Erster Weltkrieg* (2. Aufl., S. 233–241). Schöningh

Elman, C. (1996a). Horses for Courses: Why not Neorealist Theories of Foreign Policy?. *Security Studies*, 6(1), 7–53

Elman, C. (1996b). Cause, Effect, and Consistency: A Response to Kenneth Waltz. *Security Studies*, 6(1), 58–61

Epkenhans, M. (2020). *Die Reichsgründung 1870/71*. C.H.Beck

Fischer, F. (1961). *Griff nach der Weltmacht: Die Kriegszielpolitik des kaiserlichen Deutschland 1914/18*. Droste-Verlag

Guzzini, S. (2011). Power and International Politics. In B. Badie, D. Berg-Schlosser, & L. Morlino (Hrsg.), *International Encyclopedia of Political Science* (S. 2109–2114). SAGE

Hildebrand, K. (1999). *Das vergangene Reich*. Ullstein

Hildebrand, K. (2008)[1995]. *Das vergangene Reich: Deutsche Außenpolitik von Bismarck bis Hitler*. Oldenbourg

Hildebrand, K. (2009). *Das Dritte Reich* (7. Aufl.). Oldenbourg

Jacobs, A. (2010). Realismus. In S. Schiedler, & M. Spindler (Hrsg.), *Theorien der Internationalen Beziehungen* (3. Aufl., S. 33–64). Leske + Budrich

Kindermann, G. K. (2010). Klassischer Realismus und Synoptischer Neorealismus. In C. Masala, F. Sauer, & A. Wilhelm (Hrsg.), *Handbuch Internationale Beziehungen* (S. 41–52). Springer

Kolb, E. (2010). *Deutschland 1918–1933: Eine Geschichte der Weimarer Republik*. Oldenbourg

Kristensen, P. M. (2021). 'Peaceful Change' in International Relations: A Conceptual Archaeology. *International Theory*, 13(1), 36–67

Lebow, R. N. (2011). Realism in International Relations. In B. Badie, D. Berg-Schlosser, & L. Morlino (Hrsg.), *International Encyclopedia of Political Science*. SAGE

Legro, J. W., & Moravcsik A. (1999). Is Anybody Still a Realist?. *International Security*, 24(2), 5–55

Masala, C. (2017). Neorealismus. In ders., & F. Sauer (Hrsg.), *Handbuch Internationale Beziehungen* (2. Aufl., S. 141–175). Springer

Mearsheimer, J. J. (2001). *The Tragedy of Great Power Politics*. Norton

Mearsheimer, J. J. (2007). Structural Realism. In T. Dunne, M. Kurki, &. S. Smith (Hrsg.), *International Relations Theories: Discipline and Diversity* (S. 71–88). Oxford University Press

Mommsen, W. J. (2002a). *Die Urkatastrophe Deutschlands: Der Erste Weltkrieg 1914–1918* (Bd. 17, Gebhardt Handbuch zur deutschen Geschichte, 10. völlig neue bearbeitete Aufl.). Klett-Cotta

Morgenthau, H. (1985)[1948]. *Politics Among Nations: The Struggle for Power and Peace*. Knopf

Neitzel, S. (2002). *Kriegsausbruch: Deutschlands Weg in die Katastrophe 1900–1914*. Pendo-Verlag

Niedhart, G. (2013). *Die Außenpolitik der Weimarer Republik* (Enzyklopädie deutscher Geschichte Bd. 53, 3. Aufl.). Oldenbourg

Pyta, W. (2021). Einsichten zu Hitler: Entscheidung – Außenpolitik – Rhetorik. *Historische Zeitschrift: Neue Historische Literatur*, 313, 408–430

Recker, M.-L. (2010). *Die Außenpolitik des Dritten Reiches* (Enzyklopädie Deutscher Geschichte, Bd. 8, 2. Aufl.). Oldenbourg

Reichwein, A. (2012). The Tradition of Neoclassical Realism. In M. Agner, & A. Toje (Hrsg.), *Neoclassical Realism in Europe: Bringing Power Back In* (S. 30–60). Manchester University Press

Schmidt, R. F. (2002). *Die Außenpolitik des Dritten Reiches 1933–1939*. Klett-Cotta

Schörnig, N. (2010). Neorealismus. In S. Schieder, & M. Spindler (Hrsg.), *Theorien der Internationalen Beziehungen* (3. Aufl., S. 65–96). Leske + Budrich

Ullrich, V. (1998). *Otto von Bismarck*. Rowohlt

Ullrich, V. (1999). *Die nervöse Großmacht 1871–1918: Aufstieg und Untergang des deutschen Kaiserreichs* (2. Aufl.). Fischer

Vasquez, J. A. (2003a). The Realist Paradigm and Degenerative versus Progressive Research Programs: An Appraisal of Neotraditional Research on Waltz's Balancing Proposition. In ders., & C. Elman (Hrsg.), *Realism and the Balancing of Power: A New Debate* (S. 23–48). Prentice Hall

Vasquez, J. A. (2003b). The New Debate on Balancing Power: A Reply to my Critics. In ders., & C. Elman (Hrsg.), *Realism and the Balancing of Power: A New Debate* (S. 87–113). Prentice Hall

Vasquez, J. A., & Elman, C. (2003). *Realism and the Balancing of Power: A New Debate*. Prentice Hall

Walt, S. M. (2002). The Enduring Relevance of the Realist Tradition. In I. Katznelson, & H. V. Milner (Hrsg.), *Political Science: The State of the Discipline* (3. Aufl., S. 197–234). American Political Science Association

Waltz, K. N. (1979). *Theory of International Politics*. McGraw-Hill

Waltz, K. N. (1996). International Politics Is not Foreign Policy. *Security Studies*, 6(1), 54–57

Wehler, H.-U. (2007)[1995]. *Deutsche Gesellschaftsgeschichte* (Dritter Band: Von der „Deutschen Doppelrevolution" bis zum Beginn des Ersten Weltkrieges: 1849–1914). C.H.Beck

Wohlforth, W. (2016). Realism in Foreign Policy. In S. Smith, A. Hadfield, & T. Dunne (Hrsg.), *Foreign Policy: Theories, Actors, Cases* (S. 35–54). Oxford University Press

Zangl, B., & Zürn, M. (2003). *Frieden und Krieg: Sicherheit in der nationalen und postnationalen Konstellation.* Suhrkamp

Außenpolitik und wirtschaftliche Verflechtungen: Die Außenpolitik der Exportnation Deutschland, 1945–1989

5

Zusammenfassung

In den Jahrzehnten zwischen der Gründung der Bundesrepublik und der Wiedervereinigung spielten wirtschaftliche Fragen eine besonders prominente Rolle in der deutschen Außenpolitik. Aufbauend auf „second image- Theorien" und der Vergleichenden Kapitalismusforschung wird die deutsche Außenpolitik in dieser Phase unter Rückgriff auf die besondere deutsche Wirtschaftsstruktur analysiert. Die deutsche Ökonomie ist seit langem durch eine besonders starke Exportorientierung gekennzeichnet. Die Außenpolitik des (west-)deutschen „Handelsstaats" ist daher ganz besonders auf die Erschließung und Stabilisierung von Exportmärkten ausgerichtet. Erste Weichenstellungen für die Exportorientierung fanden bereits im 19. Jahrhundert statt. Wiederbelebt wurde sie dann im Korea-Krieg, intensiviert in den Wirtschaftskrisen der 1970er- und 1980er-Jahre, und zementiert mit der Einführung des Euros. Generell spielte die Integration Deutschlands in die EU eine zentrale Rolle für die Exportnation, einerseits durch den Zugang zum Binnenmarkt, aber anderseits auch durch das Europäische Währungssystem, das nach dem Zusammenbruch des Bretton Woods-Systems für stabile Währungsrelationen und eine oftmals unterbewertete D-Mark sorgte, beides wichtig für Exporte. Eine Wirtschaft, die stark von Exporten abhängt, ist außen- und sicherheitspolitisch allerdings relativ leicht erpressbar, wie sich beispielsweise in den 1960er- und 1970er-Jahren im Konflikt um den „Truppendollar" zeigte.

Dieses Kapitel wurde verfasst von Andreas Nölke.

5.1 Einleitung: Das „second image" in der Außenpolitikanalyse[1]

Nach dem Zweiten Weltkrieg veränderte sich die deutsche Außenpolitik – und die Diskussion über diese Außenpolitik – grundlegend. Während vor 1945 Fragen der politischen und militärischen Macht sowie des staatlichen Sicherheitsstrebens im Vordergrund standen, zeichnen sich die Jahrzehnte zwischen Gründung der Bundesrepublik und deutscher Wiedervereinigung durch eine starke Orientierung auf wirtschaftliche Fragen aus. Außenpolitik ist in dieser Phase häufig auch Außenwirtschaftspolitik, wobei die Letztere nicht in einem engen technischen Sinne verstanden werden sollte (z. B. Hermes-Kreditversicherungen, vgl. Abschn. 5.6), sondern auch in breiterer Perspektive als Frage der europäischen Integration, der Währungsbeziehungen und der globalen Handelspolitik.

Zur Analyse wirtschaftlich dominierter Außenpolitik werden oft andere Theorien hinzugezogen als in Phasen akuter politischer und militärischer Konflikte. Da wirtschaftliche Interessengruppen sowie die unterschiedlichen nationalen wirtschaftlichen Institutionen und Strukturen in Bezug auf die Außenpolitik in einem wirtschaftlich dominierten Kontext eine besonders große Rolle spielen, kommt subsystemischen Ansätzen der Außenpolitikanalyse (vgl. Abschn. 1.2.3) hier eine zentrale Funktion zu. Politikwissenschaftler wie Peter Katzenstein (1976, 1978), die sich im Grenzbereich zwischen Vergleichender Politikwissenschaft, Politischer Ökonomie und Internationalen Beziehungen bewegen, haben bei der Entwicklung subsystemischer Ansätze eine besonders prominente Rolle gespielt. Ausgehend von den deutlichen politischen und ökonomischen Unterschieden zwischen verschiedenen Staaten haben sie untersucht, wie diese Unterschiede als „second image" (Waltz 1959) die Außenpolitik von Staaten beeinflusst, in deutlichem Kontrast insbesondere zu systemischen Ansätzen („third image"), die auf die Machtverteilung im internationalen System oder die Rolle globaler Verhaltensnormen abstellen, aber auch zu eher psychologisch angelegten Perspektiven („first image"), die auf die menschliche Natur oder spezifische Persönlichkeitsmerkmale von Politikern wie Churchill, Hitler und Napoleon verweisen.

In den letzten Jahrzehnten wurden sehr unterschiedliche Modelle entwickelt, wie sich dieses „zweite Bild" internationaler Politik konkret ausfüllen lässt. Besonders prominent sind in diesem Kontext klassisch liberale Ansätze, die entweder

---

[1] Für hilfreiche Hinweise zu einer früheren Version dieses Kapitels danke ich Gunther Hellmann, Isabel Serpa da Silva sowie den Studierenden des Proseminars „Deutsche Außenpolitik" an der Goethe-Universität im Wintersemester 2021/22. Teile des Kapitels beruhen auf (*Nölke* 2021).

grundlegend an der Herrschaftsform ansetzen und auf die unterschiedliche friedliche Außenpolitik von Demokratien und Nicht-Demokratien abstellen (Geis et al. 2006) oder jüngere Ansätze, die sehr stark die Rolle einzelner gesellschaftlicher und wirtschaftlicher Interessengruppen in den Vordergrund stellen (Moravcsik 1997; Schirm 2013). Insbesondere in den USA hat sich der letztgenannte Ansatz im Rahmen des Paradigmas der „open economy politics" in den letzten Jahrzehnten in jenen Teilen der Disziplin, die sich mit internationalen Wirtschaftsfragen beschäftigt (der Internationalen Politischen Ökonomie), zu einem großen Ausmaß durchgesetzt, während in der britischen Diskussion Ansätze, die auf die Kritik der politischen Ökonomie durch Karl Marx zurückgehen, weiterhin eine relativ prominente Rolle spielen (Cohen 2019).

Für eine Analyse der Außenpolitik der Bundesrepublik Deutschland liegt eine andere Variante des „second image"-Ansatzes nahe. Die Bundesrepublik Deutschland hat eine sehr spezielle Wirtschaftsstruktur, die sich deutlich von jener dieser Länder absetzt. Exporte spielen für die deutsche Wirtschaft eine wesentlich größere Rolle als für jede andere große Volkswirtschaft. Es liegt daher nahe, diese spezifische Wirtschaftsstruktur als Ausgangspunkt für ein Verständnis der deutschen Außenpolitik in der Zeitspanne zwischen 1945–1989 zu verwenden (Hanrieder 1995; Staack 2000, 2007; Fioretos 2001, 2011). Ein Staat, dessen Wirtschaft immer stärker auf Exporte ausgerichtet ist, muss sich in der Außenpolitik um die Erschließung und Stabilisierung neuer Exportmärkte bemühen. Gleichzeitig gerät er in besondere außenpolitische Risiken und Zwänge, wie der Konflikt zwischen der von Bundesaußenministerin Baerbock propagierten „wertebasierten Außenpolitik" und den auf die chinesischen Absatzmärkte angewiesene Industrie demonstriert.

Im nächsten Abschnitt wird zunächst der Stellenwert der deutschen Exportorientierung dokumentiert sowie deren historische Herausbildung erklärt, bevor dann die Außenpolitik der Bundesrepublik in den Bereichen Handel, Währung und Sicherheit bis zur Wiedervereinigung genauer vorgestellt wird. Wie wir sehen werden, erfordert diese Perspektive ein breiteres Verständnis der am außenpolitischen Prozess beteiligten Instanzen, das neben Außenministerien und Kanzleramt insbesondere auch das Finanzministerium und die Bundesbank einbezieht – und das Lobbying wirtschaftlicher Interessen.

5.2 Exportorientierung als deutsches Wirtschaftsmodell und Außenpolitikproblem

Gemessen wird die Exportorientierung einer Wirtschaft konventionell durch die Exportquote, also das Verhältnis der Exporte zum Bruttoinlandsprodukt. So lag der Wert der exportierten Güter und Dienstleistungen in Relation zum Bruttoinlandsprodukt in Deutschland 2020 bei 43,5 % und damit deutlich höher als bei unseren europäischen Nachbarn Frankreich (28,0), Großbritannien (27,4), Italien (29,5) oder Spanien (30,6), in Relation zu Japan (15,5) und den USA (10,2) sogar etwa dreimal so hoch (*WKO* 2021). Die Exportlastigkeit der Wirtschaft war seit Gründung der Bundesrepublik höher als in den Nachbarländern, sie hat sich aber historisch betrachtet noch weiter intensiviert, von 16 % im Jahr 1960 über 23 % 1980 und 29 % 2000 (Lampe und Wolf 2015, S. 282). Auch wenn die Zahlen zur Exportorientierung sich erst in jüngster Zeit deutlich erhöht haben, ist dieses Merkmal bereits seit langem ein Thema der Internationalen Beziehungen. Michael Kreile beispielsweise berichtet bereits 1977 von einer *„‚export mystique', which no relevant social group called into question"*. William Wadbrook zählte diese Mystik 1972 zu jenen Zielen *„which are more or less agreed among decision-makers, but which are not usually announced explicitly"*. Und ganz besonders anschaulich formuliert Henry Wallich bereits 1955: *„exports are close to the heart of every German engaged in economic pursuit. A prominent journalist has called them the sacred cow of German economic policy. The salesman rolls up his sleeves, the businessman drops his competitive restraints, the worker postpones his wage demands, and the government official does violence to his liberal principles when exports are at stake"*.

Um die inzwischen extrem ausgeprägte Exportlastigkeit der deutschen Wirtschaft zu verstehen, bietet sich vor allem die Vergleichende Kapitalismusforschung an, jener Teil der Politikwissenschaft, der sich mit dem Vergleich von Wirtschaftssystemen beschäftigt. Hier hat in den letzten zwei Jahrzehnten der „Varieties of Capitalism"-Ansatz (Hall und Soskice 2001) einen kanonischen Status erlangt. Das deutsche Wirtschaftsmodell nimmt in dieser Theorie eine zentrale Rolle ein, es steht Modell für den Idealtyp der „koordinierten Marktwirtschaft", der dem Idealtyp einer „liberalen Marktwirtschaft" – modelliert nach den USA – gegenübergestellt wird. Der Fokus dieser Theorie liegt darauf, die unterschiedlichen Produktionsprofile von Wirtschaften mit Fokus auf der Angebotsseite zu erklären. So profitiert Deutschland in Bezug auf seine starke Stellung bei inkrementellen Innovationen in Automobilindustrie und Maschinenbau beispielsweise von geduldigen Kapitalgebern und langfristigen Arbeitsbeziehungen, während die institutionellen Vorteile der USA in Branchen wie Biotechnologie und IT-Dienstleistungen auf ihrer Fähigkeit zur kurzfristigen Verlagerung von Kapital und Arbeitskräften zu neuen Unternehmen beruhen.

In den letzten Jahren ist aber vermehrt kritisiert worden, dass die „Varieties of Capitalism" nur die Angebotsseite der Wirtschaft analysieren und die Nachfrageseite vernachlässigen. Um Letztere ergänzend einzubeziehen, hat sich in den letzten Jahren eine neue Richtung in der Vergleichenden Kapitalismusforschung herausgebildet, die sich mit der Analyse von „Wachstumsmodellen" beschäftigt.

5.2 Exportorientierung als deutsches Wirtschaftsmodell …

Der Kern der Unterscheidung von Wachstumsmodellen besteht darin, nationale Volkswirtschaften hinsichtlich ihrer wesentlichen wirtschaftlichen Antriebskräfte auf der Nachfrageseite zu differenzieren. Insbesondere die „growth model perspective" innerhalb der Vergleichenden Kapitalismusforschung, die maßgeblich von Baccaro und Pontusson (2016) formuliert wurde, kann uns dabei helfen, die Ausrichtung der deutschen Wirtschaft und damit auch der deutschen Außenpolitik zu erklären.

Ausgangspunkt dieser Forschung ist, dass in den heutigen Volkswirtschaften der Industrieländer die von Investitionen und Löhnen stammende wirtschaftliche Binnennachfrage nicht mehr für ein ausreichendes Wachstum sorgt, im Gegensatz zu den ersten Jahrzehnten der Nachkriegszeit. Um das Wachstum trotzdem zu stimulieren, haben die modernen Ökonomien Ersatzstrategien entwickelt. Eine dieser Strategien beruht darauf, die Wirtschaft in erster Linie durch den Konsum der Haushalte anzutreiben. Da die Löhne heute für einen ausreichenden Konsum nicht mehr ausreichen, erlaubt man den Haushalten eine relativ leichte Verschuldung, etwa zum Erwerb von Immobilien und treibt damit die Binnennachfrage an. Die Alternativstrategie hingegen sieht vor, dass die notwendige Nachfrage aus dem Ausland mobilisiert, also sehr stark auf Exporte gesetzt wird. Europäische Staaten haben sich diese Strategien in unterschiedlichem Maße zunutze gemacht. Großbritannien und Spanien beispielsweise haben in den vergangenen Jahrzehnten voll auf die Strategie des schuldenfinanzierten Konsums gesetzt, Deutschland ebenso eindeutig auf die Exportstrategie, während Schweden in den letzten Jahrzehnten ein relativ ausgewogenes Wachstumsmodell verfolgt (Baccaro und Pontusson 2016).

Ein exponiertes Export-Wachstumsmodell wie in Deutschland erfordert eine Reihe von ineinandergreifenden Elementen, um erfolgreich zu sein (Nölke 2021, S. 172–179). Zu den Kernelementen gehört ein großer Industriesektor, ein System der institutionalisierten Lohnkostenmäßigung und ein System fester Wechselkurse, letzteres mit dem Ziel der Unterbewertung der eigenen Währung. Die beiden letztgenannten Institutionen sind essenziell, um dauerhaft über niedrige Exportpreise erfolgreich zu sein. Löhne und Preise hängen faktisch eng zusammen, Lohnmäßigung führt daher zu niedrigen Preisen, auch für Exporte (Manger und Sattler 2020). Ohne ein System fester Wechselkurse würden erfolgreiche Exporte zu einer hohen Nachfrage nach der nationalen Währung führen, diese dann gegenüber anderen Währungen aufwerten und über die entsprechend höheren Preise in internationalen Währung die Exporterfolge wieder zunichtemachen. Stark ausgeprägte Exportökonomien streben daher immer nach einer Unterbewertung der eigenen Währung, beispielsweise durch eine verzögerte Anpassung in einem Wechselkurssystem (Höpner 2019; vgl. auch Abschn. 5.5). Politisch geben innerhalb der diese Wachstumsmodelle dominierenden „sozialen Blöcke" (Baccaro und Pontusson 2019) Leitsektoren die Richtung vor, im Falle Deutschlands besonders die Automobilindustrie und der Maschinenbau, basierend auf einer klassenübergreifenden Koalition von Arbeitgebern und Gewerkschaften in diesen Sektoren.

Die Vergleichende Kapitalismusforschung beschäftigt sich normalerweise nur mit dem Vergleich von Wirtschaftsmodellen, nicht mit ihren Auswirkungen auf die Außenpolitik. Gerade im Falle Deutschlands kann sie aber sehr fruchtbar für eine solche Anwendung genutzt werden, wie insbesondere die Studien von Fioretos (2001, 2011) zeigen. Ausgangspunkt seiner Argumentation ist die Notwendigkeit, einer sehr umfangreichen Exportindustrie einen sehr umfangreichen und langfristig verlässlichen Zugang zu Märkten in anderen Ländern zu sichern und protektionistische Maßnahmen der eigenen Wirtschaft zu vermeiden, um Vergeltungsmaßnahmen anderer Länder zu verhindern, gleichzeitig aber die eigenen Kapitalismusinstitutionen zu bewahren. Dieser Marktzugang wird am besten durch internationale Institutionen wie die Europäische Wirtschaftsgemeinschaft (EWG) oder globale Handelsabkommen gesichert (vgl. Abschn. 5.4). Im Gegensatz zu den anderen großen europäischen Ökonomien hat sich Deutschland nach dem Krieg frühzeitig für diese Institutionen eingesetzt. Aus dieser Sicht nimmt sich die „Westbindung" Deutschlands weniger als politische Legitimationsstrategie aus und erscheint mehr von wirtschaftlichen Interessen getrieben:

> „Frequently presented as a means to gaining political legitimacy following the war, Germany's support for multilateral designs was neither indiscriminate, nor merely oriented towards accommodating the wishes of the Allied powers. In matters pertaining to the economy, Germany's support was informed by a distinct institutional rationale that promoted forms of multilateralism that would reinforce the domestic strategy of economic reconstruction. This institutional rationale led German governments to often promote more ambitious and less discriminatory arrangements than those sought by the Allied powers and to oppose initiatives they thought would undermine key features of domestic structural reforms." (*Fioretos* 2011, S. 137)

Diese Überlegungen aus der Sicht der Vergleichenden Kapitalismusforschung ähneln jenen, wie sie Staack (2000, 2007) in seinen Studien zum „Handelsstaat Deutschland" angestellt hat, wenn auch für eine viel spätere Zeitspanne, jene des wiedervereinigten Deutschlands (vgl. Kap. 6) und ohne Berücksichtigung der spezifischen Kapitalismusinstitutionen. Entgegen Argumentationen, die für das wiedervereinigte Deutschland eine Aufwertung militärischer Ressourcen und eine unilaterale Machtpolitik erwarteten, setzt er darauf, dass auch hier die Präferenzen eines Handelsstaates weiter dominieren werden, also „die fortgesetzte Bereitschaft zur europäischen Integration, zur Kooperation im transatlantischen, gesamt-

5.2 Exportorientierung als deutsches Wirtschaftsmodell ...

europäischen und globalen Rahmen sowie das Festhalten am Multilateralismus als bevorzugtem Politikstil" (Staack 2000, S. 19).

Die Interessen des Exportsektors übertragen sich aber nicht „automatisch" in die Außenpolitik, sondern erfordern eine effektive Organisation in Wirtschaftsverbänden sowie eine enge Kooperation mit jenen Regierungsstellen, die für die Formulierung der Außen(wirtschafts)politik verantwortlich sind. In der Bundesrepublik sind diese Faktoren zweifellos seit langem gegeben, insbesondere auch durch eine starke Position der Exportsektoren im wirtschaftspolitisch tonangebenden Bundesverband der Deutschen Industrie (BDI). Hinzu kommt eine Dominanz in den Gewerkschaften der Beschäftigten in den Exportsektoren sowie die Bereitschaft, Verlierer der außenwirtschaftlichen Liberalisierung – insbesondere die Agrarproduzent*innen – durch Kompensationsmaßnahmen zu unterstützen (Kreile 1977, S. 785–787). Erst in jüngster Zeit scheint die intellektuelle Hegemonie der Exportindustrie in Bezug auf die grundlegende Ausrichtung der deutschen Außenpolitik zu erodieren. So entstand 2022 ein offener Konflikt zwischen der Landesregierung Baden-Württembergs, die im Sinne einer „wertebasierten Außenpolitik" die Industrie des Landes aufforderte, sich weitaus unabhängiger von China aufzustellen, und den Unternehmensführungen des „Ländles": *„Die Industrie denkt nicht daran – und setzt voll auf Peking"* (*Theile* 2022, S. 1).

Um die Außenpolitik einer ausgeprägten Exportnation wie Deutschland analysieren zu können, ist es allerdings neben der handelsbezogen kooperativen Ausrichtung auch wichtig, die potenzielle Konflikthaftigkeit dieser speziellen Ausrichtung einer Ökonomie zu verstehen. Im Zentrum stehen dabei die von Exportnationen erzielten Handelsüberschüsse. Dieses Thema ist heute mindestens genauso aktuell wie in der Nachkriegszeit, wie beispielsweise die amerikanische Regierung in der Präsidentschaft Trump verdeutlicht hat. Länder mit einem dauerhaft hohen Exportüberschuss (neben Deutschland derzeit insbesondere China) können in anderen Ländern zu einer Deindustrialisierung führen. Der Aufstieg Chinas zur „Werkbank der Welt" hat in vielen anderen Ländern in den letzten Jahrzehnten zur Schließung von Fabriken geführt. Man spricht daher bei hohen Exportüberschüssen polemisch von einem „Export von Arbeitslosigkeit" durch das Exportland. Spiegelbildlich dazu können hohe Handelsbilanzüberschüsse auch kritisch als Verzicht auf Importe gesehen werden, was sich ebenfalls negativ auf die Wirtschaft anderer Länder auswirkt, denen damit Exporte fehlen. Handelsbilanzüberschüsse sind keine moderne Erfindung. Bereits Adam Smith ([1776] 2008) geißelte merkantilistische Strategien, die auf einen möglichst hohen Handelsbilanzüberschuss abzielten, als „Beggar-thy-neighbour"-Verhalten (deinen Nachbarn zum Bettler machen) und betonte deren internationale Konfliktträchtigkeit.

Eine große Ökonomie mit einem hohen Handelsbilanzüberschuss (in Relation zur Wirtschaftsleistung) stellt zudem eine deutlich größere Belastung für die Weltökonomie dar als eine kleine, weil von den großen Ökonomien eine stärkere Belastung für andere ausgeht. Dementsprechend stehen ja auch China und Deutschland besonders im Fokus entsprechender Vorwürfe, auch wenn es andere Ökonomien gibt, bei denen die Handelsbilanzüberschüsse in Relation zur Wirtschaftsleistung noch viel höher sind (beispielsweise Singapur, die Schweiz und die Niederlande, von Ölexporteuren wie Brunei oder Kuwait ganz zu schweigen). Noch wichtiger ist aber die Dauerhaftigkeit der Handelsbilanzüberschüsse. Gelegentliche Überschüsse – und Defizite auf der anderen Seite – sind kein Problem, solange der Status von Überschuss- und Defizitländern immer wieder wechselt. Dauerhaft hohe Überschüsse bei denselben Ländern wie im Falle Deutschlands allerdings zwingen andere Länder im Aggregat schon rein logisch zu ebenso dauerhaften Defiziten – solange wir nicht auf den Mars oder Mond exportieren können. Auch wenn das Problem der deutschen Handelsbilanzüberschüsse in den ersten Jahren nach dem Zweiten Weltkrieg noch nicht so ausgeprägt war wie heute, wurde es bereits damals schnell zu einem Konfliktgegenstand der deutschen Außenpolitik.

5.3 Historische Herausbildung: Außenwirtschaft und Außenpolitik nach dem Zweiten Weltkrieg

Exporte spielten bereits bei der Etablierung der deutschen Wirtschaft im späten 19. Jahrhundert und ihrem Comeback nach dem Zweiten Weltkrieg eine prominente Rolle (Abelshauser 2004, S. 22–59). Bei letzterem wurde die Intensivierung der Exporte bereits durch eine Krise (die sogenannte Durchbruchskrise 1950/51) angestoßen, ein Muster, dass sich inzwischen mehrfach wiederholt hat. Wir können spätestens seit dem Ende des Zweiten Weltkriegs von einer großen Kontinuität in der deutschen Wirtschaftsstruktur ausgehen, wobei sich deren besonderes Merkmal der Exportorientierung seit den Krisen der 1970er-Jahre noch weiter intensiviert hat.

Manche der essenziellen Weichenstellungen für die deutsche Wirtschaft gehen sogar bis ins 19. Jahrhundert zurück, insbesondere in die Phase der Hochindustrialisierung im Zweiten Kaiserreich (1871–1918). Deutschland war – wie auch die Vereinigten Staaten – ein Spätstarter bei der Industrialisierung. Gegen die damals dominierende britische Wirtschaftsmacht war Deutschland bei den bereits etablierten Branchen der Textil- und Stahlindustrie relativ chancenlos. Die deutsche Industrie setzte daher bei ihrer Etablierung auf neue Technologien, ins-

5.3 Historische Herausbildung: Außenwirtschaft und Außenpolitik nach ...

besondere den Maschinenbau, die elektrotechnische Industrie und die Großchemie. Das deutsche Produktionsregime der „diversifizierten Qualitätsproduktion" (Sorge und Streeck 1988) war von Anfang an stark wissenschaftsbasiert. Bereits in seiner Entstehungsphase im späten 19. Jahrhundert war es stark exportorientiert, da sich der hohe Aufwand für diese neuen Technologien nur über „economies of scale" (Kostensenkung durch Produktion großer Mengen) amortisieren konnten. Allerdings lag der Fokus nicht auf billiger standardisierter Massenproduktion wie in den damaligen USA, da dafür ein ausreichend großer Binnenmarkt fehlte. Das für Deutschland typische Produktionsregime war hingegen auf Qualität ausgerichtet und auf die Anpassung der Produkte an individuelle Anforderungen, unter Rückgriff auf eine besonders qualifizierte Arbeitnehmerschaft.

Die Exportorientierung wurde nach dem Zweiten Weltkrieg wiederbelebt. Der Ausgangspunkt war der Korea-Krieg. Hier erlebte die Bundesrepublik zunächst eine kurze Zahlungsbilanzkrise 1950/51 (entstanden durch stark gestiegene Rohstoffpreise im Kontext des Krieges), dann aber einen anhaltenden Exportboom, da der Korea-Krieg die Nachfrage nach deutschen Industriegütern stark anfachte (Abelshauser 2004, S. 154–174). Die merkantilistische Exportstrategie, die zur Bekämpfung der Zahlungsbilanzkrise gewählt worden war (aber auch unter dem Druck der Alliierten, vgl. Abschn. 5.6), wurde aber beibehalten, nachdem das ursprüngliche Problem gelöst war (Höpner 2019). Sie wurde durch eine Vielzahl von Instrumenten zur Exportförderung ergänzt, von der Bevorzugung der Exportunternehmen bei Rohstoffknappheit bis zur Einführung von Exportkreditgarantien (heute als „Hermes-Bürgschaften" bekannt). Begünstigt wurde die Herausbildung einer stark exportorientierten Ökonomie auch von der nachhaltigen Schwächung der ostelbischen Großgrundbesitzer, die sich im Kaiserreich und in der Weimarer Republik für eine eher protektionistische und auf agrarische Autarkie abstellende Außenpolitik eingesetzt hatten, und durch den hohen Grad an Übereinstimmung mit den Interessen der zu diesem Zeitpunkt hegemonialen USA und deren Plänen zum Aufbau eines liberalen Weltwirtschaftssystems (Staack 2007, S. 90).

Auch viele der von der Vergleichenden Kapitalismusforschung herausgearbeiteten Grundlagen des deutschen Kapitalismusmodells (Lohnmäßigung, Unterbewertung, fiskalische Austerität, harte Inflationsbekämpfung) ließen sich in den 1950er-Jahren bereits identifizieren und führten, zur Irritation der Nachbarländer, bereits damals zu Exportüberschüssen. Diese Überschüsse waren allerdings aus heutiger Perspektive quantitativ sehr harmlos, Gleiches gilt für die damit verbundenen Spannungen mit den Nachbarländern. Die Überschüsse waren auch zunächst nur begrenzt das Ergebnis einer gezielten Strategie, sondern basierten auch auf einer glücklichen Konstellation (Herrmann 2019, S. 87–92). Der Zweite Weltkrieg hatte in Deutschland weniger Industrie zerstört als zunächst erwartet.

Das Lohnniveau war wegen der Massenarbeitslosigkeit – insbesondere durch Flüchtlinge und Vertriebene aus dem Osten – recht niedrig, was Importe benachteiligte und Exporte begünstigte. Die Gewerkschaften entschieden sich in dieser Situation für das von Hans Böckler favorisierte Modell von Mitbestimmung, produktivitätsorientierten Löhnen und betrieblicher Sozialpartnerschaft – und gegen Victor Agartz' Forderungen nach politischem Lohn und Wirtschaftsdemokratie. Die damals etablierte duale Struktur von Gewerkschaften und Betriebsräten neigt grundsätzlich stärker zu Wettbewerbskorporatismus und Lohnmäßigung als eine reine Gewerkschaftsstruktur, da die Betriebsräte vergleichsweise leicht durch die Drohung mit Arbeitsplatzabbau erpressbar sind. Weiterhin waren die Wechselkurse im Bretton Woods-System festgezurrt, sodass Exporterfolge nicht zu einer Aufwertung führten, zumal Deutschland den notwendigen Anpassungen der Währungsrelationen so lange wie möglich auswich (vgl. Abschn. 5.5).

Die Regierung verzichtete in den 1950er und frühen 1960er-Jahren auf eine fiskalische Stimulierung der Wirtschaft – auch eine Konsequenz der starken Rolle ordoliberaler Ideen in der Frühphase der Bundesrepublik – und die Bundesbank agierte als Wächter der „internen (Preis-)Disziplin", sodass die Inflation niedriger blieb als in den Nachbarländern. Diese konnten dadurch auskonkurriert werden. Wilhelm Vocke, der Präsident der Bank deutscher Länder (Vorgänger der Bundesbank), äußerte sich bereits 1951 in dieser Hinsicht völlig unmissverständlich (zitiert nach Holtfrerich 1998, S. 383):

„„Gewiß, die Preissteigerungen bei uns haben uns ernste Sorge gemacht – aber, wenn Sie sie mit dem ausländischen Preisniveau und mit den Preissteigerungen im Ausland vergleichen, so sehen Sie mit Befriedigung, daß wir ständig erheblich darunter bleiben. Und das ist unsere Chance, das ist entscheidend, für unsere Währung und besonders für unseren Export. Wir leben von der Steigerung unseres Exports, und dieser wieder von der relativen Niedrighaltung unseres Preis- und Lohnniveaus". Die hohen Zinsen der Bundesbank zur Inflationsminimierung und die damit einhergehenden vergleichsweise geringen Konsumausgaben waren auch funktional für die Mobilisierung der privaten Ersparnisse für die kapitalintensive deutsche Exportindustrie (Mertens 2015)."

Deutschland hat also inzwischen schon lange eine deutlich vom Export geprägte Ökonomie, mit nur einer relativ kurzen Episode, die davon abwich (abgesehen von den Autarkiebestrebungen der Zwischenkriegszeit). Während der zweiten Hälfte der 1960er-Jahre – unter Wirtschaftsminister Karl Schiller (1966–1972) – entwickelte sich vorübergehend ein Verständnis für die Bedeutung einer ausgewogenen Wirtschaftsstruktur, wie es insbesondere im Stabilitätsgesetz von 1967 („Gesetz

5.3 Historische Herausbildung: Außenwirtschaft und Außenpolitik nach ...

zur Förderung der Stabilität und des Wachstums der Wirtschaft") kodifiziert wurde. Zwar gehörte auch im Stabilitätsgesetz die Preisstabilität – neben Vollbeschäftigung und Wirtschaftswachstum – zu den vier Zielen, dafür aber auch das außenwirtschaftliche Gleichgewicht, ein klarer Gegensatz zur Exportfixierung. Eine kurze Rezession 1967 konnte dank dieser Ausrichtung ohne strukturelle Veränderungen schnell überwunden werden, auch mit Hilfe der „Konzertierten Aktion", der Abstimmung zwischen Regierung, Arbeitgebern und Gewerkschaften, und einem ersten Konjunkturprogramm (Nölke 2021, S. 189–190).

Intensiviert wurde die Exportorientierung dann aber in den schweren Wirtschaftskrisen der späten 1970er- und frühen 1980er-Jahre. Die deutsche Wirtschaft erfuhr in dieser Periode zwei Rezessionen, 1975 und 1982. Zu den Auslösern gehörten der Zusammenbruch des Bretton Woods-Systems (vgl. Abschn. 5.5) sowie die Ölpreiserhöhungen. In der Folge hatten die meisten westlichen Industrieländer nicht nur mit starkem Einbruch in der Wirtschaftsleistung, sondern auch mit hohen Inflationsraten zu kämpfen („Stagflation"). Die – nach dem Zusammenbruch von Bretton Woods von der Verteidigung des Wechselkurses zum Dollar befreite – Bundesbank reagierte mittels einer sehr stringenten Inflationskontrolle und erzwang mit starken Zinserhöhungen eine Strategie der Lohnzurückhaltung, nachdem 1973/1974 noch einmal sehr hohe Tarifabschlüsse erfolgt waren (auch als Protest gegen die übertriebene Lohnmäßigung durch die Konzertierte Aktion in den Vorjahren), insbesondere in der nach dem Gewerkschaftschef benannten „Kluncker-Runde" im öffentlichen Dienst. Die Bundesbank verfolgte damals eine sehr harte Politik zur Kontrolle der Geldmenge, ohne Rücksicht auf die Entwicklung der Nachfrage und die in der Folge deutlich hochschnellenden Arbeitslosenzahlen (Herrmann 2019, S. 162–169). Die Gewerkschaften, angeführt von der IG Metall, „lernten" jedenfalls umgehend, sie bewegten sich hin zu einer defensiveren Haltung, bei der die Sicherung der Arbeitsplätze klar Priorität vor einer höheren Lohnforderung hatte, und verzichteten in der Folge auf sehr hohe Abschlüsse (Hoffrogge 2019). Damit einher ging eine weitere Vertiefung der Exportorientierung durch Preiskonkurrenz, die durch die harte Haltung der Bundesbank noch besser realisiert werden konnte. Deutschland konnte mit dem vertieften Exportmodell die Stagflations-Periode in Bezug auf Arbeitslosigkeit und Wirtschaftswachstum besser überstehen als viele andere Industrieländer; dies führte aber (unwillentlich) mit dazu, dass in diesen Ländern eine grundlegende Abkehr vom sozialen Kompromiss der Nachkriegszeit erfolgte – und trug damit zum Aufstieg des Neoliberalismus bei (Germann 2021).

Obwohl die zunehmenden Exportüberschüsse zu weiteren Vorwürfen und außenpolitischen Spannungen mit den westlichen Verbündeten führten, verfolgte die Bundesrepublik auch bei den folgenden Rezessionen 1982 und 1993 dieses Rezept, bevor dann die Einführung des Euros das deutschen Exportmodell noch weiter zementierte (Nölke 2021, S. 191–197). Die Intensivierung des deutschen Exportmodells durch den Euro, die damit verbundene Deindustrialisierung Südeuropas und die durchsetzungsfähige Rolle der Bundesregierung bei der Stabilisierung der Wirtschafts- und Währungsunion in der Euro-Krise führten Anfang der 2010er-Jahre schließlich zu erheblichen Spannungen innerhalb der Europäischen Union, bis hin zu deren Destabilisierung (vgl. Abschn. 5.5).

5.4 Deutschlands Außenpolitik im europäischen Binnenmarkt

Neben der Fokussierung auf Exportpotenzial durch technologisch weiterentwickelte Produkte einerseits und Lohn-/Preiszurückhaltung andererseits ist das deutsche Exportmodell für seinen Erfolg auf einen möglichst umfassenden und zuverlässigen Zugang zu anderen Märkten angewiesen. Die deutsche Außenpolitik verfolgt dieses Interesse seit Jahrzehnten konsistent, einerseits im Rahmen des europäischen Integrationsprozesses, andererseits in den multilateralen Wirtschaftsinstitutionen. In Bezug auf die Letzteren war die Bundesrepublik ein klarer Unterstützer des 1947 beschlossenen General Agreements on Tariffs and Trade (GATT), dem Vorläufer der 1995 gegründeten Welthandelsorganisation (WTO), und trat 1951 dem GATT bei. Da es im Rahmen des multilateralen GATT aber nur sehr allmählich gelang, Zölle und Handelshemmnisse abzubauen, waren zusätzliche Anstrengungen notwendig. Diese erfolgten zunächst im Rahmen bilateraler Handelsabkommen, bald jedoch vor allem im Rahmen der europäischen Wirtschaftsintegration. Letztere war zunächst innerhalb der Bundesregierung durchaus kontrovers. Das von Ludwig Erhard geführte Wirtschaftsministerium und die Exportindustrie befürchteten, dass der enge Zusammenschluss zu einem „kleinen Europa" der sechs ursprünglichen Mitgliedsnationen der Europäischen Gemeinschaft für Kohle und Stahl (EGKS, auch als „Montanunion" bezeichnet) den Bestrebungen nach multilateraler Handelsliberalisierung entgegenlaufen würden. Kanzler Adenauer setzte sich aber durch Verweis auf das „Primat der Politik" durch, vor allem motiviert durch die Perspektive, mit der engen Kooperation mit Frankreich im Rahmen der auf Initiative des französischen Außenministers Schuman 1951 gegründeten EGKS schneller an politischer Souveränität Westdeutschlands wiederzugewinnen (Fioretos 2011, S. 145); die westdeutsche Schwerindustrie war 1949 im Rahmen des „Ruhrstatuts" internationaler Kontrolle unterstellt worden, als Vorbedingung Frankreichs zur Gründung der Bundesrepublik.

5.4 Deutschlands Außenpolitik im europäischen Binnenmarkt

Die supranationale Kontrolle über die Produktion von Kohle und Stahl war aber nur der erste Schritt im Rahmen des Integrationsprozesses. Die sechs EGKS-Mitgliedsstaaten – neben Deutschland und Frankreich auch Italien, die Niederlande, Belgien und Luxemburg – handelten ab 1956 neben der Europäischen Atomgemeinschaft die Europäische Wirtschaftsgemeinschaft (EWG) aus. Die Initiative stammte in diesem Fall aus den Beneluxstaaten. Deren Großunternehmen konnten auf den kleinen Binnenmärkten keine effiziente Massenproduktion etablieren und benötigten daher einen guten Zugang zu Exportmärkten. Die französische Regierung suchte nach der Enttäuschung durch ihre bisherigen Alliierten Großbritannien und USA im Rahmen der Suez-Krise neue politische Optionen (Herrmann 2019, S. 97–98). Auch hier setzte sich in Westdeutschland institutionell das Primat der Politik und der Fokus Adenauers auf der „kleineuropäischen" Einigung gegen die multilaterale Orientierung Erhards und der deutschen Exportindustrie durch (Staack 2000, S. 38). Bei der genauen Ausgestaltung der EWG konnten Letztere aber wichtige Pflöcke einschlagen (Fioretos 2011, S. 146–148). Der Fokus der in den Römischen Verträgen von 1957 gestalteten EWG lag eindeutig auf der internen Handelsliberalisierung, während französische Präferenzen nach einer gemeinsamen Industriepolitik und nach einer sozialen Abfederung der wirtschaftlichen Liberalisierung von der deutschen Wirtschaft erfolgreich abgewehrt werden konnten. Frankreich konnte sich allerdings in Bezug auf die Einbeziehung des Agrarsektors in den gemeinsamen Markt durchsetzen, entgegen der protektionistischen Interessen der damals wenig konkurrenzfähigen deutschen Landwirtschaft.

Deutschlands Exportindustrie stellte sich aber schnell als großer Profiteur des gemeinsamen Marktes heraus, wie man am rasch wachsenden Anteil der Exporte nach Westeuropa in den 1960er-Jahren leicht ablesen kann (Staack 2007, S. 88) und unterstützte den weiteren europäischen Integrationsprozess nach Kräften, ähnlich wie die von den Exportbranchen dominierten Gewerkschaften. Besonders bedeutsam war für den deutschen Exportsektor, dass die EWG einerseits langfristig durch neue Mitgliedsstaaten erweitert werden konnte (Dänemark, Irland und Großbritannien 1973, Griechenland 1981, Portugal und Spanien 1986) und sich die EWG andererseits ab den 1960er-Jahren im Rahmen der gemeinsamen Handelspolitik global für die weitere Vertiefung des GATT einsetzte und zudem aufgrund ihres relativ großen Binnenmarktes gute Konditionen in externen Handelsabkommen erzielen konnte (Herrmann 2019, S. 101). Politisch stagnierte der europäische Integrationsprozess allerdings zwischen den späten 1950er und den späten 1970er-Jahren, zumal die EWG-Gremien unter Einstimmigkeit entscheiden mussten. Die Mitgliedsstaaten konnten sich auf keine weiteren Integrationsschritte einigen, vorübergehend war die EWG sogar durch de Gaulles „Politik des leeren Stuhls" 1965/66 – einer vollständigen Absenz der französischen Vertreter in den

Entscheidungsgremien – paralysiert (Dinan 2010, S. 36–38). In diesen Jahrzehnten mutierten die Europäischen Kommission und insbesondere der Europäische Gerichtshof (EuGH) zu den wichtigsten Triebkräften des Integrationsprozesses. Besonders zentral waren die EuGH-Urteile zu Dassonville (1974) und zu Cassis de Dijon (1979), die den Wettbewerb zwischen den europäischen Wirtschafts- und Sozialmodellen deutlich verschärften (Höpner und Schäfer 2010). In Dassonville legte der Europäische Gerichtshof fest, dass die Mitgliedsstaaten keine protektionistischen Maßnahmen beschließen dürfen, die den innergemeinschaftlichen Handel beschränken; in Cassis de Dijon verpflichtete es die Mitgliedsstaaten Produkte, die in anderen Mitgliedsstaaten legal vertrieben wurden, ebenfalls zuzulassen. Zuvor hatten Mitgliedsstaaten den gemeinsamen Markt immer wieder unterlaufen, indem sie ausländische Produzenten beispielsweise durch regulatorische Standards ausgeschlossen hatten. Ihre politische Macht entfachten diese Urteile im Zusammenwirken mit der van-Gend-&-Loos-Entscheidung (1963), die den Vorrang des Unionsrechts vor dem nationalen Recht postuliert, eine sehr ungewöhnliche Regelung, da das klassische Völkerrecht – nach dem die Römischen Verträge geschlossen wurden – diesen Vorrang nicht generell beanspruchen kann. Im Gegensatz zu intergouvernementalen Verhandlungen, in deren Kontext innenpolitische Interessengruppen oder Oppositionsparteien die Abgabe politischer Souveränität erfolgreich politisieren (und damit zu Fall bringen) können, konnte so die Vertiefung des Binnenmarkts unterhalb der politischen Wahrnehmungsschwelle vorangebracht werden. Auch hier finden wir eine Entwicklung, von der besonders die deutsche Exportwirtschaft profitierte, zumal die einschlägigen Urteile und Harmonisierungsmaßnahmen bis dato keine Auswirkungen auf Kerninstitutionen des deutschen Kapitalismusmodells wie beispielsweise die Mitbestimmung hatten (Fioretos 2011, S. 154–156). Erst in den 1980er-Jahren nahm der intergouvernementale Integrationsprozess dann wieder deutlich an Dynamik zu, mit den Planen zur Vollendung des Binnenmarktes und zur Einführung einer gemeinsamen Währung, die dann schließlich im Vertrag von Maastricht (1992) beschlossen wurden und zu einer deutlich intensiveren Einflussnahme der EU auf nationale Kapitalismusmodelle führten (Höpner und Schäfer 2010).

5.5 Währungsaußenpolitik: Bretton Woods und Europäisches Währungssystem

Neben dem Zugang zu ausländischen Märkten gehört die langfristige Stabilität der Währungsrelationen zu den wichtigsten außenpolitischen Zielen des deutschen „Handelsstaats". In einem System flexibler Wechselkurse können die Preise der

5.5 Währungsaußenpolitik: Bretton Woods und Europäisches Währungssystem

Exportprodukte in der Währung der Konsumenten wild fluktuieren, was langfristige Investitionen in die Produktion dieser Güter deutlich erschwert. Neben der Stabilität der Währungsrelationen muss es einem stark exportabhängigen Wirtschaftsmodell zudem auch um die relative Unterbewertung der eigenen Währung gehen. Da neben der Qualität auch immer der Preis eine wichtige Rolle bei Exporterfolgen spielt, ist es hilfreich, wenn die eigene Währung in Relation zu jenen der Absatzländer unterbewertet ist, der Preis der Produkte in deren Währung also geringer ist, um Konkurrenten aus dem Feld zu schlagen. Eine Analyse der Währungspolitik zeigt, dass die Bundesrepublik konsistent auf eine solche Unterbewertungspolitik gesetzt hat und auch bereit war, dafür vielfältige außenpolitische Spannungen in Kauf zu nehmen (Höpner und Spielau 2016; Höpner 2019).

Nach der einfachen ökonomischen Modellwelt dürfte es dauerhafte große Überschüsse wie jene Deutschlands überhaupt nicht geben. Der Ausgleich zwischen Defizit- und Überschussländern sollte über Währungsbewegungen erfolgen. Solche einfachen Modelle nehmen flexible Wechselkurse an, die sich im Wechselspiel von Angebot und Nachfrage herausbilden. Wenn also ein Land mehr Güter ins Ausland exportiert, wird die Nachfrage nach dessen Währung im Ausland steigen, um die Importe aus diesem Land zu bezahlen. Wenn die Zentralbank des exportierenden Landes die Menge von dessen Währung nicht erhöht, steht dasselbe Angebot gestiegener Nachfrage gegenüber. Der „Preis" der Währung – also dessen Wechselkurs – steigt also. Wenn aber der Wechselkurs aufwertet, werden auch die Produkte des exportierenden Landes teurer und Produkte aus anderen Ländern werden konkurrenzfähig, der Exportüberschuss sinkt also. Zudem macht eine Währungsaufwertung des Exportlandes Importe in dieses Land billiger – man kann mit der „harten" Währung nun mehr ausländische Güter kaufen. Da nun mehr importiert wird, reduziert auch dieser Effekt den Exportüberschuss. Spiegelbildlich dazu führt die Aufwertung der Währung des Exportchampions zu einer Abwertung der Währung des Defizitlandes. Niedrig bewertete Währungen (beziehungsweise moderate Währungsabwertungen) können für dessen eigene Industrie sehr hilfreich sein, sie erhöhen ihre Wettbewerbsfähigkeit. Exporte der eigenen Unternehmen werden in anderen Ländern billiger. Importe aus anderen Ländern werden teurer, was es den eigenen Unternehmen erleichtert, mit jenen zu konkurrieren.

Die mit diesen Mechanismen verbundenen Anreize zur Währungsabwertung hatten in den 1930er-Jahren zu einem „Abwertungswettlauf" in der Weltwirtschaft geführt. Um ähnliche Entwicklungen in Zukunft zu vermeiden, wurde auf Initiative der USA 1944 auf der Konferenz von Bretton Woods ein neues Währungssystem beschlossen, das grundsätzlich auf stabilen Wechselkursen beruht, mit der Möglichkeit von geringfügigen Anpassungen im Fall tiefgreifender Ungleichgewichte. Westdeutschland gehörte zu den größten Profiteuren des Systems von

Bretton Woods, denn ohne die dort festgelegten Währungsparitäten (ursprünglich 4,20 D-Mark für einen Dollar) hätten die deutschen Exportüberschüsse schnell zu einer Aufwertung der D-Mark geführt und damit den exportgetriebenen Wohlstand gefährdet. Aber selbst innerhalb des Systems von Bretton Woods hat Westdeutschland ein systematisches Regime zur Unterbewertung betrieben, insofern es die auch in diesem System irgendwann – aufgrund der deutschen Überschüsse – unvermeidbaren Aufwertungen der D-Mark so spät und so begrenzt wie irgend möglich durchgeführt hat (Höpner 2019). Hinter dieser Politik zugunsten einer schwach bewerteten Währung stand ein massives Lobbying der exportorientierten Wirtschaftssektoren in Westdeutschland (Kinderman 2008).

Das exportorientierte Streben nach einer Unterbewertung der D-Mark setzte sich nach dem Zusammenbruch des Systems von Bretton Woods (1973) fort. Nach diesem Zusammenbruch kam es zu erheblichen Währungsturbulenzen und einer starken Aufwertung der D-Mark. Um solche Entwicklungen in Zukunft zu verhindern, wurde 1979 von den Mitgliedsstaaten der EWG das Europäische Währungssystem (EWS) etabliert. Mit diesem System wurden die Währungen der teilnehmenden europäischen Wirtschaften im Rahmen relativ geringer Schwankungsbreiten fixiert, allerdings mit der Möglichkeit von politisch ausgehandelten Neufestsetzungen der Währungsrelationen im Falle von wirtschaftlichen Ungleichgewichten durch den Rat für Währung und Finanzen (ECOFIN-Rat). Das EWS funktionierte ökonomisch recht gut, führte aber bei potenziellen Neufestlegungen zu erheblichem außenpolitischem Stress (Höpner und Spielau 2016). Eine exemplarische Illustration dafür zeigt die Rekonstruktion der Verhandlungen zu einem (letztlich erfolgten) Anpassungsschritt 1983 aufgrund der Erinnerungen des damaligen deutschen Außenministers Stoltenberg und des französischen Wirtschafts- und Finanzminister Delors:

> „Um den Finanzmärkten keine Signale auf ein bevorstehendes Realignment zu geben, fand bereits dieser Besuch unter größter Geheimhaltung statt. Stoltenberg landete auf einem Militärflugplatz und wurde über einen normalerweise nicht benutzten Seiteneingang ins Elysée geleitet. Weil – auch dies aus Gründen der Geheimhaltung – auf einen Dolmetscher verzichtet werden sollte, übersetzte ein persönlicher Vertrauter Mitterands diesem die Ausführungen des Gastes, wie sich Stoltenberg erinnert, mit großer Mühe … Noch in derselben Woche trafen sich die beteiligten Finanzminister und Notenbankpräsidenten in Brüssel, um die Modalitäten der Wechselkursanpassung zu verhandeln […] Die 48-stündigen Verhandlungen wurden immer wieder durch bilaterale Einzelgesprächen und Rücksprachen der Verhandlungspartner mit ihren Regierungen unterbrochen. Allein zweimal musste Delors die Verhandlungen unterbrechen, um zu Konsultationen nach Paris zu reisen." (Höpner und Spielau 2016, S. 289 f.)

Obwohl das EWS ökonomisch recht gut funktionierte, war es vor dem Hintergrund dieses politischen Aufwands für die beteiligten Regierungen in den 1990er-Jahren eine bessere Alternative, es mit einer einheitlichen Währung zu ersetzen, dem Euro (1999). Auch hier hielt die Harmonie nur etwa eine Dekade. Der damit einhergehende Wegfall der Abwertungsoption führte sukzessive zu einem Verlust an preislicher Wettbewerbsfähigkeit und zu einer zu hohen Kreditaufnahme in Südeuropa, den Kernbestandteilen der Eurokrise ab 2010 (Nölke 2016).

5.6 Das Verhältnis von Außenhandels- und Sicherheitspolitik

Auch ein „Handelsstaat" kann sicherheitspolitische Fragen nicht ganz vernachlässigen, wie in diesem Abschnitt anhand der folgenden vier Themen dargestellt wird. Zunächst wurde das deutsche Exportmodell direkt von der Herausbildung des neuen Ost-West-Systemkonflikts nach dem Zweiten Weltkrieg begünstigt. Zudem ist eine Exportnation sicherheitspolitisch potenziell erpressbar, da sie auf einen unbedingten Zugang zu ausländischen Märkten angewiesen ist. Konflikte ergaben sich hier nicht nur mit den USA und deren Kosten für die militärische Verteidigung Westeuropas, sondern auch in Bezug auf den deutschen Osthandel. Auch in der deutschen Entwicklungszusammenarbeit zeigte sich regelmäßig ein Spannungsverhältnis zwischen Export- und Sicherheitsinteressen. Eine bisher nur sehr geringe Rolle spielt das deutsche Exportmodell schließlich für den Einsatz militärischer Ressourcen zur Sicherung von Import- oder Exportrouten.

Wie bereits erwähnt (Abschn. 5.3) wurde die deutsche Exportorientierung – und damit auch die deutsche Wirtschaft – nach dem Zweiten Weltkrieg wiederbelebt. Ausschlaggebend für diese Revitalisierung war aber – entgegen manch populärer Mythen – nicht die überlegene Wirtschaftspolitik Ludwig Erhards, sondern der Koreakrieg, der zu einer global stark steigenden Nachfrage nach Investitionsgütern und Rüstungsprodukten führte: *„Die westdeutsche Wirtschaft hatte noch große freie Kapazitäten und war so in der Lage, den weltweiten Anstieg der Nachfrage für sich zu nutzen. Der Krieg in Ostasien hat damit den Lauf der westdeutschen Rekonstruktion stärker beeinflusst als alle wirtschaftspolitischen Planspiele"* (Abelshauser 2004, S. 161–162). Die Alliierten beförderten die Wiederbelebung der deutschen Exportindustrie – etwa durch Aufhebung von Begrenzungen für die der westdeutschen Wirtschaft erlaubte Stahlproduktionsquote und die Bereitstellung von Dollar-Krediten aus dem Marshallplan zur Beschaffung von Vorprodukten – um die Rüstungsproduktion zu erhöhen (Herrmann 2019, S. 84–87).

Voraussetzung dieser Unterstützung seitens der Alliierten war aber zweifellos die von Konrad Adenauer unbedingt verfochtene Westbindung der Bundesrepublik, entgegen alternativen Konzepten, die Deutschland damals eher als pazifistische Brücke zwischen Ost und West verankern wollten, auch um eine deutsche Wiedervereinigung zu erleichtern (Möller 2019, S. 69).

Eine ausgeprägt exportorientierte Wirtschaft geht allerdings auch mit einem erhöhten Grad an politischer Erpressbarkeit einher, wie Deutschland spätestens während der Trump-Administration lernen musste, als der amerikanische Präsident den deutschen Außenhandelsüberschuss mit dem deutschen Beitrag zur Finanzierung der NATO verknüpfte und eine deutliche Anhebung der deutschen Militärausgaben forderte. Diese Situation ist nicht gänzlich neu. Bereits in den 1960er-Jahren irritierte der Kontrast zwischen den (damals noch moderaten) westdeutschen Exportüberschüssen und den sehr hohen Kosten, die den USA durch die Stationierung amerikanischer Soldaten in Westdeutschland entstanden, die amerikanische Regierung. Nach langen Auseinandersetzungen und zähen Verhandlungen brachte die amerikanische Regierung 1961 die Bundesregierung dazu, einen entsprechenden Ausgleich („Offset") zu bezahlen; insgesamt hat die Bundesrepublik im Rahmen des bis 1976 laufenden Abkommens über 10 Mrd. D-Mark als „Truppendollar" an die USA bezahlt, oftmals für Waffen, die nicht benötigt wurden (Zimmermann 2002).

Ein deutliches Spannungsverhältnis zwischen Handels- und Sicherheitspolitik zeigt sich auch in Bezug auf den Osthandel der westdeutschen Exportwirtschaft (Kreile 1977, S. 788–792). Das Ausmaß des Osthandels hängt historisch relativ stark an der „Temperatur" der Ost-West-Sicherheitsbeziehungen. Während die deutsche Exportindustrie durchgehend ein starkes Interesse an Exporten in die Mitgliedsländer des COMECON hatte, wurden diese Exporte außenpolitisch nicht immer zugelassen. In den 1950er-Jahren waren die entsprechenden Regelungen zunächst äußerst restriktiv, um keine Zweifel an der Westbindung der Bundesrepublik aufkommen zu lassen. Ab Mitte der 1960er-Jahre wurden die entsprechenden Regelungen im Rahmen der Entspannungspolitik mit Zustimmung der USA liberalisiert und führten zu einer deutlichen Zunahme der Handelsbeziehungen, etwa in Form des Erdgas-Röhren-Geschäftes 1970. Bei der erneuten Verschärfung der Ost-West-Spannungen unter der Reagan-Administration in den USA war die Bundesrepublik allerdings nicht mehr bereit, solche Geschäfte drastisch einzuschränken und widersetzte sich den amerikanischen Wünschen. Besonders deutlich wurde das Spannungsverhältnis zwischen Handelspolitik und Sicherheitspolitik dann 2022 im Ukraine-Konflikt. Die Interessen der deutschen

5.6 Das Verhältnis von Außenhandels- und Sicherheitspolitik

Industrie an Rohstoffimporten und am Marktzugang für Exporte – repräsentiert unter anderem durch den „Ost-Ausschuss der Deutschen Wirtschaft" – waren mit dafür verantwortlich, dass sich Deutschland in Bezug auf Sanktionen gegenüber Russland und Waffenlieferungen für die Ukraine wesentlich zögerlicher verhielt als viele seiner Bündnispartner.

Auch in der Entwicklungszusammenarbeit der Bundesrepublik zeigte sich immer wieder ein Spannungsverhältnis von Exportförderung und Sicherheitsinteressen (Korff 1997; Schmidt 2015), neben der ebenfalls vorhandenen originären Entwicklungsmotivation. Bis Ende der 1960er-Jahre wurde die Entwicklungszusammenarbeit vor allem durch strategische Interessen dominiert, insbesondere hinsichtlich der globalen Eindämmung des Kommunismus und der Verhinderung der völkerrechtlichen Anerkennung der DDR (Hallstein-Doktrin). Daneben entwickelte sich aber zunehmend auch ein Interesse am Einsatz der Entwicklungszusammenarbeit als Exportförderung, symbolisiert beispielsweise durch die Gründung der Deutschen Entwicklungsgesellschaft (DEG) zur Förderung privatwirtschaftlicher Kooperation. Insbesondere in den o. g. Rezessionen der deutschen Wirtschaft rückten deutsche Exportinteressen deutlicher in den Vordergrund der Entwicklungszusammenarbeit, beispielsweise durch die sogenannte „Lieferbindung", also die Verknüpfung von Hilfszahlungen mit der Verpflichtung, diese zum Erwerb deutscher Produkte einzusetzen.

Eine noch weitergehende Verknüpfung von Handels- und Sicherheitspolitik wäre denkbar, wenn die Bundeswehr direkt zur Sicherung von Import- und Exportrouten eingesetzt würde, wie beispielsweise die Marine im Rahmen der EU-Operation Atalanta vor der Küste Somalias seit 2008. Hier scheinen aber bisher die Grenzen der handelspolitischen Sicherheitsaufträge vorzuliegen. Das musste beispielsweise der damalige Bundespräsident Köhler 2010 realisieren, der sich für ebendiesen Einsatz des Militärs zur Sicherung freier Handelsrouten aussprach und im Rahmen der sich daran anschließenden öffentlichen Kontroverse zurücktrat. Das Verhältnis zwischen Außenhandels- und Sicherheitspolitik entspricht bisher eher dem „common sense" einer intellektuellen Hegemonie der Wirtschaftsinteressen als deren expliziten Artikulation im politischen Streit. Dieser „common sense" sah bisher vor, im Interesse einer Maximierung der Exportoptionen auf eine militärisch robuste Außenpolitik zu verzichten (Koddenbrock und Mertens 2022). Im Kontext von Ukraine-Krieg und der Artikulation einer „wertebasierten Außenpolitik" gegenüber China ist allerdings auch diese Hegemonie möglicherweise nicht mehr unangefochten.

5.7 Schluss: Möglichkeiten und Grenzen der Exportorientierung als Erklärungsfaktor

Die Beschäftigung mit der deutschen Außenpolitik in der Phase zwischen der Gründung der Bundesrepublik und der Wiedervereinigung eignet sich gut zur Demonstration der Erklärungskraft eines von der Vergleichenden Kapitalismusforschung informierten „second image-"Ansatzes in der Außenpolitikforschung. Die ausgesprochene Exportorientierung der westdeutschen Ökonomie spielte wiederholt eine wichtige Rolle für die deutsche Außenpolitik. Bereits die schnelle Integration in den Westen war dadurch motiviert, die Produktionskapazitäten der westdeutschen Exportindustrie für den Koreakrieg zu nutzen. Auch das Engagement im handels- und währungspolitischen Multilateralismus sowie bei der politikfeldbezogenen Ausgestaltung des europäischen Integrationsprozesses entsprach im hohen Maße den Interessen der Exportwirtschaft. Die Bundesrepublik war nach ihrer politischen Etablierung auch bereit, zur Förderung der Exportindustrie erhebliche außenpolitische Spannungen mit ihren nächsten Bündnispartnern auszufechten, wie sich bei den zähen Verhandlungen über den Truppendollar und den Anpassungsentscheidungen im Europäischen Währungssystem zeigte. Nicht immer allerdings konnten sich die – politisch in der Nachkriegszeit insbesondere von Ludwig Erhard vertretenen – Interessen der westdeutschen Exportindustrie außenpolitisch durchsetzen. Insbesondere in der Frühphase der europäischen Integration, der Gründung der EGKS, setzte sich Konrad Adenauer mit dem außenpolitischen „Primat der Politik" durch, um eine schnelle Herstellung der politischen Souveränität der Bundesrepublik zu erreichen; ähnliches gilt für die Restriktionen im Osthandel.

Der hier verwendete analytische Ansatz ist zudem auch nicht in allen Konstellationen gleichermaßen fruchtbar. Exportorientierte Wachstumsmodelle zeichnen sich durch deutlich klarere außenpolitische Handlungsanweisungen aus als binnenmarktorientierte oder balancierte. Zudem ist Deutschland die einzige große (und potenziell machtvolle) Ökonomie mit einer extremen Exportorientierung; anderen Exportökonomien fehlen die entsprechenden Machtressourcen. Die Annahme eines allgemeinen Übergangs zu einer Welt von „Trading States" (Rosecrance 1986) ist schon daher irreführend. Trotzdem sind andere analytische Anwendungen sinnvoll. Dazu gehört beispielsweise die Notwendigkeit für die USA und Großbritannien, den Status von Dollar und Pfund als internationale Leitwährungen sowie die Globalisierung der Finanzmärkte auch mit außenpolitischen Mitteln aufrecht zu erhalten, angesichts fortwährend hoher Handelsbilanzdefizite und hoher Auslandsverschuldung (Kalinowski 2019). Auch die protektionistische Haltung vieler Schwellenländer wie beispielsweise China gegenüber institutionell stark eingreifenden globalen Wirtschaftsinstitutionen – im Handel wie in der Finanzmarktregulierung – lässt sich aus dieser Perspektive gut erklären, wären ihre Ökonomien bei einer vorzeitigen Öffnung doch noch nicht konkurrenzfähig (Nölke 2015).

Literatur

Abelshauser, W. (2004). *Deutsche Wirtschaftsgeschichte seit 1945.* C.H.Beck

Baccaro, L., & Pontusson, J. (2016). Rethinking comparative political economy: The growth model perspective. *Politics & Society*, 44(2), 175–207

Baccaro, L., & Pontusson, J. (2019). *Social Blocs and Growth Models: An Analytical Framework with Germany and Sweden as Illustrative Cases.* Université de Genève

Cohen, B. (2019). *Advanced Introduction to International Political Economy* (second edition). Edward Elgar Publishing

Dinan, D. (2010). *Ever Closer Union: An Introduction to European Union* (4th edition, Kapitel 1–4, S. 9–102). Palgrave Macmillan

Fioretos, O. (2001). The Domestic Sources of Multilateral Preferences: Varieties of Capitalism in the European Community. In P. A. Hall, & D. Soskice (Hrsg.), *Varieties of Capitalism: The Institutional Foundations of Comparative Advantage.* Oxford University Press

Fioretos, O. (2011). *Creative Reconstructions: Multilateralism and European Varieties of Capitalism after 1950.* Cornell University Press

Geis, A., Brock, L., & Müller, H. (2006). *Democratic Wars: Looking at the Dark Side of Democratic Peace.* Palgrave Macmillan

Germann, J. (2021). *Unwitting architect: German primacy and the origins of neoliberalism.* Stanford University Press

Hall, P. A., & Soskice, D. (Hrsg.) (2001). *Varieties of Capitalism: The Institutional Foundations of Comparative Advantage.* Oxford University Press

Hanrieder, W. F. (1995). *Deutschland, Europa, Amerika: Die Außenpolitik der Bundesrepublik Deutschland, 1949–1994.* Schöningh

Herrmann, U. (2019). *Deutschland, ein Wirtschaftsmärchen: Warum es kein Wunder ist, dass wir reich geworden sind.* Westend Verlag

Hoffrogge, M. (2019). Voluntarism, Corporatism and Path Dependency: The Metalworkers' Unions Amalgamated Engineering Union and IG Metal and their Place in the History of British and German Industrial Relations. *German History*, 27(3), 327–344

Holtfrerich, C. L. (1998). Geldpolitik bei festen Wechselkursen (1948–1970). In Deutsche Bundesbank (Hrsg.), *Fünfzig Jahre Deutsche Mark: Notenbank und Währung in Deutschland seit 1958* (S. 347–438, Zitat S. 383). C.H.Beck

Höpner, M., & Schäfer, A. (2010). A New Phase of European Integration: Organized Capitalisms in Post- Ricardian Europe. *West European Politics*, 33(2), 344–368

Höpner, M., & Spielau, A. (2016). Besser als der Euro? Das Europäische Währungssystem (EWS), 1979–1998. *Berliner Journal für Soziologie*, 26(2), 273–296

Höpner, M. (2019). *The German undervaluation regime under Bretton Woods: how Germany became the nightmare of the world economy* (MPIfG Discussion Paper 19/1). Max-Planck-Institut für Gesellschaftsforschung

Kalinowski, T. (2019). *Why International Cooperation is Failing: How the Clash of Capitalisms Undermines the Regulation of Finance.* Oxford University Press

Katzenstein, P. J. (1976). International Relations and Domestic Structures: Foreign Economic Policies of Advanced Industrial States. *International Organization*, 30(1), 1–45

Katzenstein, P. J. (Hrsg.) (1978). *Between Power and Plenty: Foreign Economic Policies of Advanced Industrial States.* University of Wisconsin Press

Kinderman, D. (2008). The political economy of sectoral exchange rate preferences and lobbying: Germany from 1960–2008, and beyond. *Review of International Political Economy*, 15(5), 851–880

Koddenbrock, K., & Mertens, D. (2022). Geoeconomics and National Production Regimes: On German Exportism and the Integration of Economic and Security Policy. In M. Babic, A. Dixon, & I. Liu (Hrsg.), *The Political Economy of Geoeconomics: Europe in a Changing World.* Springer International Publishing

Korff, R. (1997). *Der Stellenwert der Entwicklungszusammenarbeit in der Bundesrepublik Deutschland.* Universität Bielefeld

Kreile, M. (1977). West Germany: The dynamics of expansion. *International Organization*, 31(4), 775–808

Lampe, M., & Wolf, N. (2015). Binnenhandel und Außenhandel. In T. Rahlf (Hrsg.), *Deutschland in Daten: Zeitreihen zur Historischen Statistik* (S. 276–291). Bundeszentrale für politische Bildung

Manger, M. S., & Sattler, T. (2020). The Origins of Persistent Current Account Imbalances in the Post-Bretton Woods Era. *Comparative Political Studies*, 53(3–4), 631–664

Mertens, D. (2015). *Erst sparen, dann kaufen? Privatverschuldung in Deutschland.* Campus Verlag

Moravcsik, A. (1997). Taking Preferences Seriously: A Liberal Theory of International Politics. *International Organization*, 51(4), 513–553

Möller, H. (2019). Was waren die langen Linien der deutschen Außen- und Europapolitik seit Adenauer? In D. Geppert, & H. J. Hennecke (Hrsg.), *Interessen, Werte, Verantwortung: Deutsche Außenpolitik zwischen Nationalstaat, Europa und dem Westen. Zur Erinnerung an Hans-Peter Schwarz* (S. 67–75). BRILL

Nölke, A. (2015). Second Image Revisited: The Domestic Sources of China's Foreign Economic Policies. *International Politics*, 52(6), 657–665

Nölke, A. (2016). Economic Causes of the Eurozone Crisis: The Analytical Contribution of Comparative Capitalism. *Socio-Economic Review*, 14(1), 141–161

Nölke, A. (2021). *Exportismus: Die deutsche Droge.* Westend Verlag

Rosecrance, R. (1986). *The Rise of the Trading State: Commerce and Conquest in the Modern World.* Basic Books

Schirm, S. (2013). Global Politics Are Domestic Politics: A Societal Approach to Divergence in the G 20. *Review of International Studies*, 39(3), 685–706

Schmidt, S. (2015). Entwicklungszusammenarbeit als strategisches Feld deutscher Außenpolitik. *Aus Politik und Zeitgeschichte*, 65, 29–35

Smith, A. (1776 [2008]). *An Inquiry into the Nature and Causes of the Wealth of Nations.* Oxford University Press

Sorge, A., & Streeck, W. (1988). Industrial relations and technical change: The case for an extended perspective. In R. Hyman, & W. Streeck (Hrsg.), *New technology and industrial relations* (S. 19–47). Blackwell

Staack, M. (2000). *Handelsstaat Deutschland: Deutsche Außenpolitik in einem neuen internationalen System*. Schöningh

Staack, M. (2007). Deutschland als Wirtschaftsmacht. In S. Schmidt, G. Hellmann, & R. Wolf (Hrsg.), *Handbuch zur deutschen Außenpolitik* (S. 85–97). Verlag für Sozialwissenschaften

Theile, G. (2022, 20. Mai). Das Ländle und die China-Connection. *Frankfurter Allgemeine Zeitung*. https://www.faz.net/aktuell/wirtschaft/industrie-bleibt-china-treu-wirtschaft-soll-unabhaengiger-werden-18047478.html

Wadbrook, W. P. (1972). *West German Balance-of-Payments Policy: the Prelude to European Monetary Integration*. Praeger

Wallich, H. C. (1955). *Mainspring of the German Revival*. Yale University Press

Waltz, K. N. (1959). *Man, the State, and War: A Theoretical Analysis*. Columbia University Press

WKO. (2021). *Export- und Importquoten*. Wien.

Zimmermann, H. (2002). *Money and Security: Troops, Monetary Policy, and West Germany's Relations with the United States and Britain, 1950–1971*. Cambridge University Press

6 Deutschland in der internationalen Gemeinschaft: Normative Erwartungen und deutsche Außenpolitik nach 1990

Zusammenfassung

In diesem Kapitel wird die Außenpolitik Deutschlands aus einer dritten systemischen Perspektive, der Theorie des soziologischen Institutionalismus betrachtet. Aus dieser Perspektive sind die Staaten im internationalen System nicht nur durch Austauschbeziehungen und wechselseitige Abhängigkeiten miteinander verbunden, sondern bilden darüber hinaus eine internationale Gemeinschaft, die sich über gemeinsame Prinzipien, Werte und Normen definiert. Die (neo)realistische, aber auch die politökonomische Perspektive erfassen diese Dimensionen entweder gar nicht oder nur unzureichend. Nach einem Überblick über die Kernaussagen der Theorie des soziologischen Institutionalismus wird die Wirkungsmacht gemeinsamer Prinzipien, Werte und Normen am Beispiel der Einbettung Deutschlands in die Gemeinsame Außen- und Sicherheitspolitik der Europäischen Union illustriert. Wie die Resozialisierung der Bundesrepublik im Rahmen westlicher Demokratien und Institutionen als eine Form des „reflexiven Multilateralismus" internalisiert wurde, wird sodann am Beispiel der anhaltenden Einbindung in die NATO (insbesondere der aktiven Beteiligung nach 1990 an „out-of-area"-Einsätzen des Bündnisses) und in die Europäische Union (im Blick auf die Erweiterung durch neue Mitgliedsstaaten wie auch die Vertiefung im Rahmen der Schaffung einer Währungsunion) diskutiert.

Die zweite Hälfte der 1980er-Jahre und das Jahr der Vereinigung 1990 markierten für Deutschland den deutlichsten Einschnitt der sogenannten „Nachkriegsära". Schon bald nach dem Amtsantritt Michael Gorbatschows hatte sich ein Kurswechsel in der sowjetischen Politik abgezeichnet, der auch eine kooperativere Haltung im Ost-West-Konflikt beinhaltete. In Abkehr der bis dahin gültigen Doktrin machte die sowjetische Führung deutlich, dass sie eine Demokratisierung und Liberalisierung der Staaten des Warschauer Paktes nicht mit militärischen Mitteln verhindern werde. Angesichts der Demokratisierungsprozesse in vielen sozialistischen Staaten kam es im Laufe des Jahres 1989 auch in der DDR zu Demonstrationen und einem Anstieg von Ausreisen in den Westen, die schließlich im November zur Öffnung der Berliner Mauer führten. In weniger als einem Jahr wurde dann die Vereinigung der beiden deutschen Staaten mit den Alliierten verhandelt und vollzogen. Ein weiteres Jahr später hatte sich die Sowjetunion aufgelöst; der Ost-West-Konflikt schien damit Geschichte zu sein.

Aus der im 4. Kapitel dargestellten (neo)realistischen Perspektive handelt es sich bei diesen Geschehnissen um eine Verschiebung der machtpolitischen Balance. Die bipolare Konfrontation zweier Supermächte war in einen Zustand der Unipolarität übergegangen, in dem nur noch ein Staat über die Ressourcen einer Supermacht verfügte (vgl. Layne 1993, S. 5; Wilkinson 1999). Da aus der neorealistischen Perspektive Staaten jedoch zum Ausgleich solcher Machtübergewichte neigen („balancing"; vgl. Waltz 1979, S. 127), gilt ein derartiger Zustand als äußerst instabil. Aus neorealistischer Perspektive ist daher ein Übergang zu einem multipolaren System zu erwarten, in dem mehrere Großmächte miteinander konkurrieren. Das wiedervereinigte Deutschland wurde dabei oftmals als potenzielle Großmacht gehandelt (vgl. Waltz 1993, S. 50). Aus der (neo)realistischen Perspektive erscheint zudem wahrscheinlich, dass sich wirtschaftliche Interessen (wieder) deutlich einem (macht)politischen Primat unterordnen.

Wie in diesem Kapitel deutlich werden soll, erfassen die (neo)realistische, aber auch die politökonomische Perspektive bestenfalls einen Ausschnitt der Einflüsse des internationalen Systems auf die deutsche Außenpolitik nach 1990. Um eine weitere Facette der Bedeutung des internationalen Umfeldes für die deutsche Außenpolitik zu erfassen, soll in diesem Kapitel eine dritte systemische Perspektive eingeführt werden, die die Normen und Werte der Staatengemeinschaft in den Mittelpunkt rückt und die als soziologischer Institutionalismus bezeichnet wird.

6.1 Die Theorie des soziologischen Institutionalismus

Aus dieser Perspektive sind die Staaten im internationalen System nicht nur durch Austauschbeziehungen und wechselseitige Abhängigkeiten miteinander verbunden, sondern bilden darüber hinaus eine internationale Gemeinschaft, die über gemeinsame Prinzipien, Werte und Normen verfügt. Aus der Perspektive des sozio-

6.1 Die Theorie des soziologischen Institutionalismus

logischen Institutionalismus existieren Staaten überhaupt erst, weil es ein internationales Prinzip der ‚Souveränität' gibt, das Staaten als wichtigste Akteure konstituiert. Internationale Normen legen fest, unter welchen Umständen ein Staat als souverän anerkannt wird, und es liegt in der Hand der Staaten selbst, diese Anerkennung auszusprechen. Aus dieser Perspektive sind die Vereinten Nationen nicht nur eine Arena der zwischenstaatlichen Verhandlung, sondern vor allem ein Forum, in dem sich Staaten über gemeinsame Prinzipien, Normen und Werte verständigen. Unterhalb dieser universalen Ebene, die ihren Ausdruck vor allem in den Vereinten Nationen findet, gibt es eine Reihe regionaler Staatengemeinschaften wie etwa die Association of South East Asian Nations (ASEAN) und die Europäische Union.

Mit diesem soziologischen Begriff von Institutionen korrespondiert ein Handlungsbegriff, demzufolge Akteure einer so genannten ‚Logik der Angemessenheit' folgen (vgl. March und Olsen 1989, S. 23–24). Dabei fragen sich Akteure zunächst, in welcher Art von Situation sie sich befinden (beispielsweise in einem Konflikt mit einem demokratischen Nachbarstaat über ein umstrittenes Territorium) und wer sie sind (beispielsweise eine liberale Demokratie). Dann fragen sie sich, wie angemessen verschiedene mögliche Handlungen (beispielsweise die militärische Besetzung des Gebietes oder die Anrufung des Internationalen Gerichtshofes) in dieser Situation sind. Von allen möglichen Handlungen wählen sie dann diejenige aus, die ihnen am angemessensten erscheint (die Anrufung des Internationalen Gerichtshofes). Diese Handlungslogik unterscheidet sich deutlich von der sogenannten Logik der Konsequentialität, die unter anderem von der neorealistischen und häufig auch einer politökonomischen Perspektive angenommen wird. Nach dieser Handlungslogik fragen sich Akteure zunächst nach ihren Zielen (bspw. die Einnahme eines umstrittenen Gebietes) und den Handlungsalternativen (militärische Besetzung oder Anrufung des Gerichtshofes). Auf dieser Basis schätzen sie die zu erwartenden Konsequenzen der verschiedenen Handlungsoptionen ab (zum Beispiel könnte es sein, dass das Gerichtsurteil voraussichtlich zu den eigenen Ungunsten ausfallen wird, während eine militärische Besetzung voraussichtlich auf wenig Gegenwehr stoßen würde). Akteure wählen dann diejenige Handlungsalternative, deren zu erwartende Konsequenzen am ehesten zur Erreichung ihrer Ziele beiträgt.

Der Einfluss internationaler Normen und Werte lässt sich daran ablesen, dass Staaten mit äußerst unterschiedlichen Interessen und Traditionen eine ähnliche Politik verfolgen. So hat zum Beispiel die Mehrzahl an Staaten nach 1945 ähnliche nationale Wissenschaftsbürokratien eingerichtet, obwohl sie hinsichtlich der Anzahl von Wissenschaftler*innen, ihres Bruttosozialprodukts und ihrer Militärausgaben – alles Faktoren, die zur Erklärung entstehender Wissenschaftsbürokratien herangezogen worden sind – völlig unterschiedlich sind. Diese gleich gerichtete Entwicklung in vielen Staaten lässt sich erst verstehen, wenn man die Tätigkeit der UNESCO berücksichtigt, die die Staaten über die angemessene staatliche Organisation von Wissenschaft ‚unterrichtet' hat (vgl. Finnemore 1996, S. 34–68).

Die theoretische Perspektive des soziologischen Institutionalismus ist also besonders geeignet, um Gleichförmigkeiten („Isomorphismen"), beispielsweise hinsichtlich der staatlichen Organisation von Wissenschaft, zwischen Staaten zu erklären. Bestehende Unterschiede staatlicher Außenpolitik können hingegen kaum auf internationale Normen und Werte zurückgeführt werden. Sie können allerdings auf unterschiedliche nationale Identitäten und politische Kulturen zurückgeführt werden, an die internationale Normen in unterschiedlicher Weise anschließen können (vgl. Kap. 10). Beispielsweise konnte die Vorstellung, mit Hilfe einer Währungsunion die europäische Integration zu vertiefen, an die in Deutschland verbreiteten Zielvorstellungen eines europäischen Bundesstaates viel besser anknüpfen als an die in Großbritannien verbreitete Vorstellung der EU als einer Wirtschaftsgemeinschaft. Aus dem Zusammenspiel europäischer Normen und Werte mit vorhandenen nationalen Identitäten und Kulturen erklären sich die unterschiedlichen Politiken Deutschlands und Großbritanniens gegenüber der Wirtschafts- und Währungsunion (vgl. Engelmann et al. 1997). Aus einer soziologischen Perspektive bestehen zwischen nationalen und internationalen Prinzipien und Normen allerdings auch fließende Übergänge. Denn (internationale) Strukturen (zu denen auch Prinzipien und Normen als intersubjektiv geteilte ‚Ideen' gerechnet werden) werden stets aufs Neue durch die Handlungen von Akteuren reproduziert. Im soziologischen Institutionalismus spricht man daher davon, dass sich Akteure und Strukturen wechselseitig konstituieren (das heißt das eine ohne das andere nicht existieren kann) bzw. ko-konstitutiv sind. So ist beispielsweise von Deutschland zwar zu erwarten, dass es europäische Normen und Werte in seiner Interessendefinition berücksichtigt. Gleichzeitig kann es aufgrund seines Gewichts innerhalb der Europäischen Union diese Normen auch selbst beeinflussen. Es wäre also eine Verkürzung des soziologischen Institutionalismus, Staaten lediglich als Adressaten internationaler Erwartungen zu verstehen. Staaten werden vielmehr immer auch die aktive Weiterentwicklung internationaler Normen und Prinzipien beeinflussen. Dabei sind die dieser Politik zugrunde liegenden Identitäten und Interessen wiederum von den Interaktionen mit anderen Staaten und den Prinzipien und Normen der internationalen Gemeinschaft geprägt.

Am deutlichsten erscheinen Staaten als bloße Empfänger von Normen im Bereich der alltäglichen außenpolitischen Routine. Das Routinehandeln ist stark von internationalen Normen und Regeln geprägt, die Staaten einer Angemessenheitslogik folgend einhalten. Die Normen und Regeln, die sich etwa im Rahmen der Gemeinsamen Außen- und Sicherheitspolitik (GASP) der EU herausgebildet haben, können dies für die deutsche Außenpolitik illustrieren (Abschn. 6.2). Bei größeren strategischen Entscheidungen ist der Einfluss internationaler Normen hingegen nicht immer unmittelbar erkennbar, da solche Entscheidungen oft Neuland betreten, das in geringerem Maße von Prinzipien und Normen verregelt ist. Auch die Interessendefinition, die strategischen Entscheidungen mit großer Reichweite zugrunde liegt, ist jedoch von den Interaktionen mit anderen Staaten und den Prinzipien und Normen der internationalen Gemeinschaft geprägt. Für Deutschland kann dies an der Politik gegenüber NATO und EU nach der Vereinigung illustriert werden (Abschn. 6.3).

6.2 Alltägliche Europäisierung: Deutschland in der Gemeinsamen Außen- und Sicherheitspolitik

Wie bereits im zweiten Kapitel gesehen, ist die Außenpolitik der Bundesrepublik in den multilateralen Kontext der Gemeinsamen Außen- und Sicherheitspolitik (GASP)[1] der EU eingebettet. Das Ziel der GASP besteht darin, zu gemeinsamen außenpolitischen Positionen und Aktionen zu kommen, wo immer gemeinsame europäische Interessen betroffen sind.

Zahlreiche Studien haben sich mit der Wirkung dieser internationalen Institution auf die Interessen und Identitäten der Mitgliedstaaten beschäftigt und dabei eine soziologische Perspektive zugrunde gelegt (vgl. Smith 1998, 2000; Hyde-Price 2004; Jørgensen 1997; Glarbo 1999). Diese Untersuchungen betonen, dass die GASP nicht nur das Instrument ihrer Mitgliedstaaten ist, sondern ihrerseits auf die Mitgliedstaaten zurückwirkt, denn durch die zahlreichen Interaktionen zwischen den Außenministerien wächst nicht nur das Verständnis für die Positionen der anderen Staaten, sondern bildet sich darüber hinaus ein „*esprit de corps*" bzw. eine gemeinsame Identität heraus (Michalski und Danielson 2020, S. 336) heraus. Vor allem durch die zahlreichen Arbeitsgruppen der GASP übertrifft die Zahl der Treffen und Kontakte im Rahmen der GASP mittlerweile die Zahl der Kontakte mit Kabinettskolleg*innen bzw. anderen nationalen Bürokratien (Forster und Wallace 2000, S. 466). Die über ein vertrauliches, die Außenministerien direkt verbindendes Netzwerk ausgetauschten Nachrichten sind von ca. 2000 Anfang der 1970er-Jahre auf durchschnittlich 12.000 in den 1990er und 2000er Jahren angestiegen (Bicchi

---
[1] Die Gemeinsame Außen- und Sicherheitspolitik (GASP) wurde durch den Maastrichter Vertrag von 1991 begründet und im Lissaboner Vertrag von 2009 fortgeschrieben und setzt die seit 1970 bestehende Europäische Politische Zusammenarbeit (EPZ) fort.

und Carta 2012.). Wichtigster Ausdruck dieses Gemeinschaftsgefühls ist der sogenannte ‚Koordinierungsreflex' (Øhrgaard 2004, S. 30–32; Michalski und Danielson 2020). Dieser ist

> „habituell, das heißt er verweist auf eine dauerhafte Neigung von diplomatischen Institutionen. Diese lässt sich nicht durch die utilitaristische Berechnung von Vorteilen erfassen […]. Mit anderen Worten, in der EPZ geschieht Koordinierung nicht als überlegtes Mittel zur Verfolgung eigener Ziele, sondern ist eher als etwas zu verstehen, das ‚natürlicherweise' getan wird."(Glarbo 1999, S. 644, eigene Übersetzung)

Der Einfluss der GASP auf die Mitgliedstaaten gilt als besonders bemerkenswert, weil die GASP – gerade im Vergleich zur Europäischen Gemeinschaft – deutlich weniger stark institutionalisiert bzw. formalisiert ist: Im Vergleich zum Binnenmarkt spielen die supranationalen Institutionen Europäische Kommission, Europäischer Gerichtshof und Europäisches Parlament eine weitaus unbedeutendere Rolle. Dennoch bilden geschriebene und ungeschriebene Normen und Regeln ein „common framework of appropriate behavior" (Jørgensen 1997, S. 168). An der GASP zeigt sich somit ein Paradox institutioneller Stärke, das sich „rationalistisch" nicht erfassen lässt:

> „Obwohl die EPZ eine informelle, dezentralisierte Institution ohne Sanktionsmittel war, die keine große öffentliche Unterstützung genoss und als System außerhalb der Europäischen Gemeinschaft wahrgenommen wurde, führte sie zu einer Ausweitung der außenpolitischen Kooperation und zu Änderungen der staatlichen Interessen und Präferenzen." (Smith 1998, S. 310, eigene Übersetzung)

6.3 Deutschland nach 1990: Außenpolitische Kontinuität in einer sich wandelnden Welt?

6.3.1 Rückblick: Einbindungspolitik und die Ausbildung eines „reflexiven Multilateralismus"

Nach Zweitem Weltkrieg und Holocaust war die Bundesrepublik aus der internationalen Gemeinschaft zunächst als sogenannter „Feindstaat" im Sinne der Charta der Vereinten Nationen ausgeschlossen. Wie aus der Perspektive des soziologischen Institutionalismus zu erwarten, bemühte sich die Bundesrepublik, schnell wieder als Mitglied der internationalen Gemeinschaft anerkannt zu werden. Die erste außenpolitische Initiative Adenauers war folgerichtig, die Mitgliedschaft im Europarat zu beantragen (Banchoff 1996, S. 42–43). In die Vereinten Nationen wurde die Bundesrepublik erst 1973 aufgenommen.

Wichtige Schritte zu einer Wiedereingliederung in die (westliche) Gemeinschaft vollzogen sich außerdem im Rahmen der europäischen Integration und des atlantischen Bündnisses. Dass insbesondere mit der europäischen Integration auch eine Abgabe von Souveränität an europäische Institutionen verbunden ist, erschien den deutschen Außenpolitiker*innen nicht als Problem, sondern als Chance, durch die Einbindung in internationale Institutionen (einschließlich der EG) Handlungsmöglichkeiten zurückzugewinnen.

Die besondere Bereitschaft der Bundesrepublik, sich in die internationale Staatengemeinschaft zu integrieren, hatte ihren Ausdruck bereits im Grundgesetz gefunden. Schon in der Präambel findet sich die Formulierung „von dem Willen beseelt, als gleichberechtigtes Glied in einem vereinten Europa dem Frieden der Welt zu dienen". Für die deutsche Einbindungspolitik sind darüber hinaus die Artikel 23 und 24 GG von Bedeutung: Art. 24 GG sieht ausdrücklich die Möglichkeit vor, Hoheitsrechte auf zwischenstaatliche Einrichtungen zu übertragen. Weil die Übertragung von Hoheitsrechten im Prozess der europäischen Integration besonders weitgehend ist, hat der Bundestag die Verfassungsreform von 1993 genutzt, mit dem Art. 23 einen eigenen „Europa-Artikel" einzufügen. In dessen Absatz 1 heißt es:

> „Zur Verwirklichung eines vereinten Europas wirkt die Bundesrepublik Deutschland bei der Entwicklung der Europäischen Union mit, die demokratischen, rechtsstaatlichen, sozialen und föderativen Grundsätzen und dem Grundsatz der Subsidiarität verpflichtet ist und einen diesem Grundgesetz im Wesentlichen vergleichbaren Grundrechtsschutz gewährleistet. Der Bund kann hierzu durch Gesetz mit Zustimmung des Bundesrates Hoheitsrechte übertragen."

Mit diesen Bestimmungen wurde die Vereinigung Europas zum verpflichtenden Staatsziel deutscher Verfassungsorgane erhoben – und zwar in der Weise, „dass es nicht in ihrem politischen Belieben steht, sich an der europäischen Integration zu beteiligen oder nicht. Das Grundgesetz will eine europäische Integration und eine internationale Friedensordnung"[2]

Die amerikanischen Politikwissenschaftler Jeffrey Anderson und John Goodman haben die deutsche Einbindung in internationale Institutionen nach 1945 aus der Perspektive eines soziologischen Institutionalismus beschrieben. Danach stellten die Mitgliedschaften in NATO und EG „Mittel zum Betreiben westdeutscher Strategien zur Verfügung". Weil sie die Verfolgung wirtschaftlicher und politischer Interessen ermöglichten, wurden sie von den außenpolitischen Eliten geschätzt.

---

[2] BVerfGE, 123, 267, #225, https://www.servat.unibe.ch/dfr/bv123267.html (18.06.2022).

Weil sie darüber hinaus deutsche Interessen neu strukturierten, waren die Mitgliedschaften in diesen Institutionen

> „in den Augen deutscher Eliten nicht nur Instrumente der Politik, sondern darüber hinaus normative Rahmenbedingungen für Politik […]. Die Herausbildung eines Unterstützungsreflexes für internationale Institutionen in der Bundesrepublik ist eine der wichtigsten Hinterlassenschaften des Kalten Krieges." (Anderson und Goodman 1993, S. 23/24)

Als Vertreter eines soziologischen Institutionalismus behaupten Anderson und Goodman,

> „dass sich die deutsche Beteiligung an internationalen Institutionen nicht nur auf instrumentelle Überlegungen zurückführen lässt. Im Laufe von vierzig Jahren hatte sich Westdeutschland – angesichts kaum vorhandener Alternativen ursprünglich aus instrumentellen Überlegungen heraus – bei der Verfolgung seiner Ziele so umfassend auf ein Netz internationaler Institutionen verlassen, dass diese Institutionen ein Bestandteil der Definition staatlicher Interessen und Strategien geworden sind. Das meinen wir, wenn wir Deutschlands institutionelle Verpflichtungen in der Periode nach 1989 als reflexiv beschreiben; sie werden mittlerweile vorausgesetzt." (Anderson und Goodman 1993, S. 60)

6.3.2 Außenpolitische Weichenstellungen

Die Bedeutung internationaler Institutionen für die Außenpolitik zeigt sich besonders deutlich in den außenpolitischen Weichenstellungen, die die Bundesrepublik im Prozess der Vereinigung und danach vornahm. Aufschlussreich ist in diesem Zusammenhang eine Betrachtung von Grundsatzreden zur deutschen Außenpolitik, die unmittelbar vor oder nach der Vereinigung gehalten wurden. Die von Anderson/Goodman behauptete reflexive Unterstützung internationaler Institutionen findet sich beispielsweise in einer Rede von Bundeskanzler Helmut Kohl, die er unmittelbar nach der Vereinigung hielt. In ihr heißt es:

> „Die Wertegemeinschaft der freiheitlichen westlichen Demokratien und das Nordatlantische Verteidigungsbündnis haben in schwierigen Jahrzehnten auf unserem Kontinent Frieden und Freiheit bewahrt. Der Platz des vereinten Deutschland wird deshalb auch in Zukunft in diesem Bündnis sein." (Kohl 1990, S. 1227)

Eine ausführlichere Beschreibung des außenpolitischen Weges der Bundesrepublik nach 1945, der eng mit internationalen Institutionen verknüpft ist, findet sich in der Rede von Außenminister Genscher aus demselben Jahr:

"Wir empfinden dankbar und ermutigend, dass uns die Völkergemeinschaft mit ihrem Vertrauen auf dem Wege in die staatliche Einheit begleitet. [...] Es ist ein weiter Weg, der uns aus den Trümmern des Zweiten Weltkrieges hierher geführt hat. [...] Außenpolitische Meilensteine dieses Weges sind die Mitgliedschaften im Europarat, im westlichen Bündnis und in der Europäischen Gemeinschaft und der Deutsch-Französische Vertrag von 1963. Mit diesen Schritten kehrten wir zurück in die Gemeinschaft der Demokratien. [...] Das Vertrauen der Völker ist für uns Deutsche ein besonderes kostbares Gut. Besinnung auf Geschichte und Verantwortung bestimmen unsere Gefühle in diesen historischen Tagen, nicht nationalistischer Überschwang. Wir wissen um unsere europäische Berufung. Das souveräne, demokratische und freiheitliche Deutschland in der Europäischen Gemeinschaft wird der Einheit, der Stabilität und dem Fortschritt Gesamteuropas verpflichtet sein. Mit unserem gewachsenen ökonomischen und politischen Gewicht streben wir nicht nach mehr Macht, sondern unsere Lage im Herzen Europas weist uns mehr Verantwortung zu." (Genscher 1990, S. 1273 f.)

An diesen Redeausschnitten lässt sich ersehen, wie wichtig für die damalige und alle nachfolgenden Bundesregierungen die Einbindung Deutschlands in die westliche Wertegemeinschaft ist und wie sehr EU und NATO als deren institutionelle Verkörperung angesehen werden. Auf dieser Grundlage erscheint es nur folgerichtig, dass der Stärkung dieser Institutionen außenpolitisch Priorität beigemessen wird. Ein Hauptziel der deutschen Außenpolitik in den 1990er-Jahren bestand daher darin, die Funktionsfähigkeit dieser beiden internationalen Organisationen zu erhalten bzw. auszubauen und somit eine feste Verankerung des vereinten Deutschlands in der westlichen Staatengemeinschaft zu sichern.

6.3.3 Deutsche NATO-Politik nach der Vereinigung

Mit dem Ende des Ost-West-Konflikts schien die NATO auf den ersten Blick ihre Funktion verloren zu haben. Dass Deutschland ebenso wie andere NATO-Staaten dennoch an der Beibehaltung des atlantischen Bündnisses festhielten und eine Reihe weiterer Staaten die Mitgliedschaft anstrebten, lässt sich aus der Perspektive eines soziologischen Institutionalismus dann verstehen, wenn man die NATO als militärischen Arm der westlichen Wertegemeinschaft (Schimmelfennig 1999, S. 213f.; Risse-Kappen 1996) oder noch umfassender, „als wirksamere Alternative zu den Vereinten Nationen" (Franke 2010, S. 317) begreift. Diese beruht auf den von den NATO- Mitgliedern geteilten liberalen Grund- und Bürgerrechten, von denen sich Rechtsstaatlichkeit, demokratische Partizipation und Marktwirtschaft ableiten. Die liberalen Werte und Normen, die der westlichen Staatengemeinschaft zugrunde liegen, schlagen sich wiederum in der Definition der Ziele der NATO nieder (vgl. auch für das Folgende Schimmelfennig 1999, S. 214–215 sowie Franke 2010, S. 317–319): So zeigen sich die Mitgliedstaaten in der Präambel des Nordatlantikvertrages entschlossen, „die Freiheit, das gemeinsame Erbe und die Zivilisation ihrer Völker, die auf den Grundsätzen der Demokratie, der Freiheit der Person und der Herrschaft des Rechts beruhen, zu gewährleisten". Im 1991 verabschiedeten Neuen Strategischen Konzept, das die Militärstrategie an die veränderte Sicherheitslage nach dem Ende des Kalten Krieges anpassen soll, wird diese Zielsetzung nochmals bekräftigt.

> „Auf der Grundlage der gemeinsamen Werte Demokratie, Menschenrechte und Rechtstaatlichkeit wirkt das Bündnis seit seiner Gründung für die Schaffung einer gerechten und dauerhaften Friedensordnung in Europa. Dieses Bündnisziel bleibt unverändert."[3]

Ebenso unverändert wie die Ziele der westlichen Wertegemeinschaft bleibt aus der Perspektive eines soziologischen Institutionalismus das Ziel des vereinigten Deutschland, Teil dieser Wertegemeinschaft zu bleiben und dieser Mitgliedschaft durch eine Politik Ausdruck zu verleihen, die die gemeinsamen Ziele verteidigt und fördert (Überblicke über die deutsche NATO-Politik seit der Vereinigung geben Overhaus 2009 und Böller 2021). Während der 2 + 4-Verhandlungen legte die Bundesregierung daher großen Wert darauf, dass auch ein vereinigtes Deutschland NATO-Mitglied bleiben würde. Aus Sicht der Bundesregierung ging es bei dieser Entscheidung weniger um eine Verschiebung des Machtgleichgewichts zugunsten der USA und zuungunsten der Sowjetunion, sondern um ein sichtbares Zeichen dafür, dass das vereinte Deutschland Teil der westlichen Staatengemeinschaft bleiben und deren grundlegende Normen und Werte beachten und befördern würde. Um die NATO als transatlantische Wertegemeinschaft auch über das Ende des Kalten Krieges hinaus zu erhalten, bemühte sich die Bundesregierung, die NATO als politische Organisation aufzuwerten und ihr eine möglichst zentrale Rolle für die europäische Sicherheit nach der Auflösung des Warschauer Paktes zu verleihen. Deutschland begrüßte daher das ‚Neue Strategische Konzept' von 1991, das das Aufgabenspektrum der NATO über die Territorialverteidigung hinaus in Richtung friedenserhaltender Maßnahmen erweiterte. Auch das Programm ‚Partnership for Peace', für das sich die Bundesregierung einsetzte, wertete die politische Rolle der NATO auf, indem es sie zu einem Forum für Konsultationen und Zusammenarbeit mit den Staaten des ehemaligen Warschauer Paktes machte.

---

[3] NATO, The Alliance's New Strategic Concept, 7. November 1991, eigene Übersetzung, https://www.nato.int/cps/en/natohq/official_texts_23847.htm (19.06.2022).

6.3 Deutschland nach 1990: Außenpolitische Kontinuität in einer sich ...

Wie aus der Perspektive des soziologischen Institutionalismus zu erwarten, bildeten die Prinzipien und Normen der NATO für die Sicherheitspolitik des vereinigten Deutschland einen zentralen Orientierungspunkt. Welchen Stellenwert die Erwartungen der NATO-Partner für die Bundes-regierung besitzen und wie sie sich in den folgenden Jahren bemühte, diesen Erwartungen gerecht zu werden, soll im Folgenden an den Beispielen der integrierten Militärstruktur und der Beteiligung an ‚out of area'-Einsätzen illustriert werden.

Ihre integrierte Militärstruktur zeichnete die NATO gegenüber anderen Verteidigungsbündnissen aus (vgl. auch für das Folgende Baumann 2001, S. 146–159). Über eine effektive Verteidigung hinaus wurde durch die integrierte Militärstruktur gemeinsame Solidarität und gegenseitiges Vertrauen gefördert, da militärischen Aktionen gegeneinander die Grundlage entzogen worden ist. Gerade hinsichtlich deutscher Verbände waren derartige Überlegungen stets von großer Bedeutung. Während des Kalten Krieges entsprach die Bundesrepublik diesen Prinzipien der NATO mehr als alle anderen Mitgliedstaaten, weil die Bundeswehr, auch zur Rückversicherung der NATO-Partner, nahezu vollständig in die militärischen Strukturen integriert wurde (Sauder 1995, S. 265). Nach dem Ende des Ost-West-Konflikts waren zu diesen politischen Motiven zunehmend ökonomische Erwägungen getreten, durch die Aufstellung integrierter, multinationaler Verbände knappe Ressourcen effektiver zum Einsatz bringen zu können. Die Einrichtung entsprechender Verbände wie der NATO Response Force (NRF), die innerhalb kurzer Zeit zum Krisenmanagement einsetzbar sein sollte, wurde daher von Deutschland unterstützt.

Besonders eindrucksvoll lässt sich die Bedeutung internationaler Normen und Erwartungen darüber hinaus am Beispiel der deutschen Beteiligung an ‚out of area'-Einsätzen illustrieren. Anders als beim Angriff auf einen Mitgliedstaat sieht der NATO-Vertrag bei militärischen Interventionen außerhalb des Bündnisgebietes (‚out of area') keine automatische Verpflichtung zur Beteiligung vor. Gleichwohl entwickelte sich in den 1990er-Jahren eine starke politische Erwartung der Bündnispartner, sich an ‚out of area'-Einsätzen zu beteiligen. Die ‚out of area'-Missionen stellten die Bundesrepublik vor einen schweren Konflikt zwischen diesen internationalen Erwartungen einerseits und einer nicht zuletzt im Grundgesetz festgeschriebenen Kultur der militärischen Zurückhaltung andererseits (vgl. Berger 1998; Duffield 1998, S. 63–64). Als im Januar 1991 eine von den USA angeführte internationale Koalition die Irak-Resolution der VN im zweiten Golfkrieg mit Gewalt durchsetzte, berief sich die Bundesregierung auf die vom Grundgesetz auferlegten Beschränkungen gegen den Einsatz der Bundeswehr in ‚out of area'-Einsätzen. Die Allianzpartner reagierten auf die deutsche Weigerung, sich am Golfkrieg militärisch zu beteiligen, mit Kritik und Unverständnis (vgl. Philippi 1997, S. 71 ff.). Die Bundesregierung begann darauf, die in der deutschen Bevölkerung unpopulären und von der Opposition heftig kritisierten ‚out of area'-Einsätze Schritt für Schritt durchzusetzen (vgl. Kap. 10).

An der deutschen Debatte um ‚out of area'-Einsätze zeigte sich die Bedeutung der Vereinten Nationen als legitimierender Rahmen deutscher Sicherheitspolitik. So knüpfte beispielsweise die FDP ihre Zustimmung für eine Beteiligung der Bundeswehr an Peacekeeping- und Kampfeinsätzen an das Vorliegen eines VN-Mandats.[4] In einer aus der Sicht des soziologischen Institutionalismus bezeichnenden Weise begründete Außenminister Genscher diese Position damit, dass die Charta der Vereinten Nationen die „für die Weltgemeinschaft geltende Verfassung" darstelle.[5]

Als sich im Frühjahr 1999 die Menschenrechtsverletzungen im Kosovo häuften und die Rufe nach einer militärischen Intervention zunahmen, konnten sich die ständigen Mitglieder des VN-Sicherheitsrats jedoch nicht auf eine Resolution verständigen, die einen friedenserzwingenden Militäreinsatz legitimiert hätte. Aufgrund der Bedeutung, die gerade die Bundesregierung einem VN-Mandat beimaß, sah sie sich in einer äußerst schwierigen Situation. Sie musste die Erwartungen der im VN-Sicherheitsrat vertretenen internationalen Gemeinschaft gegen diejenigen der in der NATO vertretenen westlichen Gemeinschaft abwägen. Die Entscheidung der Bundesregierung für eine Beteiligung an der Operation ‚Allied Force' zeigt keineswegs die Bedeutungslosigkeit internationaler Normen. Zunächst einmal wird in diesem Zusammenhang deutlich, dass es in der internationalen Gemeinschaft unterschiedliche und miteinander im Widerspruch stehende normative Erwartungen geben kann. Im konkreten Fall manifestierte sich der Primat der von der westlichen Gemeinschaft artikulierten Erwartung, sich an der Verteidigung der Menschenrechte auch militärisch zu beteiligen, vor dem Gewaltlegitimierungsmonopol der VN.

6.4 Deutsche EU-Politik nach der Vereinigung

Die Europäische Union ist *„the main organization of the European international community [...] based on a European and liberal collective identity"* (Schimmelfennig 2001, S. 59). Sie bildet ein derart dichtes institutionelles Umfeld, dass sie *„a most likely case for international institutions to have constitutive effects"* (Checkel 1999, S. 554) ist. Peter Katzenstein zufolge sind die Interessen der Bundesrepublik

---

[4] So die Entscheidung des Bundeshauptausschusses der F.D.P. in Hamburg am 25. Mai 1991; vgl. Philippi 1997, S. 103.
[5] Zitiert nach Philippi 1997, S. 104.

in der Tat „auf grundlegende Weise durch den institutionellen Kontext Europas und die Europäisierung der Identität des deutschen Staates, die sich in den vorangegangenen Jahrzehnten vollzogen hatte, geprägt." (Katzenstein 1997b, S. 15; eigene Übersetzung). Weil Deutschland dahingehend sozialisiert worden ist, multilaterale Lösungen zu bevorzugen,

> „setzt es sich für Politiken ein, die die europäische Integration unterstützen, sogar wenn diese Politiken Deutschlands nationale Macht beeinträchtigen oder kurzfristigen Interessen entgegenlaufen." (Katzenstein 1997a, S. 260; eigene Übersetzung)

Ein zentrales außenpolitisches Ziel Deutschlands nach der Vereinigung war daher die Fortführung der europäischen Integration. Nach Ansicht der Bundesregierung galt es, den Integrationsprozess unumkehrbar zu machen. Der Schlüssel dazu wurde in einer Vertiefung der Integration in Richtung einer politischen Union gesehen, die über eine Wirtschafts- und Währungsunion hinaus auch eine gemeinsame Außen- und Sicherheitspolitik und ein starkes Europäisches Parlament umfassen sollte. Neben das Ziel einer Vertiefung trat allerdings bald das Ziel einer Erweiterung der Europäischen Union um eine große Zahl mittel- und osteuropäischer Staaten. Wie bei der ‚out of area'-Politik sah sich die Bundesregierung auch im Bereich der europäischen Integration mit unterschiedlichen und konkurrierenden normativen Erwartungen konfrontiert. Wie aus der Perspektive des soziologischen Institutionalismus zu erwarten, setzten sich die Erwartungen der Staaten durch, zu denen die umfassenderen institutionellen Bindungen bestehen: Trotz eines starken Interesses an der Erweiterung der EU hat die Bundesregierung der Vertiefung der Integration, wie sie von den wichtigsten Partnern in der EU erwartet wurde, zumindest in ersten Jahrzehnt einen klaren Vorrang eingeräumt.

6.4.1 Die Erweiterung der EU

Bereits im Frühjahr 1990 begannen die neu gewählten Regierungen der mittel- und osteuropäischen Staaten, den Beitritt zur EU zu einer Priorität ihrer Außenpolitik zu machen (vgl. Smith 1999, S. 88). Im Frühjahr 1994 reichten Ungarn und Polen ihre offiziellen Beitrittsgesuche ein. Als Gemeinschaft liberaler Demokratien hätten die EU-Staaten dieses Ansinnen nur um den Preis ablehnen können, ihre Glaubwürdigkeit als Wertegemeinschaft einzubüßen, denn zu den grundlegenden Prinzipien der Gemeinschaft gehört ihre Offenheit gegenüber allen demokratischen Marktwirtschaften in Europa, die Menschen- und Minderheitenrechte einhalten. Die Entscheidung, mit einer Reihe von mittel- und osteuropäischen Staaten Beitrittsverhandlungen aufzunehmen, bleibt für einen rationalistischen Institutionalismus, der von eigeninteressierten Staaten ausgeht, rätselhaft und kann ohne Rückgriff auf konstitutive Prinzipien und Normen kaum erklärt werden (vgl. Schimmelfennig 2001).

Innerhalb der EU nahm die Bundesrepublik zusammen mit der Europäischen Kommission eine Vorreiterrolle im Engagement für eine Osterweiterung ein, insbesondere nachdem die Vertiefung der Integration durch die Ratifikation des Maastrichter Vertrages gesichert schien (Lippert 2002, S. 362; Johansson-Nogués 2015, S. 856–861). Nachdem der Europäische Rat in Kopenhagen 1993 den mittel- und osteuropäischen Staaten den Beitritt zugesagt und eine demokratische, rechtsstaatliche und marktwirtschaftliche Ordnung als Voraussetzungen genannt hatte, machte die Bundesrepublik die weitere Heranführung der Beitrittskandidaten erfolgreich zu einer Priorität ihrer Präsidentschaft 1994. Die deutsche Vorreiterrolle ist einerseits auf überproportionale Vorteile aus der Erweiterung zurückgeführt worden (vgl. etwa Keßler 2002, S. 158). Denn die Bundesrepublik wäre von Instabilität in den östlichen Nachbarstaaten und den damit einhergehenden Migrationsbewegungen am stärksten betroffen. Aus einer soziologisch-institutionalistischen Perspektive lässt sich allerdings hinzufügen, dass sich gerade in der deutschen Unterstützung für die Osterweiterung ihre Wertschätzung für multilaterale Institutionen zeigt:

> „Multilaterale Integration spielte eine bedeutende Rolle bei der Festigung der deutschen Demokratie und der Versöhnung mit den westlichen Nachbarn. […] Die Deutschen sind daher überwiegend überzeugt, dass die mittel- und osteuropäischen Staaten von multilateraler Integration und Kooperation profitieren würden und machen sich daher für eine Öffnung des Integrationsprozesses nach Osten stark." (Hyde-Price 2000, S. 183; eigene Übersetzung)

In Folge der Aufnahme von insgesamt zwölf zumeist mittel- und osteuropäischen Staaten 2004 und 2007 kam es jedoch in zahlreichen alten Mitgliedstaaten zu einer „Erweiterungsmüdigkeit" (Franz-Lothar Altmann, zitiert nach Müller-Brandeck-Bocquet 2010a, S. 298), die sich vor allem in wachsendem Widerstand gegen eine Mitgliedschaft der Türkei niederschlug. Der Kurswechsel der EU, die seit 2005 die Grenzen der Erweiterungsfähigkeit der EU betont, kam Bundeskanzlerin Merkel daher gelegen. Auch die diversen Bundesregierungen betonten seitdem die Grenzen der Aufnahmefähigkeit der EU und die Ergebnisoffenheit der Verhandlungen, was zwar zu Irritationen in der Türkei führte, den Erwartungen anderer EU-Mitgliedsstaaten aber eher entgegenkam.

Eine Politik der „Vertiefung vor Erweiterung" entsprach den normativen Erwartungen der Partnerstaaten in der EU weit mehr. Insbesondere in Frankreich hatte bereits die Aussicht auf eine Osterweiterung auch Befürchtungen ausgelöst, dass der Zusammenhalt in einer größeren Union lockerer werden und sich die Gewichte innerhalb der EU zu ihren Ungunsten verschieben könnten. Dies führte wiederholt zu Konflikten, beispielsweise über die Verteilung von EU-Geldern auf Mittel- und Osteuropa und den Mittelmeerraum oder über eine Reform der Agrarpolitik, die durch eine Erweiterung dringlicher erschien und von der Frankreich in besonderer Weise profitierte. Ein Konflikt zwischen Vertiefung der EU einerseits und ihrer Erweiterung andererseits wurde von der Bundesregierung unmittelbar nach dem Ende des Ost-West-Konflikts zwar zunächst geleugnet (vgl. Tewes 1998, S. 124). Mit der konkreter werdenden Beitrittsperspektive wuchs jedoch auch der Konflikt zwischen der Rolle eines „Befürworters vertiefter Integration" und der Rolle eines „Anwalts der Mittel- und Osteuropäer". Die Bedeutung europäischer Normen zeigte sich in diesem Zusammenhang nicht zuletzt darin, dass sich Deutschland trotz eines vitalen Eigeninteresses an der Osterweiterung in seiner Europapolitik diesen Primat zu eigen machte.[6]

6.4.2 Die Schaffung einer Währungsunion

Das Kernstück der Politik einer Vertiefung der europäischen Integration war die Schaffung einer Europäischen Währungsunion.[7] Dabei handelte es sich um ein Projekt, das sich seit dem Zusammenbruch des Systems fester Wechselkurse Anfang der 1970er-Jahre auf der europäischen Tagesordnung befand und aus der Perspektive des soziologischen Institutionalismus somit den Status eines etablierten gemeinsamen Zieles besaß. Neuen Auftrieb hatte das Projekt in den späten 1980er-Jahren erfahren, als der Europäische Rat in Hannover ein aus den Zentralbank-Chefs zusammengesetztes Expertengremium beauftragt hatte, Wege zur Schaffung einer Währungsunion zu prüfen. Im Juni 1989 bekräftigte der Europäische Rat in Madrid dann das Ziel einer Währungsunion und erklärte den ‚Delors-Bericht' zur Grundlage seiner Verwirklichung. Auf seinem Treffen in Straßburg ein

---

[6] Der Konflikt zwischen Vertiefungs- und Erweiterungserwartungen führte auch zu innovativen Überlegungen über Konzepte der ‚flexiblen' oder ‚abgestuften' Integration. Die Diskussion darüber wurde wesentlich durch ein Papier angestoßen, das vom damaligen CDU/CSU-Fraktionsvorsitzenden Schäuble und dem außenpolitischen Sprecher der Fraktion Lamers verfasst worden war (‚Überlegungen zur europäischen Politik' Positionspapier der CDU/CSU-Bundestagsfraktion vom 1 September 1994, abgedruckt in: Blätter zur deutschen und internationalen Politik 39, 1994, S. 1271–1280). Im Zuge der Regierungskonferenzen der 1990er- und 2000er-Jahre sind diverse Ausdrucksformen der ‚verstärkten Zusammenarbeit' in die Verträge aufgenommen worden.

[7] Für einen guten Überblick vgl. Thiel 2002.

halbes Jahr später beschloss der Europäische Rat schließlich die Einberufung einer Regierungskonferenz, die über die Schaffung einer Europäischen Wirtschafts- und Währungsunion verhandeln sollte (Schwarzer 2015, S. 11–29).

In den Verhandlungen über die Währungsunion verfolgte die Bundesregierung das Ziel, „ihre nationale Stabilitätspolitik institutionell und programmatisch auf die künftige Europäische Union zu übertragen" (Staack 2000, S. 396). Vor allem hinsichtlich der Unabhängigkeit der Europäischen Zentralbank sowie der Ausgestaltung des Übergangs zur gemeinsamen Währung setzte sich die Bundesregierung mit ihren Vorstellungen weitgehend durch (vgl. Schönfelder und Thiel 1994). Eine Konvergenz der volkswirtschaftlichen Entwicklungen wurde zu einer Vorbedingung für den Eintritt in die Währungsunion. Die Anpassungskosten wurden damit vor allem den Schwachwährungsländern aufgebürdet.

Vertreter soziologischer Ansätze sehen in der deutschen Politik gegenüber dem Projekt einer Währungsunion deutliche Anzeichen für den Einfluss der Europäischen Gemeinschaft, die sich in einer europäisierten Identität und Interessendefinition niedergeschlagen hat. Engelmann et al. beispielsweise behaupten, „dass die ökonomischen Gründe für eine WWU relativ schwach zu sein scheinen" (1997, S. 80), was sich nicht zuletzt an der Kritik prominenter Wirtschaftswissenschaftler zeige. Die Währungsunion habe vielmehr „Symbolfunktionen für das politische Projekt der europäischen Integration insgesamt übernommen" (ibid., S. 79) und wird aus diesem Grunde von den pro-europäischen Politiker*innen unterstützt. Als Beleg gilt außerdem, dass Oppositionspolitiker*innen sich mit Kritik an der Währungsunion selbst in Wahlkämpfen zurückhielten und dass skeptische Stimmen „sofort und von allen Seiten des politischen Spektrums verurteilt werden" (Engelmann et al. 1997, S. 88). So sehr allerdings die *Grundsatzentscheidung* für eine europäische Währungsunion von der Einbindung der Bundesrepublik in die EG beeinflusst gewesen ist, so sehr waren die spezifischen Forderungen zur Ausgestaltung der Währungsunion von ökonomischen Eigeninteressen beeinflusst.

Zu diesen gehören die Ablehnung einer europäischen Wirtschaftsregierung, der Ausschluss von Transferzahlungen für überschuldete Staaten im Euroraum (so genanntes „bail out-Verbot") und weiterhin strenge Haushaltsdisziplin. Auf Drängen der Bundesregierung wurden die EU-Verträge entsprechend Mitte der 1990er-Jahre um einen Stabilitäts- und Wachstumspakt verschärft. Als die Bundesregierung sich einige Jahre später jedoch selbst unter den „Defizitsündern" wiederfand, verhinderte sie die eigentlich fälligen Sanktionen und schwächte damit die von ihr selbst durchgesetzten Regeln zur Verhinderung übermäßiger Haushaltsdefizite (Crawford 2007, S. 106–107).

Nach Beginn der Staatsschuldenkrise 2010 sah sich die Bundesregierung mit der Erwartung konfrontiert, angesichts des drohenden Auseinanderbrechens des

6.4 Deutsche EU-Politik nach der Vereinigung

Euroraumes ihren Widerstand gegen Transferzahlungen aufzugeben (Paterson 2011, S. 68). Die Erwartung, eine drohende Pleite Griechenlands durch ein schnelles „bail out" abzuwenden, hat die Bundesregierung jedoch enttäuscht (Morisse-Schilbach 2011, S. 34). Stattdessen verfolgte sie eine pragmatische Politik, die zwar integrationsfreundliche Schritte wie die Einrichtung eines Europäischen Stabilisierungsmechanismus und einer Europäischen Finanzstabilisierungsfazilität mittrug, aber gleichzeitig Wert darauf legte, dass die überschuldeten Staaten durch umfangreiche Sparprogramme die Hauptlast der Eurorettung tragen. Weil die als zögerlich empfundene deutsche Politik in der Staatsschuldenkrise mit verschiedenen Anzeichen für eine nachlassende Unterstützung der europäischen Integration in Parteien und Öffentlichkeit zusammenfiel, hielten Beobachter*innen sie für einen möglichen Wendepunkt deutscher Europapolitik (vgl. Paterson 2011).

6.4.3 Das Ziel einer Politischen Union

Über die Schaffung einer Währungsunion hinaus verfolgte die Bundesrepublik das Ziel, diese um eine politische Union zu ergänzen. Dies entsprach dem Leitbild des Bundesstaates, das sich seit den späten 1950er-Jahren eines breiten Konsenses unter den Parteien erfreut (vgl. Jachtenfuchs 1999; Risse und Engelmann-Martin 2001, S. 300–301). Kernelemente der politischen Union sind eine gemeinsame Außen-, Sicherheits- und Verteidigungspolitik und eine innen- und justizpolitische Zusammenarbeit, die von einer gemeinsamen Asyl- und Migrationspolitik bis zur Errichtung eines Europäischen Polizeiamtes (Europol) reicht. Um effektive und demokratisch legitime europäische Lösungen zu erleichtern, setzte Deutschland auf eine Stärkung von Europäischer Kommission und Europäischem Parlament sowie auf die Ausweitung von Mehrheitsentscheidungen im Rat.

In den Verhandlungen zum Maastrichter Vertrag konnte die Bundesregierung, unterstützt von ähnlich gesinnten Staaten, wichtige Schritte in Richtung eines bundesstaatlichen Leitbildes erreichen: das Europäische Parlament konnte nun in zahlreichen Angelegenheiten gleichberechtigt mit dem Rat entscheiden, der wiederum häufiger mit qualifizierter Mehrheit entscheiden konnte. Die Gemeinsame Außen- und Sicherheitspolitik sowie die Innen- und Justizpolitische Zusammenarbeit bildeten zwar eigenständige „Pfeiler", in denen Kommission, Parlament und Europäischer Gerichtshof nur sehr beschränkte Kompetenzen genossen, waren aber Teil der pfeilerübergreifenden Europäischen Union.

Während der einige Jahre später erfolgten Überprüfung des Maastrichter Vertrags irritierte die Bundesregierung Befürworter*innen einer politischen Union zwar mit ihrem Insistieren auf einem Vetorecht in der Asylpolitik, hielt insgesamt jedoch am Ziel einer vertieften politischen Integration fest und konnte beispielsweise eine weitere Aufwertung des Europäischen Parlaments erreichen.

Unter der rot-grünen Bundesregierung wurde die Zielsetzung einer politischen Union insbesondere von Außenminister Fischer aufgegriffen. Mit seiner viel beachteten Rede an der Berliner Humboldt Universität im Mai 2000 entfachte er die Diskussion über die Finalität des Integrationsprozesses neu und bereitete den Boden für die Einberufung eines Konvents, der den Regierungen 2003 einen Verfassungsvertrag vorlegte. Dieser hätte die Europäische Union um weitere bundesstaatliche Elemente, wie beispielsweise eine Grundrechtecharta, ergänzt, wurde aber von den französischen und niederländischen Wähler*innen in Referenden abgelehnt. Dass es nach diesem Rückschlag zu erneuten Verhandlungen und mit dem Vertrag von Lissabon sogar zur Annahme weiterer Reformschritte kam, kann auch dem Engagement der Bundesregierung für das Ziel einer politischen Union zugeschrieben werden, das auch nach dem ‚Brexit' anhielt (Müller-Brandeck-Bocquet 2010b; Oppermann 2019, S. 630–631).

Seit der deutschen Vereinigung haben sich alle Bundesregierungen für Schritte in Richtung einer politischen Union eingesetzt. Dabei wurde im Laufe der Zeit jedoch zunehmend weniger Gewicht auf einen „orthodoxen Supranationalismus" gelegt, der ganz auf die Stärkung von Kommission und Parlament setzt. Stattdessen hat sich Deutschland beispielsweise für die Einrichtung eines „Hohen Vertreters für die Außen- und Sicherheitspolitik" eingesetzt, der in einem Konkurrenzverhältnis zur Europäischen Kommission steht. Auch in der Eurokrise hat die Bundesregierung stark auf zwischenstaatliche Zusammenarbeit, etwa im Rahmen der Eurogruppe, gesetzt.

6.5 Schluss

Eine Analyse der internationalen Einflüsse auf die deutsche Außenpolitik wäre nicht vollständig ohne die Untersuchung der Prinzipien, Werte und Normen, die sich in den Interaktionen der Staaten auf globaler und regionaler Ebene herausgebildet und in globalen und regionalen Organisationen institutionalisiert haben. Diese prägen nicht nur die alltägliche Routine deutscher Außenpolitik, sondern auch große strategische Entscheidungen wie beispielsweise die Vertiefung der europäischen Integration und ihr Primat über ihre Erweiterung.

Die Europäische Union, die transatlantische Gemeinschaft mit der NATO als institutionellem Kern und die Vereinten Nationen stellen drei wichtige, miteinander verwobene normative Bezugsrahmen der deutschen Außenpolitik dar. Wie sich bei den Themen „Bundeswehr out of area" und „Vertiefung versus Erweiterung der EU" gezeigt hat, können die normativen Erwartungen der in diesen Institutionen zusammenkommenden Gemeinschaften auch in Konkurrenz zueinander treten. Aus der Sicht des soziologischen Institutionalismus werden dann die Normen derjenigen Institutionen größere Wirkung entfalten, in die die Bundesrepublik besonders eng eingebunden ist. Denn aus der Sicht des soziologischen Institutionalismus ergibt sich die Verbindlichkeit von normativen Erwartungen nicht zuletzt aus der Intensität der damit verbundenen sozialen Beziehungen. Der Europäischen Union kommt deshalb eine besondere Bedeutung als normativer Bezugsrahmen zu; denn in ihrem Rahmen treffen nicht nur Regierungsmitglieder, sondern Angehörige von Ministerien, Parlamenten und politischen Parteien häufiger zusammen als in jeder anderen internationalen Institution.

Literatur

Anderson, J., & Goodman, J. (1993). Mars or Minerva? A United Germany in a Post-Cold War Europe. In R. Keohane, J. Nye, & S. Hoffmann (Hrsg.), *After the Cold War: International Institutions and State Strategies in Europe, 1989–1999* (S. 23–62). Harvard University Press

Banchoff, T. (1996). Historical Memory and German Foreign Policy: The Cases of Adenauer and Brandt. *German Politics and Society*, 14(2), 36–53

Baumann, R. (2001). German Security Policy within NATO. In V. Rittberger (Hrsg.), *German Foreign Policy since Unification: Theories and Case Studies* (S. 141–184). Manchester University Press

Berger, T. U. (1998). *Cultures of Antimilitarism: National Security in Germany and Japan.* John Hopkins University Press

Bicchi, F., & Carta, C. (2012). The COREU Network and the Circulation of Information within EU Foreign Policy. *Journal of European Integration*, 34(5), 465–484

Böller, F. (2021). Toward a 'Partner in Leadership'? Germany's Shifting Role in NATO after the End of the Cold War. In M. Testoni (Hrsg.), *NATO and Transatlantic Relations in the 21st Century: Foreign and Security Policy Perspectives* (S. 104–124). Routledge

Checkel, J. (1999). Social Construction and Integration. *Journal of European Public Policy* 6(4), 545–560

Crawford, B. (2007). *Power and German Foreign Policy: Embedded Hegemony in Europe.* Palgrave Macmillan

Duffield, J. S. (1998). *World Power Forsaken: Political Culture, International Institutions, and German Security Policy After Unification.* Stanford University Press

Engelmann, D., Knopf, H.-J., Roscher, K., & Risse, T. (1997). Identität und Europäische Union: Die Diskussion um den Euro in Großbritannien, Frankreich und Deutschland. In T. König, E. Rieger, & H. Schmitt (Hrsg.), *Europäische Institutionenpolitik* (S. 79–95). Campus Verlag

Finnemore, M. (1996). *National Interests in International Society.* Cornell University Press

Forster, A., & Wallace, W. (2000). Common Foreign and Security Policy: From Shadow to Substance? In H. Wallace, & W. Wallace (Hrsg.), *Policy-making in the European Union* (8. Aufl., S. 461–491). Oxford University Press

Franke, U. (2010). *Die Nato nach 1989: Das Rätsel ihres Fortbestandes.* Verlag für Sozialwissenschaften

Genscher, H.-D. (1990). Verantwortung des geeinten Deutschland für ein einiges Europa: Rede des Bundesministers des Auswärtigen zur Verleihung der Goldenen Europa-Medaille in Wuppertal am 14.10.1990. *Bulletin der Bundesregierung,* 122, 1273–1275

Glarbo, K. (1999). Wide-Awake Diplomacy: Reconstructing the Common Foreign and Security Policy of the European Union. *Journal of European Public Policy* 6(4), 634–651

Hyde-Price, A. (2000). *Germany and European Order: Enlarging NATO and the EU.* Manchester University Press

Hyde-Price, A. (2004). Interests, Institutions and Identities in the Study of European Foreign Policy. In B. Tonra, & T. Christiansen (Hrsg.), *Rethinking European Union Foreign Policy* (S. 99–113). Manchester University Press

Jachtenfuchs, M. (1999). *Ideen und Integration: Verfassungsideen in Deutschland, Frankreich und Großbritannien und die Entwicklung der EU* (Habilitationsschrift, Fakultät für Sozialwissenschaften, Universität Mannheim)

Johansson-Nogués, E. (2015). Enlargement. In K. E. Jørgensen, Å. K. Aarstad, E. Drieskens, K. Laatikainen, & B. Tonra (Hrsg.), *The Sage Handbook on European Foreign Policy* (S. 853–867). SAGE

Jørgensen, K. E. (1997). PoCo: The Diplomatic Republic of Europe. In ders. (Hrsg.), *Reflective Approaches to European Governance* (S. 167–180). Palgrave Macmillan

Katzenstein, P. J. (1997a). The Smaller European States, Germany and Europe. In ders. (Hrsg.), *Tamed Power: Germany in Europe* (S. 251–304). Cornell University Press

Katzenstein, P. J. (1997b). United Germany in an Integrating Europe. In ders. (Hrsg.), *Tamed Power: Germany in Europe* (S. 1–48). Cornell University Press

Keßler, U. (2002). Deutsche Europapolitik unter Helmut Kohl: Europäische Integration als „kategorischer Imperativ"? In G. Müller-Brandeck-Bocquet et al. (Hrsg.), *Deutsche Europapolitik von Konrad Adenauer bis Gerhard Schröder* (S. 115–166). Leske + Budrich

Kohl, H. (1990). Botschaft von Bundeskanzler Helmut Kohl an alle Regierungen der Welt. *Bulletin der Bundesregierung,* 118, 1227–1228

Layne, C. (1993). The Unipolar Illusion: Why New Great Powers Will Rise. *International Security,* 17(4), 5–51

Lippert, B. (2002). Die EU-Osterweiterungspolitik nach 1989: Konzeptionen und Praxis der Regierungen Kohl und Schröder. In H. Schneider, M. Jopp, & U. Schmalz (Hrsg.), *Eine neue deutsche Europapolitik? Rahmenbedingungen – Problemfelder – Optionen* (S. 349–392). Europa-Union-Verlag

March, J. G., & Olsen, J. P. (1989). *Rediscovering Institutions: The Organizational Basis of Politics.* Free Press

Michalski, A., & Danielson, A. (2020). Overcoming Dissent: Socialization in the EU's Political and Security Committee in a Context of Crises. *Journal of Common Market Studies,* 58(2), 328–344

Morisse-Schilbach, M. (2011). „Ach Deutschland!" Greece, the Euro Crisis, and the Costs and Benefits of Being a Benign Hegemon. *Internationale Politik und Gesellschaft,* 1, 26–41

Müller-Brandeck-Bocquet, G. (2010a). Deutsche Europapolitik unter Angela Merkel: Enge Gestaltungsspielräume in Krisenzeiten. In dies. et al. (Hrsg.), *Deutsche Europapolitik: Von Adenauer bis Merkel* (2., aktualisierte und erweiterte Aufl., S. 253–349). Springer

Müller-Brandeck-Bocquet, G. (2010b). Rot-grüne Europapolitik, 1998–2005: Eine Investition in die Zukunft der EU. In dies. et al. (Hrsg.), *Deutsche Europapolitik: Von Adenauer bis Merkel* (2., aktualisierte und erweiterte Aufl., S. 173–252). Springer

Øhrgaard, J. C. (2004). International Relations or European Integration: Is the CFSP sui generis? In B. Tonra, & T. Christiansen (Hrsg.), *Rethinking European Union Foreign Policy* (S. 26–44.). Manchester University Press

Oppermann, K. (2019). Deutsche Außenpolitik während der dritten Amtszeit Angela Merkels: Krisenmanagement zwischen internationalen Erwartungen und innenpolitischen Vorbehalten. In R. Zohlnhöfer, & T. Saalfeld (Hrsg.): *Zwischen Stillstand, Politikwandel: Eine Bilanz der Regierung Merkel 2013–2017* (S. 619–642). Springer

Overhaus, M. (2009). *Die deutsche NATO-Politik: Vom Ende des Kalten Krieges bis zum Kampf gegen den Terrorismus.* Nomos

Paterson, W. (2011). The Reluctant Hegemon? Germany Moves Centre Stage in the European Union. *Journal of Common Market Studies Annual Review*, 49(1), 57–75

Philippi, N. (1997). *Bundeswehreinsätze als außen- und sicherheitspolitisches Problem des geeinten Deutschland.* Lang

Risse, T., & Engelmann-Martin, D. (2001). Identity Politics and European Integration: The Case of Germany. In A. Pagden (Hrsg.), *The Idea of Europe: From Antiquity to the European Union* (S. 287–316). Cambridge University Press

Risse-Kappen, T. (1996). Collective Identity in a Democratic Community: The Case of NATO. In P. J. Katzenstein (Hrsg.), *The Culture of National Security: Norms and Identity in World Politics* (S. 357–399). Columbia University Press

Sauder, A. (1995). *Souveränität und Integration: Deutsche und französische Konzeptionen europäischer Sicherheit nach dem Ende des Kalten Krieges.* Nomos

Schimmelfennig, F. (1999). NATO Enlargement: A Constructivist Explanation. *Security Studies*, 8(2), 188–222

Schimmelfennig, F. (2001). The Community Trap: Liberal Norms, Rhetorical Action, and the Eastern Enlargement of the European Union. *International Organization*, 55(1), 47–80

Schönfelder, W., & Thiel, E. (1994). *Ein Markt – Eine Währung: Die Verhandlungen zur Europäischen Wirtschafts- und Währungsunion.* Nomos

Schwarzer, D. (2015). *Die Europäische Währungsunion: Geschichte, Krise und Reform.* Kohlhammer Verlag

Smith, K. E. (1999). *The Making of European Union Foreign Policy: The Case of Eastern Europe.* Palgrave Macmillan

Smith, M. E. (1998). Rules, Transgovernmentalism, and the Expansion of European Political Cooperation. In W. Sandholtz, & A. Stone Sweet (Hrsg.), *European Integration and Supranational Governance* (S. 304–333). Oxford University Press

Smith, M. E. (2000). Conforming to Europe: the Domestic Impact of EU Foreign Policy Co-operation. *Journal of European Public Policy*, 7(4), 613–631

Staack, M. (2000). *Handelsstaat Deutschland: Deutsche Außenpolitik in einem neuen internationalen System.* Schöningh

Tewes, H. (1998). Between Deepening and Widening: Role Conflict in Germany's Enlargement Policy. *West European Politics*, 21(2), 117–133

Thiel, E. (2002). Die Europäische Wirtschafts- und Währungsunion: Interessen und Bedingungen deutscher Politik. In H. Schneider, M. Jopp, & U. Schmalz (Hrsg.), *Eine neue deutsche Europapolitik? Rahmenbedingungen – Problemfelder – Optionen* (S. 393–420). Europa-Union-Verlag

Waltz, K. N. (1979). *Theory of International Politics*. McGraw-Hill

Waltz, K. N. (1993). The Emerging Structure of International Politics. *International Security*, 18(2), 44–79

Wilkinson, D. (1999). Unipolarity without Hegemony. *International Studies Review*, 1(1), 141–172

Individuen und Außenpolitik 7

Zusammenfassung

Dieses Kapitel vollzieht im Kontrast zu den drei vorangehenden einen radikalen Perspektivenwechsel von der systemischen auf die subsystemische Ebene, indem die kleinstmögliche Einheit der Analyse von Außenpolitik, die Ebene des Individuums, ins Zentrum rückt – mithin also die unmittelbare Nähe derjenigen gesucht wird, die in der alltäglichen Wahrnehmung Außenpolitik „machen". Im Mittelpunkt steht die Frage, welche Rolle Individuen in der Außenpolitik (Deutschlands) spielen. Zunächst werden einige theoretische Überlegungen darüber angestellt, welche Rolle Individuen in der Außenpolitik in der traditionellen Forschung zugewiesen wurde, inwiefern man in der jüngeren Zeit von einer Renaissance der individuellen Analyseebene sprechen kann und welche erkenntnistheoretischen Implikationen damit einhergehen, wenn man sich eingehender wissenschaftlich mit Individuen befassen will. Im Illustrationsteil wird die Rolle einiger (im positiven wie negativen Sinn) herausragender Individuen in der Geschichte deutscher Außenpolitik diskutiert: Adolf Hitler, Bismarck und Wilhelm II, aber auch einige Bundeskanzler der Nachkriegszeit. Dabei wird deutlich werden, dass sich die Geschichte Deutschlands (wie auch Europas) an mehreren Weggabelungen anders entwickelt hätte, wenn nicht genau diese Individuen zu jener Zeit für die deutsche Außenpolitik verantwortlich gewesen wären.

7.1 Einleitung

In den drei vorangegangenen Kapiteln wurde die Entwicklung deutscher Außenpolitik aus einer systemischen oder Vogelperspektive betrachtet. Dabei haben wir gleichsam eine größtmögliche Distanz zum Gegenstand eingenommen (wenn man denn analytische Perspektiven in einer räumlichen Metaphorik abbilden will). Mit diesem Kapitel kehren wir den Blick radikal um und steigen auf die kleinstmögliche Einheit der Analyse, die Ebene des Individuums, hinab. In der Raum-Metaphorik begeben wir uns damit in die unmittelbare Nähe derjenigen, die in der alltäglichen Wahrnehmung Außenpolitik „machen". Im Mittelpunkt steht die Frage, welche Rolle Individuen – politische Führungspersönlichkeiten, aber beispielsweise auch einflussreiche Ratgeber*innen – in der Außenpolitik (Deutschlands) spielen. Damit wird auch der dritte systematische Teil dieses Lehrbuchs eingeleitet – die Untersuchung von (deutscher) Außenpolitik aus Perspektiven, die im Kontrast zu den zuvor diskutierten systemischen Ansätzen häufig als „subsystemisch" bezeichnet werden. Das zentrale Kennzeichen dieser „subsystemischen" Ansätze ist dabei, dass sie den Akteur „Staat" nicht – wie die meisten systemischen Ansätze – als ein einheitliches Ganzes begreifen, sondern in einzelne Teile zerlegen. In der Fachsprache wird diese Zielsetzung zumeist mit der Formulierung umschrieben, dass der Staat „desaggregiert" und damit die „black box" eines vermeintlich einheitlich und rational handelnden Akteurs „geöffnet" wird. In den Blick rücken dabei relevante (innerstaatliche) Akteure und Strukturen, die aus Sicht der Vertreter*innen subsystemischer Ansätze für die Erklärung von Außenpolitik entscheidend sind.

Mit dem Fokus dieses Kapitels, der Rolle von Individuen, nehmen wir Außenpolitik also aus der am weitesten „unten" ansetzenden „Froschperspektive" in den Blick. In den nachfolgenden Einheiten steigen wir dann mit jedem weiteren Schritt insofern wieder eine Stufe „höher", als die dann sukzessive im Mittelpunkt stehenden Analysegegenstände zumeist immer größere kollektive Akteure oder umfassendere Strukturen oder Prozesse in den Blick nehmen. Dabei werden allerdings die Grenzen des Staates im Wesentlichen nicht mehr überschritten, sodass trotz der sehr unterschiedlichen Ansatzhöhe der Kap. 7, 8, 9, 10 und 11 von subsystemischen Ansätzen gesprochen werden kann.

Im nächsten Abschnitt (7.2) werden zunächst einige theoretische Überlegungen darüber angestellt, welche Rolle Individuen in der Außenpolitik in der traditionellen Forschung zugewiesen wurde und inwiefern man in den letzten Jahren von einer Renaissance der individuellen Analyseebene sprechen kann. Im Illustrationsteil (Abschn. 7.3) wird vor dem Hintergrund dieser theoretischen Überlegungen die Rolle einiger (im positiven wie negativen Sinn) herausragender Individuen in der Geschichte deutscher Außenpolitik diskutiert. Wie immer kann es hier nicht darum gehen, systematisch oder chronologisch den Einfluss dieser Individuen nachzuzeichnen. Vielmehr soll an einzelnen Beispielen aufgezeigt werden, in welchem Maße diese Individuen im Vergleich zu anderen Individuen oder alternativen Erklärungsfaktoren Einfluss auf die Außenpolitik genommen haben und inwiefern hier ihre individuelle Persönlichkeit einen Unterschied machte. Dabei wird deutlich werden, dass sich die Geschichte Deutschlands (wie auch Europas) an mehreren Weggabelungen anders entwickelt hätte, wenn nicht *genau diese* Individuen zu jener Zeit für die deutsche Außenpolitik verantwortlich gewesen wären.

7.2 (Wann) Machen „Männer" Geschichte?

„In allen Epochen der Weltgeschichte finden wir den großen Mann, der zum unersetzlichen Retter seiner Epoche wurde – der Funke, ohne den das Feuer nie gebrannt hätte. Die Geschichte der Welt (…) war die Biographie Großer Männer." Aussagen wie diese – sie stammt von dem schottischen Historiker Thomas Carlyle[1] aus der Mitte des 19. Jahrhunderts – oder ein ähnlich geflügeltes Wort des deutschen Historikers Heinrich von Treitschke („Männer machen Geschichte") gehören zu einem Weltbild, das im 21. Jahrhundert zumindest befremdlich anmutet. Wenn man jedoch die Pathologie der „Großen Männer" vor das Pathos schiebt, gewinnt die Aussage Carlyles gerade im Lichte der deutschen Erfahrungen des 20. Jahrhunderts eine schaurige Plausibilität. Ohne den „Funken" Hitler hätte das „Feuer" des Zweiten Weltkrieges und des Holocaust nicht gebrannt – über diese kontrafaktische These besteht unter Historiker*innen heute weitgehend Einigkeit.

Umso erstaunlicher mag es daher auf den ersten Blick wirken, dass die Rolle des Individuums in der Politikwissenschaft im Allgemeinen und den Internationalen Beziehungen im Besonderen trotz einer gewissen „Renaissance" (Holmes et al. 2021) nach wie vor als marginalisiert gilt. Einige wenige bedauern dies, die große Mehrheit der Wissenschaftler*innen ist allerdings der Auffassung, dass diese Marginalisierung ein notwendiges und verkraftbares Opfer am Altar der Wissenschaft ist. Warum notwendig? Dem modernen Wissenschaftsverständnis erscheint die Vernachlässigung des Individuums deshalb unumgänglich, weil Wissenschaft, wie der Soziologe Emile Durkheim bereits Ende des 19. Jahrhunderts formulierte, „keine Individuen, sondern nur Typen beschreiben" kann. „Wenn man menschliche Gesellschaften nicht klassifizieren kann, müssen sie wissenschaftlicher

---

[1] zit. nach Sillis und Merton 1991, S. 35.

Beschreibung unzugänglich bleiben."² Der entscheidende Punkt dabei ist, dass Wissenschaft in diesem Verständnis verallgemeinernde Aussagen anstrebt, genau dies aber umso schwieriger ist, je mehr wir uns der Ebene des Individuums nähern – also der Ebene, auf der wir (zumindest auch) mit „Einzigartigem" konfrontiert werden. Zur Kategorisierung dieses auf Verallgemeinerung abzielenden Wissenschaftsverständnisses hat sich in den Internationalen Beziehungen die Bezeichnung „Positivismus" eingespielt. Die entgegen gesetzte Position – dass wir uns auch als Wissenschaftler*innen mit „Einzigartigem" beschäftigen können, ja sogar müssen – wird weniger einheitlich umschrieben: Manche sprechen unter Verweis auf die Notwendigkeit der Rekonstruktion subjektiven Sinns (oder auch objektiver Sinnstrukturen) von Hermeneutik, andere von Post-Positivismus, wieder andere heben eine „historische Methode" hervor, die solch „Einzigartigem" in unseren Erklärungen angemessen Geltung verschaffen soll.³

Nun ist zwischen denjenigen, die (wie etwa eine große Anzahl von eher hermeneutisch arbeitenden Historiker*innen) einzelnen Personen eine große Rolle beimessen und deshalb auch Individuen in der Forschung angemessen berücksichtigt sehen wollen, und jenen, die diese Rolle für vernachlässigenswert halten (dazu zählen viele Sozialwissenschaftler*innen), weitgehend unstrittig, dass es sich beim einzelnen Menschen immer um ein einzigartiges Wesen handelt. Sie ziehen daraus aber unterschiedliche Schlüsse. Hermeneutiker*innen verweisen in der Regel darauf, dass wir entweder die Motive der handelnden Individuen verstehend nachvollziehen müssen, indem wir uns aufgrund der verfügbaren Materialien gedanklich in sie hineinversetzen, oder dass die in objektiv gegebenen, in Texten als Protokollen sozialen Handelns aber nur latent vorhandenen Sinnstrukturen rekonstruiert werden müssen. Positivisten argumentieren demgegenüber, dass insbesondere das Nachvollziehen von Motiven zum einen schwer möglich und zum anderen nicht

---

²zit. nach Sillis und Merton 1991, S. 53. Wichtig ist in diesem Zusammenhang, dass Durkheim den Begriff des Individuums nicht nur auf einzelne Menschen, sondern breiter verstanden auf einzigartige Ereignisse oder Phänomene angewandt wissen wollte. Insofern sind (menschliche) „Individuen" hier nur ein Beispiel für solche einzigartigen Phänomene.

³Vgl. zur Erläuterung und Problematisierung dieser Begriffe in den IB, Mayer 2003. Zu Bedeutung und Nutzen sinnrekonstruktiver Methodologien vgl. Herborth 2017; Franke und Roos 2017 sowie George 2021. Wie problematisch die Engführung des Wissenschaftsbegriffs im Sinne des Positivismus wäre und dass ein solcher Begriff eine der anerkanntesten und ältesten Wissenschaften, die Geschichte, aus dem Kreis vermeintlich „strenger" Wissenschaften völlig zu Unrecht ausschließen würde, zeigen die gerade auch theoretisch sehr anspruchsvollen Arbeiten von Historikern, vgl. u. a. Rüsen 1986 und Lorenz 1997. Eine in den IB weit verbreitete Variante der „historischen Methode" ist das sogenannte „process tracing"; vgl. Bennett und Checkel 2015.

7.2 (Wann) Machen „Männer" Geschichte?

notwendig sei. Aus ihrer Sicht geht es nämlich nicht darum, ob Ereignisse einzigartig sind oder nicht, sondern darum, ob wir über die wichtigen Phänomene sozialer Wirklichkeit verlässliche Aussagen erzielen können, wenn wir von der Einzigartigkeit einzelner Individuen oder Ereignisse abstrahieren, d. h. die mit sozialer Wirklichkeit immer verbundene Komplexität für Erkenntniszwecke vereinfachen. Positivist*innen bejahen diese Antwort (vgl. King et al. 1994, S. 10–12, 42–43), Hermeneutiker*innen hingegen betonen fast immer die Unwiederholbarkeit von Geschichte und bezweifeln, dass uns diese Form der Vereinfachung zu angemessenen Erklärungen kommen lässt.

Diese aus unterschiedlichen Wissenschaftsverständnissen resultierenden Einschätzungen zur Bedeutung des Individuums im Prozess der wissenschaftlichen Erklärung sozialer Phänomene manifestieren sich in den Internationalen Beziehungen in ganz unterschiedlichen Formen. Stellt man die Frage nach der Bedeutung von Individuen in ihrer gröbsten Allgemeinheit – „sind Individuen wichtig?" – wird man selten eine rundweg verneinende Antwort erhalten. Die überwältigende (positivistisch ausgerichtete) Mehrheit wird auf diese Frage allerdings antworten, dass Individuen vernachlässigenswert sind und um der Verallgemeinerungsfähigkeit der Theoriebildung Willen auch nachrangig behandelt werden müssen. Bemerkenswerterweise sind sich darin in der Theoriediskussion in den Internationalen Beziehungen die meisten Realisten*innen wie auch die meisten Nicht-Realisten*innen weitgehend einig.

Diese Feststellung muss auf den ersten Blick merkwürdig klingen, denn zumindest für die klassische Variante des Realismus, wie sie Morgenthau vertritt, scheint dem Individuum eine gewichtige Rolle zuzukommen:

> „Wir nehmen an, dass Staatsmänner im Sinne eines (nationalen) Interesses handeln, das nichts anderes ist als Macht [„interest defined as power", GH] und der Gang der Geschichte ist Beleg dafür, dass diese Annahme gerechtfertigt ist. Diese Annahme erlaubt es uns, die vergangenen, gegenwärtigen oder zukünftigen Schritte eines Staatsmannes nachzuzeichnen oder zu antizipieren. Wir schauen ihm über die Schulter, wenn er seine Anweisungen formuliert; wir hören in seine Gespräche mit anderen Staatsmännern hinein; wir lesen und antizipieren seine innersten Gedanken. Indem wir Interessen (definiert als Macht) in den Mittelpunkt rücken, denken wir wie er denkt und als uninteressierte Beobachter verstehen wir seine Gedanken und Handlungen vielleicht besser als er selbst." (Morgenthau 1985[1948], S. 5)

„Staatsmänner" sind Morgenthau zufolge offensichtlich wichtig, aber es sind weniger die konkreten Individuen als Persönlichkeiten, die zählen, als eine idealtypische Vorstellung davon, wie „Staatsmänner" agieren, wenn sie Außenpolitik machen (vgl. Turner und Mazur 2009). Die Betonung des Zitats liegt also gerade auf jenen Teilen, die die Individualität des politischen Führers relativieren bzw.

idealisieren. Entscheidend ist, dass realistische Beobachter*innen aufgrund einer bestimmten „Annahme" operieren, die „gerechtfertigt" erscheint, einer Annahme, der zufolge wir als „uninteressierte Beobachter*innen" die Gedanken und Handlungen des Staatsmannes „vielleicht besser als er selbst" verstehen.

Spätestens hier wird deutlich, dass selbst die klassischen Realisten*innen der Moderne keinen allzu großen Wert auf das Individuum gelegt haben. Ihr Schwerpunkt lag immer auf der „menschlichen Natur" im Allgemeinen, nicht auf der Persönlichkeit des Individuums. Dass im Vergleich dazu die „Neo-Realisten*innen", die wie John Mearsheimer und Kenneth Waltz dem internationalen System primäre Prägekraft zuweisen, das Individuum noch stärker für vernachlässigenswert halten, wird nach den Ausführungen in Kap. 4 nicht weiter verwundern. Die starke These der klassischen Realist*innen, dass zumindest „die menschliche Natur" für die Kriegsanfälligkeit der internationalen Politik verantwortlich sei, hatte Waltz bereits 1959 mit dem Argument zu entkräften versucht, dass dies eine wenig überzeugende und auch nicht besonders hilfreiche Position sei. Es mag in der Tat so sein, schrieb Waltz (1959, S. 28–29), dass die menschliche Natur zum Ausbruch des Ersten Weltkrieges beigetragen habe, aber dieselbe menschliche Natur hatte vier Jahre zuvor auch zum Erhalt des Friedens beigetragen. Da in den dazwischen liegenden vier Jahren sich vieles geändert hatte, nicht aber „die menschliche Natur", könne man sie kaum für den Krieg verantwortlich machen. Aber selbst wenn man dies könnte, wäre es wenig hilfreich, denn da diese Ursache nicht beeinflusst werden kann, würde uns die Kenntnis ihrer kausalen Bedeutung nicht in die Lage versetzen, etwas zu verbessern. Mit anderen Worten: Selbst wenn eine derartige Theorie zuträfe, wäre sie nicht besonders nützlich.

Kurzum: Da „Individuen zu individualistisch" sind (Byman und Pollack 2001, S. 108), taugen sie wenig für eine auf Verallgemeinerung abzielende Wissenschaft – jene Form der Wissenschaft, die Positivist*innen als die einzig seriöse gilt und die in der Breite der Politikwissenschaft wie auch in den IB nach wie vor dominiert. Diese Position steht aber in merklichem Gegensatz zu der Einschätzung derjenigen, die nicht nur wissenschaftlich über Außenpolitik gearbeitet haben, sondern sie im engeren Sinne auch „machten". So meinte etwa der frühere US-Außenminister (und Harvard-Professor für Geschichte) Henry Kissinger, dass er „als Professor" der Auffassung zuneigte, dass „Geschichte von unpersönlichen Kräften bestimmt" wird. Aus der Perspektive desjenigen, der die Geschichte hautnah verfolgen konnte, wurde ihm dann aber schnell deutlich „welchen Unterschied Persönlichkeiten machen".[4] In der Politikwissenschaft wurde diese Position lange

---

[4] Henry Kissinger in einem „background"-Interview mit Journalisten im Januar 1974, zit. nach Isaacson 1992, S. 13.

7.2 (Wann) Machen „Männer" Geschichte?

nur von jenen geteilt, die der Geschichts-wissenschaft eine besondere Wertschätzung entgegenbringen. So verweist etwa Christian Hacke in einer Einführung in die Politikwissenschaft als einer der wenigen darauf, dass die „Persönlichkeit in der internationalen Politik" stark vernachlässigt, ja „fast schweigend übersehen" werde (Hacke 2003a, S. 360, 363). Zustimmend zitiert Hacke dann den Historiker Immanuel Geiss, dessen Arbeiten (u. a. über den Ersten Weltkrieg) durchaus als theoretisch reflektiert gelten:

> „So polar sich Individuum und Gesellschaft in der Geschichte für die theoretische Diskussion ausnehmen, so wenig sind sie Gegensätzlichkeit. Vielmehr bilden beide zusammen erst die Gesamtheit des historischen Prozesses: Die Menschheit als lebendiges Substrat der Geschichte setzt sich [...] aus Individuen zusammen. [...] Das ist eine elementare Tatsache, der sich kein Verfechter einer kollektive Phänomene ganz oder überwiegend in den Vordergrund rückenden Geschichtsauffassung entziehen kann. Damit sollte dem Individuum in der Geschichte auch von vornherein ein gewisser Spielraum eingeräumt werden." (Geiss 1977, S. 10 f. zit. nach Hacke 2003a, S. 360)

Was folgt daraus, wenn wir auf der einen Seite beobachten, dass natürlich keine Theorie behaupten kann (und auch keine dies so behauptet), dass Individuen irrelevant seien, wir auf der anderen Seite aber über alle Denkschulengrenzen hinweg zu dem Befund gelangen, dass das Individuum in der neueren Forschung der Internationalen Politik bestenfalls am Rande vorkommt? Das Zitat von Geiss zeigt bereits, wo eines der Probleme liegt: Wir müssen, meint Geiss, dem Individuum „von vornherein" einen „gewissen Spielraum" einräumen. Woher wissen wir aber, wie groß dieser „gewisse" Spielraum zu bemessen ist? Die kurze Antwort lautet, dass wir es nicht „wissen" können – zumindest wenn wir mit einem Begriff von (vermeintlich) „sicherem" Wissen operieren, wie dies im Regelfall Positivist*innen tun. Trotzdem gibt es (mindestens) zwei systematische Möglichkeiten, den Spielraum, den wir Individuen einräumen, etwas mehr zu spezifizieren. Die eine bereits angedeutete Möglichkeit lässt sich mit dem Positivismus assoziieren, die andere mit dem Pragmatismus.

Die erste systematische Möglichkeit besteht darin, eine erkenntnis- und handlungstheoretische Perspektive einzunehmen, die sowohl dem einzelnen Menschen wie auch kollektiven Akteuren ein *genuin kreatives* Potenzial beimisst. Eine solche Perspektive wird in der gegenwärtigen sozialphilosophischen Diskussion insbesondere vom so genannten „Pragmatismus" vertreten, der an eine philosophische Position anknüpft, die Ende des 19./Anfang des 20. Jahrhunderts vor allem in den USA entwickelt wurde (vgl. Hellmann 2022). Der Pragmatismus geht davon aus, dass soziales Handeln sich immer vor dem Hintergrund einer spezifischen Problemsituation darstellt und auch nur in diesem Kontext verstanden werden kann.

Pragmatist*innen unterscheiden dabei idealtypisch zwei Handlungssituationen: problematische Situationen und Routinesituationen. Routinesituationen sind dadurch gekennzeichnet, dass wir fast schon instinktiv auf ein internalisiertes Handlungsrepertoire zurückgreifen können, das auf vielfältigen Erfahrungen mit ähnlichen vergangenen Handlungen aufgebaut wurde. Problematische Situationen sind demgegenüber gerade dadurch gekennzeichnet, dass uns dieser instinktive Rückgriff auf ein routinisiertes Handlungsrepertoire verstellt ist: Wir sind mit einem Problem konfrontiert, für dessen Lösung wir über keine vorgegebene oder offensichtliche Handlungsweise verfügen. Aus diesem Grund müssen wir sowohl aufgrund unserer Erfahrung wie auch unserer Intelligenz nach einer neuen Handlungsweise Ausschau halten. Pragmatist*innen halten dieses erkenntnis- und handlungstheoretische Modell auf jede soziale Situation anwendbar – ob es sich um studentisches Handeln im universitären Kontext oder außenpolitisches Handeln im Kontext der internationalen Politik handelt.

Für die Zwecke dieses Kapitels ist hier der entscheidende Punkt, dass diese erkenntnis- und handlungstheoretische Position im Spektrum der in den Internationalen Beziehungen ansonsten verfügbaren „Paradigmen" oder „Forschungstraditionen" insofern eher untypisch ist, als sie der Individualität und Kreativität von individuellen wie auch kollektiven Akteur*innen einen systematischen theoretischen Platz zuweist. Dies bedeutet nicht, dass Pragmatist*innen den Wert verallgemeinernder („positivistischer") Aussagen oder Theorien leugnen würden. Im Gegenteil, unsere ganze Erfahrung mit der Geschichte der Wissenschaften zeigt, dass solche Aussagen in hohem Maße nützlich waren und sind. Allerdings zeigt die Geschichte auch (so argumentieren – im Gegensatz etwa zu den IB-Realist*innen – zumindest die Pragmatist*innen), dass nicht nur die materielle Welt, sondern auch das soziale Handeln grundsätzlich durch Innovationen geprägt ist: Menschen (oder Nationen) können sich selbst „neu erfinden", sie können erlernte Praktiken (z. B. Krieg) verändern oder gar ganz ablegen, sie können sich neue Praktiken angewöhnen. All dies können sie und nicht selten tun sie es auch. Wie die nachfolgenden Illustrationen in Abschn. 7.3 zeigen, stechen solche individuelle wie auch kollektive Lernprozesse und „Neuerfindungen" gerade in der Geschichte deutscher Außenpolitik deutlich hervor. Es waren Individuen wie Bismarck und Hitler oder Adenauer und Brandt, die diese Prozesse als Individuen wesentlich geprägt haben.

Auf die Geschichte im Allgemeinen bezogen läuft diese pragmatistische Position auf die scheinbar widersprüchliche Aussage hinaus, dass wir natürlich „aus der Geschichte lernen" können, ja müssen, Geschichte sich aber trotzdem (in einem strengen Sinne) „nie wiederholt". Wir können aus der Geschichte lernen, weil es für die meisten Problemsituationen, mit denen wir uns konfrontiert sehen,

7.2 (Wann) Machen „Männer" Geschichte?

auch schon zuvor mehr oder weniger vergleichbare, d. h. ähnliche Situationen gegeben hat. Unsere Erfahrung hilft uns in den meisten Problemsituationen, zumindest Anknüpfungspunkte an bestimmte Handlungsroutinen herzustellen. Wenn wir etwa die Situation, die Hitler in den 1930er-Jahren vorfand (bzw. sukzessive selbst geschaffen hat) mit jener von Wilhelm II Anfang des 20. Jahrhunderts vergleichen, so wird schnell klar, dass es hier eine ganze Menge von Ähnlichkeiten gab und Hitler insofern aus den Erfahrungen des Kaiserreichs „lernen" konnte. Ein Problem wird allerdings erst dadurch zum Problem, dass wir uns nur in eingeschränktem Maße auf diese Erfahrungen verlassen können und diese Erfahrungen ohnehin häufig unterschiedliche Verhaltensweisen nahelegen. So wollte etwa Hitler aus den Erfahrungen des Kaiserreichs nicht die „Nie-wieder-Krieg"-Lektion der späteren Nachkriegsdeutschen lernen, sondern er wollte lernen, wie man die Fehler Wilhelms vermeiden und trotz der abermals drohenden zwei Fronten in Ost und West einen großen Krieg gewinnen könnte. Seine Kriegführungsstrategie, die ihn zuerst einen Pakt mit Stalin schließen, dann einen „Blitzkrieg" gegen Polen vom Zaun brechen, anschließend über Frankreich herfallen und erst danach die Sowjetunion angreifen ließ, stellte in diesem Sinne eine durchaus „kreative" Lösung einer problematischen Situation dar.[5] Dass er das „Problem" weitestgehend selbst geschaffen hatte, bedarf dabei keiner weiteren Erläuterung.

In diesem Sinne trifft daher auch die Aussage zu, dass sich Geschichte „nie wiederholt": Was geschichtlich berichtenswert erscheint, muss in irgendeiner Weise bemerkenswert oder außergewöhnlich sein, d. h., es muss den Charakter einer problematischen Situation gehabt haben, die kreatives Handeln erforderte. Ereignisse oder Prozesse, die sich gleichsam automatenhaft wiederholen, sind im Sinne der Ereignisgeschichte nicht wirklich „geschichtsträchtig". In der Summe läuft diese pragmatistische Position daher auf die Aussage hinaus, dass jegliches (wissenschaftlich interessante) soziale Handeln *immer* eine Mischung aus erfahrungsgesättigt-routinisiertem *und* intelligent-kreativem Handeln sein wird.[6] In manchen Situationen werden einzelne Personen dabei eine wichtige Rolle spielen (wie dies zweifelsohne für Hitler, in mancherlei Hinsicht aber auch für Adenauer galt), in anderen Fällen wird man individuelle Führungspersönlichkeiten aber auch vernachlässigen können (wie dies wohl bei den etlichen deutschen Nachkriegskanzlern der Fall sein dürfte). In keinem dieser Fälle konnten wir zwar im

---

[5] Vgl. zur rein militärisch-strategischen Beurteilung Hitlers in diesem Sinne Mearsheimer 2001, S. 166 f., 216–219. Wichtig ist natürlich, dass Kreativität hier nicht als normativ wertender Begriff gebraucht wird.

[6] In diesem Sinne lässt sich auch die bundesrepublikanische Außenpolitik der Nachkriegszeit als ein, im Kontrast zu Hitler weitgehend positives, Beispiel kreativen Handelns darstellen.

Voraus wissen, wie oder wann sich Kreativität, die zu neuen außenpolitischen Handlungsweisen führt, in besonderem Maße zeigen würde, aber wir wissen, dass sie *prinzipiell* ein Kernbestandteil menschlichen Handelns ist und deshalb zumindest *potenziell* in allen diesen Situationen hätte wirksam werden können.

Dies bedeutet nun allerdings keineswegs, dass wir die Geschichte als eine „Geschichte großer Männer" rehabilitieren müssen. Es bedeutet lediglich, dass Individuen *als kreativ Handelnde unter bestimmten Bedingungen* bedeutsam sein *können* – ein Anknüpfungspunkt an einen positivistischen Zugriff, auf den wir gleich zu sprechen kommen werden. Der wichtigere Punkt ist allerdings, dass es nicht nur *prinzipiell alle* Individuen sind, die zu solchem kreativen Handeln befähigt sind (eine Position, die bei der Glorifizierung der „großen Männer" untergeht), sondern auch jene sozialen Kollektive (politische Parteien, Außenministerien, Kabinette oder Nationen), in denen diese Individuen agieren. Die methodische Regieanweisung, die aus diesem Verständnis für die Analyse von Individuen im Verhältnis zu anderen Faktoren resultiert, besteht deshalb darin, dass wir uns eingehend mit einzelnen Fällen beschäftigen müssen, d. h. in starkem Maße auf ein methodisches Instrumentarium angewiesen sein werden, wie es zumeist Historiker*innen anwenden.[7]

Damit wären wir auch bereits bei der zweiten Möglichkeit, den Spielraum, den wir Individuen in der Außenpolitik einräumen, zu konkretisieren. Die positivistische Lösung besteht nicht so sehr darin, dass wir uns einzelne Fälle ansehen, sondern ähnlich gelagerte Fälle daraufhin vergleichen, unter welchen Bedingungen Individuen besonderen Einfluss auf die Außenpolitik haben könnten. Diesen Ansatz haben die beiden amerikanischen Politikwissenschaftler Daniel Byman und Kenneth Pollack gewählt. In einem Aufsatz haben sie Hypothesen darüber entwickelt, unter welchen Bedingungen die individuellen Eigenschaften oder Merkmale einer Persönlichkeit in der Außenpolitik einen merklichen Unterschied machen könnten (Byman und Pollack 2001). Diese Hypothesen wurden bislang nach meiner Kenntnis keinem systematischen Test unterworfen, wie ihn ein positivistisches Theorieverständnis eigentlich nahelegt. Trotzdem sind diese Hypothesen in vielerlei Hinsicht auf den ersten Blick plausibel, sodass sie im nachfolgenden Illustrationsteil zumindest als heuristische Mittel eingesetzt werden sollen, um den Stellenwert individueller Charaktermerkmale im Vergleich zu alternativen Erklärungen zu beleuchten.

---

[7] Vgl. hierzu neben den bereits zitierten Arbeiten von Jörn Rüsen auch solche Arbeiten, die sich mit der Bedeutung und Praxis kontrafaktischen Denkens beschäftigen, u. a. Hawthorn 1994 sowie Lorenz 1997. Zu interpretativen Methoden, wie sie zunehmend auch in den IB Eingang gefunden haben vgl. Yanow und Schwartz-Shea 2006.

7.2 (Wann) Machen „Männer" Geschichte?

Aus einem Set von insgesamt dreizehn Hypothesen (Byman und Pollack 2001, S. 133–145) sollen an dieser Stelle nur einige ausgewählt (teilweise aber etwas anders gruppiert) werden, die insbesondere aus einem deutschen Blickwinkel von Interesse sind.

1. Offensichtlich prägen politische Führungspersönlichkeiten die außenpolitischen Ziele ihres Staates wie auch dessen Wahrnehmung durch andere Staaten. Dies kann sehr weitreichend sein, wenn ein politischer Führer über nahezu uneingeschränkte Macht verfügt (Beispiel Hitler). Selbst im Falle einer verfassungsrechtlich stärker eingehegten Machtstellung, wie sie etwa im Blick auf die Richtlinienkompetenz des Bundeskanzlers umschrieben ist, wird sie aber immer noch beträchtlich sein. In beiden Fällen kann daher der individuellen Persönlichkeit ein (größerer oder geringerer) Einfluss auf die Formulierung von Außenpolitik unterstellt werden.
2. In der internationalen Politik hängt die Frage von Krieg und Frieden nicht selten von der individuellen Risikobereitschaft der politischen Führung ab. Risikobereite Individuen werden häufiger zu Strategien neigen, die in ihren Folgen schwerer zu kalkulieren sind, als risikoscheue Individuen. Wäre beispielsweise eine zu größeren Risiken bereite Person, wie etwa Adolf Hitler, bereits Anfang des 20. Jahrhunderts in einer führenden Machtposition im Deutschen Reich gewesen, hätten die Deutschen möglicherweise den für einen aussichtsreichen Krieg günstig erscheinenden Zeitpunkt um das Jahr 1904 genutzt und nicht bis 1914 gewartet – mit potenziell weitreichenden Folgen für die Geschichte Europas.[8]
3. Wie das oben angeführte Zitat von Henry Kissinger zeigt, können persönliche Berechenbarkeit und Vertrauenswürdigkeit genauso ein großes Plus in der Außenpolitik eines Staates sein, wie Unberechenbarkeit zu einem Malus werden kann (vgl. auch Byman und Pollack 2001, S. 139–140). Diese Aussage unterstellt natürlich bereits in normativer Hinsicht, dass eine am Status quo orientierte Außenpolitik (die in der Regel auf Gewaltverzicht setzt) einer revisionistischen (tendenziell gewaltgeneigten) Außenpolitik vorzuziehen ist, denn für eine revisionistische Strategie kann Berechenbarkeit ein großer Nachteil und Unberechenbarkeit ein großer Vorteil sein (vgl. Hitler). Der entscheidende Punkt ist allerdings, dass sich Persönlichkeitsmerkmale durchaus auf die Qualität zwischenstaatlicher Beziehungen auswirken können – entgegen der häufig zu vernehmenden realistischen Prämisse, dass Staaten „keine Freundschaft,

---

[8] Vgl. hierzu die Ausführungen in Abschn. 4.3.1.

sondern nur Interessen" kennen. Konrad Adenauer hat hier genauso zur Aussöhnung mit Frankreich beigetragen wie Willy Brandt zur Aussöhnung mit Polen.

4. Persönliche Charaktereigenschaften sind umso bedeutsamer, je größer die Machtfülle einer Führungspersönlichkeit ist (Byman und Pollack 2001, S. 140–141). Wenn wir uns etwa einen von starken Minderwertigkeitskomplexen geprägten Bundeskanzler vorstellen und mit den erwiesenermaßen unter solchen Komplexen leidenden Wilhelm II und Adolf Hitler vergleichen, wird unmittelbar einsichtig, dass die Kontrollinstanzen des bundesrepublikanischen Entscheidungssystems diesen Defiziten stärker entgegen wirken als die autoritären, auf einen „Führer" zugeschnittenen Machtstrukturen des Kaiserreichs oder des Dritten Reichs.

5. Unabhängig von innerstaatlicher Machtkonzentration oder – ausbalancierung werden Individuen dann einen größeren Einfluss auf die Außenpolitik haben, wenn die sonstigen Kraftfelder (im bürokratischen Apparat, in der Innenpolitik im Allgemeinen oder gar im internationalen System) entweder zur Polarisierung neigen, kein klares Bild ergeben oder generell die Situation in hohem Maße fluide erscheint (Byman und Pollack, 2001, S. 141–143). Auch dies lässt sich sehr gut an den Beispielen Hitler und Adenauer illustrieren.

Diese Liste ließe sich ergänzen, insbesondere um Hypothesen aus der Individual- oder Sozialpsychologie[9] (etwa im Hinblick auf frühkindliche Entbehrungen, daraus resultierende Minderwertigkeitskomplexe und entsprechende Kompensationsstrategien, wie sie sowohl auf Hitler wie auch Wilhelm II Anwendung finden könnten). Da es jedoch hier wie in allen anderen Kapiteln nicht um Vollständigkeit, sondern Beispielhaftigkeit geht, soll im Folgenden vor allem die Bedeutung von Individuen für die deutsche Außenpolitik anhand einiger Beispiele illustriert werden, die in Teilen bereits aus früheren Kapiteln (insbes. Kap. 4) bekannt sind.

Bevor wir fortfahren, ist jedoch im Sinne einer Zwischenbilanz Zweierlei festzuhalten. Erstens hat die Diskussion in diesem Abschnitt gezeigt, dass es gute Gründe gibt, Individuen bei der Analyse von Außenpolitik weder auszusparen noch im Vergleich zu strukturellen Bedingungsfaktoren überzubewerten. Zudem soll, auch wenn im nächsten Abschnitt primär die höchsten außenpolitischen Entscheidungsträger ins Rampenlicht gerückt werden, damit nicht den „großen Männern" gehuldigt, sondern das Individuum als solches in seiner Bedeutung für die Außenpolitik rehabilitiert werden. Wenn es der Platz zuließe, würde es sich sicher-

---

[9]Vgl. im Überblick McDermott 2004 und Stein 2011.

lich auch lohnen, einzelne außenpolitische Berater*innen näher in den Blick zu nehmen, da auch sie als Individuen zum Teil erheblichen Einfluss auf Außenpolitik haben und hatten.[10] Da dieser Platz hier aber nicht vorhanden ist, werden sie ausgespart. Zweitens hat die Diskussion gezeigt, dass eine auf Individuen fokussierte Analyse immer insofern ein theoretisches Defizit aufweisen wird, als dabei tendenziell die Einzigartigkeit eines Ereignisses oder Prozesses in den Vordergrund rückt. Dass manche Sozialwissenschaftler*innen derlei nicht selten mit einem entschuldigenden Unterton anmerken, zeigt bereits, wie schwer es diejenigen haben, die sich an einem Wissenschaftsverständnis orientieren, das jenseits des Positivismus liegt. Allerdings leugnen selbst Positivist*innen nicht, dass es in manchen Fällen hilfreich sein kann, die Einzigartigkeit eines Ereignisses oder Phänomens besser zu verstehen (vgl. King et al. 1994, S. 10–12, 42–43). Dass dafür andere (nicht-positivistische) Methoden Anwendung finden müssen, wurde bereits angedeutet.

7.3 Deutsche Außenpolitik als Ergebnis persönlicher Führung

Bereits die bisherige Diskussion hat angedeutet, dass individuelle Prägungen politischer Führungspersönlichkeiten in der deutschen Geschichte sehr unterschiedliche Auswirkungen auf die Außenpolitik Deutschlands gehabt haben. Im Folgenden soll an einigen besonders auffälligen Beispielen die Bedeutung einzelner Individuen näher erläutert werden. Dabei wird es zum einen darum gehen, einige für die jeweilige Außenpolitik wichtige Charaktermerkmale oder biografische Prägungen herauszustellen und sodann auf jene Rahmenbedingungen einzugehen, die dazu führten, dass individuelle Prägungen einen besonderen Einfluss auf die Außenpolitik Deutschlands hatten. Die Vorgehensweise wird dabei nicht chronologisch, sondern systematisch sein – beginnend mit der weitreichenden Prägung durch ein Individuum in der Person Adolf Hitlers (7.3.1) über den auffälligen individuellen Kontrast zwischen Bismarck und Wilhelm II (7.3.2) bis hin zu ausgewählten Bundeskanzlern, die zwar aufgrund institutioneller Rahmenbedingungen ihr individuelles Gewicht weit weniger, alles in allem aber doch in merklicher Weise einbringen können (7.3.3).

---

[10] In Kap. 8 wird dies kurz am Beispiel Egon Bahrs deutlich, der als wichtigster außenpolitischer Berater von Willy Brandt erheblichen Einfluss auf die Entwicklung der (west-) deutschen „Ostpolitik" hatte.

7.3.1 Hitlers Anteil am deutschen Weg in den Zweiten Weltkrieg

Unter Historiker*innen ist es weitgehend unstrittig, dass der schnelle Weg, der von Hitlers Machtergreifung im Januar 1933 zum Überfall auf Polen sechseinhalb Jahre später führte, ohne ihn als diktatorischem „Führer" nicht möglich gewesen wäre. Damit wird nicht in Abrede gestellt, dass es innerhalb der deutschen Eliten der Weimarer Republik weit über das nationalsozialistische Lager hinaus revisionistische Ambitionen gab, die die Ergebnisse des Ersten Weltkrieges zugunsten Deutschlands umkehren wollten und gewisse strukturelle Rahmenbedingungen, wie sie sich Ende der 1930er-Jahre darstellten, seine Kriegsinitiierung nicht begünstigten. Wie bereits im 4. Kapitel angedeutet wurde (vgl. Abschn. 4.3), wäre allein aufgrund der internationalen Machtverteilung sehr wohl auch ohne Hitler eine innenpolitische Konstellation vorstellbar gewesen, die eine revisionistische Agenda verfolgt hätte. Ob bzw. inwieweit diese allerdings in die Gewaltexzesse Hitlers hätte münden müssen, ist in der Literatur strittig.[11] Nur wenige Expert*innen würden daher der Einschätzung widersprechen, dass die Zielstrebigkeit und Schnelligkeit, mit der Hitler den Krieg vorbereitete, und die Spur der Vernichtung, die er bei seinen Feldzügen über den gesamten europäischen Kontinent hinterließ, weitgehend ein Produkt seiner Persönlichkeit sowie des von ihm geschaffenen Herrschaftsapparates waren. Ohne ihn wäre diese Entwicklung schwer vorstellbar gewesen.[12]

Die meisten Historiker*innen verweisen in diesem Zusammenhang auf den absoluten und rücksichtslosen Machtwillen Hitlers (Recker 2010, S. 51; Hildebrand 2009, S. 185, 191). Dieser unbändige Machtwille paarte sich mit einem außenpolitischen „Programm", das Hitler aufgrund seiner Prägung in einem kleinbürgerlichen, antisemitischen Milieu vor, während und nach dem Ersten Weltkrieg vor allem in den 1920er-Jahren entwickelte und nach seiner „Machtergreifung" systematisch umsetzte. Drei Elemente seiner (letzten Endes auch die deutsche Außenpolitik antreibenden) Weltanschauung stachen dabei hervor: (1) ein Geschichtsbild, das die Völker und „Rassen" als die wahren Träger historischer Dynamik identifizierte und dabei zwischen „höheren" und „niederen" Rassen unterschied. Die höhere Rasse der „Arier" müsste sich der „parasitären" Unterwanderung durch die staatenlose niedere Rasse der Juden bewusst werden und nach dem „ehernen

---

[11] Vgl. insbesondere die Diskussion zu den Einschätzungen bei Mearsheimer 2001 in Abschn. 4.3. sowie im Kontrast dazu Byman und Pollack 2001, S. 117 f.

[12] Vgl. zum Stand der Forschung Recker 2010, S. 51–70, 110–115; Schmidt 2002, S. 103–132 sowie Hildebrand 2009, S. 166–192.

7.3 Deutsche Außenpolitik als Ergebnis persönlicher Führung

Gesetz" des Stärkeren „die Vernichtung des Schwachen oder seine bedingungslose Unterwerfung" anstreben (Schmidt 2002, S. 108–112, Zitate S. 108, S. 110); (2) die Überzeugung, dass der letzte Sinn der Geschichte im ewigen Kampf der Völker und Rassen um Raum gründete. „Politik" war diesem Verständnis zufolge „die Kunst der Durchführung des Lebenskampfes eines Volkes um sein irdisches Dasein", „Außenpolitik (…) die Kunst, einem Volke den jeweils notwendigen Lebensraum in Größe und Güte zu sichern"; die Einordnung des osteuropäischen „Slawentums" als „minderwertiger Rasse" und die Überzeugung, dass der arischen Rasse der Deutschen der „Lebensraum" fehlte, legte damit bereits eine Wurzel für die spätere Gewaltanwendung gegen Russland und andere osteuropäische Staaten (Schmidt 2002, S. 112–117, Zitate S. 112, S. 115); (3) die zumindest anfängliche Überzeugung, dass Großbritannien wie Italien bei kluger Politik als Bündnisgenossen gewonnen werden könnten (Schmidt 2002, S. 117–121).

Mochte das dritte Element noch in einer gewissen Traditionslinie wilhelminischer Außenpolitik stehen, so summierte es sich in Verbindung mit den beiden anderen Elementen doch zu einem eigenständigen und stark von Hitler selbst geprägten Programm. Denn unstrittig scheint auch, dass dieses Programm bei allen konkurrierenden außenpolitischen Vorstellungen, die es natürlich auch in Hitlers Machtapparat gab, letzten Endes bei weitem am wichtigsten war (vgl. Schmidt 2002, S. 103, 132; Recker 2010, S. 58–64, 69–70; Hildebrand 2009, S. 265–268). Für den außenpolitischen Apparat wurde es dabei mit jedem vergehenden Jahr von Hitlers Herrschaft wichtiger, sich den Zielsetzungen des „Führers" nicht zu widersetzen. Anfangs war das Auswärtige Amt unmittelbaren Einflüssen Hitlers und der NSDAP zwar weitgehend entzogen, gezielte personelle Veränderungen und machtpolitische Umverteilungen führten aber auch hier dazu, dass Entscheidungsprozesse zunehmend auf die Staatsspitze (und damit Hitler persönlich) zugeschnitten wurden. Selbst dort, wo unter Hitlers Gefolgsleuten konkurrierende Vorstellungen gepflegt wurden, waren diese folgenlos. Wie unumschränkt Hitlers Machtfülle und sein persönlicher Machtanspruch auch in der Außenpolitik waren, belegt die Tatsache, „dass zwischen 1933 und 1945 keine einzige große Entscheidung in der Außenpolitik als Kompromiss rivalisierender Kräfte, als Zugeständnis an eine Oppositionsgruppe oder gar gegen den Willen Hitlers gefällt wurde" (Schmidt 2002, S. 44). Damit soll nicht behauptet werden, dass der Herrschaftsapparat nicht auch seinerseits eine wichtige Funktion in der individuellen Machtausübung Hitlers spielte (und insofern natürlich den Einfluss des Individuums Hitler relativierte). Allerdings scheint in der Forschung mittlerweile weitgehend unstrittig zu sein, dass „ohne die verhängnisvolle Rolle, die Hitler persönlich spielte, weder der Verlauf des Krieges noch der Weg in den Holocaust hinreichend beschrieben und erklärt werden können" (Ullrich 2018, Pos.122).

Dass das Individuum Hitler nicht ohne Folgen austauschbar gewesen wäre, erhärtet das folgende Gedankenexperiment: Wäre etwa Hitler in der Zeit zwischen dem Anschluss Österreichs im März 1938 und dem Überfall auf Polen im September 1939 umgekommen (eine Annahme, die angesichts von mehr als 40 Attentaten auf Hitler nicht weit hergeholt ist), so spricht viel dafür, dass es unter diesen Umständen nicht zum Krieg gekommen wäre (vgl. Demandt 1986, S. 98–100; Mueller 1989, S. 64–68; Rosenfeld 2005, S. 271–329). Die Rivalitäten innerhalb des Herrschaftsapparates und der Widerstand der Generalität der Wehrmacht gegen Hitlers Kriegspläne hätten es jedem Nachfolger sehr schwer gemacht, Hitlers Kriegspläne umzusetzen. Die revisionistischen Ambitionen hinsichtlich des Versailler Vertrages hätten auch unter einer solchen Konstellation fortbestanden, „aber die Lebensraumtheorie als Muß und Maß der Außenpolitik ist wohl nur im Hirne Hitlers denkbar" gewesen (Demandt 1986, S. 99). Trotz der innenpolitischen Rahmenbedingungen, die Hitlers Herrschaft erst ermöglichten, ist daher dem eindeutigen Urteil kaum zu widersprechen, das Ian Kershaw, einer der wichtigsten modernen Biografen Hitlers, über den Anteil fällt, den das Individuum Hitler an den Verbrechen des Nazi-Regimes hatte:

> „Niemals in der Geschichte ist ein solches Ausmaß an Zerstörung materieller und sittlicher Art mit dem Namen eines einzigen Mannes in Verbindung gebracht worden. (…) Hitlers Name steht zu Recht für alle Zeiten als der des obersten Anstifters des tief reichenden Zusammenbruchs der Zivilisation in der Moderne. Die extreme Form persönlicher Herrschaft, die ein ungebildeter Wirtshausdemagoge und rassistischer Fanatiker, ein narzisstischer, größenwahnsinniger, selbst ernannter nationaler Retter in einem modernen Land (…) erwerben und ausüben konnte, war für den schrecklichen Lauf der Ereignisse jener schicksalshaften zwölf Jahre ganz entscheidend."
> (Kershaw 2000, S. 1081; vgl. ferner Ullrich 2018)

7.3.2 Bismarck und Wilhelm II in der Außenpolitik des Kaiserreichs

In der Geschichtsschreibung hat sich aufgrund der historischen Kontiguität zwischen der Außenpolitik Bismarcks und seiner Nachfolger unter Wilhelm II wie auch aufgrund einer Serie außenpolitischer Erfolge des Ersteren bzw. entsprechender außenpolitischer Niederlagen Letzterer eine Interpretation eingebürgert, die beide Individuen nebeneinander stellt und im Blick auf die Folgen ihrer Außenpolitik vergleicht (vgl. Hildebrand 1994, S. 59; Mommsen 2002a, S. 257). Bismarck erscheint in diesem Vergleich umso mehr als geniale Licht-

7.3 Deutsche Außenpolitik als Ergebnis persönlicher Führung

gestalt, als der Dilettantismus Wilhelms II selbst bei günstigeren Vergleichen augenfällig ist. Das Urteil von Byman und Pollack (2001, S. 121) ist dabei typisch:

„Dank seines Genies schuf Otto von Bismarck eine diplomatische Struktur, die zwischen 1871 und 1890 den Frieden in Europa wahrte. Die Idiotie Kaiser Wilhelms II hingegen (…) brachte Bismarcks Architektur zum Einsturz."

Vielen Beobachter*innen erscheint dieser Kontrast zwischen beiden Individuen vor allem deshalb unmittelbar naheliegend, weil sich wichtige Rahmenbedingungen deutscher Außenpolitik kaum veränderten: Die Bedrohungslage und bürokratische Interessen waren, so Byman und Pollack, in beiden Phasen nahezu unverändert geblieben. Richtig sei zwar, dass sich zwischen 1890 und 1910 die Machtverteilung veränderte (vgl. auch Abschn. 4.3.1), entscheidend für den (relativen) Erfolg des einen wie auch den (relativen) Misserfolg des anderen sei allerdings die Rolle gewesen, die die Individuen gespielt hätten.

Bismarcks „Genie" sehen die meisten Beobachter*innen in seinem Talent, das Spiel der Diplomatie bis ins letzte Detail beherrscht und dabei die seit der Ausrufung des Kaiserreichs prekäre Lage in der Mitte Europas durch ein ausbalanciertes Netz von Bündnissen zum machtpolitischen Vorteil Deutschlands abgesichert, in Teilen sogar ausgebaut zu haben. An seinen machtpolitischen Ambitionen hatten auch seine Zeitgenossen wenig Zweifel, aber wie wenige andere vermochte Bismarck auf der Klaviatur der Diplomatie zu spielen und anderen (vergleichsweise glaubhaft) den Eindruck zu vermitteln, dass die machtpolitischen Ambitionen des Deutschen Reiches „saturiert" seien und es kein wichtigeres Interesse für Deutschland gäbe, als jenen Status quo zu erhalten, den die meisten Zeitgenossen wie auch die Historikerinnen mit „Frieden" assoziierten – in seinen Worten:

„Mein ideales Ziel, nachdem wir unsre Einheit innerhalb der erreichbaren Grenzen zustande gebracht hatten, ist es stets gewesen, das Vertrauen nicht nur der mindermächtigen europäischen Staaten, sondern auch der großen Mächte zu erwerben, daß die deutsche Politik, nachdem sie die **injuiria temporum**, die Zersplitterung der Nation, gutgemacht hat, friedliebend und gerecht sein will." (Bismarck 1929, S. 544, Hervorh. im Original)

Selbststilisierungen wie dieser konnte vor dem Hintergrund der historischen Entwicklung eine gewisse Plausibilität nicht abgesprochen werden. Nach der Reichsgründung gelang es dank Bismarcks Diplomatie, das prekäre neue Gleichgewicht zwischen den europäischen Großmächten zu erhalten. Unter Historiker*innen besteht weitgehender Konsens, dass es seinem persönlichen Geschick zu verdanken war, dass größere kriegerische Auseinandersetzungen unterblieben, die innerhalb der außenpolitischen Bürokratie in Berlin von Einzelnen durchaus begrüßt wurden. Einige Historiker*innen weisen allerdings auch mit gutem Recht darauf hin, dass nicht nur der (relative) Friede zwischen 1871 und 1890, sondern auch die Kriege, die diese neue Machtverteilung erst geschaffen hatten und die später zum Ersten Weltkrieg führen (und zumindest indirekt auch zum Zweiten Weltkrieg beitragen sollten), wesentlich auf das Individuum Bismarck zurückzuführen waren. Denn auch die der Reichgründung vorausgehenden und sie eigentlich erst ermöglichenden Kriege von 1866 gegen Österreich und von 1870/71 gegen Frankreich waren das Ergebnis von Bismarcks persönlichen machtpolitischen Ambitionen – in den Worten seines Biografen Otto Pflanze:

> „Bismarck (war) der ‚abnorme Faktor', dessen Vorhandensein den Ausschlag über Krieg und Frieden gab. Wäre er nicht am Ruder gewesen, hätten die Kriege gegen Österreich und Frankreich nicht zu der Zeit und auf diese Weise stattgefunden, in der sie sich ereigneten. Vielleicht wäre es überhaupt nicht zu ihnen gekommen." (Pflanze 1998, S. 675; vgl. auch Demandt 1986, S. 45)

Mit anderen Worten: Ohne die rein machtpolitisch motivierten Kriege, die Bismarck persönlich zu verantworten hatte, hätte er nicht jene großen diplomatischen Anstrengungen unternehmen müssen, die einen prekären Frieden nach 1871 sichern sollten; und ohne diese Kriege wären wahrscheinlich auch jene „Einkreisungsängste" undenkbar gewesen, denen Wilhelm II nur durch einen Krieg zu entkommen wähnte – kurz: So wie das 20. Jahrhundert ohne Hitler anders verlaufen wäre, wäre gewiss auch das 19. Jahrhundert ohne Bismarck anders verlaufen (vgl. Demandt 1986, S. 36).

Dabei geht es keineswegs nur um seine persönlichen Verdienste als Friedensbewahrer bzw. seine Verantwortung als Gleichgewichtszerstörer. Mindestens genauso stark wie diese Folgen seiner Außenpolitik stechen seine reformpolitischen Unterlassungen in der Innenpolitik ins Auge, die im Kaiserreich erst jene autoritären Herrschaftsstrukturen festigten, die das nachfolgende außenpolitische Desaster unter Wilhelm II ermöglichten, wenn nicht sogar beförderten. Bismarck hinterließ, wie der Soziologe Max Weber 1918 formulierte, als Folge seiner restaurativen Innenpolitik:

> „eine Nation **ohne alle und jede politische Erziehung**, (…) eine Nation **ohne allen und jeden politischen Willen**, gewohnt, daß der große Staatsmann an ihrer Spitze für sie die Politik besorgen werde (…), eine Nation, daran gewöhnt, unter der Firma der ‚monarchischen Regierung' fatalistisch **über sich ergehen zu lassen**, was man über sie beschloß." (zit. nach Pflanze 1998, S. 684, Hervorh. im Original)

7.3 Deutsche Außenpolitik als Ergebnis persönlicher Führung

Henry Kissinger hat diesen Aspekt noch allgemeiner gefasst:

> „Große Staatsmänner übersetzen ihre persönlichen Leistungen in Institutionen, die auch mit durchschnittlichen Leistungen erfolgreich erhalten werden können. (...) Bismarcks Tragödie bestand darin, dass er ein Erbe abgehobener Größe hinterließ." (zit. nach Isaacson 1992, S. 509)

Mit anderen Worten: Seine „Größe" als Diplomat wurde der deutschen Außenpolitik auch deshalb zum Verhängnis, weil er seine Zeit nicht nutzte, das institutionelle Fundament einer dauerhaft erfolgreichen Außenpolitik zu bauen.

Die Konsequenzen dieser Unterlassungen sind nicht nur in der Politik Wilhelms II augenfällig, sondern auch in den nach Bismarcks Rücktritt 1890 zunehmend rigider werdenden Entscheidungsstrukturen sichtbar, die die ohnehin gegebenen charakterlichen Schwächen Wilhelms II weiter akzentuierten. Unter Historiker*innen besteht wenig Dissens, dass der Kaiser auch nicht annähernd an das außenpolitische Talent Bismarcks heranreichen konnte. In seinen „Weltmacht"-Ambitionen, die unter anderem in dem von Wilhelm II persönlich vorangetriebenen Flottenbauprogramm und dem sich anschließenden Rüstungswettlauf mit England im Vorfeld des Ersten Weltkrigs ihren Ausdruck fanden, reichte er zwar über diesen hinaus, nicht aber im Geschick, diese Ambitionen so zu kanalisieren, dass sie anderen zumindest erträglich erschienen. Im Gegenteil: Wo Bismarck durch die diplomatische Verbrämung seiner machtpolitischen Absichten glänzte, verschärfte Wilhelm II durch Prahlerei den ohnehin schon angerichteten Schaden. Die Charakterstudien zu seiner Persönlichkeit lesen sich insofern auch als eine Ansammlung aller nur denkbaren Defizite: Er galt als „arrogant, gefühlskalt und selbst bezogen, als jemand, der jegliches Taktgefühl vermissen ließ". Sein „ungehemmtes Geltungsbedürfnis, verbunden mit ausgeprägter Rücksichtslosigkeit" und Sprunghaftigkeit (Mommsen 2002b, S. 15) machte es seinem Umfeld nicht leicht, ihn zu beeinflussen, geschweige denn außenpolitisch zu beraten. Persönliche Entbehrungen in der Kindheit mündeten in eine „Hassliebe" zur Mutter (Schwarz 1998, S. 83) – der ältesten Tochter der britischen Königin – wie auch eine widersprüchliche Mischung aus Bewunderung und Hass gegenüber England. Diese Verquickung persönlicher Prägungen konnte vor dem Hintergrund der Machtfülle des Kaisers kaum ohne Folgen für die Außenpolitik gegenüber der wichtigsten europäischen Macht bleiben. Hinzu kam eine starke Anziehungskraft, die auf Wilhelm II von allem Militärischen ausging. Der „Herzensmilitarist" (Schwarz 1998, S. 87) kompensierte seine Minderwertigkeitsgefühle durch Uniformen, militärischen Drill und pompöse Paraden. Gleichzeitig galt er als „feige", weil er in kritischen Momenten nicht „die Nerven" besaß, militärische Risiken einzugehen und einen einmal beschlossenen Weg konsequent zu Ende zu gehen (vgl. Schwarz 1998, S. 84).

Kurzum: Ab 1890 stand in einem für Deutschland zunehmend schwierigeren internationalen Umfeld die denkbar ungeeignetste Persönlichkeit an der Spitze des Deutschen Reiches. War nun aber Wilhelm II als Individuum letztlich für den Ausbruch des Ersten Weltkriegs so wichtig wie Hitler für den Zweiten Weltkrieg und Bismarck für die Reichsgründung und die Wahrung des Gleichgewichts in den ersten beiden Jahrzehnten? Wohl kaum. Seinem „persönlichen Regiment" (vgl. Hildebrand 1994, S. 73, 83; Mommsen 2002b, S. 27–124, 258–264) mag in der Tat, wie Max Weber dies sah, das ganze Ausmaß an Verachtung anzulasten sein, welches Deutschland damals im Ausland entgegengebracht wurde und insofern mag auch der Faktor Individuum „nachgerade ein Faktor von erstklassiger ‚weltpolitischer' Bedeutung" für das Schicksal Deutschlands geworden sein (M. Weber zit. nach Mommsen 2002b, S. 7). Wenn man aber Wilhelm II aus der Geschichte wegdenkt, sprechen trotzdem zahlreiche andere Gründe dafür, dass es auch ohne ihn in den ersten zwei Jahrzehnten des 20. Jahrhunderts zu einem größeren Krieg gekommen wäre (vgl. u. a. Demandt 1986, S. 95–97 sowie die Ausführungen in Abschn. 4.3.1; vgl. im Kontrast die stärkere Akzentuierung kontingenter Entwicklungen bei Lebow 2007). In diesem Sinne war Wilhelm II keine vergleichbar prägende Führungspersönlichkeit wie Hitler oder Bismarck dies waren und in diesem Sinne wird wohl auch kaum jemand der allgemeinsten aller Thesen widersprechen, dass Wilhelm II nicht „an allem schuld" war (Mommsen 2002b; vgl. auch Freis 2018). Die von ihm geduldeten, teilweise sogar selbst geschaffenen autoritären Herrschaftsstrukturen haben allerdings einen wesentlichen Anteil daran gehabt, dass seine Persönlichkeitsmerkmale in hohem Maße auf die Außenpolitik durchschlagen konnten. Aufgrund seiner persönlichen Schwächen, zu denen nicht zuletzt eine fehlende Disziplin zu rechnen war, sich ernsthaft mit dem außenpolitischen Tagesgeschäft auseinander zu setzen, war Wilhelm II ein leichtes Opfer der Intrigen und Steuerungsversuche seines außenpolitischen Apparats, der sich seinerseits aus bestenfalls durchschnittlichen, nicht selten duckmäuserischen Beamten und Militärs zusammensetzte. Auch wenn daher ein großer Krieg auch ohne ihn wahrscheinlich gewesen wäre, lässt sich ein erheblicher individueller Anteil am konkreten Verlauf der Ereignisse nicht abstreiten.

7.3.3 Führungspersönlichkeiten in der Außenpolitik eines demokratischen Deutschland nach 1945

Die beiden vorangehenden Abschnitte lassen einen beträchtlichen Teil der Geschichte deutscher Außenpolitik nach der Reichsgründung als das Ergebnis individueller Führungspersönlichkeiten erscheinen. Vielleicht ist dies aber nicht ganz so

7.3 Deutsche Außenpolitik als Ergebnis persönlicher Führung

erstaunlich, wie es vor dem Hintergrund eines realistischen Blickwinkels à la Mearsheimer (vgl. Kap. 4) zunächst erscheinen mag, denn in den jeweils betrachteten Phasen spielte Deutschland im europäischen Mächtekonzert nicht nur eine wichtige Rolle, sondern verfügte auch über Herrschaftsstrukturen, die einzelnen Führern ein erhebliches Gewicht in der Außenpolitik einräumten. Für die Zeit nach dem Zweiten Weltkrieg galt beides bestenfalls bedingt: Zwar hat der Bundeskanzler oder die Bundeskanzlerin auch im außenpolitischen Entscheidungssystem der Bundesrepublik beachtliches Gewicht, aber es reicht bei weitem nicht an jene Machtstellung heran, die Bismarck oder Hitler innehatten (vgl. Kap. 3). Die Väter und Mütter des Grundgesetzes haben hier eine ganze Reihe von „*checks and balances*" eingebaut, die die Gestaltungsmöglichkeiten der Bundeskanzlerin bzw. des Bundeskanzlers einschränken. Und auch die zweite Bedingung (das machtpolitische Gewicht) hat bestenfalls seit der Vereinigung Deutschlands 1990 wieder etwas an Bedeutung gewonnen (allerdings auch hier unter radikal anderen Rahmenbedingungen als dies vor dem Zweiten Weltkrieg der Fall war). In den Anfangsjahren der Bundesrepublik hingegen hatte nicht nur der Bundeskanzler, sondern die gesamte Bundesregierung nur begrenzten Einfluss auf die Außenpolitik, da dies die Zeit war, in der „die Alliierten", die Siegermächte des Zweiten Weltkrieges, das Sagen hatten.[13] Trotzdem wird die „Nachkriegsgeschichte" deutscher Außenpolitik nicht selten durch die Brille unterschiedlicher Kanzlerschaften erzählt (vgl. u. a. Hacke 2003b; Hilz 2017, S. 23–85). Auch hier, so die Botschaft, ist also das Individuum der einzelnen Bundeskanzler nicht von den jeweiligen Ergebnissen ihrer Außenpolitik zu lösen, die im starken Kontrast zur Zeit vor dem Zweiten Weltkrieg nach 1945 fast ausschließlich und durchgängig als außenpolitische Erfolge beschrieben werden.

Nicht jeder Bundeskanzler war jedoch außenpolitisch so einflussreich, wie dies für Konrad Adenauer und – mit gewissen Abstrichen und einer etwas anderen Akzentuierung – auch für Willy Brandt gilt. Beide werden mit den zwei großen strategischen Entscheidungen deutscher Außenpolitik während der alten Bundesrepublik verknüpft: der „Westbindung" in den 1950er- und der Öffnung nach Osteuropa in den frühen 1970er-Jahren. Aus diesen Gründen sollen sie im Folgenden im Mittelpunkt stehen. Dass mit dieser Fokussierung keine Aussage über die vermeintliche außenpolitische „Größe" nachfolgender Kanzler getroffen wird, soll aber explizit hervorgehoben werden, denn man kann gute Argumente ins Feld führen, warum insbesondere Helmut Kohl, durchaus aber auch Gerhard Schröder und Angela Merkel aufgrund ihrer jeweiligen Persönlichkeitsmerkmale besondere außenpolitische Akzente gesetzt haben.

---

[13] Vgl. Haftendorn 1993 sowie Bartsch und Hellmann 1994.

Insgesamt bleibt trotzdem zu bedenken, dass die Bewertung des individuellen Gewichts der Bundeskanzler (im Vergleich zu den früheren „Reichskanzlern") nicht nur deshalb schwieriger ist, weil ihre Entscheidungskompetenzen sowohl institutionell (Grundgesetz) wie auch machtpolitisch (Einhegung durch die „Siegermächte" bzw. das dichte institutionelle Regelwerk der Europäischen Union) erheblich stärker eingeschränkt waren und sind, sondern auch deshalb, weil die historische Distanz zu ihrer Kanzlerschaft noch immer recht gering ist (bzw. wie im Falle von Olaf Scholz noch gar nicht bestehen kann) und daher Archivmaterialien praktisch überhaupt nicht ausgewertet werden können.

Wenn man diese Einschränkungen in Rechnung stellt, kann man trotzdem die These vertreten, dass selbst für den westdeutschen Teilstaat und, nach 1989/90, das vereinigte Deutschland in bestimmten Situationen und Hinsichten der Faktor Persönlichkeit für die Ausrichtung der deutschen Außenpolitik von erheblicher Bedeutung war. Dies beginnt in den späten 1940er-Jahren schon damit, dass die wahrscheinlichsten Anwärter für das Kanzleramt (neben Konrad Adenauer seine parteiinternen Konkurrenten Karl Arnold, Erich Köhler oder Friedrich Holzapfel sowie der SPD-Vorsitzende Kurt Schumacher) teilweise deutlich anders gelagerte außenpolitische Präferenzen hatten und sich mit dem Rheinländer Konrad Adenauer eine vor dem Hintergrund der deutschen Geschichte genauso ungewöhnliche wie unwahrscheinliche „westliche" Präferenz als außenpolitische Leitlinie durchsetzte (vgl. den Überblick bei Geppert 2002, S. 15–18 sowie Niclauß 2015, S. 56–62). Hans-Peter Schwarz, einer der wichtigsten Biografen Adenauers, schreibt ihm wie keinem anderen westeuropäischen Staatsmann der Nachkriegszeit „historische Größe – ‚Einzigartigkeit, Unersetzlichkeit'" bzw. „weltgeschichtliche" Bedeutung für Deutschland und Europa zu.[14] Ungewöhnlich war, dass 1949 ein 73-jähriger Greis, der bereits in der Bismarckzeit zur Schule gegangen und zwischen dem Ende des Ersten Weltkrieges und der Machtergreifung Hitlers als Kölner Oberbürgermeister und Präsident des Preußischen Staatsrats „ein typischer Exponent der Weimarer Politikergeneration" war (Schwarz 1998, S. 478), nach der Isolation während der Naziherrschaft in kürzester Frist das höchste politische Amt in der neuen Westrepublik erringen konnte. Unwahrscheinlich erscheint auch im Nachhinein, dass es ihm gelang, seine in der ersten Hälfte des Jahrhunderts gereiften Überzeugungen über die Notwendigkeit einer eindeutigen Westbindung gegen erhebliche innerparteiliche, parlamentarische und gesellschaftliche Widerstände

---

[14] Schwarz 1998, S. 478, 522; vgl. auch die zweibändige Biografie Schwarz 1986, 1991; auch Christian Hacke 1997, S. 97, sieht in Adenauer eine herausragende Gestalt: „Er war der größte deutsche Politiker des 20. Jahrhunderts".

7.3 Deutsche Außenpolitik als Ergebnis persönlicher Führung

durchzusetzen.[15] Wie bei Hitlers „Lernen" aus den Fehlern der wilhelminischen Kriegführung werden auch hier die Folgen sichtbar, die sich aus der Verknüpfung bestimmter Lehren aus der Vergangenheit und einer entsprechenden Machtposition ergeben können. Adenauer sah im wankelmütigen Kurs der deutschen Außenpolitik zwischen Ost und West bereits nach dem Ersten Weltkrieg eine der entscheidenden Ursachen für diese „Urkatastrophe" Europas. Der Zweite Weltkrieg hatte diese Lehre nur noch verstärkt und die Westbindung in seiner Vorstellung als alternativlos erscheinen lassen:

> „Bismarck hat in seinen Memoiren davon geschrieben, wie ihn immer wieder der Gedanke der Isolierung Deutschlands verfolgt habe. Die Isolierung hat das Deutsche Reich, als es die stärkste Militärmacht der Welt war, in den Krieg von 1914 bis 1918 geführt, der es von der stolzen Höhe, auf der es stand, hinunterwarf. Und nun wir! Konnte denn irgendeiner davon träumen, dass wir, besetzt, entwaffnet, jederzeit in der Hand unserer Gegner, dass wir etwa in der Lage seien, nur auf uns allein gestellt unser Wort in der europäischen oder in der Weltgeschichte zur Geltung zu bringen?" (Adenauer zit. nach Sternburg 2001, S. 188)

Die Westbindung war für Adenauer also ein Muss, das er mit Beharrlichkeit durchzusetzen wusste. Geholfen haben ihm dabei persönliche Stärken, aber auch institutionelle Besonderheiten der Nachkriegssituation. Erstens waren sein taktisches Geschick und seine selbstbewusst-zupackende, teilweise autoritäre Art schon zu Lebzeiten Legende, Stärken, die sich (zweitens) gerade vor dem Hintergrund der völlig neuen und fluiden politischen Ausgangslage nach dem Zweiten Weltkrieg als enorme Vorteile erwiesen: wo andere zögerten, griff Adenauer zu. Drittens half ihm, dass seine Präferenz für die Westbindung, die auch die von einer Mehrheit der Deutschen gewünschte Balance zwischen Anbindung an den Westen bei gleichzeitiger Offenhaltung der deutschen Frage zurückwies, in weit höherem Maße mit den Vorstellungen der westlichen Siegermächte vereinbar waren, als dies für seine Konkurrenten galt. Da die „Westmächte" in den Anfangsjahren der Bundesrepublik in allen außenpolitischen Fragen das Sagen hatten, war auch dieser Vorteil nicht zu unterschätzen. Viertens schließlich begünstigte Adenauer die Tatsache, dass er in den ersten Jahren seiner Kanzlerschaft auch das langsam wieder entstehende Auswärtige Amt führte und somit die spätere institutionelle Grundspannung zwischen Kanzler und Außenminister entfiel.

---

[15] Vgl. hierzu Geppert 2002, S. 16 f. und Schwarz 1998, S. 516 f.; vgl. ferner die Überblicke bei Hacke 1997, S. 27–97; Haftendorn 2001, S. 17–134; Sternburg 2001; Schwarz 1994a sowie Niclauß 2015, S. 56–62.

Trotzdem fällt die Antwort auf die kontrafaktische Frage, ob die deutsche Außenpolitik in den 1950er Jahren ohne Adenauer einen anderen Kurs genommen hätte, weit weniger eindeutig aus, als dies für Bismarck oder Hitler galt. Zwar gab es mit der „Einbettung eines bündnisfreien Deutschland in ein europäisches Sicherheitssystem in der Tat eine Alternative zum von der Bundesregierung gewählten Kurs der nahezu bedingungslosen Westbindung" (Haftendorn 2001, S. 58), aber diese Alternative hätte immer gegen die allseits präsenten westlichen Siegermächte durchgesetzt werden müssen – eine Vorstellung, die nicht einfach zu plausibilisieren ist (vgl. neben Haftendorn auch Geppert 2002, S. 32–37). Am überzeugendsten klingt daher die Einschätzung, dass Adenauer aufgrund seiner starken persönlichen Prädisposition gegenüber dem (unter machtpolitischen Gesichtspunkten) naheliegenden Ergebnis einer Anlehnung an den Westen einen über weite Strecken vorgezeichneten außenpolitischen Weg des westdeutschen Teilstaates erheblich erleichterte und beschleunigte. Dadurch verhalf er der Bundesrepublik nicht nur zu einem erstaunlich schnellen ökonomischen Wiederaufstieg, sondern auch zu schneller internationaler Anerkennung. Wären andere an seiner Stelle gewesen, hätten sie wohl kaum einen grundsätzlich anderen Weg einschlagen können. Die Wertschätzung, die Adenauer auch heute noch als wichtigster Kanzler der Nachkriegsjahrzehnte in der zeitgeschichtlichen Diskussion wie auch der öffentlichen Meinung genießt, ist wohl auch ein Anzeichen dafür, dass sich nur wenige eine plausible Alternative vorstellen können, die zu einem „besseren" Ergebnis geführt hätte. Da aber der von Adenauer bewusst eingeschlagene Weg keineswegs selbstverständlich war, wirkt seine Statur umso größer.

Auch die historische Statur Willy Brandts überragt eine ganze Reihe anderer Nachkriegskanzler.[16] Das Etikett „Jahrhundertgestalt" (Schwarz 1998, S. 672) verdient er allerdings weniger aufgrund der Tatsache, dass er (wie Adenauer) in der Zeit seiner außenpolitischen Verantwortung gegen zahlreiche innere Widerstände eine strategisch weitreichende außenpolitische Entscheidung traf, die sich in der Rückschau als überaus erfolgreich darstellen sollte. Zwar musste auch Brandt gegen erhebliche Widerstände der Christdemokraten – seines Koalitionspartners der Jahre 1966–69 und seines oppositionellen Widerparts bis 1974 – ankämpfen. Aber anders als bei Adenauer drängte nicht nur das gesamte internationale Umfeld, sondern auch eine deutliche Mehrheit innerhalb der Bundesrepublik darauf, die anachronistische Position der „Nicht-Anerkennung" der DDR aufzugeben und einen „Modus vivendi" – eine Form des beiderseits erträglichen Zusammenlebens – zu finden. In diesem Sinne bildete Brandt die Speerspitze einer Bewegung,

---

[16]Vgl. als Überblicke Bracher et al. 1986; Hacke 1997, S. 148–194 sowie Haftendorn 2001, S. 173–218.

7.3 Deutsche Außenpolitik als Ergebnis persönlicher Führung

die eine überfällige Flexibilisierung der deutschen Außenpolitik vorantrieb und endlich auch den Mut aufbrachte, alte Zöpfe abzuschneiden – Zöpfe, die auch Konrad Adenauer mit seinem legendären Anti-Kommunismus (vgl. Sternburg 2001, S. 191–196; Schwarz 1998, S. 525; Schmidt 2014, S. 197–223) geradezu liebevoll gepflegt hatte. Seine „Ostpolitik" – ein Begriff, den Brandt selbst nie mochte (vgl. Fischer 2003, S. 53) – eröffnete der westdeutschen Außenpolitik neue Chancen, die sie auf dem Standbein der Adenauer'schen Westbindung allein nie hatte. Erst durch die Addition von „West*bindung* plus Ost*verbindungen*" (Link 1987, S. 410, S. 413, Hervorh. im Original) gewann die Außenpolitik der Bundesrepublik das Maximum an Manövrierfähigkeit, das zu Zeiten des Ost-West-Konflikts möglich war. Der auch von Brandt selbst stets betonte qualitative Unterschied zwischen den politisch engen, teilweise die staatliche Souveränität durchbrechenden Bindungen mit den Partnern im Westen und den politisch weit loseren, für das friedliche Neben- und Miteinander aber nicht minder wichtigen Verbindungen zu den Nachbarn im Osten unterstrich jedoch auch hier, dass er seine Politik als Fortschreibung dessen verstand, was Adenauer im Westen begonnen hatte. Da allerdings die Deutschen Ende der 1960er Jahre der „Entspannungspolitik" ihrer westlichen Verbündeten hinterherhinkten und Brandts neue Akzentsetzung insofern ihrem grundlegenden Ansinnen entgegenkam, erscheint seine Innovation weniger richtungsweisend, als dies für Adenauers Westbindung der Fall war.

Es würde allerdings zu weit gehen, Brandts Leistung als „Jahrhundertgestalt" auf sein allgemein-politisches Engagement als „Sozialdemokrat" zu reduzieren und seiner Ostpolitik weiter reichende Bedeutung weitgehend abzusprechen – wie Hans-Peter Schwarz (1998, S. 682) meint, wenn er schreibt, dass diese „geschichtlich irrelevant geworden ist". Ein keineswegs unplausibles kontrafaktisches Argument würde demgegenüber hervorheben, dass die „Politik der aktiven Friedenssicherung" – wie Brandt selbst „das, was man unsere Ostpolitik nennt" bezeichnete (zit. nach Fischer 2003, S. 53) – bis weit in die Gegenwart prägend blieb. Denn ohne diese, auf das Engste mit der Person Brandts verbundene, „vertrauensbildende" Politik (vgl. Bahr 1999) wäre es dem „Frontstaat" Bundesrepublik nur schwer möglich gewesen, das fortbestehende massive Misstrauen gegenüber erneuten revisionistischen Tendenzen so weit abzubauen, dass in den nachfolgenden zwei Jahrzehnten unter dem Dach einer mühsamen Entspannungspolitik die Voraussetzungen für einen grundlegenden Wandel reifen konnten. Vor diesem Hintergrund ist auch die Frage vollauf berechtigt, ob „ohne die Ostpolitik Brandts der Aufstieg Gorbatschows möglich gewesen" wäre (Haftendorn 2003, S. 109). Die Antwort mag auch hier weniger eindeutig ausfallen als bei der „Unersetzlichkeit" von Bismarck und Hitler für die durch ihre Politik ausgelösten nachfolgenden Entwicklungen. Aber wenn selbst Schwarz einräumt, dass „an der Tatsache seiner

[Brandts, G.H.] ganz überragenden Bedeutung (…) heute kein Zweifel mehr möglich" ist, weil er wie wenige andere „die wirr durcheinander und gegeneinander laufenden Kraftlinien" des Jahrhunderts gebündelt habe (Schwarz 1998, S. 672), er gleichzeitig aber seine Bedeutung „in der gouvernementalen Dimension" leugnet (Schwarz 1998, S. 682), dann fragt sich, worin seine „prägende" Rolle letztlich bestand. Die Auflösung könnte womöglich darin liegen, dass man Brandt wie keinem anderen Kanzler vor und nach ihm (vielleicht mit der Ausnahme Helmut Kohls) zugesteht, „Visionär und Realist" zugleich gewesen zu sein.[17] Gewiss hat er die Vision einer umfassenden, die „Blöcke" transzendierenden europäischen Friedensordnung nicht erfunden, aber mit der Unterstützung anderer (wie etwa Egon Bahr) hat er in seiner Regierungszeit und danach als Vorsitzender der Sozialistischen Internationalen wesentlich dazu beigetragen, aus einer Idee ein realisierbares politisches Projekt zu machen, das in Europa zumindest bis in das zweite Jahrzehnt des 21. Jahrhunderts hinein, Wirklichkeit geworden war. Und in dieser Hinsicht reicht Brandt vielleicht im positiven Sinne an die weltpolitische Bedeutung heran, die von Hitler mit seinen Weltbeherrschungsplänen im negativen Sinne ausging.

7.4 Schluss

E

Der Zweite Weltkrieg stellt für die Außenpolitik Deutschlands eine bedeutende Wendemarke dar. Das ist bereits in den Kap. 4, 5 und 6 deutlich geworden, und diese Einschätzung gewinnt auch vor dem Hintergrund dieses Kapitels zur Bedeutung von Individuen nochmals an Überzeugungskraft. Aus einer systemischen Perspektive erscheint es zumindest bemerkenswert (wenn auch vielleicht nicht erstaunlich), wie radikal sich die Rahmenbedingungen und die Inhalte deutscher Außenpolitik vor und nach 1945 unterschieden. Dieser scharfe Kontrast wird unterstrichen, wenn man vergleicht, welche Folgen die persönliche Färbung der Außenpolitik unter Bismarck, Wilhelm II oder Hitler auf der einen und Adenauer und Brandt auf der anderen Seite für Deutschland wie auch Europa hatte. Auch wenn ihre Prägekraft und die ihrer Nachfolger Schmidt, Kohl, Schröder, Merkel und Scholz nicht an den Einfluss heranreichte, den die „Reichskanzler" hatten, lässt sich für die Zeit nach der Zäsur 1945 mit einem gewissen Recht zumindest für die Kanzler Adenauer und Brandt behaupten, dass sie ihre Zeit in einer beachtlichen Weise geprägt haben. Viel schwerer zu beantworten ist allerdings schon die

---

[17] So auch der Untertitel der wichtigsten Biografie Brandts; vgl. Merseburger 2002.

Frage, ob und wenn ja: inwieweit die großen Konturen oder wegweisende Einzelentscheidungen deutscher Außenpolitik anders ausgefallen wären, wenn genau diese zwei Individuen das Amt des Bundeskanzlers zur jeweiligen Zeit nicht ausgeübt hätten. Im Vergleich zur prä-bundesrepublikanischen Zeit wären die Folgen in beiden Fällen gewiss weit weniger dramatisch gewesen. Doch selbst vor dem Hintergrund demokratischer Institutionen und Machtbegrenzungsmechanismen erscheint es mehr als gerechtfertigt, den Faktor Persönlichkeit auch bei der Analyse deutscher Außenpolitik nach 1945 nicht außer Acht zu lassen. Wie gesagt: An dieser Stelle wurden aus pragmatischen Überlegungen zwei Bundeskanzler ausgewählt, ohne dass damit „großen Männern" gehuldigt werden soll. Ähnliches ließe sich auch für eine Reihe weit weniger „prominenter" Individuen tun, die durch konzeptionelle Arbeit zur Erweiterung des Vorstellungsraumes außenpolitischer Möglichkeiten oder durch ihr praktisches Geschick zur Umsetzung fruchtbarer neuer Ideen beigetragen haben. Unabhängig von dieser Akzentsetzung sollte die Diskussion dieses Kapitels aber gezeigt haben, dass gerade für die Geschichte deutscher Außenpolitik die Analyseebene des Individuums nicht ausgeblendet werden kann. Dass die wissenschafts- und erkenntnistheoretische Fundierung dieses Zugriffs weniger ausgereift und auch das methodische Instrumentarium im Vergleich zu jenen Gegenständen unterentwickelt ist, die in den nachfolgenden Kapiteln behandelt werden, sollte Forschende aber nicht davor zurückschrecken lassen, sich mit ihrer Rolle zu beschäftigen ohne dabei die Begrenzungen, die natürlich auch mit diesem Zugriff einhergehen, aus dem Blick zu verlieren.

Literatur

Bahr, E. (1999). Die „Normalisierung" der deutschen Außenpolitik: Mündige Partnerschaft statt bequemer Vormundschaft. *Internationale Politik*, Januar 1999, 41–53

Bartsch, S., & Hellmann, G. (1994). Alliierte Präsenz und deutsche Einheit: Thema und Fragestellung. In G. Hellmann (Hrsg.), *Alliierte Präsenz und deutsche Einheit: Die politischen Folgen militärischer Macht* (S. 25–46). Nomos

Bennett, A., & Checkel, J. T. (2015). *Process Tracing: From Metaphor to Analytic Tool*. Cambridge University Press

Bismarck, O. von (1929). *Gedanken und Erinnerungen* (vollständige Ausgabe der Bände 1 und 2 (von 1898) und 3 (von 1919)). Klett-Cotta

Bracher, K. D., Jäger, W., & Link, W. (1986). *Republik im Wandel: Die Ära Brandt, 1964–74* (Geschichte der Bundesrepublik Deutschland, Band 5/I). Deutsche Verlags-Anstalt

Byman, D. L., & Pollack, K. M. (2001). Let Us Now Praise Great Men: Bringing the Statesman Back In. *International Security*, 25(4), 107–146

Demandt, A. (1986). *Ungeschehene Geschichte: Ein Traktat über die Frage: Was wäre geschehen, wenn ....?* (2. Aufl.). Vandenhoeck & Ruprecht

Fischer, F. (2003). Willy Brandt und die Deutschland- und Ostpolitik 1966–1982. In W. Schmidt (Hrsg.), *Stand und Perspektiven der Willy-Brandt-Forschung* (S. 53–62). Bundeskanzler-Willy-Brand-Stiftung

Franke, U., & Roos, U. (2017). Rekonstruktive Ansätze in den Internationalen Beziehungen und der Weltpolitikforschung: Objektive Hermeneutik und Grounded Theory. In C. Masala, & F. Sauer (Hrsg.), *Handbuch Internationale Beziehungen* (2. Aufl., S. 619–640). Springer

Freis, D. (2018). Diagnosing the Kaiser: Psychiatry, Wilhelm II and the Question of German War Guilt. *Medical History*, 62(3), 273–294

Geiss, I. (1977). Die Rolle der Persönlichkeit in der Geschichte: Zwischen Überbewerten und Verdrängen. In M. Bosch (Hrsg.), *Persönlichkeit und Struktur in der Geschichte* (S. 10–25). Schwann

George, T. (2021). Hermeneutics. In E. N. Zalta (Hrsg.), *The Stanford Encyclopedia of Philosophy*. https://plato.stanford.edu/archives/win2021/entries/hermeneutics/

Geppert, D. (2002). *Die Ära Adenauer*. Wissenschaftliche Buchgesellschaft

Hacke, C. (1997). *Die Außenpolitik der Bundesrepublik Deutschland. Weltmacht wider Willen?* Ullstein.

Hacke, C. (2003a). Außen- und Sicherheitspolitik. In H. Münkler (Hrsg), *Politikwissenschaft: Ein Grundkurs* (S. 324–373). Rowohlt

Hacke, C. (2003b). *Die Außenpolitik der Bundesrepublik Deutschland: Von Konrad Adenauer bis Gerhard Schröder*. Ullstein

Haftendorn, H. (1993). Im Anfang waren die Alliierten: Die alliierten Vorbehaltsrechte als Rahmenbedingung des außenpolitischen Handelns der Bundesrepublik Deutschland. In H.-H. Hartwich, & G. Wewer (Hrsg.), *Regieren in der Bundesrepublik 5: Souveränität, Integration, Interdependenz: Staatliches Handeln in der Außen- und Europapolitik* (S. 41–92). Leske + Budrich

Haftendorn, H. (2001). *Deutsche Außenpolitik zwischen Selbstbeschränkung und Selbstbehauptung: 1945–2000*. Deutsche Verlags-Anstalt

Haftendorn, H. (2003). Willy Brandt und die deutsche Außenpolitik: Brücken bauen in der einen Welt. In W. Schmidt (Hrsg.), *Stand und Perspektive der Willy-Brandt-Forschung* (S. 98–111). Bundeskanzler-Willy-Brand-Stiftung

Hawthorn, G. (1994). *Die Welt ist alles, was möglich ist: Über das Verstehen der Vergangenheit*. Klett-Cotta

Hellmann, G. (2022): Pragmatismus in den Internationalen Beziehungen. In F. Sauer et al. (Hrsg.), *Handbuch Internationale Beziehungen*, Springer Reference Sozialwissenschaften, https://doi.org/10.1007/978-3-531-19954-2_9-3 (10.9.2023).

Herborth, B. (2017). Rekonstruktive Forschungslogik. In C. Masala, & F. Sauer (Hrsg.), *Handbuch Internationale Beziehungen* (S. 597–618). Springer

Hildebrand, K. (1994). *Deutsche Außenpolitik 1871–1918* (Enzyklopädie Deutscher Geschichte, Bd. 2). Oldenbourg

Hildebrand, K. (2009). *Das Dritte Reich* (7. Aufl.). Oldenbourg

Hilz, W. (2017). *Deutsche Außenpolitik*. Kohlhammer Verlag

Holmes, M., Jordan, R., & Parajon, E. (2021). Assessing the Renaissance of Individuals in International Relations Theory. *Political Science & Politics*, 54(2), 214–219

Isaacson, W. (1992). *Kissinger: A Biography*. Simon & Schuster
Kershaw, I. (2000). *Hitler: 1936–1945* (Band 2). Deutsche Verlags-Anstalt
King, G., Keohane, R. O., & Verba, S. (1994). *Designing Social Inquiry: Scientific Inference in Qualitative Research*. Princeton University Press
Lebow, R. N. (2007). Contingency, Catalysts and Nonlinear Change: the Origins of World War I. In G. Goertz, & J. S. Levy (Hrsg.), *Explaining War and Peace: Case Studies and Necessary Condition Counterfactuals* (S. 85–112). Routledge
Link, W. (1987). Die außenpolitische Staatsräson der Bundesrepublik Deutschland: Überlegungen zur innerstaatlichen Struktur und Perzeption des internationalen Bedingungsfeldes. In M. Funke et al. (Hrsg.), *Demokratie und Diktatur: Geist und Gestalt politischer Herrschaft in Deutschland und Europa* (Schriftenreihe der Bundeszentrale für politische Bildung, Bd. 250, S. 400–416). Bundeszentrale für Politische Bildung
Lorenz, C. (1997). *Konstruktion der Vergangenheit: Eine Einführung in die Geschichtstheorie*. Böhlau
Mayer, P. (2003). Die Epistemologie der Internationalen Beziehungen: Anmerkungen zum Stand der „Dritten Debatte". In G. Hellmann, K. D. Wolf, & M. Zürn (Hrsg.), *Die neuen Internationalen Beziehungen: Forschungsstand und Perspektiven in Deutschland* (S. 47–99). Nomos
McDermott, R. (2004). *Political Psychology in International Relations*. University of Michigan Press
Mearsheimer, J. J. (2001). *The Tragedy of Great Power Politics*. Norton
Merseburger, P. (2002). *Willy Brandt 1913–1992: Visionär und Realist*. Deutsche Verlags-Anstalt
Mommsen, W. J. (2002a). *Die Urkatastrophe Deutschlands: Der Erste Weltkrieg 1914–1918* (Bd. 17, Gebhardt Handbuch zur deutschen Geschichte, 10. völlig neue bearbeitete Aufl.). Klett-Cotta
Mommsen, W. J. (2002b). *War der Kaiser an allem schuld? Wilhelm II. und die preußisch-deutschen Machteliten*. Propyläen
Morgenthau, H. (1985)[1948]. *Politics Among Nations: The Struggle for Power and Peace*. Knopf
Mueller, J. (1989). *Retreat from Doomsday: the Obsolescence of Major War*. Basic Books
Niclauß, K. (2015). *Kanzlerdemokratie: Regierungsführung von Konrad Adenauer bis Angela Merkel* (3. Aufl.). Springer
Pflanze, O. (1998). *Bismarck: Der Reichskanzler*. C.H. Beck
Recker, M.-L. 2010. *Die Außenpolitik des Dritten Reiches* (2. Aufl., Enzyklopädie Deutscher Geschichte, Bd. 8). Oldenbourg
Rosenfeld, G. D. (2005). *The World Hitler Never Made: Alternate History and the Memory of Nazism*. Cambridge University Press
Rüsen, J. (1986). *Rekonstruktion der Vergangenheit: Grundzüge einer Historik II: Die Prinzipien der historischen Forschung*. Vandenhoeck & Ruprecht
Schmidt, R. F. (2002). *Die Außenpolitik des Dritten Reiches 1933–1939*. Klett-Cotta
Schmidt, W. (2014). Willy Brandts Ost- und Deutschlandpolitik. In B. Rother (Hrsg.), *Willy Brandts Außenpolitik* (S. 161–257). Springer
Schwarz, H.-P. (1986). *Adenauer: Der Aufstieg: 1876–1952*. Deutsche Verlags-Anstalt
Schwarz, H.-P. (1991). *Adenauer: Der Staatsmann: 1952–1967*. Deutsche Verlags-Anstalt

Schwarz, H.-P. (1994a). *Die Ära Adenauer 1949–1957: Gründerjahre der Republik*. Deutsche Verlags-Anstalt

Schwarz, H.-P. (1998). *Das Gesicht des Jahrhunderts: Monster, Retter und Mediokritäten*. Siedler

Sillis, D. L., & Merton, R. K. (1991). *The Macmillan Book of Social Science Quotations: Who Said What, When, and Where*. Palgrave Macmillan

Stein, J. G. (2011). Psychological Explanations of International Politics. In B. Badie, D. Berg-Schlosser, & L. Morlino (Hrsg.), *International Encyclopedia of Political Science*. SAGE

Sternburg, W. von(2001). *Adenauer: Eine deutsche Legende*. Aufbau Taschenbuch

Turner, S., & Mazur, G. (2009). Morgenthau as a Weberian Methodologist. *European Journal of International Relations*, 15(3), 477–504

Ullrich, V. (2018). *Adolf Hitler: Die Jahre des Untergangs 1939–1945*. Fischer

Waltz, K. N. (1959). *Man, State, and War: A Theoretical Analysis*. Columbia University Press

Yanow, D., & Schwartz-Shea, P. (2006). *Interpretation and Method: Empirical Research Methods and the Interpretive Turn*. Sharpe

Bürokratien und Entscheidungsprozesse

8

Zusammenfassung

In diesem Kapitel stehen Bürokratien und Entscheidungsprozesse in der deutschen Außenpolitik im Mittelpunkt der Analyse. Individuen sind auch hier bedeutsam, aber primär in ihrer Funktion als Rollenträger, das heißt als Träger einer bestimmten Funktion in einem institutionellen Gefüge und politischen Entscheidungsprozessen. Im Vordergrund stehen daher die institutionellen Arrangements und Prozesse, die durchlaufen werden müssen, um außenpolitische Entscheidungen zu treffen. Diese Thematik wird aus zwei unterschiedlichen analytischen Blickwinkeln betrachtet, die einander gut ergänzen. Zunächst werden drei verschiedene Modelle der außenpolitischen Entscheidung vorgestellt werden. Jedes dieser Modelle stellt einen Versuch dar, zu verstehen und zu beschreiben, wie außenpolitische Entscheidungen getroffen werden. Dem Modell des „rationalen Akteurs", das implizit bereits in einigen vorangehenden Kapiteln im Zentrum steht, werden zwei komplexere Alternativmodelle gegenübergestellt, die man als „Organisatorischer Prozess" und „bürokratische Politik" bezeichnet. Sodann wird eine Typologie von außenpolitischen Entscheidungssituationen vorgestellt, die von Routineentscheidungen über längerfristig angelegte Planungsentscheidungen bis hin zu Krisenentscheidungen reicht. Damit soll illustriert werden, wie bestimmte Modelle der außenpolitischen Entscheidung in bestimmten Typen von Entscheidungssituation sinnvoll eingesetzt werden können. Den Schwerpunkt des historischen Illustration bildet die Ostpolitik Willy Brandts und Egon Bahrs und der „Zwei-plus-Vier"-Prozess, der zur deutschen Einheit führte.

8.1 Einleitung: Individuen, Bürokratie und außenpolitische Entscheidungsprozesse

Im vorherigen Kapitel ging es um die Bedeutung einzelner, zumeist einflussreicher Individuen, die aufgrund ihrer persönlichen Überzeugung, ihrer Machtfülle sowie ihres Geschicks (oder ihres Ungeschicks) merklichen Einfluss auf die Außenpolitik Deutschlands hatten. In diesem Kapitel, in dem die Bedeutung von Bürokratien und Entscheidungsprozessen für die deutsche Außenpolitik im Mittelpunkt steht, sind Individuen ebenfalls wichtig. Sie stehen aber nicht als *Individuen* im Blickpunkt unseres Interesses, sondern als *Rollenträger*, das heißt als Träger einer bestimmten Funktion in einem institutionellen Gefüge und politischen Entscheidungsprozessen, durch die kollektiv bindende Entscheidungen möglich und hergestellt werden. Im Vordergrund stehen daher die institutionellen Arrangements und Prozesse, die durchlaufen werden müssen, um außenpolitische Entscheidungen zu treffen. Die Spannbreite solcher Prozesse reicht von hochpolitischen Entscheidungsprozessen an der außenpolitischen Spitze bis hin zu routinemäßigen bürokratischen Abläufen.

Das Kapitel ist so aufgebaut, dass die Problematik aus zwei unterschiedlichen analytischen Blickwinkeln betrachtet wird, die einander gut ergänzen. Zunächst, in Abschn. 8.2, sollen drei verschiedene Modelle der außenpolitischen Entscheidung vorgestellt werden, die von Graham Allison und Philip Zelikow (1999) formuliert wurden. Jedes dieser Modelle stellt einen Versuch dar, zu verstehen und zu beschreiben, wie außenpolitische Entscheidungen getroffen werden. Dabei wird auch explizit darauf eingegangen werden, wie in einigen der vorherigen Kapitel implizit mit einem Verständnis von (deutscher) Außenpolitik gearbeitet wurde, das als das Modell des „rationalen Akteurs" bekannt ist. Diesem Modell werden zwei komplexere Alternativmodelle gegenübergestellt, die man als „Organisatorischer Prozess" und „bürokratische Politik" bezeichnet. Deutlich werden soll nicht nur, was die Stärken und Schwächen der unterschiedlichen Modelle sind, sondern auch, inwiefern es sinnvoll und in gewisser Weise auch unvermeidlich ist, bei der Analyse von Außenpolitik mit derartigen Modellen zu arbeiten. Im darauffolgenden Abschn. 8.3 wird eine Typologie von außenpolitischen Entscheidungssituationen vorgestellt, die von *Routineentscheidungen* über längerfristig angelegte *Planungsentscheidungen* bis hin zu *Krisenentscheidungen* reicht. Dabei soll diskutiert werden, wie bestimmte Modelle der außenpolitischen Entscheidung in bestimmten Typen von Entscheidungssituation sinnvoll eingesetzt werden können. Wie bereits in den vorherigen Kapiteln werden die vorgestellten theoretischen Konzepte mit Hilfe konkreter Beispiele der deutschen Außenpolitik illustriert. Den Schwerpunkt bildet dabei in diesem Kapitel die Ostpolitik Willy Brandts und Egon Bahrs und der „Zwei-plus-Vier"-Prozess, der zur deutschen Einheit führte.

8.2 Theorie I: Modelle zur Analyse außenpolitischer Entscheidungen

Bevor darauf eingegangen wird, warum es sinnvoll oder sogar notwendig sein kann, bei der Analyse deutscher Außenpolitik mit Modellen außenpolitischer Entscheidungsfindung zu arbeiten, ist zunächst zu klären, was grundsätzlich unter einem Modell zu verstehen ist. Modelle können unterschiedliche Funktionen haben und es gibt verschiedene Arten von Modellen, die diese Funktionen in unterschiedlichem Maße erfüllen. An einem alltagsweltlichen Beispiel ist das gut erkennbar. Ein Modellbausatz eines Airbus aus Plastik ist ebenso ein Modell eines Flugzeuges wie ein aus einem Stück Papier gefalteter Düsenflieger. Offensichtlich haben diese beiden Modelle aber unterschiedliche Qualitäten. Das detailgetreue Plastikmodell bietet eine viel genauere und bessere Beschreibung des Aussehens eines echten Flugzeugs als der Papierflieger. Wirft man es jedoch in die Luft, wird es schnell und unsanft auf dem Boden zerschellen, während der Papierflieger zumindest einige Zeit durch die Luft segeln kann. Dieses Modell wird daher wahrscheinlich nützlicher sein als das Plastikmodell, wenn man erklären will, wie und warum Flugzeuge fliegen. Wenn in der Außenpolitikanalyse von Modellen außenpolitischer Entscheidungen die Rede ist, ist damit in gewisser Hinsicht etwas Ähnliches gemeint wie die beiden Modelle eines Flugzeuges: ein bewusst vereinfachtes Abbild der Realität, das unter anderem dazu dienen kann, diese Realität zu beschreiben und zu erklären oder zu verstehen.

Damit wird bereits deutlich, warum es sinnvoll sein kann, mit solchen Modellen zu arbeiten, wenn man die komplexen Prozesse, die dazu führen, dass eine außenpolitische Entscheidung gefällt wird, verstehen will: Ein Modell ermöglicht es, bestimmte Aspekte dieser Prozesse systematisch zu beleuchten und kann damit – sofern es ein hinreichend gutes Modell ist – helfen, manche Zusammenhänge zu erkennen, die der Betrachterin sonst verborgen geblieben wären. Graham Allison und Philip Zelikow, die die Neufassung eines der einflussreichsten Bücher über Modelle außenpolitischer Entscheidung geschrieben haben, betonen sogar, dass jeder, der Außenpolitik untersucht, gleich ob als Politikwissenschaftler*in, Politiker*in, Journalist*in oder einfache*r Bürger*in, mit solchen Modellen arbeitet (Allison und Zelikow 1999, S. 3–4; vgl. auch Allison 1971). Zumindest implizit geht jeder von bestimmten Annahmen darüber aus, wie die Welt beschaffen ist, wie Dinge in ihr kausal zusammenhängen, welche Akteure maßgeblich sind, und so weiter. Ausformulierte Modelle, wie sie in diesem Kapitel vorgestellt werden, sind daher nur eine explizierte und systematischere Version solch konzeptioneller Annahmen. Mit derartigen Modellen reflektiert umzugehen, ist aber nicht nur deshalb wichtig, weil es helfen kann, Außenpolitik besser zu beschreiben und zu verstehen. Es ist auch deshalb bedeutsam, weil die Wahl des Modells, mit dem man, implizit oder explizit, arbeitet, einen erheblichen Einfluss darauf hat, welche Fragen man für sinnvoll und wichtig halten und wie man sie beantworten wird.

8.2.1 Das Modell des rationalen Akteurs

Das Modell des rationalen Akteurs ist ein vergleichsweise einfaches und weit verbreitetes Modell zur Analyse der Außenpolitik eines Staates (für einen Überblick, vgl. Mintz und DeRouen 2010, S. 57–67 sowie Bueno de Mesquita 2018; zur Kritik vgl. Alden 2017). An verschiedenen Stellen in vorhergehenden Kapiteln ist es bereits implizit aufgetaucht, etwa in der Theorie des Realismus, die davon ausgeht, dass Staaten als „einheitliche" Akteure Außenpolitik betreiben und dabei auf die Sicherung ihres Überlebens und ihrer Macht bedacht sind. Innerstaatliche Bürokratien und Entscheidungsprozesse, die im Mittelpunkt dieses Kapitels stehen, werden im Modell des rationalen Akteurs bewusst und vollständig ausgeblendet. Da die nachfolgenden, komplexeren Modelle jedoch in Abgrenzung von diesem Modell formuliert wurden, ist es sinnvoll, sich die Charakteristika des Modells des rationalen Akteurs an dieser Stelle noch einmal zu vergegenwärtigen.

Deutsche Außenpolitik aus dem Blickwinkel des Modells des rationalen Akteurs zu betrachten, bedeutet erstens, davon auszugehen, dass diese Außenpolitik von einem einheitlichen Akteur namens „Deutschland" betrieben wird. Obwohl unmittelbar erkennbar ist, dass die Realität deutscher Außenpolitik erheblich komplexer ist, ist dies eine weit verbreitete und häufig auch sehr nützliche Annahme. Ereignisse in der internationalen Politik werden häufig in dieser Form beschrieben, etwa wenn von Deutschlands Interesse an Handelsliberalisierungen die Rede ist oder von Putins Entscheidung, die Ukraine anzugreifen oder von einer deutsch-französischen Initiative im Rahmen der EU. Die zweite Annahme, die mit dem Modell des rationalen Akteurs gemacht wird, lautet, dass der einheitliche Akteur rational handelt, dass er also gegebene Ziele hat, die er in bestmöglicher Weise zu verwirklichen sucht. Auch dies ist eine verbreitete Annahme, zum Beispiel wenn gesagt wird, Deutschland setze sich für Handelsliberalisierungen ein, weil es als Exportnation davon profitiert.

Eine außenpolitische Entscheidung vollzieht sich im Modell des rationalen Akteurs im Wesentlichen in vier Schritten (vgl. Allison und Zelikow 1999, S. 18). (1) Der Akteur hat bestimmte, feststehende Ziele, aus denen sich eine so genannte „Präferenzordnung" ergibt, d. h. er kann für alle möglichen Handlungsergebnisse den für ihn zu erwartenden Nutzen abschätzen und sie in eine Rangordnung brin-

8.2 Theorie I: Modelle zur Analyse außenpolitischer Entscheidungen

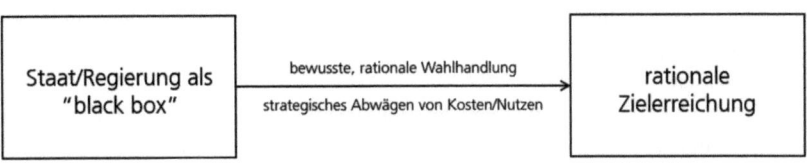

Zentrale Fragen:
1) Welche Umstände sehen Staaten als Bedrohungen oder günstige Gelegenheiten?
2) Welche Ziele verfolgt der Staat?
3) Welche Optionen stehen dem Staat zur Erreichung dieser Ziele zur Verfügung?
4) Wie hoch sind die strategischen Kosten bzw. der Nutzen jeder Option?
5) Welche Entscheidung ist unter diesen Bedingungen die beste?

Abb. 8.1 Modell I – Der rationale Akteur. (Quelle: Eigene Darstellung nach Allison und Zelikow 1999, S. 23–27)

gen. (2) In der konkreten Entscheidungssituation stehen dem Akteur verschiedene Handlungsalternativen zur Verfügung. (3) Der Akteur kann für jede dieser Handlungsalternativen den zu erwartenden Nutzen bestimmen. (4) Er entscheidet sich für die Alternative, die mit ihrem erwarteten Nutzen am höchsten in seiner Präferenzordnung steht (Abb. 8.1).

8.2.2 Die Alternative: „Opening the black box"

Was das Modell des rationalen Akteurs nicht leisten kann und auch gar nicht leisten will, ist, die Prozesse im Inneren eines Staates, die zu einer außenpolitischen Entscheidung führen, zu erklären. Der Staat wird vielmehr wie eine „black box" behandelt, in deren Innenleben man keine Einsicht erhält. Es gibt jedoch auch alternative Modelle, mit denen genau diese „black box" geöffnet werden soll, um die Prozesse der Entscheidungsfindung durchschaubarer zu machen. Damit wird der Anspruch erhoben, jene Faktoren in diesen komplexen Prozessen zu identifizieren, die dabei helfen, Außenpolitik besser zu verstehen. Die Behauptung ist allerdings nicht, dass das einfache Modell des rationalen Akteurs niemals sinnvoll sein könnte. Wohl aber wird behauptet, dass politische Entscheidungsprozesse, in die zahlreiche Individuen und kollektive Akteure involviert sind, eine eigene Dynamik entwickeln, die zu anderen Ergebnissen führen kann, als das Modell des rationalen Akteurs erwarten ließe (Quirk 2008, S. 521). Dies kann sogar dann der Fall sein, wenn man davon ausgeht, dass alle beteiligten Akteure sich jeweils rational verhalten. Der Grund liegt darin, dass diese unterschiedlichen Akteure aufgrund ihrer unterschiedlichen Rollen und ihrer unterschiedlichen Positionierung im Entscheidungsprozess Interessen verfolgen könnten, die sich sowohl voneinander als auch von dem postulierten Interesse eines gedachten einheitlichen Akteurs „Staat" unterscheiden.

Was zeichnet diese alternativen Modelle aus, die die „black box" des Staates öffnen? Zunächst sollen einige zentrale Merkmale identifiziert werden, die allen gemeinsam sind. Dies betrifft zum einen die Frage, wie Akteure konzeptualisiert werden, zum anderen die Frage, welche typischen Praktiken außenpolitischer Entscheidungsfindung diesen Akteuren zugeschrieben werden.

Wie bereits erwähnt, wird in komplexeren Modellen Außenpolitik nicht als die Handlung eines einheitlichen Akteurs angesehen, sondern als das Ergebnis eines politischen Entscheidungsprozesses, an dem mehrere Akteure beteiligt sind. Die Zahl der Akteure kann dabei gering sein, wie etwa bei einer schnell zu treffenden Krisenentscheidung im kleinen Führungszirkel, oder auch sehr groß, wie es häufig bei Routineentscheidungen der Fall ist, die auf institutionell erprobte Verfahren zurückgreifen. In jedem Fall ist die Zahl der Akteure aber größer als Eins. Außenpolitik wird demzufolge also nicht von dem imaginären einheitlichen Akteur „Staat" gemacht und auch nicht von dem einsam entscheidenden „großen Staatsmann".

Neben der Zahl der Akteure, die in einem solchen Modell Berücksichtigung finden, ist auch wichtig, von welchen Arten von Akteuren ausgegangen wird. Hier kann man verschiedene Akteurskategorien unterscheiden, zunächst *individuelle* und *kollektive*. Von einem kollektiven Akteur zu sprechen, ist eine Abstraktion, die aber häufig sinnvoll ist. Wir kennen dies bereits vom Modell des rationalen Akteurs, in dem „Deutschland" oder „Frankreich" als ein Akteur behandelt werden. Auch innerhalb von Staaten kann man Kollektive ausmachen, die als ein Akteur beschrieben werden können. Dies kann das Kabinett sein, ein Ministerium, eine Abteilung oder ein Referat eines Ministeriums oder auch eine Parlamentsfraktion.

Dass statt kollektiven Akteuren, oder in Ergänzung zu ihnen auch Individuen, als außenpolitische Akteure aufgefasst werden können, ist unmittelbar einleuchtend. Dabei treten Individuen aber nicht nur als Menschen mit bestimmten Persönlichkeitsmerkmalen auf, wie wir das bereits in Kap. 7 kennen gelernt haben. Individuen können auch als Träger*innen einer bestimmten Rolle aufgefasst werden. Olaf Scholz wird dann beispielsweise nicht als Mensch mit ganz bestimmten Charaktereigenschaften gesehen, sondern in seiner Funktion als Bundeskanzler, aufgrund der er bestimmte Interessen haben und bestimmte Verhaltensweisen an den Tag legen wird. Es gibt eine ganze Reihe sehr unterschiedlicher Rollen, die

8.2 Theorie I: Modelle zur Analyse außenpolitischer Entscheidungen

Menschen in außenpolitischen Entscheidungsprozessen übernehmen können. Das reicht von den verschiedenen Rollen der Politiker*innen (zum Beispiel Kanzlerin, Minister, Vorsitzende des Auswärtigen Ausschusses, Hinterbänkler im Bundestag usw.) über die Rollen der Beamt*innen (zum Beispiel Staatssekretärin, Botschafter, einfache Diplomatin) bis hin zu Berater*innen und Vertrauten (sowohl „interne" Berater*innen, die zum Beispiel ein Ministerbüro leiten oder im Planungsstab eines Ministeriums angestellt sind, als auch „externe" Berater*innen wie etwa Politikwissenschaftler*innen mit engen Kontakten zu bestimmten Entscheidungsträger*innen). Wichtig ist, dass die jeweilige Positionierung einer beteiligten Person im Entscheidungsprozess ihr oder sein Verhalten in diesem Prozess maßgeblich prägt.

Damit kommen wir zu den Praktiken, die von solchen Akteuren, individuell und kollektiv, typischerweise zu erwarten sind. In den komplexen Modellen außenpolitischer Entscheidungsfindung sind dabei drei Dinge besonders typisch. Erstens wird davon ausgegangen, dass die Akteure die Probleme aus ihrer eigenen Sicht, die sich aus ihrer Rolle und ihrem Selbstverständnis ergibt, identifizieren und bearbeiten. Es sind nicht die übergeordneten Sichtweisen und Interessen eines Staates, sondern die kleinerer Gruppen und von Individuen, die außenpolitische Entscheidungsprozesse prägen. Zweitens wird den Akteuren häufig unterstellt, dass sie eingeübten und oft sogar standardisierten Verfahren folgen, wenn es darum geht, Probleme zu bearbeiten. Dies ist eine gänzlich andere Sichtweise als die des Modells des rationalen Akteurs, nach dem der Akteur zu jeder Zeit kalkuliert und sein Verhalten flexibel am maximalen zu erwartenden Nutzen ausrichtet. Drittens schließlich spielen Prozesse des Aushandelns und anderer Formen der Interaktion zwischen den beteiligten Akteuren eine große Rolle in der Entscheidungsfindung. Dabei lassen sich formelle Verfahren, nach denen zum Beispiel ein Ministerium verfährt, besonders gut untersuchen, aber auch informelle Verfahren (wie etwa persönliche Kontakte zwischen verschiedenen Beteiligten) können Beachtung finden.

8.2.3 Zwei alternative Modelle im Detail: Organisatorischer Prozess und Bürokratische Politik

Graham Allison und Philip Zelikow entwerfen in ihrem Buch (1999) zwei alternative Modelle der außenpolitischen Entscheidung, auf die das im letzten Abschnitt Gesagte zutrifft, wenngleich mit jeweils unterschiedlicher Schwerpunktsetzung. Diese beiden Modelle, die man als „Organisatorischer Prozess" und als „Bürokratische Politik" bezeichnen kann (vgl. auch Jones 2017), sollen im Folgenden skizziert werden, um die Unterschiede dieser Perspektiven gegenüber dem Modell des rationalen Akteurs zu veranschaulichen.

8.2.3.1 Außenpolitik als „Organisatorischer Prozess"

Im Mittelpunkt dieses Modells (vgl. Allison und Zelikow 1999, S. 143–196; sowie Jones 2017) stehen Organisationen als Akteure, wie etwa das Bundeskanzleramt, das Auswärtige Amt, die Bundeswehr oder die Kreditanstalt für Wiederaufbau, sowie die Interaktionen dieser Organisationen, die selbst bestimmten institutionalisierten Routinen folgen. Durch die organisatorische Ausdifferenzierung des außenpolitischen Apparates werden komplexe Probleme in eine Vielzahl kleinerer Einzelprobleme aufgegliedert und auf unterschiedliche Organisationen verteilt. Damit geht zugleich auch eine Fraktionierung von Macht einher. Entscheidend ist dabei, dass die einzelnen Organisationen nicht die Rädchen einer großen, zentral zu steuernden Maschine sind, sondern jeweils ein Eigenleben haben, d. h. dass sie ihre eigenen standardisierten Vorgehensweisen haben („Standard Operating Procedures", SOPs), mit denen Aufgaben bearbeitet werden. Ohne solche Verfahren könnten die Organisationen ihre vielfältigen Aufgaben oft gar nicht zuverlässig ausführen. Zugleich wird das Handeln einer Organisation damit aber auch formalisiert und schwerfällig gegenüber Veränderungen. Vor allem von außerhalb der Organisation ist es nur schwer zu steuern und zu verändern. In Ministerien kann man zum Beispiel grob zwischen der Leitungsebene und der Arbeitsebene unterscheiden. Die Ministerin hat im Wesentlichen Kontakt mit den Spitzen der Leitungsebene (Staatssekretäre, Abteilungsleiterinnen etc.). Die Umsetzung der politischen Vorgaben in konkrete Entscheidungsvorlagen und die Erarbeitung und Aufbereitung der Informationen, auf deren Basis politische Entscheidungen getroffen werden, erfolgt jedoch hauptsächlich auf der Arbeitsebene, das heißt in verschiedenen Referaten. Auf dem Weg einer politischen Vorgabe von Ministerin über Staatssekretär, Abteilungsleiterin, Unterabteilungsleiter, Referatsleiterin, Referent und als Referentenentwurf wieder zurück kann eine Entscheidungsvorlage insgesamt erheblich verändert werden. Die Entscheidungsvorlage, die die Ministerin letztlich dem Kabinett vorlegt, wird daher wesentlich von den institutionalisierten Handlungsroutinen in ihrem Ministerium geprägt sein.

Allison und Zelikow sprechen in diesem Zusammenhang von „organizational culture", also Organisationskultur (Allison und Zelikow 1999, S. 167): Das Handeln jeder Organisation wird angeleitet von institutionalisierten und nicht leicht veränderbaren Überzeugungen und Normen, die vorgeben, mit welchen Informationen gearbeitet werden soll, welche Handlungsroutinen zur Problembearbeitung herangezogen werden, auf welche Weise Personal rekrutiert und befördert wird und was als erfolgreiches Handeln der Organisation gelten soll.

8.2 Theorie I: Modelle zur Analyse außenpolitischer Entscheidungen

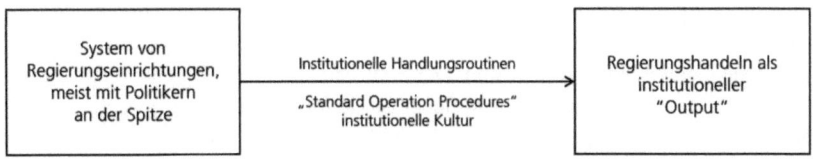

Abb. 8.2 Modell II – Organisatorischer Prozess. (Quelle: Eigene Darstellung nach Allison und Zelikow 1999, S. 143–185)

Standardisierte Operationsverfahren helfen Organisationen, Ungewissheit zu verringern. Anders als im Modell des rationalen Akteurs muss nicht vor jeder Entscheidung ein offener Prozess der Ermittlung von Zielen, Handlungsoptionen, Kosten und Nutzen durchlaufen werden. Stattdessen werden Probleme aufgrund vielfältiger Erfahrungen mit ähnlichen Situationen so definiert, dass sie mit den vorhandenen standardisierten Operationsverfahren bearbeitet werden können. Die Akteure im Modell des Organisatorischen Prozesses verhalten sich damit nicht irrational, aber es ist doch eine eingeschränkte Rationalität, da die eingeübten Handlungsroutinen kaum hinterfragt werden und Information, die sich im Rahmen dieser Routinen nicht verarbeiten lässt, tendenziell ausgeblendet werden.

Insgesamt ergibt sich in diesem zweiten Modell außenpolitischer Entscheidungsfindung also das Bild von Regierungshandeln als institutionellem Output. Abb. 8.2 bereitet dies noch einmal schematisch auf.

8.2.3.2 Außenpolitik als „Bürokratische Politik"

Das dritte Modell von Allison und Zelikow (1999, S. 255–324) weist einige Überschneidungen mit dem zweiten auf. Auch hier wird die Regierung nicht als ein monolithischer Block, sondern als ein Konglomerat verschiedener, miteinander interagierender Akteure angesehen. Allerdings werden bei diesem dritten Modell nicht unpersönliche Organisationen betrachtet, sondern individuelle Akteure, die einen bestimmten Platz in solchen Organisationen wie etwa Ministerien oder Kabinetten einnehmen. Außerdem treten politische Aushandlungsprozesse gegenüber standardisierten und institutionalisierten Handlungsabläufen stärker in den Vordergrund.

Dabei wird mit der Analogie des Spiels gearbeitet. Die Akteure werden als Spieler bezeichnet, die innerhalb der Regierung eine bestimmte Position einnehmen. Je nachdem, um welche außenpolitische Entscheidung es geht, sind unterschiedliche Spieler beteiligt. Jeder Spieler hat seine eigene Wahrnehmung der Situation und seine eigenen Präferenzen darüber, wie erstrebenswert die verschiedenen Handlungsoptionen sind. Der Standpunkt, den der Spieler vertritt, wird wesentlich davon geprägt sein, an welcher Stelle im Entscheidungssystem er sitzt. Dies wird mit der griffigen englischen Formel „where you stand depends on where you sit" (Allison und Zelikow 1999, S. 307) auf den Punkt gebracht. Entscheidend für den Standpunkt eines Spielers in einer außenpolitischen Frage ist also nicht nur die persönliche Lebenserfahrung des Individuums. Wichtiger noch ist, dass der Spieler der Träger einer bestimmten Rolle (als Außenministerin, Chef des Bundeskanzleramts, Generalinspekteur der Bundeswehr etc.) ist.

Wenn Außenpolitik das Ergebnis eines Spiels ist, in dem unterschiedliche Spieler mit jeweils partikularen Zielen und Interessen interagieren, ist es wichtig, welcher Spieler wie viel Einfluss auf eine Entscheidung und ihre Umsetzung hat. Dies wird von Fall zu Fall unterschiedlich sein, je nachdem, um welche Entscheidung es sich handelt. Formale Kompetenzzuschreibungen, wie sie in Kap. 3 diskutiert wurden, sind dabei nicht unwichtig: Wer hat von Rechts wegen welche Zuständigkeit in der jeweiligen Frage? Ebenso wichtig sind aber andere institutionelle Machtmittel, wie etwa die Kontrolle materieller Ressourcen, der Zugang zu Informationen oder gar die Möglichkeit, anderen diesen Zugang zu gewähren oder zu verweigern. Schließlich sind auch noch weitere Aspekte, die noch schwerer zu verallgemeinern sind, von Belang, wie zum Beispiel das Verhandlungsgeschick der Spieler oder die Perzeptionen, die die anderen Spieler über die eigenen Einflussmöglichkeiten haben.

Der letzte wichtige Punkt im Modell der Bürokratischen Politik sind die Spielregeln und die Handlungskanäle („action-channels"), im Rahmen derer die unterschiedlichen Standpunkte der beteiligten Spieler in Übereinstimmung gebracht werden. Diese können den in Modell II so wichtigen standardisierten Operationsverfahren ähneln, weil es sich um eingespielte Prozeduren handelt. Anders als im zweiten Modell setzen sie hier aber nur den Rahmen, innerhalb dessen Entscheidungen politisch ausgehandelt werden.

In der Summe lässt sich Außenpolitik im Modell der Bürokratischen Politik daher als Ergebnis von politischen Aushandlungsprozessen beschreiben. Abb. 8.3 fasst dieses Modell noch einmal zusammen.

8.3 Theorie II: Typen von Entscheidungssituationen und die Mechanismen ... 177

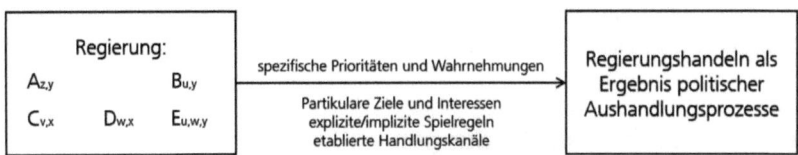

Abb. 8.3 Modell III – Bürokratische Politik. (Quelle: Eigene Darstellung nach Allison und Zelikow 1999, S. 294–313)

8.3 Theorie II: Typen von Entscheidungssituationen und die Mechanismen politischer Entscheidungsfindung

Im Folgenden soll noch eine andere analytische Perspektive eingeführt werden, die die Analyse außenpolitischer Entscheidungen mit Hilfe verschiedener Modelle gut ergänzen kann: *Typen* von Entscheidungen, und zwar *Routineentscheidungen*, *Planungsentscheidungen* und *Krisenentscheidungen* (vgl. Haftendorn 1990). Dabei wird deutlich werden, in welchen Situationen welche der Modelle von Allison und Zelikow besonders hilfreich sein können, um Prozesse der außenpolitischen Entscheidungsfindung zu verstehen. Vorweg sei darauf hingewiesen, dass die Übergänge zwischen Routine-, Planungs- und Krisenentscheidungen zum Teil fließend sind. Wie alle Kategorisierungen, mit denen wir in der Außenpolitikanalyse (wie auch in anderen Bereichen der Sozialwissenschaften) arbeiten, handelt es sich bei dieser Einteilung um eine bewusste Vereinfachung. Sie liefert keine in allen Details korrekte Beschreibung, kann aber dazu beitragen, dass wir außenpolitische Entscheidungsprozesse besser verstehen, indem wir wesentliche Unterscheidungsmerkmale systematisch herausarbeiten. Während Routineentscheidungen nur sehr knapp behandelt werden, sollen die Ausführungen über Planungsentscheidungen und Krisenentscheidungen jeweils an einem empirischen Beispiel illustriert werden. Dies wird im einen Fall die Ostpolitik von Willy Brandt und Egon Bahr sein und im anderen Falle bestimmte Krisenentscheidungen im Prozess der deutschen Vereinigung.

8.3.1 Routineentscheidungen

Die meisten außenpolitischen Entscheidungen können wahrscheinlich als Routineentscheidungen bezeichnet werden. Sie sind das Alltagsgeschäft der Diplomatie. Darunter fällt das Anfertigen von Länderberichten im Auswärtigen Amt, die protokollarische Vorbereitung eines Staatsbesuchs, die Erstellung von Entscheidungsvorlagen, die Vorbereitung einer Kabinettssitzung, die Verwaltung zugewiesener Haushaltsmittel und so fort. Es leuchtet unmittelbar ein, dass die oben erläuterten standardisierten Vorgehensweisen gerade bei Routineentscheidungen zum Einsatz kommen, da der Alltag eines so großen Apparates, wie ihn eine Regierung darstellt, viele standardisierte Verfahren erfordert (vgl. Kap. 3).

Obwohl Routineentscheidungen damit das Gros der außenpolitischen Entscheidungen bilden, gibt es kaum Forschungsarbeiten über sie. Dies ist nicht verwunderlich, da sie im Vergleich zu den grundlegenden Planungs- und den politisch brisanten Krisenentscheidungen als wenig spektakulär erscheinen müssen, so wichtig sie auch sind. Aus diesem Grund sollen im Folgenden auch die beiden anderen Entscheidungstypen im Zentrum der Illustration stehen.

8.3.2 Planungsentscheidungen

Planungsentscheidungen spielen im außenpolitischen Entscheidungsprozess eine wichtige Rolle. Mit ihnen werden Strategien erarbeitet, die die Ausrichtung der Außenpolitik längerfristig beeinflussen können. Planungsentscheidungen unterscheiden sich damit vom „operativen Tagesgeschäft" der Außenpolitik – seien es nun Routine- oder Krisen-entscheidungen. Zwar können auch Krisenentscheidungen und in einigen Fällen sogar Routineentscheidungen langfristig zu spürende Konsequenzen haben. Das Spezifische an Planungsentscheidungen ist jedoch ihre dezidierte Zukunftsorientierung: Unabhängig von tagespolitischem Entscheidungsbedarf werden außenpolitische Handlungspläne ausgearbeitet.

8.3 Theorie II: Typen von Entscheidungssituationen und die Mechanismen ...

Ein wesentliches Element solcher Planungsentscheidungen ist es häufig, unterschiedliche Szenarien zu entwerfen, in denen die möglichen politischen Entwicklungen bezüglich eines außenpolitischen Problems skizziert werden. Für gute Planung ist es dabei unerlässlich, sich nicht nur auf die als wahrscheinlich erachteten oder gar nur die erwünschten Entwicklungen zu konzentrieren, sondern auch, zumindest in Teilen, auf jene, die lediglich für grundsätzlich möglich gehalten werden. Im Bereich deutscher Sicherheitspolitik beispielsweise müssten heute Situationen mit bedacht werden wie: Was wäre, wenn islamistische Terroristen in den Besitz biologischer Massenvernichtungswaffen kämen oder die USA aus der NATO austreten würden?

Ein zweiter Schritt liegt in der Bestimmung der eigenen Präferenzen. Worauf soll hingearbeitet, was soll in jedem Falle vermieden werden? Verbunden mit den entwickelten Szenarien können dann Strategien entwickelt werden. Dazu gehören auch so genannte „fall back"-Strategien, also Vorkehrungen für den Fall ungünstiger Entwicklungen. Deutschlands Eintreten für die Weiterentwicklung der Europäischen Sicherheits- und Verteidigungspolitik, zuletzt im Kontext der Vertragsverhandlungen zum Lissaboner Vertrag sowie bei der Einführung der „PESCO" 2017, einer „Ständigen Strukturierten Zusammenarbeit" der EU-Mitgliedstaaten im Bereich der Vereidigungspolitik, sind solche Beispiele.

Mit Planungsentscheidungen werden außenpolitische Ideen umgesetzt. Sie ermöglichen es, von losen außenpolitischen Zielbeschreibungen zu konkreten außenpolitischen Handlungskonzepten zu gelangen (vgl. Haftendorn 1990, S. 403). Allerdings werden zukünftige Ereignisse damit alles andere als planbar.

Der frühere Reichskanzler Otto von Bismarck hat diesen Gedanken wie folgt zum Ausdruck gebracht:

> „ (...) in der Politik kann man nicht einen Plan für lange Zeit festlegen und blind in seinem Sinne vorgehen. Man kann sich nur im Großen die zu verfolgende Richtung vorzeichnen; diese freilich muss man unverrückt im Auge behalten ..." (zit. nach Brandt 2012, S. 588)

Außenpolitische Planung, die auch tauglich sein soll für die praktische Politik, muss deshalb immer hinreichend flexibel und anpassungsfähig sein, damit die Entscheidungsträger*innen auf Veränderungen auch angemessen reagieren können.

Zugleich sind Planungsentscheidungen aber meist losgelöst vom außenpolitischen Alltagsgeschäft. Zum Zeitpunkt ihrer Formulierung sind sie daher oft weniger strittig als etwa Krisenentscheidungen. Solange die Politik auf der Ebene der konzeptionellen Planung bleibt, hat sie kaum politisch wirksame Konsequenzen. Erst wenn begonnen wird, solche Planungsentscheidungen in konkrete Politik umzusetzen, treten oft die Streitpunkte und damit die Widerstände auf.

Zu einem systematischen Instrument der Außenpolitik wurde außenpolitische Planung erst während des Zweiten Weltkrieges, als die Außenministerien verschiedener Staaten so genannte Planungsstäbe einrichteten. Hintergrund war die Erfahrung des Ersten Weltkrieges, als man nicht hinreichend auf die Nachkriegsordnung vorbereitet war. Zentrales Ziel der Planungsstäbe war damals, mittel- und langfristig angelegte Pläne zur Schaffung einer neuen Friedensordnung nach dem Krieg zu erarbeiten (Grewe 1979, S. 243 ff.). Im Auswärtigen Amt wurde erst 1963 von dem christdemokratischen Außenminister Gerhard Schröder ein Planungsstab eingerichtet, der sich streng auf Planungsaufgaben in einem engen Sinne konzentrieren sollte (ebd., S. 241). Genuine Planungsaufgaben traten aber häufig hinter Redenschreiberaufgaben zurück. Nach der Amtszeit von Willy Brandt wuchs dem Planungsstab des Auswärtigen Amtes erst mit Außenminister Fischer wieder die Aufgabe der konzeptionellen Planung zu (Thunert 2007, S. 337–338).

Einen Planungsstab gibt es nicht nur im Auswärtigen Amt, sondern auch in anderen Ministerien. Das Bundesministerium der Verteidigung etwa verfügt seit den späten 1960er-Jahren über einen Planungsstab, der allerdings im Rahmen der geplanten Bundeswehrstrukturreform 2012 in eine neue Abteilung „Politik" überführt wurde (Wiegold 2011; zur früheren Aufgabenbeschreibung Thunert 2007, S. 338). In der Praxis variiert die Bedeutung von Planungsstäben sehr stark. Wie einflussreich sie sein können, hängt wesentlich von der jeweiligen Ministerin ab. Planungsstäbe können sich im Übrigen auch nicht nur auf strategische Planung konzentrieren. Ein erheblicher Teil ihrer Arbeit besteht oft in Routinevorgängen. So gehört es zu den zentralen Aufgaben der meisten Planungsstäbe, die zahllosen Reden und Ansprachen für die Ministerin zu schreiben.

Es stellt sich die grundsätzliche Frage, ob die Trennung von Planung einerseits und operativer Tagespolitik andererseits, so wie sie in der Einrichtung von Planungsstäben angelegt ist, sinnvoll ist. Einerseits ermöglicht diese Trennung erst, konzeptionelle Gedanken ohne den sofortigen Umsetzungsbedarf zu entwickeln. Andererseits ist mit ihr aber auch der Konflikt zwischen den Planer*innen auf der einen und den operativ arbeitenden Politiker*innen und Beamt*innen auf der anderen Seite vorgeprägt.

8.3.3 Die Analyse von Planungsentscheidungen am Beispiel von Egon Bahrs Ostpolitik-Konzept

Die Ostpolitik Willy Brandts, die vor allem von Egon Bahr entwickelt wurde, ist ein gut geeignetes Beispiel, um die vorangegangen Ausführungen über Planungsentscheidungen zu illustrieren. Dabei soll auch die Brücke zu den in Abschn. 8.2 vorgestellten Modellen des außenpolitischen Entscheidungsprozesses geschlagen werden.

Zur Zeit der großen Koalition (1966 bis 1969) war die Ost- und Deutschlandpolitik der Bundesregierung festgefahren. Nach den Höhepunkten der Ost-West-Konfrontation in den frühen 1960er Jahren (Berlin- und Kuba-Krise) und unter dem Druck des Vietnamkrieges waren die westlichen Bündnispartner, allen voran die USA, zunehmend darauf bedacht, die Ost-West-Beziehungen in Europa zu verbessern. Die Bundesrepublik verweigerte sich jedoch zunächst einer Entspannungspolitik. Sie hielt an ihrer traditionellen Haltung fest, jede Verbesserung der Beziehungen zur Sowjetunion und ihren Verbündeten von vorherigen Fortschritten in der deutschen Frage abhängig zu machen. Hinzu kam, dass die Bundesrepublik sich weigerte, die bestehenden Grenzen in Europa anzuerkennen. Der westdeutsche Staat wurde damit zunehmend zum Bremser in dem sich anbahnenden Entspannungsprozess. Vertreter der US-Administration drängten die Bundesregierung dazu, ihre starre deutschlandpolitische Haltung aufzugeben (Haftendorn 2001, S. 173–177).

In dieser Situation gelangte Egon Bahr in eine einflussreiche Position. Der Journalist war seit langem politischer Begleiter Willy Brandts, unter anderem als sein Pressesprecher in Berlin, als Brandt Regierender Bürgermeister Westberlins war. Als Brandt Außenminister in der großen Koalition wurde, holte er Bahr, den er den „konzeptionell fähigsten meiner Mitarbeiter" (Brandt 1990, S. 73) nannte, ins Auswärtige Amt. Bahr hatte sich seit vielen Jahren mit der Ost- und Deutschlandpolitik beschäftigt und sah sie als seine Lebensaufgabe an (Baring 1982, S. 265). Er hatte bereits 1963 mit einer programmatischen Rede zur Ost- und Deutschlandpolitik an der Evangelischen Akademie Tutzing für Aufsehen gesorgt. Darin beschrieb er die deutsche Wiedervereinigung nicht als einen politischen Akt, sondern als einen „Prozess mit vielen Schritten und Stationen" (zit. Bierling 2005, S. 175). Das Ziel deutscher Ostpolitik müsse es sein, der Sowjetunion und der DDR die Angst vor der Infragestellung der territorialen Integrität zu nehmen. Dies sollte über eine Auflockerung der Undurchlässigkeit der Grenzen und der Berliner Mauer geschehen. Die berühmte Formel, die Bahr in diesem Zusammenhang prägte, lautete: „Wandel durch Annäherung".

Unter dem Außenminister Willy Brandt wurde Bahr Leiter des Planungsstabes im Auswärtigen Amt. Außenpolitisch und dabei vor allem ost- und deutschlandpolitisch blieb die Große Koalition noch weitgehend gelähmt, da eine Neuausrichtung der Ostpolitik noch hauptsächlich an der CDU/CSU scheiterte (Baring 1982, S. 201–202; Bahr 2001, S. 101–103). Während also die Veränderung der bundesdeutschen Ost- und Deutschlandpolitik zunächst in Anfängen stecken blieb, hatte Egon Bahr die Möglichkeit, im Planungsstab des Auswärtigen Amtes die außenpolitische Konzeption Brandts vorzubereiten. So ließ er, nachdem er feststellte, „dass keinerlei Überlegungen oder Vorstellungen zur deutschen Einheit existierten" (Bahr 2001, S. 102) eine Reihe von Planungspapieren anfertigen, die einige Jahre später, während der sozialliberalen Koalition, sehr wichtig wurden (Baring 1982, S. 266). Besonders bekannt wurde eine Aufzeichnung Bahrs, in der er drei Konzeptionen europäischer Sicherheit skizzierte, mit denen jeweils möglichst viel Entspannung erreicht werden sollte (Institut für Zeitgeschichte 1999, S. 796–814). In Konzeption A würden die beiden Bündnissysteme NATO und Warschauer Pakt beibehalten, es käme aber zu umfassenden Abrüstungsmaßnahmen. Konzeption B ging weiter, indem sie die Verklammerung der Sicherheitssysteme unter dem Dach einer europäischen Sicherheitskonferenz vorsah. In Konzeption C wurden gar Überlegungen angestellt, wie die beiden Bündnissysteme durch ein gesamteuropäisches Sicherheitssystem ersetzt werden könnten. Grundsätzlich forderte Bahr, dass die Bundesrepublik die Existenz der DDR und die polnische Westgrenze anerkennt, zwei „Tabubrüche", wie er später fand (Bahr 2001, S. 102–104). Auf der Grundlage der Anerkennung des Status quo sollte eine Verbesserung der Beziehungen zur Sowjetunion und der anderen osteuropäischen Staaten erreicht werden, um es damit zu ermöglichen, diesen Status quo auf friedlichem Wege langsam zu verändern. Im Planungsstab des Auswärtigen Amtes entwickelte Egon Bahr zudem Überlegungen für einen Rahmenvertrag mit der DDR, mit denen dem später von der sozialliberalen Koalition mit der DDR-Führung abgeschlossenen Grundlagenvertrag bereits der Boden bereitet wurde (Haftendorn 2001, S. 178; Bahr 2001, S. 104–105).

Als Willy Brandt 1969 Bundeskanzler wurde, formulierte Bahr nicht nur die Kernpassagen der außenpolitischen Abmachungen mit der FDP (Fischer 2005, S. 40), sondern er wurde auch formell als Staatssekretär im Bundeskanzleramt zur wichtigsten außenpolitischen Stütze des Bundeskanzlers. Nun ergab sich eine günstige Konstellation, an die Umsetzung der Pläne zu gehen. Bahr errang aus verschiedenen Gründen eine sehr einflussreiche Position. Zum einen besaß er großes politisches Geschick, die notwendige Sachkenntnis und das volle Vertrauen des Bundeskanzlers (Baring 1982, S. 266–67). Zweitens war Außenminister Walter Scheel einverstanden, dass die notwendigen Schritte, wie etwa die Verhandlungen

8.3 Theorie II: Typen von Entscheidungssituationen und die Mechanismen ...

mit der Sowjetführung, nicht von seinem, eigentlich zuständigen, Auswärtigen Amt, sondern vom Kanzleramt aus unternommen und geleitet wurden (ebd., S. 268, 271). Andernfalls hätte es sehr leicht zu Rivalitäten zwischen Kanzleramt und Auswärtigem Amt kommen können. Aus der Sicht des Modells der Bürokratischen Politik wäre dann zu erwarten gewesen, dass die Interaktion der „Spieler" nicht nur von sachlichen Erwägungen, sondern auch stark von dem Wunsch nach Erhalt und Ausbau der jeweils eigenen Kompetenzen geprägt gewesen wäre. Als dritter Punkt kam noch hinzu, dass es auch keine weiteren Persönlichkeiten in der Bundesregierung gab, die als Gegenspieler von Bahr hätten auftreten können. Der westdeutsche Botschafter in Moskau, Helmut Allardt, der zunächst damit betraut wurde, die Verhandlungen mit dem sowjetischen Außenminister Gromyko zu führen, verhielt sich zu sehr als Beamter, der lediglich seine Instruktionen ausführt. Außerdem war bekannt, dass Allardt Vorbehalte gegenüber der neuen Ostpolitik und der Idee substanzieller Zugeständnisse an die Sowjetunion hatte. Bereits Anfang 1970 übernahm daher Bahr die Verhandlungsführung für die bundesdeutsche Seite (Haftendorn 2001, S. 181–82).

In seinen Verhandlungen in Moskau konnte Bahr in kurzer Zeit sehr viel erreichen, da in ihnen der Kern des im Sommer unterzeichneten Deutsch-Sowjetischen Vertrages vereinbart wurde und die Grundlage für ähnliche Verträge mit Polen, der ČSSR und der DDR gelegt wurde (Bahr 2001, S. 105; Link 2001). Die Bundesrepublik anerkannte die Existenz zweier deutscher Staaten, ohne allerdings die DDR völkerrechtlich anzuerkennen; beide Staaten akzeptierten die Unverletzlichkeit der bestehenden Grenzen (die Sowjetunion, die ihren Kontrollbereich in Osteuropa absichern wollte, hatte zunächst die stärkere Forderung nach der Unveränderbarkeit der Grenzen gestellt); beide Staaten erklärten, dass sie keine Gebietsforderungen aneinanderstellen würden (Haftendorn 2001, S. 183–86; Fischer 2005, S. 47–52). Für die Bundesrepublik brachte das Vertragswerk wesentliche Fortschritte hin zu mehr Entspannung und Sicherheit und auch zu größerem außenpolitischen Handlungsspielraum, da der westdeutsche Staat sich nun aus seiner deutschland- und ostpolitischen Sackgasse hinausmanövriert hatte.

Allerdings wurden im Verlauf der Verhandlungen auch immer mehr Widerstände deutlich. Dies waren zum einen innenpolitische Widerstände. Für viele Vertreter der Unionsparteien bedeuteten die Zugeständnisse, die gegenüber Moskau gemacht wurden, letztlich die Abkehr von allen Forderungen nach Veränderung im anderen Teil Deutschlands und von dem zentralen Ziel bundesdeutscher Politik, der Wiedervereinigung – und dies, ohne dass Bonn viel an substanzieller Gegenleistung erhalten hätte (ebd.). Aber auch innerhalb der Bundesregierung gab es offenbar Vorbehalte gegenüber der von Brandt, Scheel und Bahr betriebenen Ostpolitik. So gelangten in den ersten 18 Monaten der sozialliberalen Regierung nicht weniger als 54 Verschlusssachen des Auswärtigen Amtes an die Öffentlichkeit (Baring 1982, S. 273). Darunter war auch das oben genannte Papier mit den drei Konzepten europäischer Sicherheit, das der Zeitschrift „Quick" zugespielt wurde und das eine kontroverse Debatte in der bundesdeutschen Öffentlichkeit auslöste (Haftendorn 2001, S. 178, 477; Institut für Zeitgeschichte 2000, S. 1030–1041). Offensichtlich gab es in der Ministerialbürokratie einige, die versuchten, das kontroverse Projekt der neuen Ostpolitik auf diese Weise zu torpedieren.

Daneben sah sich die Bundesregierung aber auch mit den Bedenken ihrer westlichen Partnerländer, nicht zuletzt der USA konfrontiert. Hatten diese Partner zuvor beklagt, dass die starre deutschlandpolitische Haltung der Bundesrepublik dem Entspannungsprozess im Wege stünde, so fürchteten sie nun, dass die Bundesregierung in ihren Zugeständnissen an die Sowjetunion zu weit gehen würde. Für die USA beispielsweise waren die Ideen Egon Bahrs einer gesamteuropäischen Sicherheitsordnung anstelle der Bündnisse vollkommen inakzeptabel (Kieninger 2019).

Vor dem Hintergrund dieser Widerstände ist es nicht verwunderlich, dass die Ergebnisse, die die Bundesregierung mit ihrer Ostpolitik tatsächlich erreichen konnte, trotz aller Erfolge in einigen Punkten deutlich hinter dem zurückblieben, was Egon Bahr in seinen Planungspapieren angestrebt hatte. So kam es zu keinen Ansätzen einer gesamteuropäischen Sicherheitsordnung, die die Bündnisse der NATO und des Warschauer Paktes überwölbt oder gar ersetzt hätten. Auch in abrüstungspolitischer Hinsicht waren die Ergebnisse erheblich bescheidener als ursprünglich geplant. Die Idee einer atomwaffenfreien Zone in Mitteleuropa besaß keinerlei Realisierungschance und auch auf dem Feld der konventionellen Rüstungskontrolle lieferte die Ostpolitik keine Impulse; zu Schritten der konventionellen Rüstungskontrolle und Abrüstung kam es auf anderem Wege.

Das empirische Beispiel der Ostpolitik zeigt zum einen, welch hohe Bedeutung langfristig angelegte Planungsentscheidungen haben können und wie sehr ihre Umsetzung in praktische Politik zugleich von einer Reihe innen- und außenpolitischer Faktoren abhängt. Zum anderen zeigt es aber auch, dass die Analyse der politischen und bürokratischen Prozesse helfen kann, Außenpolitik besser zu verstehen. Würde man Allisons Modell des rationalen Akteurs auf diesen Fall anwenden, dann könnte man sicherlich erklären, warum die Bundesrepublik Ende der 1960er- und Anfang der 1970er-Jahre einen Wandel ihrer Deutschland- und Ostpolitik vollzogen hat. Für eine solche Analyse könnte man auf das veränderte internationale Umfeld verweisen, in dem wichtige Bündnispartner Druck auf die Bundesrepublik ausübten, von ihrer intransigenten Haltung abzurücken, und in dem der westdeutsche Staat wenig Aussichten hatte, den Status quo der deutschen Teilung auf absehbare Zeit zu verändern. Vor diesem Hintergrund ist es sinnvoll für einen Akteur, diesen nicht veränderbaren Status quo zunächst zu akzeptieren, anstatt sich der Interaktion mit anderen Akteuren zum möglicherweise beiderseitigen Vorteil zu entziehen. Das Grundmuster der Problematik und der dann rationalen Reaktion des Akteurs kann daher mit dem Modell I in diesem Fall richtig eingeschätzt werden. Warum genau die beschriebene Konzeption der Ostpolitik von Bahr und Brandt verfolgt wurde und wie diese Konzeption in praktische Politik umgesetzt wurde, versteht man aber erst, wenn man die langfristigen Planungen und ihre zahlreiche Hindernisse überwindende bürokratische Abarbeitung, etwa anhand von Modell III, genauer betrachtet.

8.3.4 Krisenentscheidungen

Auch beim dritten Typus außenpolitischer Entscheidungen, den Krisenentscheidungen, handelt es sich um Entscheidungen von weitreichender Bedeutung. Anders als Planungsentscheidungen sind Krisenentscheidungen aber eher reaktiv als proaktiv. Ausgangspunkt ist, wie der Name bereits sagt, eine Krise, also eine durch externe und schwer kontrollierbare Entwicklungen hervorgerufene Situation, die zum einen nicht oder kaum vorhersehbar war und die zum anderen zu außenpolitischem Handeln zwingt. Außenpolitisches Handeln in Krisen ist daher zunächst eine Reaktion auf eine solche Krisensituation. Dies schließt gestaltende und längerfristige Ziele verfolgende Politik aber keinesfalls aus.

Die Entwicklung längerfristig angelegter, durchdachter Konzeptionen, wie bei Planungsentscheidungen, ist bei Krisenentscheidungen nicht möglich. Für die Akteure besteht vielmehr fast immer ein hoher Zeitdruck. Der empirische Gegenstand, anhand dessen Allison und Zelikow ihre drei Modelle illustrieren, die Kuba-Krise von 1962, ist ein Paradebeispiel für eine Krisensituation. Innerhalb sehr kurzer Zeit mussten unter großem Handlungsdruck auf beiden Seiten Entscheidungen getroffen werden, die weitreichende Auswirkungen haben konnten.

Typisch für Krisensituationen ist auch, dass häufig nur eine kleine Anzahl an Individuen an der Entscheidungsfindung beteiligt ist, zumeist auf höchster politischer Ebene. Das klassische Bild der Außenpolitik als Resultat des Handelns politischer Führungspersönlichkeiten ist daher am häufigsten noch bei solchen Krisenentscheidungen angemessen. Allerdings darf auch dies nicht absolut gesetzt werden, wie das Beispiel im nächsten Abschnitt zeigen wird.

Unter dem hohen Zeit- und Handlungsdruck einer Krisensituation kann kaum mit Routineverfahren gearbeitet werden. Die im Zusammenhang mit Modell II von Allison und Zelikow eingeführten standardisierten Operationsverfahren (SOPs) greifen bei Krisenentscheidungen nicht. Von den Akteuren sind stattdessen kreatives Handeln und Innovation abseits eingefahrener Verhaltensweisen gefragt. Dies macht Krisenentscheidungen einerseits zu besonders interessanten Entscheidungssituationen. Andererseits erschwert es aber auch die Anwendung starrer Modelle des außenpolitischen Entscheidungsprozesses.

Dennoch gibt es einige Phänomene, die recht typisch für das Verhalten in Krisensituationen sind. Sehr häufig wird Information nicht mehr optimal aufbereitet und verarbeitet. Die Notwendigkeit, rasch zu entscheiden, führt bei vielen Menschen zu einer verengten Wahrnehmung. Werden die Entscheidungen in einem kleinen Zirkel getroffen, so kommt leicht das zum Tragen, was der Sozialpsychologe Irving Janis als „Groupthink" bezeichnet hat (Janis 1982; Turner und Pratkanis 1998). Janis hat festgestellt, dass es in den kleinen Gruppen, in denen viele außenpolitische Entscheidungen getroffen werden, einen psychologischen Drang für die Beteiligten gibt, zu ähnlichen Positionseinschätzungen zu gelangen und Informationen, die dieser Position entsprechen, gegenüber solchen, die ihr zuwiderlaufen, deutlich zu überschätzen. Dieses Phänomen ist keineswegs auf Krisenentscheidungen beschränkt, kann hier aber besonders stark zum Tragen kommen, denn in Stresssituationen besteht für die Akteure ein sehr starker Anreiz, die jeweilige Problemstellung zu vereinfachen und durch eine gruppenkonforme Sicht den Stress, dem sie ausgesetzt sind, zu verringern.

8.3.5 Die Analyse von Krisenentscheidungen am Beispiel der deutschen Politik im „Zwei-plus-Vier"-Prozess: Die Frage der deutschen NATO-Mitgliedschaft

Zwischen dem Fall der Berliner Mauer im November 1989 und dem Vollzug der deutschen Einheit am 3. Oktober 1990 liegen elf Monate, in denen zwischen den beiden deutschen Staaten und den vier Siegermächten des Zweiten Weltkrieges im so genannten „Zwei-plus-Vier"-Prozess die äußeren Aspekte der deutschen Vereinigung ausgehandelt wurden. Trotz dieses auf den ersten Blick vergleichsweise lang erscheinenden Zeitraums handelt es sich bei den meisten zentralen Entscheidungen, die in diesem Zusammenhang getroffen wurden, um Krisenentscheidungen im oben ausgeführten Sinne. Im Folgenden soll insbesondere die Problemstellung rekapituliert werden, ob auch ein vereintes Deutschland dem westlichen Bündnis der NATO angehören sollte und würde.

Bereits im Dezember 1989 hatte die US-Regierung deutlich gemacht, dass sie eine Vereinigung der beiden deutschen Staaten unterstützen würde, wenn bestimmte Bedingungen erfüllt würden. Von zentraler Bedeutung war dabei, dass auch ein vereintes Deutschland Mitglied der NATO bleiben müsste. Die Sowjetunion lehnte dies jedoch zu diesem Zeitpunkt kategorisch ab. Zwar machte Staats- und Parteichef Michail Gorbatschow Ende Januar 1990 deutlich, dass auch sein Staat einer deutschen Vereinigung zustimmen könnte. Die sowjetische Führung forderte aber die Neutralität eines vereinten Deutschland oder die Verzahnung der deutschen Vereinigung mit einer Schaffung blockübergreifender Sicherheitsstrukturen in Europa (Baumann und Kerski 1994, S. 211–212; Plato 2009, S. 188).

Innerhalb der Bundesregierung herrschte Anfang 1990 vor diesem Hintergrund keine Einigkeit darüber, ob es möglich sei, sowohl die deutsche Einheit als auch eine Vollmitgliedschaft des vereinten deutschen Staates im westlichen Militärbündnis zu erreichen. Außenminister Hans-Dietrich Genscher glaubte, mit der Forderung der Ausdehnung der NATO auf ostdeutsches Territorium würde es unmöglich werden, die sowjetische Zustimmung zur deutschen Vereinigung zu erhalten (Hellmann 1994, S. 106 f.). Er strebte eher gesamteuropäische Sicherheitsstrukturen an, die beide Bündnisse überwölben sollten (Genscher 1995, S. 712–715; Teltschik 1991, S. 148 ff.) – eine Vorstellung, die derjenigen recht ähnlich war, die Egon Bahr zwei Jahrzehnte zuvor formuliert hatte. Bundeskanzler Helmut Kohl zögerte jedoch ebenfalls, die volle Mitgliedschaft in der NATO für das zukünftige vereinte Deutschland zu fordern. Weder in seinem 10-Punkte-Plan vom 28. November 1989 noch in den nachfolgenden Wochen hatte Kohl sich zu dieser für den Vereinigungsprozess zentralen Frage geäußert. Da Genscher in Kohls 10-Punkte-Initiative nicht eingeweiht gewesen war, herrschte in dieser Phase ein erhebliches Misstrauen zwischen diesen beiden zentralen deutschen Akteuren. Viele Schritte zwischen Kanzleramt und Auswärtigem Amt wurden daher auch nicht eng koordiniert. Am 19. Februar kam es nach einem Interview Genschers zu einem öffentlichen Streit zwischen Genscher und Verteidigungsminister Gerhard Stoltenberg in der Frage der NATO-Mitgliedschaft. Als Vertreter des traditionell sehr NATO-freundlichen Verteidigungsministeriums forderte Stoltenberg, dass im Falle einer deutschen Einigung das NATO-Territorium auf ganz Deutschland ausgeweitet werden müsse. Der Kanzler mahnte seine Kabinettsmitglieder zu Einigkeit, ließ es aber zu, dass Genscher sich gegenüber Stoltenberg durchsetzte, sodass es zunächst zur offiziellen Position der Bundesregierung wurde, dass das NATO-Territorium nicht nach Osten ausgedehnt werden sollte (Genscher 1995, S. 732–733; Teltschik 1991, S. 151 f.).

Nicht einverstanden mit dieser Linie war jedoch nicht nur das Verteidigungsministerium, sondern auch der einflussreiche Leiter der außen-politischen Abteilung im Kanzleramt, Horst Teltschik. In enger Abstimmung mit Beratern von US-Präsident Bush arbeitete er erfolgreich darauf hin, dass Kanzler Kohl bei seinem Besuch bei Präsident Bush in Camp David am 23. und 24. Februar 1990 die US-Linie akzeptierte und durch eine öffentliche Äußerung gemeinsam mit Bush als deutsche Position festschrieb (Paulsen et al. 2000, S. 66 f.). Kohl fragte Bush während dieses Besuches zunächst noch, ob er sich vorstellen könne, dass Deutschland in der NATO einen Status ähnlich dem Frankreichs erhalte, also als Mitglied der NATO, ohne jedoch in die militärischen Strukturen des Bündnisses eingegliedert zu sein (Zelikow und Rice 1995, S. 214). Als Bush dies ablehnte und die US-Vertreter, im Wissen, dass einflussreiche Kräfte in der Bundesregierung die amerikanische Position unterstützten, Druck auf Kohl ausübten, lenkte er schnell ein. Damit war die Forderung nach einer Mitgliedschaft des vereinten Deutschland im westlichen Sicherheitsbündnis als Position der Bundesregierung festgelegt – eine Forderung, der einige Monate später auch die Sowjetunion zustimmte (Plato 2009, S. 381–393), sodass dem vereinten Deutschland im Zwei-plus-Vier-Vertrag die Entscheidungsfreiheit, über seine Bündniszugehörigkeit zu entscheiden, eingeräumt wurde, was faktisch eine Vollmitgliedschaft Deutschlands in der NATO auch nach der Vereinigung bedeutete.

Wie bei einer solchen Krisenentscheidung zu erwarten, spielte in den Wochen im Februar 1990, in denen die deutsche Position zur Frage einer NATO-Mitgliedschaft des vereinten Deutschland formuliert wurde, eine kleine Zahl hochrangiger Akteure – Bundeskanzler Kohl, Außenminister Genscher und Verteidigungsminister Stoltenberg und ihre engsten Mitarbeiter – die zentrale Rolle. Da die Koordination zwischen diesen Akteuren zum Teil nicht gut funktionierte, kam es im Februar sogar zu einem öffentlichen Streit. Jenseits der Regierungsspitzen hatten im Hintergrund aber auch die enge Abstimmung zwischen den Ministerialbürokratien des Kanzleramtes und des Weißen Hauses wesentlichen Einfluss darauf, dass Bundeskanzler Kohl in Camp David schließlich die US-Position zur gesamtdeutschen NATO-Mitgliedschaft übernahm (Paulsen et al. 2000, S. 66 f.). Dies zeigt, dass auch bei Krisenentscheidungen bürokratische Akteure wichtig sein können und die Analyse komplexerer Entscheidungsprozesse hilfreich sein kann, um außenpolitische Entscheidungen zu verstehen.

8.4 Zusammenfassung

In diesem Kapitel wurde zum einen die Zahl der zu berücksichtigenden außenpolitischen Akteure aufgefächert und aufgezeigt, dass Politiker*innen, und Beamt*innen in unterschiedlichen Positionen der Regierung durchaus unterschiedliche Interessen vertreten können, die von einem gedachten einheitlichen, häufig auch als „nationales" bezeichneten Interesse „des Staates" abweichen können. Zweitens wurde gezeigt, dass es für ein umfassenderes Verständnis von Außenpolitik manchmal auch wichtig ist, bei der Analyse außenpolitischer Entscheidungen die Entscheidungsprozesse eingehender zu untersuchen, weil erst dadurch bestimmte Facetten verständlich werden. Die Analyse solcher Prozesse kann dabei sowohl bei (den hier nicht näher untersuchten) Routineentscheidungen als auch bei Planungsentscheidungen und Krisenentscheidungen hilfreich sein.

Während in diesem Kapitel damit das Verständnis davon erweitert wurde, in welchen Prozessen staatliche Akteure Außenpolitik betreiben, wollen wir im nachfolgenden Kapitel die Gruppe der Akteure, die einen Einfluss auf (deutsche) Außenpolitik haben, noch erheblich weiter fassen, indem wir organisierte gesellschaftliche Gruppen wie Verbände und Nichtregierungsorganisationen mit ins Blickfeld nehmen.

Literatur

Alden, C. (2017). *Critiques of the Rational Actor Model and Foreign Policy Decision Making*. Oxford Research Encyclopedia of Politics. Erhalten am 23. Mai 2022, unter https://doi.org/10.1093/acrefore/9780190228637.013.474

Allison, G. T. (1971). *Essence of Decision: Explaining the Cuban Missile Crisis*. Little, Brown & Co.

Allison, G. T., & Zelikow, P. D. (1999). *Essence of Decision: Explaining the Cuban Missile Crisis* (2. Aufl.). Longman

Bahr, E. (2001). Ostpolitik aus der Mitte Europas: damals und heute. *WeltTrends*, 30, 101–110

Baring, A. (1982). *Machtwechsel: Die Ära Brandt-Scheel*. Deutsche Verlags-Anstalt

Baumann, R., & Kerski, B. (1994). Deutschlandpolitisches Faustpfand oder bloße Verhandlungsmasse? Sowjetische TruppenprÄsenz und die Neugestaltung des sicherheitspolitischen Status Deutschlands. In G. Hellmann (Hrsg.), *Alliierte PrÄsenz und deutsche Einheit: Die politischen Folgen militÄrischer Macht* (S. 195–223). Nomos

Bierling, S. (2005). *Die Außenpolitik der Bundesrepublik Deutschland: Normen, Akteure, Entscheidungen*. Oldenbourg

Brandt, W. (1990). *Erinnerungen* (4. Aufl.). Propyläen

Brandt, W. (2012). „Im Zweifel für die Freiheit". Reden zur sozialdemokratischen und deutschen Geschichte, Bonn.

Bueno de Mesquita, B. (2018). *Foreign Policy Analysis and Rational Choice Models*. Oxford Research Encyclopedia of International Studies. Erhalten am 23. Mai 2022, unter https://doi.org/10.1093/acrefore/9780190846626.013.395

Fischer, F. (2005). Einleitung. In ders. (Hrsg.), *Ein Volk der guten Nachbarn: Außen- und Deutschlandpolitik 1966–1974* (Berliner Ausgabe, Band 6, S. 15–92). Dietz

Genscher, H.-D. (1995). *Erinnerungen*. Siedler

Grewe, W. G. (1979). *Rückblenden: Aufzeichnungen eines Augenzeugen deutscher Außenpolitik von Adenauer bis Schmidt*. Propyläen

Haftendorn, H. (1986). *Sicherheit und Entspannung: Zur Außenpolitik der Bundesrepublik Deutschland 1955–1982* (2. Aufl.). Nomos

Haftendorn, H. (1990). Zur Theorie außenpolitischer Entscheidungsprozesse. In V. Rittberger (Hrsg.), *Theorien der Internationalen Beziehungen* (Politische Vierteljahresschrift Sonderheft 21, S. 401–423). Leske + Budrich

Haftendorn, H. (2001). *Deutsche Außenpolitik zwischen SelbstbeschrÄnkung und Selbstbehauptung: 1945–2000.* Deutsche Verlags-Anstalt

Hellmann, G. (1994). Die Westdeutschen, die Stationierungstruppen und die Vereinigung: Ein Lehrstück über „verantwortliche Machtpolitik"? In ders. (Hrsg.), *Alliierte PrÄsenz und deutsche Einheit: Die politischen Folgen militÄrischer Macht* (S. 91–125). Nomos

Institut für Zeitgeschichte (1999). *Akten zur Auswärtigen Politik der Bundesrepublik Deutschland 1968: 1. Januar bis 30. Juni* (Herausgegeben im Auftrag des Auswärtigen Amts). Oldenbourg

Institut für Zeitgeschichte (2000). *Akten zur Auswärtigen Politik der Bundesrepublik Deutschland 1969: 1. Januar bis 30. Juni* (Herausgegeben im Auftrag des AuswÄrtigen Amts). Oldenbourg

Janis, I. L. (1982). *Groupthink* (2. Aufl.). Houghton Mifflin

Jones, C. M. (2017). *Bureaucratic Politics and Organizational Process Models.* Oxford Research Encyclopedia of International Studies. Erhalten am 23. Mai 2022, unter https://doi.org/10.1093/acrefore/9780190846626.013.2

Kieninger, S. (2019). A Preponderance of Stability: Henry Kissinger's Concern over the Dynamics of Ostpolitik. *Journal of Transatlantic Studies,* 17, 42–60

Link, W. (2001). Die Entstehung des Moskauer Vertrages im Lichte neuer Archivalien. *Vierteljahreshefte für Zeitgeschichte,* 49(2), 295–315

Mintz, A., & DeRouen, K. Jr. (2010). *Understanding Foreign Policy Decision Making.* Cambridge University Press

Paulsen, T., Colschen, L. C., & Wagner, P. M. (2000). Bürokratische Regime in den internationalen Beziehungen. *Zeitschrift für Politikwissenschaft,* 47(1), 54–72

Plato, A. von (2009). *Die Vereinigung Deutschlands – ein weltpolitisches Machtspiel: Bush, Kohl, Gorbatschow und die geheimen Moskauer Protokolle.* Links

Quirk, J. (2008). Historical Methods. In C. Reus-Smith, & D. Snidal (Hrsg.), *The Oxford Handbook of International Relations* (S. 518–536). Oxford University Press

Teltschik, H. (1991). *329 Tage: Innenansichten der Einigung.* Siedler

Thunert, M. (2007). Politikberatung. In S. Schmidt, G. Hellmann, & R. Wolf (Hrsg.), *Handbuch zur deutschen Außenpolitik* (S. 336–350). Verlag für Sozialwissenschaften

Turner, M. E., & Pratkanis, A. R. (1998). Twenty-Five Years of Groupthink Theory and Research: Lessons from the Evaluation of a Theory. *Organizational Behavior and Human Decision Processes,* 73(2/3), 105–115

Wiegold, T. (2011). *Die nÄchsten Puzzle-Steinchen: Das neue BMVg.* Augen geradeaus! Erhalten am 6. Dezember 2011, unter http://augengeradeaus.net/2011/10/die-nachsten-puzzle-steinchen-das-neue-bmvg/

Zelikow, P., & Rice, C. (1995). *Germany Unified and Europe Transformed: A Study in Statecraft.* Harvard University Press?

Der Einfluss von Verbänden und Nichtregierungsorganisationen auf die deutsche Außenpolitik

9

Zusammenfassung

Außenpolitik ist nicht nur das Produkt von Individuen und Regierungsapparaten, sie wird in einer pluralistischen Demokratie wie der Bundesrepublik auch gesellschaftlich beeinflusst. In der Außenpolitikforschung wird das in der Regel unter dem Stichwort der „innergesellschaftlichen Quellen der Außenpolitik" diskutiert. Damit sind zum einen organisierte gesellschaftliche Gruppen gemeint, aber auch die breitere Öffentlichkeit wie sie etwa im Rahmen der Meinungsforschung abgedeckt wird. In diesem Kapitel steht die Frage im Zentrum, welchen Einfluss organisierte Interessengruppen auf die deutsche Außenpolitik ausüben können. Zuerst wird erörtert, was alles unter den Begriff der Interessengruppe fällt und welche Möglichkeiten, Einfluss auf (deutsche) Außenpolitik zu nehmen, Interessengruppen grundsätzlich haben. Dabei wird auch darauf eingegangen, ob es in dieser Hinsicht grundsätzliche Unterschiede zwischen den Feldern der Innen- und der Außenpolitik gibt oder ob eine solche Grenze zumindest in der Frage der Rolle von Interessengruppen nicht mehr sinnvoll gezogen werden kann. An einem empirischen Beispiel, nämlich der Politik der Bundesrepublik Deutschland in der Frage des internationalen Klimaschutzes, soll die Rolle von Interessengruppen dann illustriert werden.

9.1 Außenpolitik und organisierte Interessen

Im letzten Kapitel konnten wir sehen, dass Außenpolitik nicht nur das Werk bestimmter, zumeist öffentlich bekannter Individuen ist, indem wir die Rolle von Bürokratien und anderen Organisationen des Regierungsapparates untersucht haben. Doch Außenpolitik ist auch keinesfalls nur ein Spiel bürokratischer Akteure. Sie findet vielmehr, vor allem in einer pluralistischen Demokratie wie der Bundesrepublik, in einem gesellschaftlichen Umfeld statt. In diesem Sinne wird in der Forschung seit langem von den „innergesellschaftlichen Quellen der Außenpolitik" gesprochen, die man berücksichtigen müsse, wenn man Außenpolitik verstehen will (Rosenau 1967). Hier kann etwa zwischen organisierten gesellschaftlichen Gruppen einerseits und der breiten Öffentlichkeit andererseits unterschieden werden, die häufig unter dem Signum der öffentlichen Meinung behandelt wird. In diesem Kapitel soll die Frage im Zentrum stehen, welchen Einfluss organisierte Interessengruppen auf die deutsche Außenpolitik ausüben können. Zuerst soll erörtert werden, was alles unter den Begriff der Interessengruppe fällt und welche Möglichkeiten, Einfluss auf (deutsche) Außenpolitik zu nehmen, Interessengruppen grundsätzlich haben. Dabei wird auch zu diskutieren sein, ob es in dieser Hinsicht grundsätzliche Unterschiede zwischen den Feldern der Innen- und der Außenpolitik gibt oder ob eine solche Grenze zumindest in der Frage der Rolle von Interessengruppen nicht mehr sinnvoll gezogen werden kann. An einem empirischen Beispiel, nämlich der Politik der Bundesrepublik Deutschland in der Frage des internationalen Klimaschutzes, soll die Rolle von Interessengruppen dann illustriert werden.

Die Frage der Bedeutung von Interessengruppen für (deutsche) Außenpolitik ist nicht zuletzt deshalb wichtig und interessant, weil manche Expert*innen die These vertreten, dass private Akteure in der internationalen Politik zunehmend einflussreicher und wichtiger werden, sodass es zu einer Vergesellschaftung des Regierens (Brozus et al. 2003; Take 2018) oder gar zu einer Privatisierung der Weltpolitik (Brühl et al. 2001) kommt, wodurch der Staat zunehmend sein Herrschaftsmonopol einbüßt und zum bloßen Manager von Herrschaft wird (Genschel und Zangl 2008; Stephen und Zürn 2019). Zum einen stellt sich in diesem Zusammenhang die Frage, inwieweit Deutschland und andere Staaten in der internationalen Arena Einfluss zugunsten privater Gruppen und Organisationen verlieren. Eine weitere Frage ist, inwieweit eine solche Entwicklung erstrebenswert wäre oder eher nicht. Im Vordergrund des Kapitels wird die erste Frage, nach den Einflussmöglichkeiten und -grenzen von Interessengruppen, stehen. Daneben soll aber auch die Frage der Legitimität des Handelns von Interessengruppen im Rahmen demokratischer Außenpolitik behandelt werden.

9.2 Gesellschaftliche Interessengruppen als außenpolitische Akteure in der Bundesrepublik Deutschland

Es gibt höchst unterschiedliche organisierte gesellschaftliche Gruppen, die versuchen, (Außen-) Politik zu beeinflussen: Dazu gehören zum Beispiel der Bundesverband der Deutschen Industrie (BDI), der Deutsche Gewerkschaftsbund (DGB), der Deutsche Bauernverband (DBV) ebenso wie Greenpeace und Amnesty International (ai). Auch Religionsgemeinschaften wie die Evangelische Kirche oder Wohlfahrtsvereinigungen wie die Arbeiterwohlfahrt können in bestimmten außenpolitischen Fragen Interessen verfolgen und versuchen, sie zu Gehör zu bringen. In der politikwissenschaftlichen Literatur werden meist grob zwei Arten gesellschaftlicher Interessengruppen unterschieden. Dies sind zum einen die klassischen Verbände und zum anderen Nichtregierungsorganisationen, sogenannte NGOs (für „non-governmental organizations"). Was diese beiden kennzeichnet und wodurch sie sich unterscheiden, soll im Folgenden kurz erläutert werden (Abb. 9.1).

9.2.1 Verbände

Wenn von Interessengruppen die Rede ist, so sind zumeist Verbände gemeint. Dabei handelt es sich um organisierte Zusammenschlüsse gesellschaftlicher oder

Interessengruppen	
Verbände	*Nichtregierungsorganisationen*
Deutscher Paritätischer Wohlfahrtsverband	Amnesty International
Bundesverband der deutschen Industrie	Terre des Hommes
Allgemeiner Deutscher Automobilclub	Greenpeace
	Pro Asyl

Abb. 9.1 Bespiele für Interessengruppen. (Quelle: Eigene Darstellung)

wirtschaftlicher Gruppen, die versuchen, auf politische Entscheidungen Einfluss zu nehmen (Grotz und Schroeder 2021). Sie unterscheiden sich sowohl von loseren politischen Bewegungen und von Bürgerinitiativen als auch von politischen Parteien. Im Gegensatz zu Bewegungen, wie etwa der Friedens- oder der Frauenbewegung, handelt es sich um organisierte Zusammenschlüsse, die eine feste Mitgliedschaft und institutionalisierte Organe (wie z. B. ein Präsidium oder eine Pressestelle) haben. Anders als Bürgerinitiativen und andere *ad hoc* und nur für eine bestimmte Zeit gegründete Organisationen sind Verbände grundsätzlich auf Dauer angelegt. Von Parteien schließlich unterscheiden sie sich darin, dass sie sich nicht um politische Wahlämter bewerben und meist für spezifische Interessen für eine spezifische Gruppe von Mitgliedern eintreten, während Parteien zumeist einen breiteren politischen Gestaltungsanspruch erheben (Schiller 1997, S. 459).

Häufig werden vier zentrale Aufgaben unterschieden, die Verbände in einem demokratischen Staatswesen wie dem der Bundesrepublik Deutschland wahrnehmen (vgl. Sebaldt 1997b, S. 27 f.; Willems und von Winter 2007, S. 24–26; Grotz und Schroeder 2021, S. 191–201). Die erste ist die Artikulation von Interessen, die bekannteste Funktion von Verbänden. Sie versuchen in der Öffentlichkeit und gegenüber politischen Entscheidungsträgern für die Interessen ihrer Mitglieder zu werben. Eine weitere Funktion nennt man Aggregation. Verbände bündeln (d. h. aggregieren) die vielen Einzelmeinungen, die es unter ihren Mitgliedern geben mag, zu einer einheitlichen Gesamtposition. Erst auf diese Weise können Interessen im politischen Prozess wirksam werden. Hinzu tritt die Funktion der Selektion. Durch die Bündelung von Interessen werden Kompromisse geschlossen und Extremmeinungen ausgeschlossen. Es werden also die Interessen ausgewählt, die sich auch einer breiteren Unterstützung erfreuen können. Wenn Verbände all dies leisten, tragen sie schließlich viertens auch zur Integration von Interessen im politischen System bei (Abb. 9.2).

Die Verbände, die in der Politik des Bundes, in unserem Falle in der Außenpolitik, mitwirken, sind meist sogenannte Spitzenverbände, d. h. ihre Mitglieder sind nicht Individuen oder Firmen, sondern selbst Verbände (Grotz und Schroeder 2021, S. 186). Das deutsche Verbandswesen ist sehr hierarchisch aufgebaut. Dem BDI zum Beispiel gehören keine Unternehmen an, sondern 40 sogenannte Branchenverbände (z. B. der Bundesverband Baustoffe – Steine und Erden oder BIO Deutschland e.V., der die deutsche Biotechnologie-Branche vertritt).[1] Deren Mitglieder wiederum sind meist kleinere, auf bestimmte Branchensegmente spezialisierte Verbände (z. B. der Deutsche Asphaltverband), in denen schließlich die einzelnen Firmen organisiert sind. Hinzu kommt, dass es im föderalen System in

---

[1] Vgl. https://bdi.eu/der-bdi/mitglieder/ (17.06.2022).

Abb. 9.2 Funktionen von Interessenverbänden. (Quelle: Eigene Darstellung)

Funktionen von Interessenverbänden
Artikulation von Interessen
Aggregation von Interessen
Selektion von Interessen
Integration von Interessen

Deutschland häufig auf jeder Ebene noch Landesverbände gibt (Sebaldt 1997b, S. 32–35; Sebaldt und Straßner 2004, S. 104–107). Daneben sind aber auch Verbände aktiv, die weniger komplex aufgebaut sind. Außerdem haben große Firmen wie Daimler oder Siemens natürlich auch die Möglichkeit, ihre Interessen nicht über Verbände, sondern über den direkten Kontakt zur Politik zu artikulieren.

9.2.2 Nichtregierungsorganisationen

Eine andere Form von Interessengruppen sind die Nichtregierungsorganisationen, meist nach der englischen Abkürzung „NGOs" genannt. Nach einer weit verbreiteten Definition ist eine NGO eine nicht gewinnorientierte, gewaltlose organisierte Gruppe von Menschen, die keine Regierungsämter anstreben (vgl. Gordenker und Weiss 1996, S. 17–21). Diese Definition ist nicht sehr trennscharf, denn sie trifft auch auf Verbände wie den BDI oder den DGB zu und ebenso auf Sport- und andere Vereine, weshalb hier und da auch die Rede von einem „‚catch all' Label" ist (Schiffers und Körner 2019, S. 526–528). Im gängigen Sprachgebrauch herrscht meist ein engeres Verständnis von „NGO" vor. Die Unterscheidung der NGOs von Interessengruppen wie dem BDI stützt sich meist auf zwei Punkte. Der erste verweist auf den gesellschaftlichen Kontext, aus dem heraus NGOs entstanden und entstehen, und der zweite verweist auf die Art der Interessen, die sie vertreten.

Bei NGOs handelt es sich, wie auch bei Verbänden, um private Akteure, im Gegensatz zu staatlichen Akteuren wie etwa dem Bundestag, einem Bundesministerium oder einer Landesregierung. Auch hier, zwischen privat und staatlich, sind die Übergänge aber zum Teil fließend. Manchmal übernehmen Nichtregierungsorganisationen in solch hohem Maße öffentliche Aufgaben oder sind durch öffentliche Finanzierung so sehr in staatliche Politik eingebunden, dass man von QUANGOs (für „quasi-non-governmental organizations") spricht. Im innerstaatlichen Bereich ist der TÜV ein bekanntes Beispiel für eine solche QUANGO, handelt es sich bei ihm doch um einen privaten Verein, der unter anderem die staatlich vorgeschriebene Automobil-Prüfplakette vergibt. In der internationalen Politik gibt es ebenfalls eine Reihe von Organisationen, die in der Grauzone zwischen staatlich und privat angesiedelt sind. Das Internationale Komitee vom Roten Kreuz (IKRK) etwa ist eigentlich ein privater Schweizer Verein, hat aber längst einen offiziellen völkerrechtlichen Status als Sachwalter des humanitären Völkerrechts (vgl. Hummel 2001, S. 34). Eine weitere gängige Differenzierung ist die Unterscheidung von *Advocacy*- und *Service*-NGOs. Erstere vertreten, ähnlich wie Anwält*innen (daher die Bezeichnung), die Interessen Dritter und zielen primär darauf ab, national und international auf die Formulierung von Politik Einfluss zu nehmen. Sie bilden dabei häufig den Kern transnationaler Advokat*innen-Netzwerke (Keck und Sikkink 1998). Letztere hingegen sind stärker in die Durchführung von Politik involviert. Dieses Phänomen findet sich nicht nur aber besonders häufig in den Feldern der Entwicklungspolitik, der humanitären Hilfe und der Konfliktbearbeitung (Debiel und Sticht 2005). Große private Entwicklungs- und Nothilfeorganisationen wie Oxfam, Catholic Relief Services oder Médecins sans Frontières leisten konkrete Arbeit vor Ort und erhalten einen erheblichen Teil ihrer Gelder aus staatlichen Quellen.

Die meisten NGOs stehen in einem engen Zusammenhang zu den „Neuen Sozialen Bewegungen" (vgl. Rucht 2019). Damit sind Umwelt-, Friedens-, Frauen- und Menschenrechtsbewegung gemeint, die in den letzten Jahrzehnten in den westlichen Industriegesellschaften entstanden sind. „Neu" waren und sind sie im Vergleich zur Arbeiterbewegung als einer der „alten" sozialen Bewegungen. NGOs sind zwar keine Bewegungen, sondern Organisationen, aber sie sind aus diesen Neuen Sozialen Bewegungen heraus entstanden, und ihre Unterstützer und Aktivisten stammen zumeist aus diesem sozialen Milieu (vgl. Walk und Brunnengräber 2020).

Ein zweiter Punkt, in dem man NGOs von den klassischen Verbänden unterscheiden kann, liegt in den Interessen, für die sie eintreten. Die klassischen Verbände setzen sich in der Regel für die meist materiellen Interessen ihrer Mitglieder ein. NGOs verfolgen demgegenüber Zielsetzungen, die, zumindest in ihrer Selbstbeschreibung, im öffentlichen Interesse liegen (Schmidt und Take 1997, S. 12). In der Praxis sind auch hier die Übergänge fließend. So wird jede Verbandsvertreter*in darauf pochen, dass die Punkte, für die sie eintritt, nicht nur Spezialinteressen der Mitglieder des Verbandes dienen, sondern auch einem breiteren öffentlichen Interesse. Oft ist auch gar nicht entscheidbar, worin in einer bestimmten Frage das öffentliche Interesse oder das Allgemeinwohl liegt. Und schließlich dürfen wir nicht übersehen, dass auch NGOs institutionelle Eigeninteressen haben, zum Beispiel den Erhalt des Zuflusses an Spenden und Mitgliedsbeiträgen aus ihrem Unterstützerfeld. NGO-Vertreter*innen müssen deshalb nicht nur das Wohl der Allgemeinheit, sondern auch das Wohl ihrer eigenen Organisation im Auge behalten. Im Folgenden sollen sowohl Verbände als auch NGOs unter dem gemeinsamen Oberbegriff der Interessengruppen gefasst und Differenzierungen dort vorgenommen werden, wo sie notwendig sind.

9.3 Möglichkeiten und Grenzen des Einflusses gesellschaftlicher Interessengruppen

9.3.1 Die Organisationsfähigkeit außenpolitischer Interessen

Bevor wir uns ansehen können, ob und wie gesellschaftliche Interessengruppen Einfluss auf die (deutsche) Außenpolitik nehmen können, ist eine Vorüberlegung wichtig. Eignen sich alle gesellschaftlichen Interessen in gleicher Weise dazu, durch Verbände und Nichtregierungsorganisationen organisiert zu werden? Bilden die in einer Demokratie existierenden Interessengruppen die bestehenden gesellschaftlichen Interessen ab, oder kommt es hier bereits zu Verzerrungen, weil manche Interessen leichter organisierbar sind als andere?

Eine optimistische Sicht auf dieses Problem hatten die Vertreter*innen der Pluralismustheorie (Truman 1971; Fraenkel 1979; Schmidt 2019, S. 201–215). Die Pluralismustheorie betont, dass im politischen Prozess der westlichen Demokratien alle Interessengruppen die Möglichkeiten haben, ihre Position zu artikulieren. Aus dem Kräfteparallelogramm widerstreitender Interessen entsteht dann, unter Einhaltung der demokratischen Regeln, legitime staatliche Politik. Die Bildung von Interessengruppen ist aus dieser Sicht die Folge einer entsprechenden sozialen Bedürfnislage (Sebaldt 1997a, S. 47). Das heißt, aus pluralistischer Sicht führt die Existenz bestimmter gesellschaftlicher Interessen dazu, dass diese Interessen nach kurzem Zeitverzug organisiert und damit in politische Entscheidungsprozesse eingespeist werden.

Die Pluralismustheorie übersieht jedoch, dass sich nicht alle denkbaren gesellschaftlichen Interessen gleich gut organisieren lassen. Der Ökonom Mancur Olson hat diese These einer unterschiedlichen Organisationsfähigkeit prägnant formuliert und begründet (Olson 1992). Er geht davon aus, dass Interessengruppen sich dafür einsetzen, dass bestimmte Kollektivgüter hergestellt werden. Ein Kollektivgut zeichnet sich dadurch aus, dass es nicht nur von einem Eigentümer genutzt werden kann, sondern von einer ganzen Gruppe von Bürger*innen oder gar von allen. Beispiele für Kollektivgüter sind Straßen, die kostenlos von allen Verkehrsteilnehmer*innen befahren werden können, eine Lohnerhöhung, die allen Arbeiter*innen einer Branche zugutekommt, saubere Luft, die von allen eingeatmet wird oder die Sicherung des Friedens, von dem fast alle Bürger*innen profitieren. Olson zufolge ist die Chance, dass ein gesellschaftliches Interesse an der Bereitstellung eines Gutes organisiert wird, umso größer, je spezifischer das Interesse und je geringer die Zahl der potenziell Begünstigten ist. Wenn alle in den Genuss eines Gutes kommen, besteht individuell wenig Anreiz, sich für dessen Bereitstellung einzusetzen, weil die Passiven am Ende den gleichen Nutzen haben wie die Aktiven. Stattdessen wird dann die Neigung zum sogenannten Trittbrettfahren sehr hoch sein: man nutzt das Gut, ohne etwas für seine Bereitstellung zu tun. Dies hat zur Folge, dass solche Kollektivgüter in geringerem Maße hergestellt werden als eigentlich sozial erwünscht und dass breit gestreute Interessen seltener und weniger gut organisiert sein werden als Spezialinteressen.

Olsons Argumente dürfen allerdings nicht absolut gesetzt werden (vgl. Reutter und Rütters 2007, S. 123 ff.), denn sonst wäre es kaum zu erklären, dass es Interessengruppen gibt, die sich für den Schutz der Umwelt einsetzen oder gar dafür, uneigennützig Menschen in Not im globalen Süden Hilfe zu leisten. Menschen handeln nicht immer und nicht ausschließlich so egoistisch-rational, wie Olson das für die Zwecke seiner Theorie unterstellt. Dennoch bleibt festzuhalten, dass gesellschaftliche Interessen unterschiedlich gut organisationsfähig sind und dass sich paradoxerweise oft die gesellschaftlich breit geteilten Interessen weniger leicht organisieren lassen als andere. Dies ist bedeutsam, wenn man Außenpolitik mit anderen Politikfeldern vergleicht. Viele außenpolitische Entscheidungen betreffen eine große Zahl von Bürger*Innen in sehr allgemeiner und wenig spezifischer Weise. Entsprechende außenpolitische Interessen sollten daher zu den weniger gut organisierbaren Interessen gehören. Es verwundert daher nicht, dass die Zahl und die Bedeutung der aktiven Interessengruppen in vielen Bereichen der deutschen Außenpolitik tendenziell geringer sind als in vielen Feldern der Innenpolitik (vgl. Sebaldt 1997a, S. 75–178). Dennoch sind auch in der Außenpolitik viele Interessengruppen aktiv, deren Wirkungsfeld wir uns im Folgenden näher ansehen wollen.

9.3.2 Das Wirkungsfeld der Interessengruppen: national, europäisch, global?

An welcher Stelle, auf welcher Ebene werden Interessengruppen überhaupt aktiv? Da wir uns mit der Rolle von Interessengruppen in der deutschen Außenpolitik be-

9.3 Möglichkeiten und Grenzen des Einflusses gesellschaftlicher …

fassen, interessiert uns natürlich die Ebene, auf der diese Außenpolitik zu einem erheblichen Teil formuliert wird, also die nationale Ebene. Man kann die Wirkung von Interessengruppen jedoch nicht angemessen verstehen, wenn man sich nur auf diese Ebene beschränkt. In Kap. 2 hatten wir uns bereits mit den Prozessen der Europäisierung und der Transnationalisierung und ihrer Bedeutung für die deutsche Außenpolitik befasst. Auch für das Verständnis der Arbeit von Interessengruppen sind diese beiden Prozesse bedeutsam.

Eine wachsende Zahl an außenpolitischen Entscheidungen wird nicht mehr in Berlin, sondern in Brüssel vorbereitet und getroffen, etwa im Rahmen der GASP oder wenn die EU-Kommission bei den Verhandlungen um internationale Abkommen als Verhandlungsführerin der Mitgliedstaaten auftritt. Aufgrund dieser Entwicklung müssen auch Interessengruppen ihren Blick verstärkt auf die EU-Ebene richten (Kohler-Koch et al. 2022, S. 187–233). Verbände und NGOs sind deshalb, sofern sie über die notwendigen Ressourcen verfügen, nicht nur in Berlin, sondern auch in Brüssel präsent, und deutsche Interessengruppen versuchen häufig, sich mit vergleichbaren Organisationen aus anderen EU-Staaten zu koordinieren. Eine eigenständige europäische Verbandsstruktur ist aber bislang allenfalls in Ansätzen entstanden. Zum einen bestehen in vielen Fällen in den wirtschaftlichen und politischen Bedingungen noch große nationale Unterschiede, die die Bildung starker europäischer Gewerkschaften oder Unternehmerverbände erschweren. Zum anderen werden die EU-Entscheidungen häufig auf der Ebene der Nationalstaaten vorgeprägt, sodass es für Interessengruppen oft interessanter ist, dort mit ihrer Lobbyarbeit anzusetzen. Insgesamt hinkt die Europäisierung der Interessengruppen der Europäisierung der Nationalstaaten also immer noch hinterher, auch wenn sie in manchen Feldern mittlerweile bestens organisiert ist. Dies gilt vor allem in den vergemeinschafteten Politikfeldern der Europäischen Union, wie etwa bei der Agrarpolitik, wo die europäische Ebene für die Interessengruppen oft bereits wichtiger ist als die nationale. Das Beispiel der Nahrungsmittelindustrie belegt dies (vgl. Kohler-Koch et al. 2022, S. 239–249).

Prozesse der Transnationalisierung sind vor allem für NGOs bedeutsam. Dies gilt sowohl für die Organisationsstruktur insbesondere der großen NGOs als auch für die Politiken, mit denen NGOs sich in der Regel befassen. Die Neuen Sozialen Bewegungen, von denen schon die Rede war, waren und sind keine nationalstaatlich geprägten Phänomene. Zwar gibt es in unterschiedlichen Ländern unterschiedliche Ausformungen (beispielsweise hat sich, verglichen mit anderen westeuropäischen Ländern, in Deutschland schon frühzeitig eine relativ starke Umweltbewegung formiert). Im Wesentlichen sind diese Bewegungen aber ein transnationales Phänomen, das sich vor allem in den reichen Gesellschaften der westlichen Industrienationen zeigt. Dies schlägt sich auch in der Struktur der großen NGOs nieder. Organisationen wie Greenpeace und Amnesty International haben zwar deutsche Sektionen, sind aber international tätige Organisationen. Amnesty International (ai) beispielsweise wurde 1961 in Großbritannien gegründet. Die Zentrale liegt in London, ohne dass ai damit zu einer genuin britischen Organisation würde.[2] Die deutsche Sektion hat zwar eigenes Personal und eigene finanzielle Mittel; die obersten Gremien, der Internationale Rat und das Internationale Exekutivkomitee, sind jedoch auf der internationalen Ebene angesiedelt, und das Sekretariat von ai befindet sich in London (Sebaldt und Straßner 2004, S. 129–133). Manche Autor*innen sprechen in Fällen wie ai nicht von international aktiven NGOs, sondern von transnationalen Bewegungsorganisationen (Smith et al. 1997; Take 2018, S. 246). Dass die Arbeit vieler NGOs die nationalen Grenzen oft überschreitet, ist nicht verwunderlich, wenn man bedenkt, in welchen Politikfeldern NGOs zumeist tätig sind. Umweltprobleme machen an keiner nationalen Grenze halt, Menschenrechte erheben den Anspruch universeller Gültigkeit, und Frieden und internationale Sicherheit können nicht auf rein nationaler Ebene gesichert werden. Dies bedeutet nicht, dass wir uns nicht mit der Bedeutung von NGOs für einzelstaatliche Außenpolitik befassen können, aber wir müssen dabei im Auge behalten, dass die transnationale Vernetzung ein wesentliches Element des Wirkens von NGOs ist.

9.3.3 Wie können Interessengruppen die deutsche Außenpolitik beeinflussen?

Haben Verbände und NGOs überhaupt einen Einfluss auf die deutsche Außenpolitik? Warum sollten die Entscheidungsträger*innen in der Bundesregierung darauf achten, wenn Interessengruppen außenpolitische Forderungen an sie stellen? Haben Interessengruppen im Gegenzug für ihre Forderungen auch etwas zu bieten? Um diese Fragen beantworten zu können, soll die Arbeitsweise von Interessengruppen etwas genauer in den Blick genommen werden, d. h. welche Strategien und Aktionsformen sie anwenden, um ihre Ziele zu erreichen. Dabei soll danach unterschieden werden, wer der unmittelbare Adressat der Arbeit der Interessengruppe ist: ein enger Kreis politisch Verantwortlicher in Regierung und Parlament oder eine breitere Öffentlichkeit.

Häufig wenden sich Interessengruppen direkt an die politischen Akteure. Gute Kontakte zu Parlamentarier*innen, Ministerialbeamt*innen oder auch den Minister*innen persönlich sind deshalb für die Vertreter*innen der Interessengruppen

---

[2] Vgl. https://www.amnesty.org/en/about-us/how-were-run/structure-and-people/ (18.06.2022).

9.3 Möglichkeiten und Grenzen des Einflusses gesellschaftlicher ...

sehr wichtig. Solche Kontakte werden dazu genutzt, die politischen Ansprechpartner*innen über die eigenen Ziele aufzuklären und sie mit Informationen zu versorgen. Interessengruppen verfügen oft in ihrem Bereich über ein hohes Maß an Expertise, auf das die Entscheidungsträger*innen gerne zurückgreifen. So weiß der Repräsentant des BDI vielleicht viel besser, auf welche Probleme die deutsche Exportwirtschaft beim Zugang zu asiatischen Märkten stößt, als die zuständigen Referent*innen im Außen- und im Wirtschaftsministerium. Oder, um ein anderes Beispiel zu nennen: Die Delegationsleiter*in, die die Bundesrepublik bei internationalen Klimaverhandlungen vertritt, ist möglicherweise dankbar für eine Studie der Klimaschutzorganisation Germanwatch, die die neuesten wissenschaftlichen Erkenntnisse zum Treibhauseffekt zusammenfasst. Neben dem Ziel der Informationsvermittlung dienen die Kontakte der Interessenvertreter*innen auch dem konkreten Lobbying: Die politischen Akteure sollen davon überzeugt werden, die Forderungen der Interessengruppe zu übernehmen, beispielsweise durch überzeugende inhaltliche Argumente. Wenn eine Interessengruppe wichtige Informationen liefern, politische Unterstützung anbieten oder sie auch entziehen kann (etwa ein großer Wirtschaftsverband oder eine Massengewerkschaft), so können auch dies aus Sicht der Politiker*innen durchaus „überzeugende Argumente" sein. Lobbying ist daher zu einem erheblichen Teil ein politisches Tauschgeschäft (vgl. Sebaldt 1997a, S. 241–249). Hier wird auch deutlich, dass man die Informationsvermittlungs- und die Lobbying-Funktion allenfalls analytisch trennen kann. In der Wirklichkeit gehen beide ineinander über. Durch das Bereitstellen von Information werden Interessengruppen stets auch das Ziel verfolgen, den Entscheidungsträger*innen bestimmte Standpunkte nahe zu legen. Umgekehrt wird Lobby-Arbeit langfristig nur dann erfolgreich sein können, wenn die Interessenvertreter*innen als fachkundig, seriös und glaubwürdig gelten.

Das Wort „Lobby" steht übrigens ursprünglich für die sogenannte Lobby des Parlaments. Das ist die Wandelhalle vor dem Plenarsaal, in der die Interessenvertreter*innen (die „Lobbyist*innen") die Abgeordneten vor der Abstimmung noch „abfangen" konnten, um sie zu einer bestimmten Stimmabgabe zu bewegen. Historisch mag das zum Teil so gewesen sein, heute sieht die Praxis der Lobby-Arbeit aber längst anders aus. Als Adressat von Lobby-Arbeit ist in der Regel die Ministerialbürokratie erheblich interessanter als die parlamentarischen Gremien. Für die Außenpolitik gilt dies ganz besonders. Ein Großteil der Außenpolitik läuft ohne gesetzgeberische Tätigkeit ab; sie wird also im Kanzleramt, im Auswärtigen Amt oder einem der anderen Ministerien formuliert, während der Bundestag nur eine untergeordnete Rolle spielt. Aber auch dann, wenn eine außenpolitische Entscheidung erst durch die Zustimmung des Bundestages wirksam wird – etwa wenn er ein internationales Abkommen ratifizieren oder einem Außenhandelsgesetz zustimmen muss –, werden die Interessengruppen sich eher an die Regierung als an Abgeordnete, Fraktionen oder Ausschüsse wenden. Für die Interessengruppen ist es wichtig, ihre Positionen und ihre Informationen möglichst frühzeitig in den Entscheidungsprozess einzuspeisen. Wenn die Regierungsvertreter*innen schon das internationale Abkommen ausgehandelt und dem internationalen Verhandlungsergebnis zugestimmt haben, kann der Bundestag nicht mehr viel bewegen. Auf die Abgeordneten einzuwirken, wäre dann wenig erfolgversprechend. Viel sinnvoller ist es, frühzeitig gute Kontakte zur deutschen Verhandlungsdelegation und zu dem Ministerium zu entwickeln, das die Verhandlungen führt (bei internationalen Verhandlungen zum Schutz des Klimas wäre das beispielsweise das Bundesumweltministerium).

Manche Interessengruppen sind dabei sehr erfolgreich. Bei internationalen Konferenzen lassen sich viele NGOs und andere Interessengruppen als Beobachter registrieren und erhalten damit zumindest gewisse Mitwirkungsmöglichkeiten. Außerdem nehmen manche Regierungen gerne einige Vertreter*innen von NGOs oder Fachverbänden in ihre nationale Verhandlungsdelegation auf. Sie tun dies, um von der Kompetenz der Verbände und NGOs zu profitieren, aber sicher oft auch, weil dies inzwischen als fortschrittlich gilt und die Regierungen sich gerne mit der Anerkennung, die die NGOs in der Öffentlichkeit genießen, schmücken wollen. Mächtige Wirtschaftsverbände üben oft sogar einen dauerhaften Einfluss auf ein entsprechendes Bundesministerium aus. Ein bekanntes Beispiel dafür sind der Deutsche Bauernverband und andere Agrarverbände, die traditionell sehr gute Kontakte zum Landwirtschaftsministerium haben, unter anderem auch, weil viele der Ministerialbeamt*innen selbst ursprünglich aus den Agrarverbänden stammen und sich diesen nach wie vor zugehörig fühlen. Um diese Prozesse transparenter zu gestalten, müssen sich allerdings seit Januar 2022 alle „Personen, Unternehmen, Verbände und andere Organisationen" in einem Lobbyregister registrieren lassen, „die Kontakt zu Mitgliedern, Organen, Fraktionen oder Gruppen des Bundestages oder zur Bundesregierung aufnehmen oder eine solche Kontaktaufnahme in Auftrag geben, um unmittelbar oder mittelbar Einfluss auf deren Willensbildungs- und Entscheidungsprozesse zu nehmen".[3]

Neben der direkten Beeinflussung der politischen Entscheidungsträger*innen haben Interessengruppen außerdem die Möglichkeit, sich an die Öffentlichkeit zu wenden. Hier geht es ihnen ebenfalls um die Verbreitung von Information und um die Mobilisierung von Bürgern für ihre politischen Ziele (Hoffjann 2021). Wenn Interessengruppen der Öffentlichkeit Informationen zur Verfügung stellen, die

---

[3] Vgl. https://www.lobbyregister.bundestag.de/informationen-und-hilfe/informationen-fuer-interessenvertreter-863572#Wer (28.06.2022).

staatliche Akteure nicht liefern können oder wollen, dann leisten sie damit grundsätzlich einen wichtigen Beitrag zur öffentlichen Meinungsbildung – auch wenn ihre Informationen gar nicht immer zuverlässiger sein werden als die der Regierung oder der parlamentarischen Opposition. Letztlich wollen Interessengruppen mit solcher Information der Öffentlichkeit das öffentliche Meinungsklima in ihrem Sinne beeinflussen und die Anerkennung und Akzeptanz ihrer Arbeit fördern. Um dies zu erreichen, benötigen sie möglichst gute Kontakte zu den Massenmedien. Größere Verbände betreiben deshalb eine sehr professionelle Öffentlichkeits- und Medienarbeit, und Zeitungen und andere Massenmedien beziehen die Informationen, die sie für ihre Berichterstattung über internationale Konferenzen verwenden, oft hauptsächlich von NGOs (Schmidt und Take 1997, S. 15). Den Interessengruppen wird in diesem Zusammenhang auch die Funktion zugesprochen, Entscheidungsprozesse für die Bürger transparenter zu machen und somit zur Kontrolle der politisch Verantwortlichen beizutragen. Dies gilt vor allem für die NGOs, die ja allgemeine, öffentliche Interessen vertreten wollen.

Einen Schritt weiter gehen Interessengruppen, wenn sie die Öffentlichkeit nicht nur informieren, sondern mobilisieren, also für ein bestimmtes politisches Engagement gewinnen wollen – in der Hoffnung, dass dies den Druck auf die gewählten Volksvertreter*innen erhöht. Bei mitgliederstarken Verbänden kann dies die Mobilisierung der Mitglieder sein – wenn etwa eine Gewerkschaft zu Streiks und Protesten gegen ein Abkommen zur Handelsliberalisierung aufruft, von dem sie Arbeitsplatzverluste oder Lohnsenkungen in ihrer Branche erwartet. Insbesondere NGOs versuchen aber häufig, Kampagnen zu organisieren, die eine große Zahl an Unterstützer*innen in der Bevölkerung finden. Dazu eignen sich nur symbolträchtige Themen, und manche NGOs setzen auch symbolträchtige und unkonventionelle Aktionsformen dazu ein – wie etwa die Schlauchboot-Einsätze von Greenpeace-Aktivisten gegen die Dünnsäureverklappung in der Nordsee. Auch hier ist es für den Erfolg wichtig, dass über die Aktionen in den Medien berichtet wird und eine große Zahl von Menschen das damit verbundene Anliegen unterstützt oder von ihm überzeugt werden kann. Insbesondere für die NGOs ist die Strategie, Politik über die Einwirkung auf die gesellschaftliche Ebene zu beeinflussen, zentral (Take 2002, S. 58 f.). Auch NGOs müssen daher, wie viele „klassische" Verbände, eine professionelle Medienarbeit betreiben. Abb. 9.3 fasst die verschiedenen wesentlichen Strategien der Interessengruppen zusammen.

Was bedeutet dies nun für den Einfluss von Interessengruppen auf die deutsche Außenpolitik? Die Frage lässt sich nicht generell beantworten. Es ist hilfreich, sich die Interaktion zwischen den außenpolitischen Entscheidungsträger*innen und den Interessengruppen als eine Art Tauschgeschäft vorzustellen (vgl. Sebaldt 1997a, S. 241–249). NGOs oder Verbände erhalten die Chance auf politischen Einfluss,

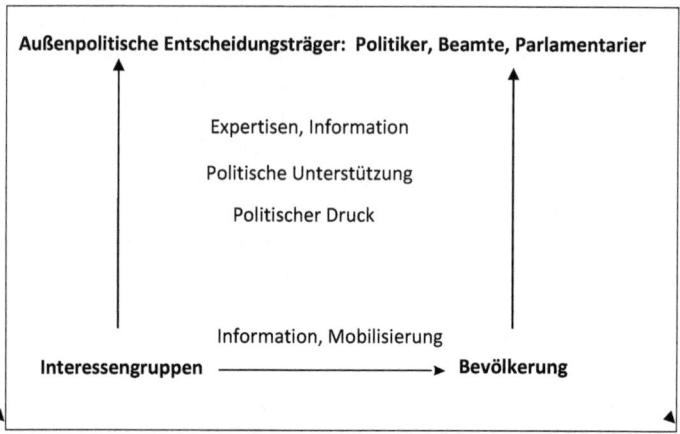

Abb. 9.3 Strategien von Interessengruppen. (Quelle: Eigene Darstellung)

wenn sie dafür Information oder politische Unterstützung anbieten können, auf die die Politik angewiesen ist. Bei all der Expertise, die die Vertreter*innen von Interessengruppen in ihrem Fachgebiet oft haben, darf aber nicht vergessen werden, dass insbesondere auf dem Gebiet der Außenpolitik die Regierung zumeist einen großen Informationsvorsprung gegenüber allen anderen Akteuren hat: Ihre Botschaften sind international präsent, sie kann auf Geheimdienste zurückgreifen, und oft sind auch die Unterredungen mit Vertreter*innen anderer Staaten vertraulich. Die Informationen, die Interessengruppen anbieten können, sind hingegen meist öffentlich zugänglich, sodass die Regierung in vielen Fällen der Außenpolitik nicht unbedingt auf die Kooperation mit einem bestimmten Verband oder einer bestimmten NGO angewiesen ist. Auch was die Mobilisierung der Bevölkerung angeht, muss man einige Einschränkungen machen. NGOs verfügen zwar oft über einen breiten, aber doch eher lockeren Kreis von Unterstützer*innen; für die direkte Mobilisierung „der Massen" fehlt es ihnen an den organisatorischen Möglichkeiten. Sie müssen vielmehr ihr Ansehen als moralische Autorität, etwa in Menschenrechts- oder Umweltfragen, nutzen, um eine starke öffentliche Wirkung ausüben zu können – häufig mit ungewissem politischem Ausgang. Unter den Verbänden sind zwar einige, die über eine Mitgliederbasis verfügen, die Politiker schlecht ignorieren können; man denke an die mehreren Millionen Mitglieder des DGB oder die Tatsache, dass die Unternehmen, die die großen Industrieverbände vertreten, für einen erheblichen Teil der deutschen Wertschöpfung verantwortlich sind. Die kritische Frage hier ist, ob sich diese mächtige Basis in außenpolitischen Fragen auch mobilisieren lässt; schließlich geht es hier nicht um Dinge wie

Krankenversicherung oder Steuern, bei denen Bürger*innen und Unternehmen die Folgen unmittelbar zu spüren bekommen. Vielmehr geht es um Fragen der deutsch-französischen Beziehungen oder der Verteidigungsstrategie der NATO – um politische Entscheidungen also, die keineswegs weniger wichtig sind, deren Folgen aber oft nicht in der gleichen Weise unmittelbar zu spüren sind wie etwa eine Steuererhöhung. Das oben erläuterte Phänomen der unterschiedlichen Organisationsfähigkeit von Interessen spielt hier eine wichtige Rolle.

All dies bedeutet nicht, dass Interessengruppen in der Praxis der Außenpolitik unwichtig sind. Es bedeutet aber, dass sie vor allem in solchen außenpolitischen Fragen eine wichtigere Rolle spielen können, bei denen sie über wertvolle Informationen verfügen und öffentliche Unterstützung für ihre Anliegen mobilisieren können.

9.3.4 Die Frage der Legitimität des Einflusses von Interessengruppen

Wie ist die Rolle von Interessengruppen in der Außenpolitik normativ zu bewerten? Diese Frage wird immer wieder gestellt. Verbänden wird manchmal vorgehalten, dass sie nur die Spezialinteressen ihrer Mitglieder verträten. Da die Verbände selbst ebenso wie auch ihre Repräsentant*innen anders als Abgeordnete oder Minister*innen nicht demokratisch gewählt sind, halten manche Beobachter*innen ihren Einfluss auf Politik für problematisch. Vor allem in den frühen Jahren der Bundesrepublik wurde immer wieder sorgenvoll gefragt, ob nicht etwa die Verbände herrschen (vgl. Eschenburg 1963). Eine ganz ähnliche Diskussion hat sich mit ihrem Erstarken auch über die NGOs entwickelt. Hier wird gefragt, ob der gewachsene politische Einfluss von NGOs legitim ist, ob NGOs ein Defizit an innerorganisatorischer Demokratie haben und woher sie das Recht auf Aktionen zivilen Ungehorsams nehmen (vgl. Beisheim 1997, S. 21–25; Mellinghoff 2021).

Bei der Beantwortung dieser wichtigen Fragen darf man allerdings nicht die Interessengruppen den gleichen Maßstäben unterwerfen wie demokratisch gewählte Volksvertreter*innen. Letztere treffen kollektiv bindende Entscheidungen, während Interessengruppen lediglich ihre Interessen in einem demokratischen Staatswesen zur Sprache bringen. Dabei ist ihnen nicht vorzuwerfen, dass es sich um ihre eigenen Interessen handelt, die wahrscheinlich nicht von allen in der Gesellschaft geteilt werden, so lange grundsätzlich alle das Recht haben, ihre Interessen zu organisieren und zu Gehör zu bringen. Für die Außenpolitik gilt dies genauso wie für andere Politikfelder. Ähnlich verhält es sich mit der Frage, ob Interessengruppen nicht selbst demokratisch aufgebaut sein müssen. Das Gebot innerorganisatorischer Demokratie bezieht sich vor allem auf die staatlichen und gesellschaftlichen Bereiche, in denen bindende und allgemeingültige Entscheidungen getroffen werden oder zumindest unmittelbar vorbereitet werden. Parteien zum Beispiel können durch Wahlen die Möglichkeit bekommen, ihre Vorstellung in autoritativ bindende Entscheidungen umzusetzen. Deshalb müssen sie sich einer besonderen demokratischen Kontrolle unterziehen, indem auch ihre innere Willensbildung demokratischen Grundsätzen entsprechen muss. Für NGOs und Verbände (oder auch Wirtschaftsunternehmen) gilt dies nicht. Die möglicherweise schwach ausgeprägte innerorganisatorische Demokratie nimmt ihnen also nicht das Recht, sich für ihre Interessen oder auch „das Allgemeinwohl" einzusetzen. Allerdings kann sie für die Interessengruppe selbst zum Problem werden, wenn sich die Spitze zu sehr von der Basis abkoppelt (Beisheim 1997, S. 21–24).

Neben den Zweifeln an der Legitimität des Wirkens von Interessengruppen gibt es insbesondere bezüglich der Mitwirkung von NGOs an internationalem Regieren andererseits auch die Hoffnung, dass internationale Politik damit offener und letztlich demokratischer gestaltet werden könne (Take 2018). Wenn die Vertreter*innen von Staaten, etwa im Rahmen einer internationalen Organisation, zusammenkommen und Abkommen untereinander aushandeln, sind die demokratischen Kontrollmechanismen, etwa durch Parlamente, besonders schwach, da sie meist erst ansetzen können, wenn das Verhandlungsergebnis bereits vorliegt. Für wirkliche Einflussnahme ist es dann zu spät. Können NGOs, wenn sie Zugang zu Verhandlungen auf internationaler Ebene bekommen, aber als Sachwalter öffentlicher Interessen für mehr Transparenz sorgen und dem Gemeinwohl eine Stimme geben? Dies ist die Hoffnung von Vertreter*innen der deliberativen Demokratietheorie, die die Legitimität politischer Entscheidungen weniger an Wahlen und mehr am öffentlichen und allen Betroffenen zugänglichen Austausch guter Argumente (der Deliberation) festmachen (Forst 2007; Niesen und Herborth 2007; Steffek et al. 2008). In jedem Falle hat es in den letzten beiden Jahrzehnten in vielen Bereichen internationaler Politik eine Öffnung von Organisationen und Verhandlungsforen für zivilgesellschaftliche Akteure gegeben. Fast alle internationalen Organisationen ermöglichen nicht staatlichen Akteuren, sich mit Stellungnahmen oder als Beobachter*innen an Verhandlungen zu beteiligen (Tallberg et al. 2013, S. 53–97).

Generell kann man also sagen, dass die Mitwirkung von Interessengruppen an der Formulierung von Außenpolitik keineswegs illegitim ist. Wie man ihren Einfluss normativ bewertet, sollte daher vor allem davon abhängen, welche Leistungen sie im politischen Prozess bringen: bei der Artikulation, Aggregation, Selektion und Integration von Interessen, bei der Bereitstellung von Information für Entscheidungsträger*innen oder auch die breite Öffentlichkeit und bei der Verbesserung der Transparenz von (Außen-) Politik (vgl. Beisheim 1997, S. 25–29).

9.4 Fallbeispiel: Die deutsche Außenpolitik in der Frage des internationalen Klimaschutzes

Zur Illustration der Rolle von Interessengruppen in der deutschen Außenpolitik soll im Folgenden das Beispiel der internationalen Klimakonferenzen dienen. Damit wird ein Beispiel gewählt, bei dem es unvermeidlich ist, dass die Grenzen der Außenpolitikanalyse hin zur Analyse internationaler Politik überschritten werden, weil die Prozesse von Internationalisierung (hier aus deutscher Sicht vor allem: Europäisierung) und Transnationalisierung besonders bedeutsam sind. Ein solches Beispiel wird aber bewusst gewählt, weil es in zunehmendem Maße typisch für die Rolle ist, die Interessengruppen in Fragen der internationalen Beziehungen spielen.

9.4.1 Der Treibhauseffekt und die internationalen Verhandlungen zum Klimaschutz

Die Kernproblematik ist inzwischen allseits bekannt. Durch den vermehrten, durch Menschen verursachten Ausstoß von Kohlendioxid und einigen anderen Gasen in die Atmosphäre erhöht sich die globale Durchschnittstemperatur auf der Erde stetig – der sogenannte Treibhauseffekt. Die konkreten Folgen sind im Einzelnen schwer vorauszusagen, aber die meisten Wissenschaftler*innen sind sich zunehmend einig, dass dies mit hoher Wahrscheinlichkeit zu einer Erhöhung des Meeresspiegels mit katastrophalen Folgen für viele Länder führt und darüber hinaus auch extreme Wetterereignisse, verstärkte Wüstenbildung und ähnliches nach sich ziehen wird. Der globale CO_2-Ausstoß geht vor allem auf das Konto der Industriestaaten, die pro Kopf deutlich mehr Energie verbrauchen als die Entwicklungsländer, auch wenn Schwellenländer und hier insbesondere China in den letzten beiden Jahrzehnten deutlich aufgeholt haben. China ist inzwischen vor den USA das Land mit den absolut höchsten CO_2-Emissionen. Der Ausstoß pro Kopf allerdings betrug für China laut Daten der Weltbank im Jahr 2019 „nur" 7,6 t, für Deutschland 7,9 t und für die USA sogar 14,7 t pro Jahr.[4]

Als ein politisches Problem wurde der Klimaschutz auf internationaler Ebene erstmals 1979 wahrgenommen, auf der ersten Weltklimakonferenz in Genf. Neun Jahre später wurde auf Veranlassung der VN-Generalversammlung das „Intergovernmental Panel on Climate Change" (IPCC) gegründet, ein Wissenschaftlergremium, das regelmäßig Berichte über die Erkenntnisse der Klimaforschung

---
[4] Vgl. https://data.worldbank.org/indicator/EN.ATM.CO2E.PC (18.06.2022).

vorlegt.⁵ Es schuf auch die Grundlagen für eine Klimarahmenkonvention,⁶ die 1992 auf der Weltkonferenz für Umwelt und Entwicklung in Rio de Janeiro von den Staaten verabschiedet wurde. Auf rechtlich verbindliche Ziele zur Verminderung der Emissionen von Treibhausgasen konnten sich die Staaten jedoch zunächst nicht einigen. Allerdings sieht die Konvention regelmäßige Treffen der sogenannten Vertragsstaatenkonferenz (engl. COP) vor, auf denen konkrete Maßnahmen vereinbart werden sollen. Die erste Vertragsstaatenkonferenz fand 1995 in Berlin statt.

NGOs und Lobbyverbände haben nach Anmeldung Zutritt zu diesen Konferenzen, solange sich nicht mindestens ein Drittel der „Parteien", in der Regel Staaten, ausdrücklich dagegen ausspricht, wie in Art. 7, § 6 der Klimarahmenkonvention festgelegt ist. Bei den bisherigen Vertragsstaatenkonferenzen waren jeweils mehrere hundert nicht staatliche Organisationen registriert, zuletzt bei der 26. Vertragsstaatenkonferenz (COP26) in Glasgow im Herbst 2021 allein ca. 14.000 Beobachter*innen, 22.000 Delegierte als Vertreter der Staaten und 4000 Journalist*innen. Insgesamt hat die Beteiligung aller Gruppen deutlich zugenommen, wobei allerdings insbesondere Vertreter der Länder des Globalen Südens, die am meisten unter Klimafolgen zu leiden haben, bei der COP26 unterrepräsentiert waren.⁷

Neben der Registrierung als Nichtregierungsorganisation steht nicht staatlichen Akteuren unter Umständen noch eine zweite Möglichkeit offen, an internationalen Verhandlungen wie etwa im Rahmen der internationalen Klimapolitik teilzunehmen. Wenn Staaten bereit sind, Vertreter*innen nicht staatlicher Organisationen als Mitglied ihrer Delegation aufzunehmen, genießen diese auf der Konferenz alle Beteiligungsrechte eines Delegationsmitglieds des jeweiligen Staates. Allerdings sind sie dann auch der Disziplin der jeweiligen Delegation unterworfen und können nicht mehr frei agieren. Ob dieser Verlust an Handlungsfreiheit durch die veränderten Beteiligungsmöglichkeiten und etwaige Einflusschancen hinter den Kulissen aufgewogen werden, kann nur im Einzelfall beurteilt werden. In Kopenhagen im Jahr 2009 waren zumindest in 123 von 193 Delegationen nicht staatliche Vertreter*innen (aus den Bereichen Wirtschaft oder Zivilgesellschaft oder Experten/Wissenschaftler) beteiligt (eigene Auszählung).

Wichtiger noch als die Vertragsstaatenkonferenzen sind jedoch die Vorverhandlungen, die sich über einen längeren Zeitraum hinziehen und in denen die Ver-

---

⁵Vgl. hierzu die jeweils aktuellen Berichte des IPCC, https://www.ipcc.ch/ (18.06.2022).
⁶Vgl. den Text unter https://unfccc.int/resource/docs/convkp/convger.pdf (18.06.2022).
⁷Vgl. Jönsson und Tallberg 2010; Tallberg et al. 2013, sowie https://www.dw.com/de/klimagerechtigkeit-cop26-anreise-teilnahme-schwierig/a-59711803 (18.06.2022).

9.4 Fallbeispiel: Die deutsche Außenpolitik in der Frage des internationalen ...

tragsstaatenkonferenzen vorbereitet werden. Die Interessengruppen versuchen meist schon hier, Einfluss auf die Delegationen zu nehmen. Auf der dritten Vertragsstaatenkonferenz in Kyoto (COP3), einer der wichtigsten Konferenzen im gesamten Prozess, wurde 1997 das Kyoto-Protokoll verabschiedet, das die Forderungen der Klimarahmenkonvention konkretisierte und verbindliche Reduktionsziele für die Industrieländer festschrieb. Die Entwicklungsländer, die nur einen geringen Anteil an den Emissionen hatten und ein Umsteuern viel schwerer verkraften könnten, wurden zunächst von Verpflichtungen freigestellt. Allerdings trat das Kyoto-Protokoll erst im Februar 2005 in Kraft, nachdem mindestens 55 Vertragsparteien es ratifiziert hatten und diese Vertragsparteien auch für mindestens 55 % der globalen CO_2-Emissionen zum damaligen Zeitpunkt verantwortlich waren. Obwohl die USA die Ratifikation versagten, wurde die 55 %-Schwelle schließlich mit der Ratifikation durch Russland erreicht.

Da das Kyoto-Protokoll im Jahre 2012 ausgelaufen ist, wurden vor dem Hintergrund sich verdüsternder Prognosen auf nachfolgenden Tagungen ambitioniertere Ziele angestrebt. Dies gelang zumindest in Teilen im Rahmen der 21. Vertragsstaatenkonferenz (COP21) im Dezember 2015 in Paris. Im November 2016 trat das Pariser Abkommen in Kraft, in dem sich die beigetretenen Staaten verpflichteten, die Erderwärmung auf deutlich unter 2 °C, möglichst jedoch auf 1,5 °C, gegenüber dem vorindustriellen Niveau zu begrenzen (Falkner 2016).

9.4.2 Die Akteure in der Klimapolitik

Wenn auch die konkreten Verhandlungsgegenstände immer wieder andere waren, lassen sich doch einige über Zeit konstante Grundzüge ausmachen. So finden Staaten mit jeweils ähnlichen Interessen in verschiedenen Verhandlungsgruppen zusammen, die teilweise seit Beginn der Klimaverhandlungen bestehen.[8] Die wichtigsten von ihnen sind:

- Die Umbrella-Gruppe ist eine Gruppe von Industrieländern, die eher ein Interesse an lockeren und aufgeweichten Klimaschutzbestimmungen haben. Zu ihr gehören Australien, Israel, Japan, Kanada, Kasachstan, Neuseeland, Norwegen, Russland, die Ukraine und die USA.
- Die EU-Staaten treten zumeist als einheitlicher Akteur bei den Verhandlungen auf und sind auch als regionale Organisation Vertragspartei. Im Rahmen des

---

[8] Zum aktuellen Stand vgl. https://unfccc.int/process-and-meetings/parties-non-party-stakeholders/parties/party-groupings (18.06.2022).

„2030 Climate Target Plan" setzt sich die Europäische Kommission dafür ein, bis 2030 Treibhausgase auf mindestens 55 % zu begrenzen und bis 2050 klimaneutral zu sein.[9]

- Die AOSIS (Alliance of Small Island States) ist eine Gruppe von vom Klimawandel besonders betroffenen kleinen Insel- und niedrig liegenden Küstenstaaten, die sich für weitreichende Reduktionen einsetzt, allerdings eher wenig Verhandlungsmacht besitzt (vgl. aber Carter 2020).
- Die OPEC-Länder fürchten als erdölexportierende Länder bei CO_2-Reduktionen eine Verringerung des Erdölverbrauchs und wollen daher weitreichendere Klimaschutzbestimmungen eher in Grenzen halten.
- In der G77 versammeln sich die restlichen Entwicklungsländer, derzeit 134 Staaten. Sie befürworten im Wesentlichen die Emissionsreduktionen, möchten allerdings zuletzt deshalb nicht selbst oder nur geringfügig an den Kosten beteiligt werden, weil sie sich nicht als Hauptverursacher sehen.
- In den letzten Jahren sind wirtschaftlich aufstrebende Länder wie China, Indien und Brasilien immer wichtiger geworden. Obwohl ihr CO_2-Ausstoß rapide ansteigt, waren sie im Rahmen des Kyoto-Protokolls keinen Reduktionspflichten unterworfen. Wie die G77 verweisen sie auf die besondere Verantwortung der für den Großteil der bisherigen Emissionen verantwortlichen Industrieländer und fordern, selbst nicht oder nur begrenzt durch Klimaschutzauflagen in ihren Entwicklungsmöglichkeiten beschränkt zu werden.

Zu diesen staatlichen Akteuren treten zahlreiche private Interessengruppen. Klimapolitik ist für sehr unterschiedliche Interessengruppen von Bedeutung. Bereits bei den Vertretern der Wirtschaft gibt es verschiedene Positionen (vgl. Take 2002, S. 130–134; Walk und Brunnengräber 2000, S. 61–67). Anfangs waren viele Industrieverbände noch sehr skeptisch und lehnten Verpflichtungen zu einer Reduktion der Emission von Treibhausgasen ab. Seit den 1990er Jahren nehmen wichtige deutsche Wirtschaftsverbände allerdings eine andere, differenzierte Position ein. Klimapolitische Hardliner haben sich vor allem in den USA formiert, wo Vertreter*innen verschiedener Industriezweige (Öl, Kohle, Automobil, Straßenbau, Chemie etc.) die „Global Climate Coalition" bildeten. Diese hat mit viel Geld in den USA Werbekampagnen gegen Verpflichtungen zur Verringerung von Treibhausemissionen organisiert und Verhandlungskonzepte für die OPEC-Staaten entwickelt. Die Organisation löste sich im Jahr 2001 auf. Doch noch immer finanzieren Vertreter*innen solcher Industriezweige so genannte „Klimaskeptiker", die

---

[9] Vgl. https://ec.europa.eu/info/strategy/priorities-2019-2024/european-green-deal_en (18.06.2022).

9.4 Fallbeispiel: Die deutsche Außenpolitik in der Frage des internationalen ...

Zweifel an wissenschaftlichen Erkenntnissen zum Klimawandel säen – in den USA etwa das Committee for a Constructive Tomorrow (CFACT[10]), in Deutschland das Europäische Institut für Klima und Energie (EIKE[11]). Verlautbarungen dieser Gruppen sind wissenschaftlich in aller Regel nicht haltbar, finden aber in den USA und auch in Deutschland einige Unterstützung in der öffentlichen Meinung (Brunnengräber 2013).

Andere Verbände, die sich zum Teil über die Internationale Handelskammer koordinieren, treten dafür ein, auch die wirtschaftlichen Chancen des Klimaschutzes zu beachten. Sie setzen sich für freiwillige Selbstverpflichtungen ein, gehen jedoch zumeist nicht so weit, auch verbindliche Maßnahmen zu fordern. Es gibt aber auch zunehmend Wirtschaftsverbände, die eine „grüne Linie" verfolgen und, wie etwa die Vertreter der Erzeuger erneuerbarer Energien und ähnlicher Wirtschaftszweige, in wachsendem Maße auch die Gewinnchancen betonen – Argumente, die unter der seit Dezember 2021 regierenden „Ampelkoalition" an Überzeugungskraft gewannen. Auch die großen Versicherungen und die Rückversicherer, wie etwa die Münchner Rück, setzen sich national und international schon seit längerem für eine mutigere Klimapolitik ein – sie müssen schließlich die zunehmenden Versicherungsschäden, die sich im Gefolge des Klimawandels immer häufiger einstellen, begleichen.

Für viele Umwelt-NGOs ist der Klimawandel eines der wichtigsten Probleme überhaupt (vgl. für das folgende Oberthür und Ott 2000, S. 113 f.; Walk und Brunnengräber 2000, S. 96–121; Renn 2020). Die Umweltschutzorganisationen haben sich in diesem Problemfeld noch stärker international vernetzt als die Wirtschaftsvertreter. Die meisten haben sich im „Climate Action Network" (CAN) zusammengetan.[12] Ihm gehören über 1300 NGOs in mehr als 130 Ländern an. Dazu gehören zum Beispiel Germanwatch oder Greenpeace, aber auch Ökoinstitute wie das Wuppertal Institut. Die folgende Abbildung führt die verschiedenen Akteure in der internationalen Klimapolitik noch einmal in anschaulicher Form auf.x (Abb. 9.4).

Die Darstellung ist selbstverständlich schematisch, und die Einstufungen der Verhandlungsmacht sowie des öffentlichen Einflusses der jeweiligen Gruppen von Akteuren fußen nicht auf nachprüfbaren Messungen auf Basis eines klar spezifizierten Konzeptes, sondern sind letztlich nur plakative Schätzungen aufgrund der Forschungslage. Soweit die Darstellung plausibel ist, legt sie aber nahe, dass es trotz der Beteiligung gut organisierter, am Klimaschutz interessierter privater Ak-

---

[10] Vgl. https://www.cfact.org/ (18.06.2022).
[11] Vgl. https://eike-klima-energie.eu/ (18.06.2022).
[12] Vgl. https://climatenetwork.org/ (18.06.2022).

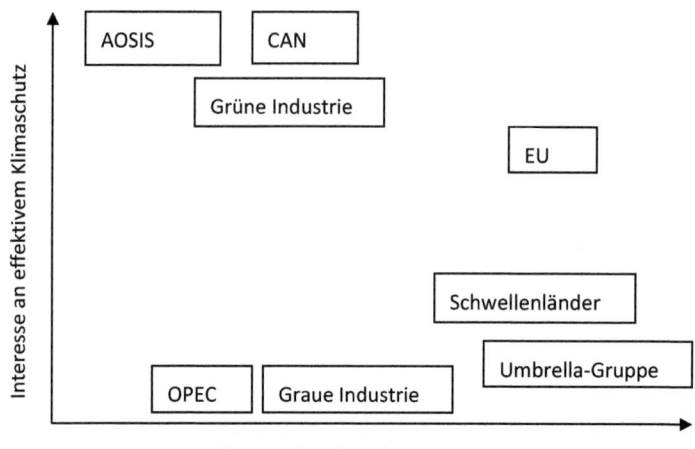

Abb. 9.4 Akteursgruppen in der Klimapolitik. (Quelle: Eigene Darstellung)

teure in diesem Verhandlungsumfeld schwierig ist, effektive Koalitionen für einen weitreichenden Klimaschutz zuwege zu bringen, da einige seiner Gegner zu den besonders verhandlungsmächtigen Akteuren zählen.

9.4.3 Die deutsche Position in den Verhandlungen

Deutschland stimmt seine Politik in den Klimaverhandlungen seit Anbeginn mit seinen EU-Partnern ab. In der Regel spricht die EU auf den KVP-Tagungen auch mit einer Stimme. Dies bedeutet, dass die Abstimmungen und Verhandlungen innerhalb der EU jeweils im Vorfeld stattfinden. Um einen Ausgleich zwischen den reichen und den ärmeren Mitgliedern zu erleichtern, hatte die EU im Vorfeld von Kyoto einen Lastenteilungsmechanismus für sich durchgesetzt: Die EU muss ihre Verpflichtung als Ganzes erfüllen und kann intern die Beiträge, die die einzelnen Staaten dazu leisten, frei aufteilen. Deutschland hatte sich dabei von Anfang an als Vorreiter profiliert. Während sich die EU insgesamt zu einer Reduktion um 8 % verpflichtete, übernahm Deutschland mit einer Reduktionsverpflichtung von 21 % insgesamt etwa zwei Drittel der EU-Verpflichtung. Dies fiel jedoch auch leicht, weil es durch den Zusammenbruch der DDR-Industrie in den 1990er Jahren ohnehin starke Reduktionen an Treibhausgasen hatte (Sprinz 2001, S. 13). Die deutschen Alleinstellungsmerkmale stachen bei den Verhandlungen zum Pariser Abkommen und bei den folgenden Verhandlungen nicht mehr ganz so stark hervor, aber zum Erfolg der EU auch bei den Pariser Verhandlungen trug nicht zuletzt das Engagement der deutschen Bundeskanzlerin bei (Oberthür und Groen 2018, S. 720).

9.4.4 Strategien von Interessengruppen zur Beeinflussung der deutschen Position

NGOs in Deutschland wählten in der Klimapolitik eine ganze Palette von Aktivitäten, um Einfluss auf das internationale Klimaschutzregime im Allgemeinen und die Rolle Deutschlands darin im Besonderen zu nehmen. So wie in Abb. 9.3. oben skizziert, wandten sie sich sowohl direkt an politische Entscheidungsträger*innen als auch an eine breitere Öffentlichkeit, um öffentliche Unterstützung für ihre Anliegen zu erhalten. Ein wichtiges Element der Arbeit vieler NGOs waren dabei öffentlichkeitswirksame Aktionen und Kampagnen. Beispielsweise stellte der World Wide Fund for Nature (WWF) vor der Konferenz von Kyoto am Brandenburger Tor ein Bild der Erde aus, das aus Wärmeplatten hergestellt war, um für eine von ihm entworfene Klimaschutzverordnung im Gebäudesektor zu werben (der Slogan lautete „Herr Kohl, Häuser dämmen = Klima schützen. KLIMA-Novelle jetzt!") (Take 2002, S. 182). Ein weiteres wichtiges Mittel von NGOs war eine intensive Öffentlichkeitsarbeit zur Klimapolitik, welche von den Umweltverbänden herausgegebene Zeitschriften und Broschüren ebenso umfasste wie eine Reihe allgemein verständlicher wissenschaftlicher Studien zum Klimawandel, Unterrichtsmaterialien und auch eine enge Zusammenarbeit mit den Massenmedien.[13]

Außerdem knüpften die NGO-Vertreter*innen enge und teilweise institutionalisierte Kontakte zu außenpolitischen Entscheidungsträger*innen. Dabei war es erforderlich, den Konkurrenzdruck, der auch unter den verschiedenen Organisationen herrscht, zurückzustellen und sich zu nationalen Netzwerken – die zudem noch transnational vernetzt sind – zusammenzuschließen. So gründeten bereits nach der UN-Konferenz in Rio de Janeiro 1992 verschiedene Umwelt- und Entwicklungsorganisationen das Forum Umwelt & Entwicklung, um sich wirkungsvoll dafür einzusetzen, dass Deutschland an den Verpflichtungen festhielt, die es in Rio de Janeiro übernommen hatte. In der Folgezeit wurde das Forum in Fragen der Klimapolitik schnell zum Hauptansprechpartner des Bundesumweltministeriums, von dem es auch bis heute finanziert wird (Take 2002, S. 185; https://www.forumue.de/ueber-uns/ (18.06.2022)).

---

[13] Vgl. Take 2002, S. 171 ff., 188; sowie „Greenpeace-Unterrichtsmaterial zur UN-Klimakonferenz in Paris", https://www.gew.de/aktuelles/detailseite/greenpeace-unterrichtsmaterial-zur-un-klimakonferenz-in-paris (18.06.2022).

Die Vertreter*innen der Wirtschaft nehmen, wie oben bereits erläutert wurde, in der Klimapolitik sehr unterschiedliche Positionen ein, je nachdem, welche Auswirkungen sie auf ihre Branche hat. Dabei fällt jedoch auf, dass selbst Verbände, die eher die „graue" als die „grüne" Industrie vertreten und daher eher als Gegner von Klimaschutzmaßnahmen einzuschätzen sind, in Deutschland viel moderater auftreten als etwa in den USA, wo finanzstarke Gruppen sehr erfolgreich Lobbyarbeit gegen die Bestimmungen des Kyoto-Protokolls betreiben. Zum Teil kam es in Deutschland sogar zu intensiver klimapolitischer Zusammenarbeit einiger Unternehmen und Unternehmensverbände mit Umwelt-NGOs und Regierungsstellen auf nationaler wie europäischer Ebene, vor allem in Fragen der Umsetzung von Klimaschutzzielen, die in Teilen zwischen Branchenverbänden und Regierungsstellen bis in konkrete technische Vorgaben und Richtlinien bei der Erstellung klimarelevanter Produkte ausgearbeitet wurden (Take 2002, S. 189–194; Kohler-Koch et al. 2022, S. 279 f.).

Zu beachten ist auch, dass private Akteure jeweils mit unterschiedlichen Akteuren der Bundesregierung besonders eng zusammenarbeiten. So haben viele NGO-Vertreter*innen gute persönliche Kontakte zur Arbeitsebene des Bundesumweltministeriums, während der Ansprechpartner der Wahl für Industrievertreter*innen häufig eher das Bundeswirtschaftsministerium ist. Wissenschaftliche Expertise zur Beratung der Bundesregierung in klimapolitischen Fragen wiederum bündelt sich im Wissenschaftlichen Beirat für Globale Umweltveränderungen (WBGU), der beim Bundesministerium für Bildung und Forschung (BMBF) und beim BMU angesiedelt ist.[14]

In der öffentlichen Wahrnehmung spielen NGOs in einem Problemfeld wie der Klimapolitik eine viel größere Rolle als Wirtschaftsverbände. Dies liegt jedoch nicht zuletzt auch an dem unterschiedlichen Stil, den die beiden Typen von Interessengruppen pflegen. Während die NGOs bei allen Veränderungen ihrer Arbeit nach wie vor stark auf Öffentlichkeitsarbeit angewiesen sind und darin, gerade in der Klimapolitik, von breiten, nicht formell organisierten Bewegungen wie „Fridays for Future" medial unterstützt und angetrieben werden (vgl. Haunss und Sommer 2020), bevorzugen die meisten Vertreter*innen der Wirtschaft leisere und öffentlich weniger wahrnehmbare Formen der politischen Einflussnahme, die deshalb aber keineswegs weniger erfolgreich sein müssen.

---

[14] Vgl. https://www.wbgu.de/de/ (18.06.2022).

9.5 Schluss

Am Beispiel der Position verschiedener Interessengruppen in den internationalen Klimaverhandlungen ist zu sehen, dass die Vertreter*innen der Bundesregierung mit einer Vielzahl von Standpunkten seitens der eigenen Gesellschaft konfrontiert werden, wenn sie außenpolitische Entscheidungen treffen müssen. Im Falle der Klimapolitik hat es in Deutschland aber viele Gruppen gegeben, die eine Reduktion von Treibgasen forderten, während klimapolitische Hardliner auch deshalb öffentlich kaum in Erscheinung traten, weil das Meinungsklima nicht auf ihrer Seite war. Es verwundert deshalb nicht, dass Deutschland international mit recht weitreichenden Positionen aufgetreten ist und sich zumindest in den ersten Jahren sogar als klimapolitischer „Musterknabe" präsentierte. Selbst wenn die US-Regierung etwas Ähnliches beabsichtigt hätte, wäre ihr dies angesichts der mächtigen Industrielobby im eigenen Land wohl deutlich schwerer gefallen. Die Politik der Bundesregierung in den Klimaverhandlungen könnte also durchaus ein Indiz für die wachsende Bedeutung des Einflusses von Interessengruppen sein. Der Einfluss der Umwelt-NGOs und der „grünen" Industrie stößt allerdings auch schnell an seine Grenze: Wenn man bedenkt, dass Deutschland es in der Klimapolitik in weiten Teilen bei Ankündigungen auf internationaler Ebene belassen und den unbequemen Umsetzungen auf nationaler Ebene bislang eher ausgewichen ist bzw. sie auf die lange Bank geschoben hat, bekommt man eine Ahnung davon. Inwieweit sich dies angesichts einer starken Beteiligung der „Grünen" in den klimapolitisch entscheidenden Ministerien der „Ampelkoalition" ändern wird, bleibt abzuwarten.

So oder so, das Beispiel der Klimapolitik zeigt, was unter dem Phänomen der Vergesellschaftung des Regierens sinnvoller Weise verstanden werden sollte: Private Interessengruppen nehmen an vielen Stellen und mit Hilfe unterschiedlicher Strategien Einfluss auf Außenpolitik, und sie werden dabei oft auch zu wichtigen Kooperationspartnern des Staates. Insbesondere für NGOs bedeutet dies zum Teil auch, den Weg „von der Graswurzel auf das diplomatische Parkett" (Take 2002) einzuschlagen. Diese Prozesse gehen einher mit einer Internationalisierung und Transnationalisierung der Politik. Vergesellschaftung des Regierens bedeutet jedoch nicht, dass die Staaten bedeutungslos würden und private Akteure an ihre Stelle als Gestalter internationaler Politik träten. Nicht nur in der Klimapolitik sind es noch immer die Regierungen, die internationale Abkommen schließen und die danach durch verbindliche Regelungen im nationalen Bereich wesentliche Voraussetzungen dafür schaffen, dass diese Abkommen auch umgesetzt werden – oder eben nicht.

Literatur

Beisheim, M. (1997). Nichtregierungsorganisationen und ihre Legitimität. *Aus Politik und Zeitgeschichte*, B 43/97, 21–29

Brozus, L., Take, I., & Wolf, K. D. (2003). *Vergesellschaftung des Regierens? Der Wandel nationaler und internationaler politischer Steuerung unter dem Leitbild der nachhaltigen Entwicklung.* Leske + Budrich

Brühl, T. et al. (2001). *Die Privatisierung der Weltpolitik: Entstaatlichung und Kommerzialisierung im Globalisierungsprozess* (EINE Welt – Texte der Stiftung Entwicklung und Frieden, Band 11). Dietz

Brunnengräber, A. (2013). *Klimaskeptiker in Deutschland und ihr Kampf gegen die Energiewende* (IPW Working Paper 1/2013). Universität Wien

Carter, G. (2020). Small Islands States' Diplomatic Strategic Partnerships in Climate Negotiations. *New Zealand International Review*, 45(4), 21–25

Debiel, T., & Sticht, M. (2005). Entwicklungspolitik, Katastrophenhilfe und Konfliktbearbeitung: NGOs zwischen neuen Herausforderungen und schwieriger Profilsuche. In A. Brunnengräber, A. Klein, & H. Walk (Hrsg.), *NGOs im Prozess der Globalisierung: Mächtige Zwerge – umstrittene Riesen* (S. 129–171). Bundeszentrale für politische Bildung

Eschenburg, T. (1963). *Herrschaft der Verbände?* Deutsche Verlags-Anstalt

Falkner, R. (2016). The Paris Agreement and the New Logic of International Climate Politics. *International Affairs*, 92(5), 1107–1125

Forst, R. (2007). *Das Recht auf Rechtfertigung: Elemente einer konstruktivistischen Theorie der Gerechtigkeit.* Suhrkamp

Fraenkel, E. (1979)[1964]. *Deutschland und die westlichen Demokratien* (7. Aufl.). Kohlhammer

Genschel, P., & Zangl, B. (2008). Metamorphosen des Staates: Vom Herrschaftsmonopolisten zum Herrschaftsmanager. *Leviathan*, 36(3), 430–454

Gordenker, L., & Weiss, T. (1996). Pluralizing Global Governance: Analytical Approaches and Dimensions. In dies. (Hrsg.), *NGOs, the UN, and Global Governance* (S. 17–47). Lynne Rienner Publishers

Grotz, F., & Schroeder, W. (2021). *Das politische System der Bundesrepublik Deutschland.* Springer

Haunss, S., & Sommer, M. (2020). *Fridays for Future – Die Jugend gegen den Klimawandel: Konturen der weltweiten Protestbewegung.* Transcript Verlag

Hoffjann, O. (2021). Public Relations von Verbänden. In P. Szyszka, R. Fröhlich, & U. Röttger (Hrsg.), *Handbuch der Public Relations: Wissenschaftliche Grundlagen des beruflichen Handelns*. Springer

Hummel, H. (2001). Die Privatisierung der Weltpolitik: Tendenzen, Spielräume und Alternativen. In T. Brühl et al. (Hrsg.), *Die Privatisierung der Weltpolitik: Entstaatlichung und Kommerzialisierung im Globalisierungsprozess* (EINE Welt – Texte der Stiftung Entwicklung und Frieden, Band 11, S. 22–56). Dietz

Jönsson, C., & Tallberg, J. (2010). *Transnational Actors in Global Governance: Patterns, Explanations, and Implications.* Palgrave Macmillan

Keck, M., & Sikkink, K. (1998). *Activists beyond Borders: Advocacy Networks in International Politics.* Cornell University Press

Literatur

Kohler-Koch, B., Fuchs, S., & Friedrich, D. A. (2022). *Verbände mit Zukunft? Die Re-Organisation industrieller Interessen in Deutschland*. Springer

Mellinghoff, R. (2021). Woher nehmen NGOs und andere zivilgesellschaftliche Akteure ihre Legitimation? In C. M. Flick (Hrsg.), *Neue Konstellationen der Gegenwart: Annäherungen, Institutionen und Legitimität* (S. 69–90). Wallstein

Niesen, P., & Herborth, B. (2007). *Anarchie der kommunikativen Freiheit: Jürgen Habermas und die Theorie der internationalen Politik*. Suhrkamp

Oberthür, S., & Groen, L. (2018). Explaining Goal Achievement in International Negotiations: the EU and the Paris Agreement on Climate Change. *Journal of European Public Policy*, 25(5), 708–727

Oberthür, S., & Ott, H. E. (2000). *Das Kyoto-Protokoll: Internationale Klimapolitik für das 21. Jahrhundert*. Leske + Budrich

Olson, M. (1992). *Die Logik des kollektiven Handelns: Kollektivgüter und die Theorie der Gruppen* (3. Aufl.). Mohr Siebeck

Renn, O. (2020). Bürgerbeteiligung in der Klimapolitik: Erfahrungen, Grenzen und Aussichten. *Forschungsjournal Soziale Bewegungen*, 33(1), 125–139

Reutter, W., & Rütters, P. (2007). Mobilisierung und Organisation von Interessen. In U. Willems, & T. von Winter (Hrsg.), *Interessenverbände in Deutschland* (S. 120–138). Verlag für Sozialwissenschaften

Rosenau, J. N. (1967). *Domestic Sources of Foreign Policy*. Free Press

Rucht, D. (2019). Neue Soziale Bewegungen. In U. Andersen et al. (Hrsg.), *Handwörterbuch des politischen Systems der Bundesrepublik Deutschland*. Springer

Schiffers, M. & Körner, A. (2019). NGOs in Prozessen der politischen Interessenvermittlung. *Zeitschrift für Politikwissenschaft* 29, 525–541

Schiller, T. (1997). Parteien und Interessenverbände. In O. W. Gabriel, O. Niedermayer, & R. Stöss (Hrsg.), *Parteiendemokratie in Deutschland: Interessen und Strategien* (S. 459–477). Bundeszentrale für politische Bildung

Schmidt, H., & Take, I. (1997). Demokratischer und besser? Der Beitrag von Nichtregierungsorganisationen zur Demokratisierung internationaler Politik und zur Lösung globaler Probleme. *Aus Politik und Zeitgeschichte*, 43(97), 12–20

Schmidt, M. G. (2019). *Demokratietheorien: Eine Einführung*. Springer

Sebaldt, M. (1997a). *Organisierter Pluralismus: Kräftefeld, Selbstverständnis und politische Arbeit deutscher Interessengruppen*. Westdeutscher Verlag

Sebaldt, M. (1997b). Verbände und Demokratie: Funktionen bundesdeutscher Interessengruppen in Theorie und Praxis. *Aus Politik und Zeitgeschichte*, 36–37(97), 27–37

Sebaldt, M., & Straßner, A. (2004). *Verbände in der Bundesrepublik Deutschland: Eine Einführung*. Verlag für Sozialwissenschaften

Smith, J., Chatfield, C., & Pagnucco, R. (1997). *Transnational Social Movements and Global Politics: Solidarity beyond the State*. Syracuse University Press

Sprinz, D. (2001). Germany: European Leadership, Active Climate Policy and Wall-Fall Profits. In ders. (Hrsg.), Climate Change After Marrakech: The Role of Europe in the Global Arena. *German Foreign Policy in Dialogue*, 2(6), 13–15

Steffek, J., Kissling, C., & Nanz, P. (2008). *Civil Society Participation in European and Global Governance: A Cure for the Democratic Deficit?* Palgrave Macmillan

Stephen, M. D., & Zürn, M. (2019). *Contested World Orders: Rising Powers, Non-Governmental Organizations, and the Politics of Authority Beyond the Nation-State*. Oxford University Press

Take, I. (2002). *NGOs im Wandel: Von der Graswurzel auf das diplomatische Parkett*. Westdeutscher Verlag

Take, I. (2018). Internationale Nichtregierungsorganisationen (INGOs) und ihr Beitrag zum effektiven und legitimen Regieren in der Weltgesellschaft. In M. Albert, N. Deitelhoff, & G. Hellmann (Hrsg.), *Ordnung und Regieren in der Weltgesellschaft* (S. 243–276). Springer

Tallberg, J., Sommerer, T., Squatrito, T., & Jönsson, C. (2013). *The Opening Up of International Organizations: Transnational Access in Global Governance*. Cambridge University Press

Truman, D. B. (1971)[1951]. *The Governmental Process: Political Interests and Public Opinion* (2. Aufl.). Knopf

Walk, H., & Brunnengräber, A. (2000). *Die Globalisierungswächter: NGOs und ihre transnationalen Netze im Konfliktfeld Klima*. Westfälisches Dampfboot

Walk, H., & Brunnengräber, A. (2020). Die Rolle von Protestbewegungen und ihr Verhältnis zur staatlichen Politik. In K.-R. Korte, & M. Florack (Hrsg.), *Handbuch Regierungsforschung*. Springer

Willems, U., & von Winter, T. (2007). Interessenverbände als intermediäre Organisationen: Zum Wandel ihrer Strukturen, Funktionen, Strategien und Effekte in einer veränderten Umwelt. In dies. (Hrsg.), *Interessenverbände in Deutschland* (S. 13–50). Verlag für Sozialwissenschaften

Die Bedeutung von politischer Kultur und nationaler Identität für die deutsche Außenpolitik

10

Zusammenfassung

Wie die breitere Öffentlichkeit einer Demokratie sich zur Außenpolitik ihres Landes verhält, manifestiert sich u. a. in gefestigten Einstellungsmustern – Überzeugungen über die Welt und die eigene Rolle in der Welt also, die unter der Bevölkerung eines Landes beziehungsweise unter seinen politischen Eliten so vorherrschen, dass sie kaum noch hinterfragt werden. Solche Einstellungsmuster werden in der Außenpolitikforschung als (außen-) politische Kultur bezeichnet. Sie steht im Mittelpunkt dieses Kapitels. Zunächst wird näher untersucht, was es mit den Konzepten der politischen Kultur und dem verwandten Konzept der nationalen Identität auf sich hat. In einem zweiten Schritt warden diese Konzepte auf die deutsche Außenpolitik angewandt. Dabei zeigt sich, dass sich in der Bundesrepublik nach dem Zweiten Weltkrieg eine besondere außenpolitische Kultur entwickelt hat, die sich unter anderem in einer starken Abneigung gegenüber außenpolitischen Alleingängen und einer gewissen Zurückhaltung beim Einsatz militärischer Mittel ausdrückt. Wie der Blick auf Kultur und Identität dabei helfen kann, Außenpolitik besser zu verstehen, wird am Beispiel der Frage von Auslandseinsätzen der Bundeswehr illustriert werden. Dabei zeigt sich, wie Kultur und Identität die Außenpolitik beeinflussen, aber auch, dass sie sich über Zeit hinweg wandeln können.

Meinungsumfragen bilden häufig Momentaufnahmen, manchmal aber auch längerfristige Trends in den Einstellungen der Bevölkerung ab. Mit bestimmten Formen solcher gefestigter Einstellungsmuster wird sich dieses Kapitel beschäftigen. Wenn in der Bevölkerung eines Landes beziehungsweise unter seinen politischen Eliten

© Der/die Autor(en), exklusiv lizenziert an Springer Fachmedien Wiesbaden GmbH, ein Teil von Springer Nature 2024
G. Hellmann, *Deutsche Außenpolitik*, Grundwissen Politik,
https://doi.org/10.1007/978-3-658-43679-7_10

bestimmte Überzeugungen über die Welt und die eigene Rolle in der Welt so vorherrschen, dass sie kaum umstritten sind und oft gar nicht mehr hinterfragt werden, dann sprechen manche Politikwissenschaftler*innen von einer bestimmten (außen-) politischen Kultur. Sie nehmen an, dass diese Kultur die politischen, in unserem Fall außenpolitischen, Entscheidungen des Landes maßgeblich prägen. Ganz ähnlich sprechen andere Politikwissenschaftler*innen in einem solchen Fall davon, dass das Land eine bestimmte nationale Identität habe, die sein außenpolitisches Verhalten wesentlich beeinflusst.

Im Folgenden wird näher untersucht, was es mit den Konzepten der politischen Kultur und der nationalen Identität auf sich hat, um sie dann auf die deutsche Außenpolitik anzuwenden. Nach Ansicht vieler Expert*innen ist in der Bundesrepublik Deutschland nach dem Zweiten Weltkrieg eine besondere außenpolitische Kultur beziehungsweise nationale Identität gewachsen, die unter anderem für eine starke deutsche Abneigung gegenüber außenpolitischen Alleingängen und für eine gewisse Zurückhaltung beim Einsatz militärischer Mittel sorgt. Wie der Blick auf Kultur und Identität dabei helfen kann, Außenpolitik besser zu verstehen, kann am Beispiel der Frage von Auslandseinsätzen der Bundeswehr gut illustriert werden. Dabei können wir sehen, wie Kultur und Identität die Außenpolitik beeinflussen, aber auch, dass sie sich über Zeit hinweg wandeln können.

10.1 Politische Kultur und nationale Identität

10.1.1 Was sind und wie entstehen Kulturen und Identitäten?

Das dem Politikwissenschaftler Max Kaase nachgesagte Diktum, politische Kultur zu definieren sei etwa so, als wolle man einen Pudding an die Wand nageln, gilt auch der zeitgenössischen Forschung „aktueller denn je" (Kaase 1983, S. 144; Mannewitz 2018, S. 554), denn es fällt nicht leicht, das Konzept der politischen Kultur präzise zu fassen. Klar ist, dass es sich bei Kultur nicht um etwas Materielles, sondern um etwas Ideelles handelt und dass Kultur nie nur einzelne Individuen betrifft, sondern immer Kollektive. Unter Kultur werden Phänomene wie geteilte Ideen, Überzeugungen und Werte gefasst, ein „Gefüge aus Bedeutungskomplexen" also, „das Sinnangebote bereitstellt" (Lüddemann 2019, S. 5), die als generationsübergreifender „verhaltensrelevanter Deutungsvorrat (...) den Angehörigen der jeweiligen Kultur Hinweise an die Hand gibt, wie sie sich verstehbar zeigen können" (Nassehi 2011, S. 149 f.). „Politische Kultur" ist ein etwas engerer Begriff. Er bezeichnet ein Set von Orientierungen über die politische Welt, die in einer sozialen Gruppe (z. B. einer Gesellschaft) verbreitet sind und die durch Sozialisation von einer Generation an die nächste weitergegeben werden (Duffield 1999, S. 774; vgl. Berger 1998, S. 9).

10.1 Politische Kultur und nationale Identität

Das Konzept der politischen Kultur enthält drei grundlegende Komponenten: eine *kognitive* (Überzeugungen über empirische Gegebenheiten und über kausale Zusammenhänge); eine *evaluative* (Werte und Normen); und eine *affektive* (Gefühle wie Verbundenheit, Abneigung, Loyalität und dergleichen) (Duffield 1999, S. 774). Dabei ist es gar nicht nötig, dass die Mitglieder der sozialen Gruppe sich dieser politischen Kultur als solcher bewusst sind. Im Gegenteil, die Ideen, Überzeugungen und Werte sind so stark institutionalisiert und internalisiert, dass sie oftmals, eben weil sie als „Deutungsvorrat" fungieren, gar nicht mehr hinterfragt werden. Das kann zum Beispiel die Überzeugung sein, dass Geldwertstabilität das wichtigste Ziel von Währungspolitik sein muss und dass nur eine unabhängige Zentralbank die Geldwertstabilität sichern kann; oder im Bereich der Außenpolitik, die Überzeugung, dass außenpolitische Alleingänge (für Deutschland oder überhaupt) etwas Schlechtes sind, das es grundsätzlich zu vermeiden gilt.

Ein mit politischer Kultur eng verwandtes Konzept ist das der nationalen Identität (Greenfeld und Eastwood 2007). Der Begriff der Identität kommt aus der Sozialpsychologie. Er bezieht sich auf ein Selbstbild oder Selbstbilder, die ein Akteur formt. Solche Selbstbilder werden im Austausch mit anderen gebildet und fortentwickelt. Identität ist deshalb sozial konstruiert und Identitätsbildung hat stets etwas mit der Abgrenzung des Selbst von der Umwelt (oder zumindest einem imaginären Anderen) zu tun (Jepperson et al. 1996, S. 59). Zur Identität gehören Überzeugungen darüber, was den Akteur ausmacht, in welchen Beziehungen er zu seiner Umwelt steht und wie er sich in ihr verhalten soll. Von nationaler Identität oder der Identität eines Staates zu sprechen, mutet zunächst seltsam an; denn schließlich ist eine Nation kein Individuum, sondern ein Kollektiv aus vielen Individuen. Es kann aber durchaus sinnvoll sein, von kollektiven Identitäten zu sprechen, wenn die Mitglieder der Gruppe bestimmte Überzeugungen über die Gruppe und ihre Beziehung zu ihrer Umwelt teilen. Auf Staaten in der internationalen Politik lässt sich dies gut anwenden, denn sie sind es, die außenpolitisch handeln. Wenn Deutschland einem internationalen Abkommen zustimmt, dann ist es vielleicht die Außenministerin, die nach New York fliegt und den Vertrag paraphiert; sie tut dies aber nicht als Individuum, sondern als Vertreterin der Bundesrepublik Deutschland. Wenn man von einer bestimmten außenpolitischen Identität Deutschlands spricht, so ist damit nicht gemeint, dass ausnahmslos alle Deutschen diesem Selbstbild zustimmen. Allerdings sollte es sich dabei um ein Selbstbild handeln, das von einer großen Mehrheit der Deutschen oder zumindest der außenpolitischen Elite in Deutschland weitgehend geteilt wird. Zum Beispiel wird von der Bundesrepublik Deutschland gesagt, dass sie in den Jahrzehnten nach dem Zweiten Weltkrieg eine stark europäisierte Identität entwickelt hat. Nach dem übersteigerten Nationalismus des Nationalsozialismus war das Nationalgefühl in Deutschland, anders als in vielen Nachbarländern, verpönt, während „Europa" sich zunehmend zur Identifikation anbot (Banchoff 1999; Risse und Engelmann-Martin 2002). Die Einschätzung mancher Expert*innen, dass diese Europäisierung der nationalen Identität Deutschlands so weit vorangeschritten sei, dass es oft gar nicht mehr möglich ist, zwischen nationalen (deutschen) und europäischen Interessen zu unterscheiden (Goetz 1996, S. 40; Katzenstein 1997, S. 25), wird von der neueren Forschung aber auch in Frage gestellt (Börzel und Risse 2020, S. 28 f.).

Ein weiteres ähnliches Konzept, das häufig auf die deutsche Außenpolitik angewandt wurde, ist das der sozialen Rolle. Die Rollentheorie ist ein Ansatz, der ursprünglich aus der US-amerikanischen Außenpolitikforschung stammt (Holsti 1970), der aber bald auch von europäischen Forscher*innen aufgenommen wurde und argumentiert, dass außenpolitische Akteure und damit auch Staaten Träger*innen bestimmter sozialer Rollen sind, die ihr Verhalten maßgeblich prägen (Thies und Breuning 2012). In diesem Zusammenhang wird argumentiert, dass die Bundesrepublik in ihrer Außenpolitik die Rolle einer Zivilmacht spiele (Harnisch und Maull 2001; Brummer und Kießling 2019). Eine solche Rolle speist sich sowohl aus Erwartungen aus der eigenen Gesellschaft (Eigenerwartungen) als auch aus denen anderer Staaten (Fremderwartungen), und sie führt dazu, dass der Staat bestimmte Verhaltensweisen gegenüber anderen bevorzugt (Kirste und Maull 1996). Eine Zivilmacht wird sich beispielsweise eher um die Menschenrechte als um die Festigung der eigenen Macht bemühen, und sie wird militärische Mittel nur im Notfall und höchstens zur Durchsetzung solcher universeller Werte und Normen einsetzen. Wie leicht zu sehen ist, ähnelt das Konzept der sozialen Rolle in wesentlichen Punkten dem der nationalen Identität, weshalb hier nicht weiter ausdifferenziert werden soll.

Man kann auch generell sagen, dass „politische Kultur" und „nationale Identität" vieles gemeinsam haben. Beide kann man anhand gewisser Merkmale als „Deutungsvorrat" einer Gesellschaft beschreiben. Beide sind umfassendere Konstrukte, die kognitive wie auch normative Elemente enthalten, Überzeugungen darüber also, wie die Dinge sind, und auch darüber, wie sie sein sollen. Bei beiden handelt es sich um ideelle, durch soziale Prozesse konstruierte Phänomene. Obwohl sie durch solche Prozesse auch verändert werden können, haben sie doch eine große Trägheit und sind über lange Zeiträume, oft über Generationen hinweg, stabil, zumindest in breiten gesellschaftlichen Wahrnehmungen. Politische Kultur ist dabei das umfassendere Konzept, denn in gängigen Redeweisen wird die nationale Identität eines Staates häufig als Produkt seiner politischen Kultur beschrieben. Weil das Konzept der politischen Kultur auch in den Forschungen über die deutsche Außenpolitik eine sehr große Rolle gespielt hat, wird sie im Folgenden im Mittelpunkt stehen.

10.1 Politische Kultur und nationale Identität

Auf eine weitere Parallelität muss aber zunächst noch hingewiesen werden, nämlich auf die Ähnlichkeit zwischen der hier beschriebenen Perspektive auf Außenpolitik und der des soziologischen Institutionalismus, die wir in Kap. 6 kennen gelernt haben. Dort wurde die Einbindung Deutschlands in die internationale Gemeinschaft im Allgemeinen und in internationale Institutionen im Besonderen untersucht. Dabei konnten wir sehen, dass die deutsche Außenpolitik durch diese Einbindung geprägt wird, indem Deutschland sich an den internationalen Normen, Werten und Prinzipien orientiert, die in den Institutionen entstehen und vermittelt werden. Die Perspektive, die in diesem Kapitel vorgestellt wird, ist sehr ähnlich. Allerdings liegt der Schwerpunkt nun nicht auf *internationalen*, sondern auf *innergesellschaftlich* gefassten Normen, Werten und Prinzipien. Beide Perspektiven ergänzen sich allerdings gut, zumal die neuere Kulturforschung auch zu Recht auf die Schwierigkeit der Unterscheidung entlang nationaler Grenzen verweist (Conrad-Grüner 2021, S. 73–88). Es spricht daher nichts dagegen, beide zusammen zu denken und Außenpolitik sowohl in ihrer internationalen institutionellen als auch in ihrer gesellschaftlich-kulturellen Einbettung zu untersuchen. Dies setzt aber voraus, dass wir uns zunächst die Konzepte der politischen Kultur und der nationalen Identität und ihren Einfluss auf (deutsche) Außenpolitik näher ansehen.

Politische Kultur „entsteht" parallel zu politischer Vergemeinschaftung – also der Herausbildung und Entwicklung politischer Gemeinschaften. Ihren Kern machen, sobald er sich verfestigt hat, grundlegende, weithin geteilte Überzeugungen über die Welt und die eigene Stellung der jeweiligen politischen Gemeinschaft in in dieser Welt aus – Überzeugungen, die man nicht einfach über Bord wirft. Deshalb folgt die Entwicklung politischer Kultur (oder auch nationaler Identität) oft nicht den Veränderungen der materiellen Umwelt, sondern sie hat ein Eigenleben. Werden die grundlegenden Überzeugungen aber durch dramatische Entwicklungen oder traumatische Erfahrungen erschüttert, kann es dazu kommen, dass auch die politische Kultur in einem Land beziehungsweise seine nationale Identität sich merklich verändern. Solche Einschnitte sind aber nur selten (vgl. Duffield 1998, S. 23 f.). Im Falle Deutschlands wird naheliegender Weise die Niederlage im Zweiten Weltkrieg, das Ende der Nazi-Herrschaft und die nachfolgende deutsche Teilung als eine solche „Stunde Null" auch für die politische Kultur und die nationale Identität Deutschlands angesehen. Nach dem Ende des Ost-West-Konfliktes und der deutschen Vereinigung bestand dagegen viel weniger Anlass, an den gewachsenen Grundüberzeugungen der erfolgreichen deutschen Außenpolitik zu rütteln (Risse 1999, S. 53).

Wichtig ist aber auch, dass politische Kultur und nationale Identität durch die Mitglieder der Gesellschaft, in der sie wirken, laufend reproduziert werden müssen. Dies geschieht zum einen, indem neue Mitglieder der Gesellschaft in sie hineinsozialisiert werden. Dabei werden diese neuen Mitglieder mit den vor-

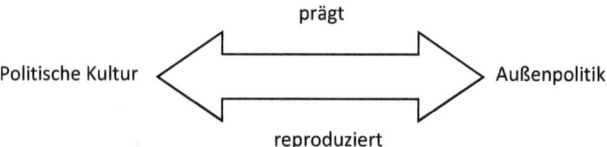

Abb. 10.1 Wechselwirkung zwischen politischer Kultur und Außenpolitik. (Quelle: Eigene Darstellung)

herrschenden Selbst- und Weltbildern und den grundlegenden Prinzipien vertraut gemacht. Zum anderen ist aber, über die Sozialisation neuer Mitglieder hinaus, auch das außenpolitische Handeln selbst sehr wichtig, um eine politische Kultur oder eine nationale Identität zu reproduzieren (vgl. Abb. 10.1). Das ist wie bei Traditionen, die auch nur fortbestehen, wenn sie „gepflegt" werden. Und ebenso wie Traditionen kann sich eine politische Kultur oder eine nationale Identität dabei auch langsam (absichtlich oder unabsichtlich) verändern. In der Regel geschieht dies nicht sprungartig, denn es handelt sich ja um gefestigte Überzeugungssysteme. Dennoch wirkt sich eine bestimmte politische Kultur oder eine bestimmte nationale Identität nicht nur auf die Außenpolitik des Staates aus, sondern die Außenpolitik wirkt auch wieder auf Kultur und Identität zurück – sie stehen in einem „ko-konstitutiven" Verhältnis zueinander. Politische Kultur und nationale Identität sind also grundsätzlich veränderbar, und zwar nicht nur in Ausnahmesituationen wie der eben genannten „Stunde Null" im Jahre 1945. In unserem Fallbeispiel, der Frage der Auslandseinsätze der Bundeswehr, werden wir dies illustrieren.

10.1.2 Wie beeinflussen Kulturen und Identitäten die Außenpolitik?

Die politische Kultur beziehungsweise die nationale Identität eines Staates kann auf unterschiedliche Art die Außenpolitik des betreffenden Staates beeinflussen. John Duffield unterscheidet vier Wege, auf denen sich die politische Kultur eines Landes auf seine Außenpolitik auswirkt (vgl. Duffield 1999, S. 771 f.). Sie sind in der folgenden Abb. 10.2 dargestellt.

Erstens formuliert der Staat seine grundlegenden außenpolitischen Ziele vor dem Hintergrund seiner politischen Kultur. Staaten verfolgen handfeste Interessen, aber diese Interessen sind kulturell geprägt. Es gibt also keinen Widerspruch zwischen der Vorstellung, dass die Bundesrepublik außenpolitische Interessen verfolgt und der Vorstellung, dass ihre Außenpolitik von ihrer politischen Kultur geprägt

10.1 Politische Kultur und nationale Identität

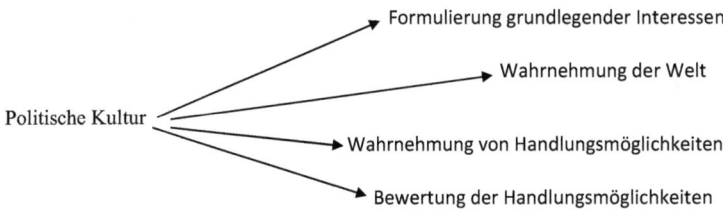

Abb. 10.2 Einwirkungen der politischen Kultur auf die Außenpolitik. (Quelle: Eigene Darstellung nach Duffield 1999)

wird, weil die politische Kultur bereits bei der Formulierung der außenpolitischen Interessen wirksam ist.

Zweitens beeinflusst die politische Kultur auch den Blick auf die Welt, in der der Staat sich zu bewegen glaubt. Welche Elemente der internationalen Umwelt werden wahrgenommen, welche werden ignoriert? Wie werden außenpolitische Probleme definiert? Solche gedanklichen Strukturierungen der Welt ergeben sich nicht von selbst, sondern sie werden vor dem Hintergrund des erwähnten verhaltensrelevanten Deutungsvorrats über die Welt vorgenommen.

Ganz ähnlich ist es, drittens, mit den Handlungsmöglichkeiten, die der Staat in dieser Welt für sich sieht. Beispielsweise wurde die Frage, ob Deutschland ein eigenes Nuklearwaffenarsenal entwickeln soll, in der Bundesrepublik lange Zeit so gut wie gar nicht (mehr) diskutiert. Obwohl die technischen Möglichkeiten dazu kaum schlechter sind als etwa in Frankreich, das eine eigene Nuklearstreitmacht unterhält, ist dies in Deutschland erst in jüngster Zeit, im Kontext des russischen Krieges gegen die Ukraine, zu einem breiter diskutierten Thema geworden (Casdorff 2022).

Viertens schließlich wird unter den Handlungsalternativen, die ernsthaft in Betracht gezogen werden, naheliegender Weise zumeist diejenige ausgewählt, die am ehesten im Einklang mit der politischen Kultur als verhaltensrelevantem Deutungsvorrat steht.

Aus all dem folgt allerdings nicht, dass man aus der politischen Kultur eines Landes in jedem Falle ein ganz bestimmtes außenpolitisches Verhalten ableiten könnte. Es handelt sich um ein Set von Überzeugungen, das nicht immer kohärent und eindeutig ist. In vielen Fällen sind mehrere, auch neue Verhaltensweisen denkbar, die mit der politischen Kultur eines Landes in Einklang zu bringen sind. Die Berücksichtigung der politischen Kultur (oder auch der nationalen Identität) ist deshalb eher dafür geeignet, die großen Linien der Außenpolitik eines Landes zu verstehen als dafür, außenpolitische Einzelentscheidungen zu prognostizieren oder zu erklären.

Eine nicht ganz einfache Frage ist auch, wie so etwas wie politische Kultur empirisch festgestellt werden kann, denn sie kann nicht einfach aus der beobachteten Außenpolitik abgeleitet werden, da dies leicht zu einem Zirkelschluss, wie im folgenden Beispiel, führt: „Deutschland setzt sich für die europäische Integration ein, weil Multilateralismus zum Kernbestandteil seiner politischen Kultur gehört. Dass dies so ist, kann man daran sehen, dass Deutschland sich seit langem für die europäische Integration einsetzt." Mit einer solchen Aussage hat man gar nichts erklärt, sondern ist nur wieder am Ausgangspunkt angelangt. Man sollte deshalb bei der empirischen Bestimmung von politischer Kultur nicht auf außenpolitisches Handeln zurückgreifen, sondern auf weithin geteilte außenpolitische Überzeugungen. Wenn man nach solchen Überzeugungen in der Bevölkerung sucht, kann man z. B. Umfragedaten verwenden. Es sollte sich dann aber nicht um Momentaufnahmen handeln, sondern um Einstellungsmuster, die sich über einen gewissen Zeitraum hinweg als weit verbreitet erweisen.

Viele Forscher*innen vertreten auch die Position, dass die entscheidende Gruppe bei der Bestimmung der politischen Kultur nicht die Gesamtbevölkerung ist, sondern die politischen Eliten, in unserem Falle die außenpolitischen Eliten, weil sie es sind, die die politische Kultur des Landes wesentlich prägen. Um die Überzeugungen dieser Eliten zu bestimmen, kann man zum einen in ihren veröffentlichten Äußerungen nach bestimmten Mustern suchen. Zum Beispiel kann man Parlamentsdebatten zu wichtigen außenpolitischen Entscheidungen, Parteiprogramme oder Leitartikel zur Außenpolitik in ausgewählten wichtigen Tageszeitungen untersuchen. Die andere und wohl noch etwas aufwendigere Möglichkeit besteht darin, Vertreter*innen dieser Eliten in Experteninterviews selbst zu befragen. Für welche Methode man sich entscheidet, hängt zum einen davon ab, wie man politische Kultur definiert und für welche Aspekte politischer Kultur man sich interessiert, zum anderen aber auch von forschungspragmatischen Überlegungen: Wie viel Zeit und Geld hat die Forscherin zur Verfügung und wie gut sind die jeweiligen Quellen zugänglich?

10.2 Die politische Kultur der Bundesrepublik nach dem Zweiten Weltkrieg

Wie lässt sich das Konzept der politischen Kultur auf Deutschland und die deutsche Außenpolitik anwenden? Die bereits angesprochene „Stunde Null" nach der Niederlage im Zweiten Weltkrieg und der nachfolgenden deutschen Teilung bieten dafür einen guten Einstieg. Durch diese dramatischen Ereignisse wurden der deutsche Nationalismus und Militarismus in den Augen vieler Deutscher ebenso dis-

10.2 Die politische Kultur der Bundesrepublik nach dem Zweiten Weltkrieg

kreditiert wie der Anspruch auf eine deutsche Groß- oder gar Weltmachtrolle. Die Politik der Westbindung, der Einbindung in multilaterale Institutionen und des Verzichts auf eine eigenständige militärische Rolle, die die Bundesrepublik Deutschland danach verfolgte, erwies sich dagegen bald als sehr erfolgreich. Verbreitete Wahrnehmungen dieser Art bestärkten die Entwicklung einer veränderten politischen Kultur, die sich von der des Nationalsozialismus, des Kaiserreichs und auch der Weimarer Republik deutlich unterschied. Die nachfolgende Gegenüberstellung ist bewusst schematisch gehalten, um in wenigen Worten die politische Kultur, die sich in der Bundesrepublik Deutschland entwickelt hat, zu skizzieren und von der politischen Kultur, die Deutschland zuvor ausgezeichnet hatte, zu unterscheiden (vgl. auch Duffield 1998, S. 61–67).

Eine solche Darstellung stellt eine Vereinfachung dar, auch weil der Wandel nicht von jetzt auf nachher eintrat. Viele der Überzeugungen, die inzwischen in der Bevölkerung und der politischen Elite Deutschlands so weit verbreitet sind, dass man sie als Bestandteil der zeitgenössischen politischen Kultur bezeichnen kann, gewannen nach 1945 erst im Laufe der Zeit Akzeptanz. Die Frage, ob die Bundesrepublik die Bindung an die westlichen Staaten suchen soll oder ob sie sich als Land verstehen soll, das zwischen Ost und West steht, war zum Beispiel bis in die 1950er-Jahre hinein sehr umstritten. Die SPD unter Kurt Schumacher vertrat zunächst die Position, dass Konrad Adenauers Politik der Westbindung die Wiedervereinigung Deutschlands unmöglich mache und lehnte sie deshalb ab. Erst nach und nach bekannten sich auch die Sozialdemokraten zur Westbindung als einem Grundpfeiler der westdeutschen Außenpolitik. An diesem Beispiel kann man auch gut sehen, dass politische Kultur zwar nicht das gleiche ist wie außenpolitisches Handeln, dass sie aber durch solches Handeln sichtbar und durch die daraus entstehenden Folgen geprägt und fortentwickelt wird.

An der schematischen Gegenüberstellung von Deutschlands politischer Kultur vor und nach 1945 fällt auch auf, dass die verschiedenen, in der Abb. 10.3. genannten Positionen in einem engen Zusammenhang zueinanderstehen. Das konfliktgeprägte Weltbild vor 1945, gepaart mit dem weltpolitischen Anspruch, korrespondiert mit der Überzeugung, dass außenpolitische Alleingänge und notfalls auch der Einsatz militärischer Gewalt sowohl sinnvoll als auch legitim sind. Für die Einstellungen der Zeit nach 1945 gilt analog das Gleiche.

Die hier genannten grundlegenden normativen und positiven Überzeugungen lassen sich in zwei Begriffen zusammenfassen, die häufig genannt werden, wenn von der politischen Kultur der Bundesrepublik im Zusammenhang mit ihrer Außenpolitik die Rede ist. Der erste betrifft die Frage, ob eher eigenständiges und gar eigenmächtiges Handeln in der Außenpolitik bevorzugt wird oder eher die Kooperation mit anderen Staaten. Die politische Kultur der Bundesrepublik ist hier

	Deutschland vor 1945	Bundesrepublik Deutschland nach 1945
Weltbild	Internationale Konflikte sind unvermeidlich Die Nationen kämpfen fortwährend um das Überleben	Internationale Konflikte sind vermeidbar oder friedlich lösbar Kooperation zwischen Staaten ist möglich
Selbstbild	Großmacht mit weltpolitischem Anspruch Nationalismus Deutschland als Land in der Mitte, zwischen Ost und West	Mittelmacht, Beschränkung auf Europa Europäisierte Identität Deutschland als Mitglied der westlichen Staaten-und Wertegemeinschaft
Normative und positive Überzeugungen	Deutschland darf seine Ziele auch allein, ohne Zwangskorsett internationaler Kooperation verfolgen Militärische Mittel sind notwendig und legitim zur Verfolgung politischer Ziele	Probleme sind nicht unilateral lösbar; Deutschland darf wegen seiner Geschichte keine Alleingänge unternehmen Militärische Gewalt ist fast immer kontraproduktiv

Abb. 10.3 Deutschlands politische Kultur in der Außenpolitik vor und nach 1945. (Quelle: Eigene Darstellung)

gekennzeichnet von einer starken Präferenz für Multilateralismus, während Unilateralismus vehement abgelehnt wird. Unilaterales Handeln, das heißt außenpolitische Alleingänge, werden in der Bundesrepublik Deutschland abgelehnt, weil sie zum einen offenkundig ungeeignet seien, die grenzüberschreitenden Probleme der Welt zu lösen, und weil sie zum anderen angesichts der deutschen Geschichte für Deutschland im Besonderen weitgehend inakzeptabel sind. Gegenständliche Überzeugungen („mit Alleingängen können keine Probleme gelöst werden") und normative Überzeugungen („Deutschland soll keine Alleingänge unternehmen") gehen also Hand in Hand und verstärken sich gegenseitig.

Neben dieser Dichotomie von Multilateralismus und Unilateralismus ist noch eine zweite bedeutsam. Sie wird oft durch die Begriffe Militarismus und Antimilitarismus bezeichnet (Duffield 1999, S. 793; vgl. Berger 1998; Duffield 1998) und bezieht sich darauf, für wie geeignet und legitim der Einsatz militärischer Mittel in der Außenpolitik angesehen wird. Hier wird die politische Kultur der Bundesrepublik zumeist, ganz im Gegensatz zu Deutschland in früheren Zeiten, als deutlich antimilitaristisch beschrieben. Mit Antimilitarismus ist allerdings nicht Pazifismus gemeint. Immerhin baute die Bundesrepublik Deutschland ab den 1950er-Jahren eine große Wehrpflichtarmee auf und trat zugleich der NATO bei. Der Begriff des Antimilitarismus bezieht sich vielmehr darauf, dass der Einsatz militärischer Gewalt als wenig geeignet angesehen wird, internationale Konflikte beizulegen, und darüber hinaus auch als illegitim gilt, es sei denn in Fällen der Selbstverteidigung.

Von besonderem Interesse ist die Frage, ob sich mit dem Umbruch von 1989/90 auch die deutsche politische Kultur grundlegend gewandelt hat. Immerhin hat sich ja die Situation in Europa fundamental verändert, vor allem im Blick auf Deutschland selbst, das nicht nur seine volle Souveränität zurückgewonnen und eine beträchtliche Verbesserung seiner Bedrohungslage erreicht hat. Innergesellschaftlich sind mit dem Beitritt der neuen Bundesländer zudem etwa 17 Mio. Bürger hinzugekommen, die eine völlig andere Sozialisation erfahren hatten. Allerdings muss man feststellen, dass die außenpolitische Elite (Politiker*innen, Journalist*innen, Intellektuelle) lange Zeit in erheblichen Teilen „westdeutsch" dominiert geblieben ist. Noch wichtiger war, dass 1990, anders als 1945, keinerlei Grund bestand, sich von den gewachsenen Überzeugungen, die die politische Kultur der „alten" Bundesrepublik ausgemacht hatten, zu verabschieden. Schließlich stellte sich gerade die Außenpolitik dieser „alten" Bundesrepublik als überaus erfolgreich dar und hat letztlich sogar zur deutschen Einheit geführt. In solchen Situationen spricht wenig dafür, die eigenen Grundsätze zu überdenken, im Gegenteil. Daher ist auch der Umbruch von 1989/90 für Deutschlands politische Kultur in viel geringerem Maße als Zäsur erfahren worden als der von 1945.

10.3 Politische Kultur und die deutsche Außenpolitik: das Beispiel der Auslandseinsätze der Bundeswehr

Die Frage, ob und unter welchen Bedingungen Einheiten der Bundeswehr in militärische Auslandseinsätze entsandt werden dürfen und sollen, war eine der zentralen außenpolitischen Streitfragen in Deutschland in den 1990er Jahren. Welche Rolle die Bundeswehr als Instrument deutscher Außenpolitik spielen und wie sie ausgestattet sein soll, eignet sich daher recht gut, den Einfluss politischer Kultur auf Außenpolitik zu verdeutlichen. Im Folgenden wird daher die Frage im Zentrum stehen, inwiefern die multilateralistische und antimilitaristische politische Kultur der Bundesrepublik die deutsche Außen- und Sicherheitspolitik seit den 1990er Jahren geprägt hat.

10.3.1 Die bundesdeutsche Haltung zu militärischen Einsätzen vor der Vereinigung

Bevor wir auf die Entwicklung der deutschen Politik in der Frage der militärischen Auslandseinsätze genauer eingehen, sollten wir zunächst betrachten, wie die deutsche Position dazu vor der Vereinigung war. Man darf dabei nicht vergessen, dass das Thema in den 1980er Jahren eine viel geringere Bedeutung hatte als in den 1990er Jahren, weil unter dem Vorzeichen des nach wie vor dominanten Ost-West-Konfliktes nur wenige Einsätze denkbar waren, denen sowohl die USA als auch die Sowjetunion zustimmen konnten. Die NATO wiederum konzentrierte sich noch auf die Aufgabe, der wahrgenommenen sowjetischen Bedrohung in Europa entgegenzutreten. Die Frage von NATO-Einsätzen ‚out of area' spielte demgegenüber eine untergeordnete Rolle (vgl. Stuart und Tow 1990).

Dennoch nahm die Bundesrepublik dazu wie auch zu der Frage einer Beteiligung an Blauhelmeinsätzen eine eindeutige Position ein. Alle damaligen Bundestagsparteien vertraten die Meinung, dass das Grundgesetz eine deutsche Beteiligung an solchen Einsätzen nicht erlaube. Aus dem Grundgesetz ließ sich dies eigentlich nicht eindeutig ableiten. Einerseits legt es in Art. 87a, Abs. 2 GG fest, dass die Streitkräfte außer zur Verteidigung nur eingesetzt werden dürfen, soweit das Grundgesetz es ausdrücklich zulässt. Andererseits besagt Art. 24, Abs. 2 GG, dass sich die Bundesrepublik zur Wahrung des Friedens in ein System gegenseitiger kollektiver Sicherheit, wie etwa den Vereinten Nationen, einordnen kann. Insofern könnte man folgern, dass das Grundgesetz die deutsche Beteiligung an VN-geführten Einsätzen zur Friedenswahrung schon damals gestattete. In der Bundesrepublik herrschte aber lange Zeit die Auffassung vor, dass man den Art. 24, Abs. 2 GG im Besonderen und das Grundgesetz im Allgemeinen nicht so weit auslegen könne und dass die Bundeswehr an solchen Einsätzen daher nicht teilnehmen dürfe. Dabei handelte es sich allerdings nicht nur um ein verfassungsrechtliches, sondern auch und vielleicht in erster Linie um ein politisches Urteil. Die Bundeswehr leistete innerhalb der NATO ihren Beitrag zur Landes- und Bündnisverteidigung, aber darüber hinaus sollte sie keine weiteren Aufgaben übernehmen (Duffield 1998, S. 175 f.; Philippi 1997, S. 29–67).

Die gewachsene (außen-)politische Kultur spiegelte sich in dieser Position sehr gut wider. Dies gilt zum einen in Bezug auf den Antimilitarismus. Der Beitrag zur eigenen Verteidigung innerhalb der NATO war ein notwendiges Übel. Die Bundesrepublik sah sich während des Ost-West-Konflikts und der deutschen Teilung einer massiven Streitmacht der Warschauer-Pakt-Staaten gegenüber. Ohne einen eigenen militärischen Beitrag zum NATO-Bündnis wären die NATO-Partner, allen voran die USA, auf Dauer kaum bereit gewesen, für die Sicherheit der Bundesrepublik zu sorgen. Der Einsatz militärischer Mittel für außenpolitische Ziele darüber hinaus, etwa im Rahmen eines friedenserhaltenden Einsatzes unter dem Dach der Vereinten Nationen, galt jedoch vielen in der Bundesrepublik Deutschland als inakzeptabel. Wurden solche militärischen Einsätze nicht gar grundsätzlich abgelehnt, so herrschte doch die Meinung vor, dass zumindest die Bundesrepublik an ihnen nicht teilnehmen dürfe: Weil der deutsche Militarismus im 20. Jahrhundert so viel Unheil angerichtet hat, müsse Deutschland sich nun militärisch zurückhalten. Diese Position war weit verbreitet, sowohl innerhalb der politischen Eliten als auch in der Bevölkerung insgesamt. Ganz typisch für das Phänomen der politischen Kultur ist dabei, dass für gültig erachtete Normen und Eigeninteressen ineinander fließen. In der Bundesrepublik wollte man keine Versendung von Truppen ‚out of area', man war aber auch der Ansicht, dass dies vor dem Hintergrund historischer Lehren nicht angemessen für einen deutschen Staat wäre.

Auch der zweiten wichtigen Komponente der (außen-) politischen Kultur der Bundesrepublik, dem Multilateralismus, wurde mit dieser Politik Rechnung getragen. Die westdeutschen Militärkapazitäten waren voll und ganz in das NATO-Bündnis eingebunden, eine eigenständige Rolle darüber hinaus war nicht vorgesehen und auch aus der Sicht aller Beteiligten, der Deutschen eingeschlossen, gar nicht erwünscht. Freilich war die Bundesrepublik auch zur Teilnahme an multilateralen Einsätzen, etwa im VN-Kontext, nicht bereit. Hier gab es also eine latente Spannung zwischen der deutschen Scheu vor einer militärischen Rolle über die Landes- und Bündnisverteidigung hinaus und der deutschen Bereitschaft, multilaterale Institutionen zu unterstützen. Weil solche Einsätze in den 1980er-Jahren aber eher selten waren und die Partner in der Regel nicht die Beteiligung der Bundesrepublik forderten, trat diese Spannung kaum zutage. Dort, wo sie deutlich wurde, gaben die Bonner Regierungen der militärischen Zurückhaltung den Vorrang und versuchten, dem Gebot des Multilateralismus eher symbolisch oder finanziell Rechnung zu tragen.

10.3.2 Schocks und Schecks: Deutschland und der Golfkrieg

Einen ersten harten Test stellte im Sommer 1990 der irakische Überfall auf Kuwait dar, der in der Geschichte der Vereinten Nationen einen nie dagewesenen Bruch etablierter Völkerrechtsnormen darstellte. Die außenpolitische Elite der Bundesrepublik war zu dieser Zeit allerdings fast ausschließlich mit der Vollendung des „Zwei-plus-Vier"-Prozesses befasst, der die äußeren Aspekte der deutschen Einigung regelte. Die politische Stimmung in Deutschland war, ganz im Sinne der gewachsenen politischen Kultur der Bonner Republik, geprägt von den Hoffnungen auf eine neue Zeit der internationalen Kooperation und Koexistenz. Der Golfkonflikt wirkte zu diesem Zeitpunkt wie ein Schock für die deutsche Außenpolitik. Bereits im August 1990 bat der wichtigste Verbündete der Deutschen, die USA, Bundeswehreinheiten an den Golf zu entsenden. Die Bundesregierung lehnte dies allerdings ab und verwies, wie gewohnt, auf verfassungsrechtliche Beschränkungen. Stattdessen unterstützte Deutschland allerdings die USA und andere Mitglieder der Golfkriegsallianz mit insgesamt etwa 18 Mrd. DM – zum damaligen Zeitpunkt in etwa ein Drittel des Verteidigungshaushaltes. Insgesamt herrschte in Deutschland die Überzeugung oder doch zumindest die Hoffnung vor, dass mit Hilfe diplomatischer Mittel und ökonomischer Sanktionen gegen den Irak eine friedliche, politische Lösung des Konflikts zu erreichen sei. Die Vorstellung, dass stattdessen möglicherweise kriegerische Mittel gegen den Irak notwendig sein würden, war mit der gewachsenen politischen Kultur der Bundesrepublik, die von der friedlichen Lösbarkeit solcher Konflikte ausging, nur schwer zu vereinbaren (Kaiser und Becher 1992; Hellmann 1997, S. 167–172).

Während des Golfkrieges begannen allerdings diverse Mitglieder der Bundesregierung, vor allem Vertreter*innen der Unionsparteien, sich von dieser Position abzusetzen. Eine Ursache dafür war der wachsende internationale Druck auf Deutschland, künftig auch einen Beitrag zur militärischen Sicherung des Friedens im Rahmen der Vereinten Nationen, später auch der NATO und der Westeuropäischen Union (WEU), zu leisten.[1] Die Unionsparteien traten dafür ein, nach der Bundestagswahl im Dezember 1990 das Grundgesetz so zu ändern, dass die Teilnahme von Bundeswehrsoldaten an bestimmten Auslandseinsätzen ermöglicht werde. Die Oppositionsparteien und auch die Mehrheit der Bundesbürger*innen hielten zu diesem Zeitpunkt jedoch wenig von einer solchen Grundgesetzänderung. Damit begann die über mehrere Jahre andauernde so genannte ‚out-of-area'-Debatte in Deutschland.

10.3.3 Vorsichtige Schritte auf dem Weg in eine neue Rolle: Die Bundeswehr in Somalia und auf dem Balkan

Zu Beginn der 1990er Jahre wurde die Bundesregierung wiederholt mit dem Wunsch ihrer Partner konfrontiert, zur Einhegung von Konflikten militärisch beizutragen – etwa bei den Blauhelmoperationen der Vereinten Nationen in Kambodscha 1991–1992, Somalia 1993–1994 und Bosnien-Herzegowina 1993–1995.

---

[1] Zur Entwicklung der internationalen Normen in dieser Frage, vgl. Kap. 6.

10.3 Politische Kultur und die deutsche Außenpolitik: das Beispiel der ...

Mit dem Bosnien-Krieg kamen bald auch Einsätze hinzu, die von der NATO durchgeführt wurden. Deutschland beteiligte sich dabei in einem graduellen Prozess immer stärker an solchen Einsätzen (vgl. Baumann und Hellmann 2001; Longhurst 2004, S. 54–69). Den Bundeswehr-Sanitätern in Kambodscha folgten Nachschub- und Transporteinheiten in Somalia; während die Bundeswehr der UN-Operation in Bosnien-Herzegowina, UNPROFOR, nur logistische Unterstützung anbot, war Deutschland zwei Jahre darauf mit Bodentruppen bei der NATO-geführten IFOR (Implementation Force) dabei, die die Umsetzung des Abkommens von Dayton überwachen sollte.

Bedeutet dieser merkliche Wandel der deutschen Politik, dass die gewachsene politische Kultur der militärischen Zurückhaltung nun keine Bedeutung mehr hatte? Diese Schlussfolgerung wäre falsch, denn die stetige Zunahme der deutschen Bereitschaft zur Teilnahme an internationalen Militäreinsätzen ist nur eine Seite der Medaille, denn die Veränderung der Politik vollzog sich nur sehr langsam, was recht gut mit politisch-kulturellen Wirkungen erklärt werden kann. Auch diejenigen in Deutschland, die eine vollwertige deutsche Beteiligung an militärischen Einsätzen wie den NATO-geführten Operationen in Bosnien-Herzegowina anstrebten, konnten keine Politik verfolgen, die völlig und in einem einzigen Schritt mit den bundesdeutschen Traditionen brach. Dass es auch bei Einsätzen, die in vielen anderen NATO-Ländern als völlig unproblematisch angesehen wurden, in Deutschland zu kontroversen Debatten kam, ist für sich gesehen bereits ein Zeichen dafür, dass hier so etwas wie die politische Kultur der militärischen Zurückhaltung ihren Einfluss ausübte. Beispielsweise beschloss der Sicherheitsrat der Vereinten Nationen 1993, ein Flugverbot über dem Territorium von Bosnien-Herzegowina gegen Restjugoslawien zu verhängen. Die NATO erklärte sich dann bereit, dieses Flugverbot mit luftgestützten AWACS-Flugzeugen, in denen auch deutsche Soldaten im Einsatz waren, umzusetzen. Anders als in den Partnerländern kam es in Deutschland zu einer hitzigen Debatte, ob das deutsche Luftwaffenpersonal mitfliegen sollte oder nicht. Es wurde sogar das Bundesverfassungsgericht angerufen. Dieses verfügte 1994 in einer Grundsatzentscheidung, dass eine Beteiligung möglich sei, sofern der Bundestag vorher seine Zustimmung erteilt. Die deutschen Soldaten flogen schließlich bei den AWACS-Einsätzen mit, aber in Deutschland wurde betont, dass dies kein Kampfeinsatz sei.

Es gibt also zwei Geschichten zu erzählen: eine über die schrittweise erfolgende deutsche Gewöhnung an militärische Auslandseinsätze und eine darüber, wie sehr diese Gewöhnung von Einschränkungen, Bedenken und Zurückhaltung geprägt blieb. Zumindest diese zweite Geschichte kann man nur angemessen verstehen, wenn man die Wirkungen einer gewachsenen politischen Kultur militärischer Zurückhaltung berücksichtigt. Die bedeutsamen Veränderungen der deutschen

Politik in den 1990er Jahren dürfen dabei aber nicht ignoriert werden, denn ein Blick auf die Entwicklung der öffentlichen Meinung zeigt für die frühen 1990er Jahre, dass sich die Einstellungen in der deutschen Gesellschaft in der Frage des Auslandseinsatzes der Bundeswehr zu ändern begannen. So waren einer Umfrage des Instituts Allensbach zufolge im Oktober 1990 nur 24 % der Westdeutschen und 19 % der Ostdeutschen dafür, die Voraussetzungen dafür zu schaffen, dass Bundeswehr-soldat*innen in VN-Operationen eingesetzt werden können, während 55 % der West- und 53 % der Ostdeutschen dies ablehnten (Noelle-Neumann und Köcher 1993, S. 961). Im März 1992 war die Zustimmung zur Beteiligung an VN-Operationen bereits auf 45 % (West) und 26 % (Ost) gestiegen (ebd., S. 1094). In den Jahren 1995 und 1996 waren dann laut weiterer Allensbach-Umfragen 54 % beziehungsweise 56 % der Westdeutschen und auch bereits 29 % beziehungsweise 42 % der Ostdeutschen für die deutsche Teilnahme an VN-Einsätzen (ebd., S. 1144–1145).

Man sollte diese Zahlen nur als allgemeine Richtwerte nehmen und die politische Kultur eines Landes nicht auf Umfrageergebnisse reduzierten. Dennoch gibt die Entwicklung der Zustimmung zu einer deutschen Beteiligung an Blauhelm-Einsätzen der Vereinten Nationen in der ersten Hälfte der 1990er Jahre einen Hinweis darauf, dass sich in diesen Jahren nicht nur die deutsche Außenpolitik, sondern auch die politische Kultur des Landes graduell zu verändern begann. Das deckt sich mit der eingangs getroffenen Feststellung, dass eine politische Kultur nicht für alle Zeit fixiert ist, sondern erst durch Handeln reproduziert werden muss und sich dabei auch langsam verändern kann.

Diese Veränderung kann grob so charakterisiert werden, dass der deutsche Antimilitarismus eine geringer werdende und der deutsche Multilateralismus eine größer werdende Rolle im Vergleich zu vorher spielte. Anhänger*innen einer stärkeren deutschen Beteiligung an militärischen Einsätzen verwiesen darauf, dass die Bundesrepublik in ihrer Außenpolitik keine Sonderwege beschreiten und keine Alleingänge durchführen dürfe und sich deshalb nicht im Gegensatz zu ihren Partnern von gemeinsamen friedenssichernden militärischen Einsätzen ausschließen dürfe. Diese Neuinterpretation des alten Grundsatzes des Multilateralismus fand in Deutschland zunehmend Unterstützung. Wie und warum es zu einer solchen Verschiebung kam, kann mit dem Konzept der politischen Kultur selbst nicht hinreichend erklärt werden. Zumindest muss man die Wechselwirkung von politischer Kultur und Außenpolitik berücksichtigen, die schon mehrmals angesprochen wurde. Bemerkenswert ist in diesem Zusammenhang aber, dass auch die Vertreter*innen des Wandels versucht haben, in ihrer Argumentation an die etablierte politische Kultur anzuknüpfen – auch und nicht zuletzt dort, wo sie die Außenpolitik über sie hinaus entwickeln wollten.

10.3.4 Das langsame Ende der Kultur der Zurückhaltung: Kosovokrieg, Anti-Terror-Einsätze, Nichtteilnahme am Irak-Krieg und Ukraine

Die Entwicklung hin zu einer wachsenden Bereitschaft Deutschlands, sich an internationalen militärischen Einsätzen zu beteiligen, setzte sich auch unter der rot-grünen Bundesregierung fort, die von 1998 bis 2005 im Amt war. Im Kosovokrieg im Frühjahr 1999 beteiligten sich deutsche Soldat*innen an NATO-Luftangriffen gegen Restjugoslawien, für die es kein Mandat durch einen Beschluss des Sicherheitsrates der Vereinten Nationen gab. Dort hatten sich dem Ansinnen der westlichen Staaten sowohl Russland entgegengestellt, das seine „slawische Brudernation" schützen wollte, als auch China, das als Land mit vielen eigenen Minderheitenproblemen keinen Präzedenzfall einer gewaltsamen Einmischung der internationalen Gemeinschaft in die so genannten „inneren Angelegenheiten" eines Staates schaffen wollte.

Ob die Position der westlichen Regierungen, darunter der Bundesregierung, dass die Luftangriffe dem Schutz der Menschenrechte (speziell der Albaner im Kosovo) dienten, überzeugend war oder nicht, muss an dieser Stelle nicht beantwortet werden.[2] Sicher ist, dass die deutsche Beteiligung am Kosovokrieg ein weiterer Schritt weg von der alten Kultur der militärischen Zurückhaltung war. Dem muss man allerdings hinzufügen, dass sich wohl auch kein Land der westlichen Allianz nach Beginn der Kämpfe so sehr für eine diplomatische Lösung einsetzte wie Deutschland (vgl. Longhurst 2004, S. 69–73 sowie Joetze 2001). Am wichtigsten war dabei der so genannte Fischer-Plan, der eine wichtige Grundlage für die Beendigung des Krieges, den serbischen Rückzug aus dem Kosovo und die Einrichtung der NATO-geführten KFOR war, die seither im Kosovo stationiert ist, um ein Wiederaufflammen von Gewalttätigkeiten zwischen Vertretern der Volksgruppen zu verhindern und (Stand Juli 2022) immer noch knapp 4000 Soldaten umfasst.[3] Man würde also den Bogen überspannen, wenn man behauptete, der deutsche Antimilitarismus beim Auslandseinsatz von Streitkräften sei im Kosovokrieg in einen neuen deutschen Militarismus umgeschlagen. Dennoch markierte die deutsche Beteiligung einen weiteren Schritt in einem insgesamt doch tiefgreifenden Wandel.

---

[2] Die Entwicklung des Kosovo-Konfliktes und der Politik Deutschlands sowie der internationalen Staatengemeinschaft in diesem Konflikt wird eingehender beschrieben in Joetze 2001 und Norris 2005. Eine differenzierte Erörterung der Frage, ob die Kosovo-Intervention moralisch bzw. völkerrechtlich gerechtfertigt war, bieten Mayer 1999 und Simma 1999.

[3] Vgl. NATO-KFOR, https://jfcnaples.nato.int/kfor/about-us/welcome-to-kfor/contributing-nations (14.07.2022).

Der nächste größere Schritt in dieser Entwicklungslinie waren die deutschen Beteiligungen an der internationalen Militäroperation ISAF in Afghanistan und an der „Enduring Freedom" genannten Unterstützungsoperation für die USA, die beide nach den Terroranschlägen vom 11. September beschlossen wurden (Wiegold 2016). Internationaler politischer Druck und die hauptsächlich von US-Streitkräften durchgeführten Angriffe auf Afghanistan brachten das dortige Taliban-Regime, dem die Unterstützung der Al-Qaida-Terroristen um Osama Bin Laden vorgeworfen wurde, zu Fall. In der nachfolgenden Konferenz auf dem Bonner Petersberg wurde unter anderem die Entsendung einer internationalen militärischen Schutztruppe ISAF nach Afghanistan beschlossen. Deutschland, das sich als Gastgeber der Petersberger Konferenz sehr engagiert hatte, beteiligte sich von Anfang an an dieser Truppe. Nachfolgend wurden die Sicherheitsaufgaben schrittweise auf afghanische Kräfte übertragen bis sämtliche ISAF-Kontingente Ende 2014 abgezogen wurden.

Die „Operation Enduring Freedom" (OEF) war demgegenüber eine sehr weit gefasste militärische Operation unter der Führung der USA. Sie umfasste Einsätze in verschiedenen Regionen der Welt, wie dem Mittelmeerregion, dem Nahen Osten, aber auch Nordamerika. Sie sollte der Bekämpfung von Terroristen nach dem Anschlag auf das World Trade Center dienen. Die USA hatten diesen Anschlag gegenüber ihren NATO-Partnern als kriegerischen Angriff geltend gemacht, worauf die NATO-Mitglieder die Beistandsverpflichtung nach Art. 5 des NATO-Vertrages ausriefen, d. h. dass mit dem Angriff auf das NATO-Mitglied USA alle NATO-Mitglieder im Rahmen ihrer verfassungsrechtlichen Bestimmungen den USA gegenüber zum Beistand verpflichtet waren. Die Bundesrepublik erklärte sich bereit, bis zu 3900 Soldaten für OEF zur Verfügung zu stellen, darunter ABC-Abwehrkräfte, die mit ihren „Fuchs"-Spürpanzern nach Kuwait entsandt wurden, vor allem aber diverse See- und Luftstreitkräfte, die am Horn von Afrika stationiert waren. Dort war seit 2008 außerdem die EU-geführte Operation Atalanta im Kampf gegen die Seewege bedrohende Piraten im Einsatz, an der sich Deutschland ebenfalls beteiligte. Das deutsche OEF-Kontingent wurde im Laufe der Jahre verringert, im Jahre 2010 wurde OEF ganz eingestellt. Außerdem befanden sich seit 2001 Einheiten des Kommandos Spezialkräfte (KSK), einer in den 1990er Jahren neu aufgebauten Eliteeinheit für besonders gefährliche Einsätze, in Afghanistan. Sie unterstützten dort vor allem US-Streitkräfte, die im zerklüfteten Bergland Afghanistans nach Al-Qaida-Kämpfern suchten.

Mit der Beteiligung an „Enduring Freedom" und dabei vor allem dem Einsatz des KSK in Afghanistan wurden erstmals bundesdeutsche Kampftruppen in einen Einsatz außerhalb Europas entsandt. Das Mandat, das der Bundestag der Bundesregierung für die deutsche Beteiligung an der Operation „Enduring Freedom" gab, war außerdem insofern weit gefasst, als die Bundesregierung die genehmigten Einheiten in weiten Teilen der Welt einsetzen konnte – allerdings stets nur mit Zustimmung der Regierung des jeweiligen Landes.

In der Frage, ob und unter welchen Bedingungen sich Deutschland an einem eventuellen Krieg gegen den Irak, in dem die USA, unterstützt von Großbritannien, Saddam Hussein entmachten wollten, beteiligen sollte, entspannte sich im Bundestagswahlkampf 2002 eine hitzige Debatte. Bundeskanzler Gerhard Schröder betonte, dass Deutschland sich unter seiner Regierung unter keinen Umständen an einem Krieg gegen den Irak beteiligen würde – also selbst dann nicht, wenn dies durch einen Beschluss des Sicherheitsrates der Vereinten Nationen legitimiert würde. Er riskierte in dieser Frage auch einen ernsthaften Disput mit der US-Regierung von George W. Bush (Szabo 2004). Welche weitergehenden politischen Ziele Schröder mit seiner Ankündigung verfolgte, muss hier nicht diskutiert werden. Interessant ist jedoch, dass er in der deutschen Bevölkerung auf viel Zustimmung stieß, da die Aussicht auf einen neuen Irak-Krieg bei vielen Deutschen Besorgnis auslöste. Erheblich weniger öffentliche Zustimmung erntete demgegenüber die christlich-liberale Bundesregierung Merkel-Westerwelle, als sie im Jahre 2011 im VN-Sicherheitsrat einer Resolution zur Legitimation einer militärischen Intervention zur Unterstützung der libyschen Opposition gegen die Herrschaft des Revolutionsführers Gaddafi die Zustimmung verweigerte und erklärte, Deutschland werde sich an dem von Frankreich und Großbritannien geführten Einsatz gegen Libyen nicht beteiligen (Miskimmon 2012).

Als sich im Jahr 2012 der Konflikt in Syrien nach und nach zu einem Bürgerkrieg ausweitete, sprach sich die Bundesregierung gegen ein westliches Eingreifen aufseiten der Rebellen gegen das Regime von Präsident Bashar al-Assad aus. Der Bundestag stimmte jedoch im Dezember 2012 der deutschen Beteiligung an der Verstärkung der Luftverteidigung der NATO an der Grenze der Türkei zu Syrien zu. Das Mandat erlaubte den Einsatz von bis zu 400 Bundeswehrsoldat*innen, nicht jedoch Aktivitäten zur Durchführung einer Flugverbotszone über Syrien. Es lief Anfang 2016 aus.[4]

Vielleicht noch gewichtiger als dieser Bündniseinsatz war der nachfolgende Bruch mit der jahrzehntelangen Praxis deutscher Rüstungsexportpolitik, in „Spannungsgebiete" keine Waffen zu liefern. Ab 2014 wurden, begleitet von einer „Ausbildungsmission", im Kampf gegen die Terrormiliz Islamischer Staat (IS) Handfeuerwaffen und Panzerabwehrwaffen in kurdisch kontrollierte Gebiete ge-

---

[4] Einsatzende: Deutsche Patriot in der Türkei abgeschaltet, 16.10.2015, https://www.bundeswehr-journal.de/2015/einsatzende-deutsche-patriot-in-der-tuerkei-abgeschaltet/ (14.07.2022).

liefert. Das Mandat wurde sukzessive angepasst, zuletzt aber auch von der seit Dezember 2021 regierenden „Ampel"-Koalition erneut verlängert.[5]

Grundsätzlich anders gelagert, von der politischen Bedeutung bezüglich der Einstellungen der politischen Eliten und der deutschen Öffentlichkeit gegenüber der Bundeswehr aber viel wichtiger, sind die gravierenden Veränderungen, die sich mit dem russischen Angriffskrieg in der Ukraine im Februar 2022 im Kontext der „Zeitenwende" ergeben haben. Dass die Zustimmung zur Beteiligung der Bundeswehr an Auslandseinsätzen im Allgemeinen Mitte 2022 bei knapp drei Viertel der Deutschen lag, während konkrete Einsätze (wie etwa der Mali-Einsatz) nach wie vor kritisch gesehen wurden,[6] fiel vor dem Hintergrund der Rückkehr des Krieges in die Nähe deutschen Territoriums weit weniger ins Gewicht als die Wahrnehmung, dass die drastische Unterversorgung des Bundeswehr zu einem parteiübergreifend beklagten Ausrüstungsnotstand beigetragen hatte. Entsprechend deutlich fiel daher auch die Zustimmung von zwei Drittel der Deutschen zur Einrichtung eines grundgesetzlich abgesicherten „Sondervermögens" im Juni 2022 aus.[7]

Die skizzierten Verschiebungen in den Einstellungen der Deutschen gegenüber Einsätzen der Bundeswehr markieren über Zeit gewichtige Änderungen. Dennoch ist nicht zu übersehen, dass die Skepsis gegenüber militärischer Gewalt selbst in naheliegenden Einsatzszenarien, wie etwa der Verteidigung von Verbündeten, nach wie vor weit verbreitet ist. Nur etwa ein Drittel der Deutschen zeigten sich im Mai 2020 bereit, NATO-Verbündete im Falle eines Angriffs durch Russland zu verteidigen, 60 % waren dagegen.[8] Daraus lässt sich für das Handeln einer deutschen Bundesregierung aber keine Prognose ableiten, denn aus der Perspektive der politischen Kultur lassen sich solche Ableitungen nicht vornehmen. Vielmehr kann sie vor allem dabei helfen, die großen Linien der Außenpolitik eines Landes besser zu verstehen. Dazu gehört in der Frage der Auslandseinsätze der Bundeswehr zum einen die deutsche Neigung, möglichst gemeinsam mit den Partnern zu handeln. Zum anderen gehört dazu aber auch weiterhin die deutsche Präferenz für die Ein-

---

[5] Bundeswehreinsätze in Jordanien und Irak, Stand Juli 2022, https://www.bundeswehr.de/de/einsaetze-bundeswehr/die-bundeswehr-in-jordanien-und-im-irak (14.07.2022).

[6] Umfrage zu Bundeswehr: Zustimmung zu Friedenseinsätzen hoch, https://www.zdf.de/nachrichten/politik/umfrage-friedenseinsaetze-bundeswehr-zustimmung-100.html (14.07.2022).

[7] Das denken die Deutschen über die Einigung beim Sondervermögen, 01.06.2022, https://www.t-online.de/nachrichten/deutschland/militaer-verteidigung/id_92290038/sondervermoegen-fuer-die-bundeswehr-das-denken-die-deutschen-.html (14.07.2022).

[8] Fast facts about how Americans and Germans see security issues amid Trump's plan to reduce troop levels, Pew Research Center, 08.06.2020, https://www.pewresearch.org/short-reads/2020/06/08/fast-facts-about-how-americans-and-germans-see-security-issues-amid-trumps-plan-to-reduce-troop-levels/ (14.07.2022).

hegung und Begrenzung militärischer Gewalt, die sich an vielen Stellen selbst dort noch zeigte und zeigt, wo Deutschland zur Teilnahme an einem internationalen Militäreinsatz grundsätzlich bereit war oder ist.

10.4 Schluss

Die Untersuchungen in diesem Kapitel haben gezeigt, dass die politische Kultur eines Landes keineswegs als starr, sondern als veränderbar zu denken ist. Mitglieder der außenpolitischen Elite spielen dabei eine besonders wichtige Rolle. Zum einen treffen sie außenpolitische Entscheidungen, die auf die politische Kultur zurückwirken. Zum anderen prägen Regierungsvertreter*innen und andere Mitglieder der außenpolitischen Elite die öffentliche Debatte und damit langfristig auch die politische Kultur eines Landes. Politische Kultur ist aber nicht einfach formbar wie Knetmasse, sondern sie hat eine gewisse Beharrungskraft, die auch diejenigen nicht ignorieren können, die die etablierten Selbst- und Weltbilder und die damit verbundenen Handlungsprinzipien gerne verändern möchten.

Mit der Frage des Auslandseinsatzes der Bundeswehr wurde ein Fall vorgestellt, der für Konzepte wie politische Kultur oder auch nationale Identität insofern eher ein „schwieriger Fall" ist, als es hier zu einer doch merklichen Veränderung der Politik gekommen ist. Es ist im Vergleich dazu einfacher, gleichbleibende Verhaltensmuster über Zeit mit dem Verweis auf eine stabile politische Kultur zu erklären. Politische Kultur und nationale Identität können auch sehr gut dafür verwendet werden, in einem Vergleich der Außenpolitik verschiedener Länder die jeweiligen Unterschiede zu erklären. Am Fall der Auslandseinsätze der Bundeswehr lassen sich aber sowohl die Stärken als auch die Schwächen eines Konzeptes wie „politischer Kultur" in der Außenpolitikforschung verdeutlichen. Vor allem lässt sich an diesem Fall sehr gut zeigen, dass das Verhältnis von politischer Kultur (oder nationaler Identität) und Außenpolitik eines der wechselseitigen Beeinflussung ist. Eine weitere Möglichkeit, solche wechselseitigen Prozesse nochmals etwas aus einer anderen Perspektive näher zu beleuchten, steht im folgenden Kapitel im Mittelpunkt.

Literatur

Banchoff, T. (1999). German Identity and European Integration. *European Journal of International Relations*, 5(3), 259–289

Baumann, R., & Hellmann, G. (2001). Germany and the Use of Military Force: "Total War", the "Culture of Restraint", and the Quest for Normality. *German Politics*, 10(1), 61–82

Berger, T. U. (1998). *Cultures of Antimilitarism: National Security in Germany and Japan*. Johns Hopkins University Press

Börzel, T., & Risse, T. (2020). Identity Politics, Core State Powers and Regional Integration: Europe and beyond. *Journal of Common Market Studies*, 58(1), 21–40

Brummer, K., & Kießling, F. (2019). *Zivilmacht Bundesrepublik? Bundesdeutsche außenpolitische Rollen vor und nach 1989 aus politik- und geschichtswissenschaftlichen Perspektiven*. Nomos

Casdorff, S.-A. (2022, 10. Juni). Deutschland und die Bombe: Wenn sogar Grüne neue Atomraketen fordern. *Der Tagesspiegel*. https://www.tagesspiegel.de/politik/deutschland-und-die-bombe-wenn-sogar-gruene-neue-atomraketen-fordern/28414944.html

Conrad-Grüner, B. (2021). *Funktionalität von Kultur in der Weltgesellschaft*. Barbara Budrich

Duffield, J. S. (1998). *World Power Forsaken: Political Culture, International Institutions, and German Security Policy After Unification*. Stanford University Press

Duffield, J. S. (1999). Political Culture and State Behavior: Why Germany Confounds Neorealism. *International Organization*, 53(4), 765–803

Goetz, K. (1996). Integration Policy in a Europeanized State: Germany and the Intergovernmental Conference. *Journal of European Public Policy*, 3(1), 23–44

Greenfeld, L., & Eastwood, J. (2007). National Identity. In C. Boix, & S. C. Stokes (Hrsg.), *Oxford Handbook of Comparative Politics* (S. 256–273). Oxford University Press

Harnisch, S., & Maull, H. W. (2001). *Germany as a Civilian Power? The Foreign Policy of the Berlin Republic*. Manchester University Press

Hellmann, G. (1997). Absorbing Shocks and Mounting Checks: Germany and Alliance Burden-Sharing in the Gulf War. In A. J. Bennett, J. Lepgold, & D. Unger (Hrsg.), *Friends in Need: Burden-Sharing in the Gulf War* (S. 165–194). St. Martin's

Holsti, K. J. (1970). National Role Conceptions in the Study of Foreign Policy. *International Studies Quarterly*, 14(3), 233–309

Jepperson, R., Wendt, A., & Katzenstein, P. J. (1996). Norms, Identity, and Culture in National Security. In P. J. Katzenstein (Hrsg.), *The Culture of National Security* (S. 33–75). Columbia University Press

Joetze, G. (2001). *Der letzte Krieg in Europa? Das Kosovo und die deutsche Politik*. Deutsche Verlags-Anstalt

Kaase, M. (1983). Sinn oder Unsinn des Konzepts „Politische Kultur" für die Vergleichende Politikforschung. Oder auch: Der Versuch, einen Pudding an die Wand zu nageln. In M. Kaase, & H.-D. Klingemann (Hrsg.), *Wahlen und politisches System: Analysen aus Anlaß der Bundestagswahl 1980* (S. 144–171). Westdeutscher Verlag

Kaiser, K., & Becher, K. (1992). *Deutschland und der Irak-Konflikt: Internationale Sicherheitsverantwortung Deutschlands und Europas nach der deutschen Vereinigung* (Arbeitspapiere zur internationalen Politik, 68). Europa-Union-Verlag

Katzenstein, P. J. (1997). United Germany in an Integrating Europe. In ders. (Hrsg.), *Tamed Power: Germany in Europe* (S. 1–48). Cornell University Press

Kirste, K., & Maull, H. W. (1996). Zivilmacht und Rollentheorie. *Zeitschrift für Internationale Beziehungen*, 3(2), 283–312

Longhurst, K. (2004). *Germany and the Use of Force: The Evolution of German Security Policy 1990–2003*. Manchester University Press?

Lüddemann, S. (2019). *Kultur: Eine Einführung* (2. Aufl.). Springer

Mannewitz, T. (2018). Politische Kultur. In R. Voigt (Hrsg.), *Handbuch Staat* (S. 553–563). Springer

Mayer, P. (1999). War der Krieg der NATO gegen Jugoslawien moralisch gerechtfertigt? Die Operation "Allied Force" im Lichte der Lehre vom gerechten Krieg. *Zeitschrift für Internationale Beziehungen*, 6(2), 287–321

Miskimmon, A. (2012). German Foreign Policy and the Libya Crisis. *German Politics*, 21(4), 392–410

Nassehi, A. (2011). *Soziologie: Zehn einführende Vorlesungen* (2. Aufl.). Verlag für Sozialwissenschaften

Noelle-Neumann, E., & Köcher, R. (1993). *Allensbacher Jahrbuch der Demoskopie 1988–1992*. De Gruyter

Norris, J. (2005). *Collision Course: NATO, Russia and Kosovo*. Praeger

Philippi, N. (1997). *Bundeswehreinsätze als außen- und sicherheitspolitisches Problem des geeinten Deutschland*. Lang

Risse, T. (1999). Identitäten und Kommunikationsprozesse in der internationalen Politik: Sozialkonstruktivistische Perspektiven zum Wandel in der Außenpolitik. In M. Medick-Krakau (Hrsg.), *Außenpolitischer Wandel in theoretischer und vergleichender Perspektive: Die USA und die Bundesrepublik Deutschland* (S. 33–57). Nomos

Risse, T., & Engelmann-Martin, D. (2002). Identity Politics and European Integration: The Case of Germany. In A. Pagden (Hrsg.), *The Idea of Europe: From Antiquity to the European Union* (S. 287–316). Woodrow Wilson Center Press

Simma, B. (1999). NATO, the UN and the Use of Force: Legal Aspects. *European Journal of International Law*, 10(1), 1–20

Stuart, D., & Tow, W. (1990). *The Limits of Alliance: NATO Out-of-Area Problems since 1949*. Johns Hopkins University Press

Szabo, S. F. (2004). *Parting Ways: The Crisis in German-American Relations*. Brookings Institution Press

Thies, C., & Breuning, M. (2012). Integrating Foreign Policy Analysis and International Relations through Role Theory. *Foreign Policy Analysis*, 8(1), 1–4

Wiegold, T. (2016). *Der Bundeswehreinsatz in Afghanistan*. Bundeszentrale für politische Bildung. Erhalten am 14. July 2022, unter https://www.bpb.de/themen/militaer/deutsche-verteidigungspolitik/238332/derbundeswehreinsatz-in-afghanistan/

Außenpolitische Diskurse 11

Zusammenfassung

In diesem Kapitel rücken außenpolitische Diskurse ins Zentrum der Analyse. Solche Diskurse haben den Vorteil, dass sie – im Kontrast zu einer Fokussierung auf die außenpolitische Kultur eines Landes, die vergleichsweise stabile Überzeugungssysteme ins Zentrum rückt – den Prozess der Veränderung dieser Überzeugungen betonen. Wie das Beispiel der sich ausweitenden deutschen Militäreinsätze seit den 1990er-Jahren zeigte, sind solche Veränderungen ein wesentlicher Bestandteil in der Entwicklung der Außenpolitik eines Landes. Handlungsleitende Identitäten müssen sich durch Praxis ständig „reproduzieren" und dieser „(Re-)Produktionsprozess" muss als Prozess der stetigen Veränderung gedacht werden. Diskurstheoretische Ansätze, die solchen Reproduktionsprozessen nachspüren, stehen im Zentrum dieses Kapitels. Zunächst wird ein kurzer Überblick über das Verständnis der Begriffe Diskurs und Diskursanalyse sowie deren Quellen im Strukturalismus/Post-Strukturalismus und in der Sprachphilosophie des 20. Jahrhunderts gegeben. Sodann wird aufgezeigt, welche Gemeinsamkeiten diskursanalytische Ansätze bei allen Unterschieden aufweisen und wie sich ihre Anwendung auf dem Feld der Außenpolitikanalyse von anderen Ansätzen unterscheidet. Anhand dreier Beispiele diskursanalytischer Zugriffe auf die deutsche Außenpolitik in den 1990er-Jahren wird anschließend gezeigt, wie die Diskursanalyse helfen kann, diese besser zu verstehen und wie uns dieses bessere Verständnis in die Lage versetzen kann, zu fundierteren Einschätzungen zukünftiger deutscher Außenpolitik zu gelangen.

11.1 Einleitung und Überblick

Im letzten Kapitel wurde deutlich, wie wichtig es für die Außenpolitikanalyse ist, nicht nur Mikrophänomene wie das außenpolitische Handeln von Entscheidungsträger*innen oder Prozesse der außenpolitischen Entscheidungsfindung zu untersuchen, sondern auch solche Makrophänomene, die häufig als „außenpolitische Identität" oder „außenpolitische Kultur" eines Landes bezeichnet werden. Dabei wurde allerdings auch herausgearbeitet, dass es sich hierbei zwar um vergleichsweise stabile, aber keineswegs veränderungsresistente Phänomene handelt. Ein Kernproblem von Ansätzen, die sich mit der Wirkung vergleichsweise stabiler Überzeugungssysteme auf außenpolitisches Handeln beschäftigen, ist nun jedoch, dass sie den Prozess der Veränderung dieser Überzeugungen nur schwer erfassen können. Wie das Beispiel der sich ausweitenden deutschen Militäreinsätze seit den 1990er Jahren zeigte, sind solche Veränderungen jedoch ein wesentlicher Bestandteil in der Entwicklung der Außenpolitik eines Landes. Im Fachjargon hat sich daher die Formulierung eingebürgert, dass sich sowohl politische Institutionen wie auch handlungsleitende Identitäten durch Praxis ständig „reproduzieren" müssen und dass dieser „(Re-)Produktionsprozess" auch als Prozess der *stetigen* Veränderung gedacht werden könne.

Ein sehr vielfältiges theoretisches wie auch methodisches Instrumentarium, um solchen Reproduktionsprozessen nachzuspüren, wird mit dem Konzept der Diskursanalyse verbunden, das in diesem Kapitel im Mittelpunkt steht. Etwas vereinfachend könnte man sagen, dass diskursanalytische Ansätze im Vergleich zu Ansätzen der politischen Kultur nur eine andere Brille aufsetzen, letzten Endes aber ähnliche Phänomene beschreiben oder erklären wollen, also in welchem Verhältnis grundlegende Überzeugungen von Individuen und Kollektiven zu außenpolitischem Handeln stehen. Der Unterschied besteht primär darin, dass die einen Ansätze Veränderung und Wandel und die anderen Stabilität und Kontinuität privilegieren. Mit diesen unterschiedlichen Foki verändert sich allerdings auch der Blick.

Im Folgenden wird zunächst ein kurzer Überblick über das Verständnis der Begriffe Diskurs und Diskursanalyse sowie deren Quellen im Strukturalismus/Post-Strukturalismus und in der Sprachphilosophie des 20. Jahrhunderts gegeben (Abschn. 11.2). Des Weiteren wird aufgezeigt, welche Gemeinsamkeiten diskursanalytische Ansätze bei allen Unterschieden aufweisen und wie sich ihre Anwendung auf dem Feld der Außenpolitikanalyse von anderen Ansätzen unterscheidet. Anhand dreier Beispiele diskursanalytischer Zugriffe auf die deutsche Außenpolitik in den 1990er Jahren wird sodann gezeigt, wie die Diskursanalyse helfen kann, diese besser zu verstehen und wie uns dieses bessere Verständnis in

11.2 Diskurs und Diskursanalyse

die Lage versetzen kann, zu fundierteren Einschätzungen zukünftiger deutscher Außenpolitik zu gelangen (Abschn. 11.3).

11.2 Diskurs und Diskursanalyse

Die Begriffe Diskurs und Diskursanalyse sind vor allem im letzten Jahrzehnt immer mehr zu zentralen Begriffen der Sozialwissenschaften avanciert. Dabei sind die mit diesen Begriffen einhergehenden Konnotationen höchst unterschiedlich (vgl. Überblicke bei Keller 1997, S. 310–318 sowie Herschinger und Renner 2017, S. 315–322). Grundsätzlich lassen sich zwei Gebrauchsweisen des Begriffs Diskurs unterscheiden. Im alltagssprachlichen Verständnis ist Diskurs lediglich ein anderer Begriff für „Gespräch", manchmal auch für „Rede" oder „Sprechen". Gemeint ist also hier eine lebendige Form der Kommunikation „unter Anwesenden". In der Fachsprache der Sozialwissenschaften hat sich demgegenüber ein spezifischeres Verständnis durchgesetzt, demzufolge unter Diskurs Strukturen und Praktiken der sprachlichen Bedeutungskonstruktion verstanden werden (vgl. etwa Laffey und Weldes 2004, S. 28). Es geht also hier nicht um eine unmittelbar erfahrbare direkte Kommunikation zwischen Individuen oder Gruppen, sondern um „eine Art indirektes Gespräch unter Abwesenden" (Keller 1997, S. 311). Bei Diskursen in diesem zweiten Sinne handelt es sich also um Prozesse kollektiver Wirklichkeitskonstruktion, die sich notwendigerweise in sprachlicher Form vollziehen müssen.

11.2.1 Die zentrale Bedeutung der Sprache

Die herausragende Bedeutung, die in diskursanalytischen Ansätzen der Sprache zugewiesen wird, basiert auf der Annahme, dass es bei der Analyse *sozialer* Phänomene nicht in erster Linie um *Tatsachen* als *unabhängig* von unserer Wahrnehmung *existierenden Dingen* geht. Vielmehr stehen die *Bedingungen* ihrer *Möglichkeit* im Zentrum. Mit anderen Worten: Diskursanalytische Ansätze gehen davon aus, dass bereits die Möglichkeit der Wahrnehmung, des Denkens und des Handelns von bestimmten Bedeutungsfeldern abhängt, die jeglicher faktischer „Gegebenheit" vorausliegen (vgl. Laclau 1993, S. 431). Diese Bedeutungsfelder lassen sich nur sprachlich fassen. Welche Folgerungen aus dieser Ausgangsbeobachtung allerdings zu ziehen sind, wurde in den einschlägigen wissenschaftlichen Disziplinen, insbesondere der Linguistik, der Anthropologie und der Philosophie, unterschiedlich bewertet. Der so genannte Strukturalismus und vor allem seine Unterscheidung zwischen Sprache als System („langue") und Sprache als Sprechhandeln („parole") sowie der ihm nachfolgende Poststrukturalismus haben dabei vor allem in den 1960er und 1970er Jahren die Diskussion wesentlich geprägt.[1] Unstrittig war allerdings die Auffassung, dass die Analyse sozialer Phänomene von der Sprache ausgehen müsse, unabhängig davon, ob diese in erster Linie als System oder als Sprechhandeln begriffen wurde.

Erst Sprache versetzt uns in die Lage, Welt wahrzunehmen (d. h. zu unterscheiden), zu denken und zu handeln. Und Sprache erlernen wir dadurch, dass wir von einem Lehrenden auf den angemessenen Gebrauch von Worten und Sätzen „abgerichtet" werden, wie Ludwig Wittgenstein schreibt (Wittgenstein 1984a, §§ 5–8, 68–71, 208, 383–384). Das Erlernen der Sprache des Kindes unterscheidet sich insofern nicht grundsätzlich vom Erlernen der (Fach-) Sprache der Politikwissenschaft: wir üben den Gebrauch von Worten bzw. ganzen Vokabularen ein so wie sie uns vorgestellt werden. Dem Lehrenden sind diese Worte oder Vokabulare jedoch keineswegs, wie der amerikanische Philosoph Richard Rorty formulierte, „von außen" (also etwa von „der Welt") vorgegeben. Vielmehr handelt es sich bei diesen Vokabularen um menschliche Erfindungen. Denn „die Welt" als solche „spricht nicht" zu uns. Die Vorstellung, dass sich die Welt „gleichsam aus eigener Initiative in satzförmige Teile aufsplittet, die man Fakten nennt", so Rorty, sei irrig. „Die Welt kann uns zwar, sobald wir uns mit einer Sprache programmiert haben, dazu bringen, bestimmte Überzeugungen zu haben. Aber sie kann uns keine Sprache vorschlagen. Nur andere Menschen können dies" (Rorty 1989, S. 5 f.). Dies bedeutet allerdings nicht, dass unsere Sprache(n) und Vokabulare das Ergebnis von Willkür sind. Vielmehr sind sie das Ergebnis langwieriger historischer Prozesse, in denen wir es uns in unseren jeweiligen Sprachgemeinschaften zur Gewohnheit gemacht haben, über Dinge in dieser oder jener Weise zu reden. Diese Sprech-, Denk-

---

[1] Unter dem Eindruck der linguistischen Theorie von Ferdinand de Saussure von Anfang des 20. Jahrhunderts entwickelte sich in den 1960er Jahren in unterschiedlichen Disziplinen als gemeinsames Verständnis des so genannten Strukturalismus die Überzeugung, dass kulturelle Praktiken und umfassendere Überzeugungssysteme am besten analog zur Sprache als einem abstrakten, alles umfassenden und geschlossenen System formeller Regeln zu begreifen sind. Entsprechend große Bedeutung hatte bei Strukturalisten die formale Analyse von Texten und die Verdrängung des Subjekts als einer Quelle von Bedeutung zugunsten der Analyse struktureller sprachlicher Gesetzmäßigkeiten, die jegliche Stiftung von Sinn bestimmten. Für den so genannten Poststrukturalismus kam der Sprache als einem System immanenter Beziehungen zwar auch große Bedeutung zu, im Unterschied zu den Strukturalisten lehnten die Poststrukturalisten jedoch das Postulat der Sprache als eines geschlossenen Systems zugunsten der Sichtweise ab, dass es möglich sei, diskursiv geschaffene Identitäten zu unterlaufen; vgl. als Überblick und Vertiefung Laclau 1993 sowie zur Bedeutung des Strukturalismus und Poststrukturalismus in den internationalen Beziehungen Ashley 1989 und George 1994.

11.2 Diskurs und Diskursanalyse

und Handlungsgewohnheiten bilden einen Erfahrungshintergrund, der das einzelne Individuum übersteigt. Auch das ist häufig gemeint, wenn von „Diskurs" oder „Sprachspielen" die Rede ist. Es geht hier weniger um das einzelne Sprechereignis als um Sprechgewohnheiten, die in einer bestimmten kulturspezifischen Praxis zum Ausdruck kommen. Wichtig ist dabei, dass zwischen dem Gebrauch eines bestimmten Vokabulars sowie bestimmten Denkgewohnheiten und Handlungen nicht scharf zu trennen ist – etwa so als ob das Sprechen dem Denken und/oder Handeln *als zeitlich vorgelagerte Ursache* vorausgehe. Denken, Sprechen und Handeln sollten vielmehr als ineinander verwoben und einander wechselseitig bedingend gedacht werden.

Wenn man dieses Verständnis von Sprache und Diskurs näher betrachtet, wird deutlich, wie sehr unsere Praxis – also all das, was wir glauben, denken, sagen und tun – von einem bestimmten Gebrauch von Sprache geprägt ist und wie wichtig es daher auch ist, Veränderungen im Gebrauch von Sprache zu untersuchen. Mindestens zwei Dimensionen lassen sich hier unterscheiden:

- Sprache als Werkzeug zur Ordnung, Beschreibung und Erklärung von „Welt" *(was ist oder existiert – und warum?)*
- Sprache als Werkzeug zur Formulierung von Wünschen und als Anleitung zu konkretem Handeln (*was dürfen wir hoffen, was sollen wir tun?*)

Der Gebrauch von Sprache ist in keinem der beiden Fälle in einer spezifischen Form zwingend. Er ist auch nicht unveränderlich. Allerdings erweisen sich über Zeit bestimmte Formen des Gebrauchs von Sprache (aber nur selten eine einzige) als überzeugender als andere – und zwar zumeist deshalb, weil sie erfolgreichere Handlungsweisen ermöglichen. Im Blick auf die erste Dimension – Sprache als Werkzeug zur Ordnung, Beschreibung und Erklärung von Welt – stehen so verschiedene Weisen des Gebrauchs von Sprache im Mittelpunkt wie z. B. die Formulierung grundlegender Unterscheidungen, Beschreibungen von Gegebenheiten oder Erklärungen von Ereignissen. Im Fach Internationale Beziehungen hat es sich beispielsweise eingespielt, zwischen mindestens zwei „Ebenen" der internationalen Politik zu unterscheiden: einem „internationalen System" und der Ebene der einzelnen „Staaten" (vgl. Singer 1961). Diese Ebenenunterscheidung ist allerdings alles andere als unstrittig (vgl. Buzan 1995). Nicht wenige Wissenschaftler*innen argumentieren, dass im Blick auf die wichtigen Kausalzusammenhänge der internationalen Politik eine deutlich stärkere Ausdifferenzierung vorgenommen werden müsse und etwa auf der Ebene des Staates nicht nur das politische Herrschaftssystem und die institutionellen Strukturen der außenpolitischen Entscheidungsfindung, sondern auch die Rolle von Individuen einbezogen werden müsse.

Wichtig ist in unserem Zusammenhang, dass mit jeder Entscheidung für eine *spezifische Unterscheidung* weitreichende Folgen für die Beschreibung und Erklärung internationaler bzw. außenpolitischer Ereignisse einhergehen. Ähnliches gilt natürlich bereits für die Begriffswahl: Ob wir beispielsweise von einem *internationalen Staatensystem* oder einer *Weltgesellschaft* sprechen, macht deshalb einen Unterschied, weil mit der jeweiligen Begriffswahl aufgrund eingespielter Redeweisen in bestimmten Diskurskontexten unterschiedliche Konnotationen einhergehen. Mit dem Konzept des internationalen Staatensystems werden in der Fachsprache der Internationalen Beziehungen häufig realistische, mit dem Begriff der Weltgesellschaft eher liberale Ideen verbunden.

Auch in der Analyse deutscher Außenpolitik lässt sich die Bedeutung der Begriffswahl beobachten. So findet sich etwa in realistisch orientierten Analysen häufig der positiv besetzte Begriff der *Großmacht* (oder neuerdings der semantisch verwandte Begriff der *Gestaltungsmacht* bzw. der *Führungsmacht*), während dem Realismus gegenüber eher kritisch eingestellte Autor*innen dem entweder einen positiv besetzten Begriff der *Zivilmacht* oder des *Handelsstaates* oder aber – mit kritischem Unterton – den Begriff der *Militärmacht* entgegenhalten.[2] Wichtig ist bei solchen begrifflichen Unterscheidungen erstens, dass die gewählten Begriffe zwar jeweils denselben Gegenstand beschreiben sollen, sie aber sehr unterschiedliche, teilweise sogar diametral entgegengesetzte Vorstellungen deutscher Außenpolitik entwerfen. Zweitens zeigt das *Spektrum* und die *spezifische Ausformung* der vorgenommenen Unterscheidungen, in welchem Erfahrungshorizont sich der Diskurs über die Außenpolitik Deutschlands in einem sehr viel grundlegenderen Sinne vollzieht. Denn wenn man dieses Begriffsspektrum mit ähnlichen Diskursen in anderen westeuropäischen Staaten vergleicht, sieht man sehr schnell, dass der deutsche Diskurs nur vor dem Hintergrund der spezifisch deutschen Erfahrungen verstanden werden kann. Die recht aufwendige Entwicklung des „Gestaltungsmächtekonzepts" der Bundesregierung ist in diesem Zusammenhang deshalb von besonderem Interesse, weil der gesamte Entstehungsprozess wie auch die „idiomatisch innovative" Wortwahl (Erler 2012, 19024C) offensichtlich den eigenen Anspruch unterstreichen soll, zu der so bezeichneten Gruppe von „Mächten" gerechnet zu werden, naheliegende andere Begriffe (wie z. B. „Großmacht",

---

[2] Vgl. zum Gebrauch des „Großmacht"-Begriffs, Schöllgen 2000 und Gujer 2007; zum Begriff der „Gestaltungsmacht" vgl. Auswärtiges Amt 2012 sowie, bezogen auf Deutschland, Sandschneider 2012; zum Begriff der „Führungsmacht" vgl. Techau und Mangasarian 2017. Hanns Maull, der den Begriff der „Zivilmacht" wesentlich mitgeprägt hat, erachtet ihn auch für die Gegenwart als passend (Maull 1992, 2011, S. 96–101; 2020, S. 61–65). Zum Begriff der „Handelsmacht" vgl. Staack 2000, zum Begriff der „Militärmacht" vgl. Kleinwächter und Krämer 2007.

11.2 Diskurs und Diskursanalyse

„Mittelmacht" oder „Zivilmacht") aus unterschiedlichen Gründen aber als untauglich erschienen und die neue Wortschöpfung gerade jene Freiheiten eröffnete, den neuen Begriff mit solchen Bedeutungen zu belegen, die in einem einander ausschließenden Sinne etwa mit den Begriffen „Großmacht" oder „Zivilmacht" verbunden sind. Drittens lassen sich je nach Begriffspräferenz auch typische *Erklärungsmuster* ausfindig machen, wenn es darum geht, konkrete außenpolitische Entscheidungen oder grundlegendere Tendenzen der deutschen Außenpolitik zu erklären. Realist*innen ziehen etwa zumeist machtpolitische Variablen zur Erklärung heran, während Institutionalist*innen oder Konstruktivist*innen auf institutionelle oder ideelle Faktoren verweisen. Viertens – und bezogen auf die zweite, stärker zukunftsorientierte Dimension des Gebrauchs von Sprache als Werkzeug zur Formulierung von Wünschen und als Anleitung konkreten Handelns – ergeben sich aus unseren grundlegenden Unterscheidungen, Beschreibungen und Erklärungen auch Folgerungen für die Zukunft. Wenn wir die politische Welt als ein von „Großmächten" oder „Gestaltungsmächten" geprägtes internationales Staatensystem betrachten, werden wir andere Dinge für *möglich* und *wünschenswert* erachten als wenn wir sie als eng verflochtenes weltgesellschaftliches System mit einer Vielzahl unterschiedlicher staatlicher und nicht-staatlicher Akteure anschauen. Entsprechend werden sich auch die Handlungsanleitungen unterscheiden.

Zusammenfassend können wir also Folgendes festhalten: Wie wir unsere Beobachtungen begrifflich ordnen und wie wir unsere zentralen Begriffe in der Form von Beschreibungen und Erklärungen, Wünschen und Handlungsanleitungen miteinander verknüpfen, ist abhängig von grundlegenderen Weltbildern. Diese sind nicht unveränderlich, aber sie sind vergleichsweise stabil. Ludwig Wittgenstein hat für die Beschreibung des Verhältnisses zwischen „Weltbild" und eher flüchtigen Erfahrungen und Beschreibungen die Analogie des Verhältnisses zwischen Fluss und Flussbett gewählt (Wittgenstein 1984b, §§ 94–99). Beide bedingen einander. Aber unsere „Weltbilder" *wählen* wir nicht – etwa weil wir uns von ihrer vermeintlichen „Richtigkeit" überzeugt haben. Vielmehr stellen sie den „überkommenen Hintergrund" unserer Überzeugungen dar, auf dessen Grundlage wir zwischen wahr und falsch unterscheiden. Mit anderen Worten: Unsere Weltbilder sind der Dreh- und Angelpunkt eines *ganzen Systems von Überzeugungen* und in diesem Sinne auch „die selbstverständliche Grundlage" aller unserer Forschung bzw. Welterfahrung (Wittgenstein 1984b, § 167, ferner §§ 105, 140–142, 162). Änderungen sind in diesem fest gefügten System zwar möglich, aber wenn sie vorkommen, haben sie im Grunde eher den Charakter einer „Bekehrung" (Wittgenstein 1984b, §§ 92, 612).

Entsprechend müssen unsere Begriffe und Unterscheidungen, Beschreibungen und Erklärungen, Wünsche und Handlungsanleitungen auch und gerade in unserer

Selbstwahrnehmung ein kohärentes Ganzes bilden: Sie müssen *stimmig* sein, sie müssen zueinander passen. Der Philosoph Donald Davidson spricht in diesem Zusammenhang davon, dass unsere Überzeugungen, Wünsche und Absichten in ein „Netz evaluativer Einstellungen und praktischen Wissens verstrickt" sind (Davidson 2006, S. 45), die sich wechselseitig stützen und miteinander ändern. Wer die Welt als von Großmächten geprägtes internationales Staatensystem beschreibt, wird nicht-staatlichen Akteuren keine weitreichende Bedeutung zumessen und wohl kaum auf eine durchgreifende Wirkung internationaler Regelsysteme (etwa in Form der Vereinten Nationen) setzen. Umgekehrt wird derjenige, der die Welt als eng verflochtenes welt-gesellschaftliches System beschreibt, seine Hoffnungen kaum in erster Linie auf die Problemlösungsfähigkeit mächtiger Staaten setzen. Unabhängig davon, ob wir nun aber die Welt mit „realistischen" oder „liberalistischen" Augen betrachten, werden diese Betrachtungen immer sprachlich vermittelt sein. Und da sich die Welt häufig verändert – egal ob wir Prozesse der Veränderungen eher in kleineren oder größeren Zeiträumen fassen – werden sich auch unsere Beschreibungen und daher auch unsere Sprache anpassen müssen. Wie wir über die Welt sprechen und wie sich unsere Sprechgewohnheiten (und daher auch Denk- und Handlungsgewohnheiten) über Zeit verändern, ist deshalb ein wichtiger Indikator sowohl für die Beschreibung (vermeintlich oder tatsächlich) stabiler wie auch sich ändernder Rahmenbedingungen. Auf dieser Annahme basieren die meisten diskursanalytischen Ansätze.

11.2.2 Diskursanalyse als Instrument der Außenpolitikanalyse

Die Feststellung, dass Sprache im Mittelpunkt der Diskursanalyse steht, deutet bereits darauf hin, worin die grundlegenden Gemeinsamkeiten aller diskursanalytischen Ansätze bestehen. Zu diesen Gemeinsamkeiten zählen insbesondere drei Überzeugungen (vgl. Milliken 1999, S. 229 f.):

1. Diskurse sind themenbezogene Arrangements von Deutungen und Bedeutung, die soziale Wirklichkeit erst erzeugen, d. h. die (materielle) Welt erlangt Bedeutung nur durch ihre sprachliche (Re-) Konstruktion durch individuelle und kollektive Akteure.
2. Diskurse haben eine produktive bzw. reproduktive Kraft. Sie prägen Akteure, Gegenstände und Praktiken. Wichtig ist dabei vor allem, dass sie Möglichkeitsräume für konkretes Handeln definieren.

11.2 Diskurs und Diskursanalyse

3. Diskurse sind historisch kontingent, d. h., sie sind einer steten Veränderung unterworfen in der Konfrontation zwischen diskursiv erzeugten Praktiken auf der einen Seite und einer diskursiv nur begrenzt steuerbaren Widerständigkeit der materiellen Welt auf der anderen. Diskurse sind in diesem Sinne immer „offen".

Diese Gemeinsamkeiten heben diskursanalytische Ansätze von anderen bisher diskutierten Ansätzen ab. In unserem Zusammenhang stechen dabei zwei gewichtige Unterschiede hervor, zum einen der Kontrast zu Ansätzen der politischen Kultur, zum anderen der Kontrast zu kognitivistischen Ansätzen. Wie die verschiedenen Ansätze der politischen Kultur betonen auch diskursanalytische Ansätze die Bedeutung umfassender Überzeugungssysteme, die von „konstruktivistischen" Ansätzen unter den Begriffen „Normen" oder „Identitäten" in den Blick genommen werden. Im Kontrast zu diesen sind sie aber weniger auf die Stabilität dieser Überzeugungssysteme fixiert. Im Mittelpunkt steht weder ausschließlich noch in erster Linie die Frage nach der Wirkung vergleichsweise stabiler Überzeugungen auf Verhalten – also die Frage nach einem kausalen Zusammenhang zwischen einer unabhängigen Variable (Überzeugungen) und einer abhängigen Variable (Verhalten). Vielmehr steht der Prozess der diskursiv abzubildenden wechselseitigen (Re-) Produktion von Akteuren und Strukturen im Zentrum. In diesem Unterschied kommt bei den meisten diskursanalytischen Ansätzen auch ein anderes Wissenschaftsverständnis zum Ausdruck, denn ihnen geht es weniger (wie bei den meisten positivistisch inspirierten konstruktivistischen Analysen) darum, die Wirkung einzelner isolierbarer Faktoren, etwa von spezifischen Normen, zu ergründen. Vielmehr geht es darum, den einander bedingenden Zusammenhang zwischen Diskursen und Praktiken zu erforschen. Dies kann zwar durchaus auch die Form kausaler Erklärungen annehmen (vgl. etwa Larsen 1997), aber gerade bei dem unter diskursanalytischen Ansätzen dominierenden so genannten post-positivistischen Wissenschaftsverständnis stößt die Fixierung auf kausale Erklärungen auf große Skepsis (vgl. den Überblick bei Smith 1996).

Ein zweiter wichtiger Unterschied besteht zwischen diskursanalytischen Ansätzen und so genannten kognitivistischen Ansätzen. Auch hier besteht zunächst eine wichtige Gemeinsamkeit darin, dass beide Überzeugungen eine wichtige Bedeutung zumessen. Während jedoch diskursanalytische Ansätze umfassende Bedeutungssysteme im Kontext bestimmter Praktiken in den Mittelpunkt der Analyse rücken, geht es bei kognitivistischen Ansätzen stärker darum, einzelne Überzeugungen oder umfassendere Überzeugungssysteme von Individuen, insbesondere außenpolitischen Entscheidungsträger*innen, und die daraus resultierenden einzelnen Entscheidungen zu untersuchen. Dass diese Individuen immer auch in einen größeren sozialen Kontext eingebettet sind, spielt dabei bestenfalls eine nachgeordnete Rolle. Hinzu kommt, dass Sprache zumeist als ein unproblematisches, weitgehend transparentes Medium erscheint. Entsprechend geht es bei den meisten kognitivistischen Ansätzen auch weniger um die wechselseitigen Zusammenhänge zwischen Überzeugungssystemen auf der einen und Praktiken auf der anderen Seite als um Fragen „rationaler" Verhaltensweisen vor dem Hintergrund angemessener oder unangemessener Wahrnehmungen.[3]

In den bisherigen Ausführungen ging es darum, das gemeinsame Profil diskursanalytischer Ansätze herauszuarbeiten. Die forschungspraktischen Schlussfolgerungen, die in diskursanalytischen Arbeiten auf dieser Basis von Gemeinsamkeiten gezogen werden, unterscheiden sich allerdings deutlich. Sie reichen (a) von eher distanziert-deskriptiven bis zu „kritisch-subversiven", häufig poststrukturalistisch inspirierten Ansätzen; (b) von Ansätzen, die vergleichsweise abstrakte Konzepte wie unterschiedliche Verständnisse von Staatlichkeit in den Mittelpunkt rücken bis zu Ansätzen, die in erster Linie Bedeutungsverschiebungen in zentralen Begrifflichkeiten des politischen Diskurses untersuchen; (c) von eher Vergangenes in den Mittelpunkt rückenden, rekonstruktiven Ansätzen bis zu zukunftsorientierten, stärker szenarien-basierten Ansätzen.[4] Im Folgenden soll es darum gehen, anhand dreier Beispiele aufzuzeigen, wie die Diskursanalyse als Instrument zur Analyse deutscher Außenpolitik bislang eingesetzt wurde.

11.3 Diskursanalyse und deutsche Außenpolitik

11.3.1 Staat, Nation und Europa als identitätsstiftende Konzepte

Zu den wichtigsten und originellsten Politikwissenschaftler*innen, die die Diskursanalyse in den Internationalen Beziehungen fruchtbar gemacht haben, zählt der dänische Politikwissenschaftler Ole Wæver. In verschiedenen Arbeiten hat er sich vor allem damit beschäftigt, wie die Diskursanalyse zur Analyse zweier

---

[3] Vgl. hierzu die Überblicke bei Carlsnaes 2013, S. 301 ff., S. 310 f. und Stein 2016; zur Kritik aus einem diskursanalytischen Blickwinkel vgl. Larsen 1997, S. 3–10; zur Kritik kognitivistischer Ansätze im Allgemeinen vgl. ferner das Themenheft der Zeitschrift „Theory, Culture & Society", 25(2) 2008.

[4] Vgl. hierzu die unterschiedliche Vorgehensweise bei Hellmann 1996; Hellmann et al. 2008; Bach 1999; Wæver 2000; Peters 2001; Baumann 2006, 2011; sowie Berenskötter und Stritzel 2021.

11.3 Diskursanalyse und deutsche Außenpolitik

Aspekte beitragen kann: dem besseren Verständnis grundlegender Tendenzen in der Außenpolitik einzelner Staaten und dem besseren Verständnis von staatenübergreifenden Prozessen und Interaktionen auf der Grundlage einer vergleichenden Betrachtung ähnlich gelagerter Diskurse in mehreren Staaten. Zur Illustration einer solchen Analyse untersuchte er den Diskurs in drei wichtigen Staaten Europas – Deutschland, Frankreich und Russland. Im Mittelpunkt stand dabei die Frage, wie in den jeweiligen nationalen Diskursen die zentralen Konzepte Staat, Nation und Europa, die für Wæver gleichsam die Tiefenstruktur außenpolitischen Handelns darstellen, verstanden werden. Weil sich in diesen Konzepten sowohl das Selbstverständnis wie auch die Zukunftsvorstellungen oder „Visionen" bezüglich Europas spiegeln, ließen sich aus den entsprechenden Antworten nicht nur Schlüsse für die Zukunft der außenpolitischen Grundorientierungen in den drei Staaten selbst, sondern auch im Hinblick darauf ziehen, ob diese Orientierungen miteinander vereinbar sind oder im Widerspruch zueinander stehen.

Im Vergleich zur herkömmlichen Außenpolitikanalyse ist mit einer derartigen Analyse zweierlei gewonnen: Zum einen muss sie sich nicht ständig mit methodischen Konstruktionen behelfen, die rechtfertigen sollen, dass Handlungsmotive dem empirischen Zugriff weitgehend entzogen sind. Da Diskurse per Definition öffentlich sind, ist das „empirische" Material (etwa Stellungnahmen außenpolitischer Entscheidungsträger*innen oder Äußerungen von Intellektuellen oder Außenpolitik-Expert*innen) jederzeit verfügbar. Zum anderen ist damit ein Instrument gewonnen, das es uns ermöglicht, begründete Aussagen über zukünftige Entwicklungstendenzen zu formulieren. Wenn es nämlich richtig ist, dass Diskurse Möglichkeitsräume abstecken und diese zugleich argumentativ im Sinne von Machbarkeitsszenarien entscheidungsvorbereitend strukturieren, dann ist damit ein Faktor identifiziert, der nicht nur wichtig und unmittelbar zugänglich ist, sondern auch Aufschluss darüber gibt, wenn sich außenpolitische Veränderungen anbahnen bzw. welche außenpolitischen Optionen dann eher naheliegend und welche mit hoher Sicherheit auszuschließen sind (vgl. Wæver 1994, S. 254 f.).

Im Blick auf das jeweilige Verständnis der Konzepte Staat, Nation und Europa konstatierte Wæver für Deutschland ein hohes Maß an wechselseitiger Kompatibilität (vgl. zum folgenden Wæver 1990, 2003). Während in Frankreich Staat und Nation eine Einheit bildeten, seien beide in Deutschland zumeist als getrennte Gebilde gedacht worden: auf der einen Seite die „romantische Nation" als Kultur- und Sprachgemeinschaft, die gleichsam jenseits des Staates bestand; auf der anderen Seite der Staat als über den Individuen und der Nation stehende abstrakte Verkörperung der Macht. Gerade die unheilvolle Verknüpfung beider in der Terrorherrschaft des Dritten Reiches machte jedoch nach 1945 eine Öffnung hin auf Europa möglich, die Frankreich in dieser Form aufgrund der in hohem Maße positiven Belegung einer identitätsstiftenden Staatsnation versperrt war. Deutschland „floh" gleichsam nach Europa, weil die Nation des Holocaust in ihrer Verknüpfung mit der Machtstaatstradition des Kaiserreiches und des Dritten Reiches keine positive Identifikation bot. Das Projekt der europäischen Integration war insofern nichts anderes als ein Vehikel der deutschen Resozialisierung *und* des machtpolitischen Aufstiegs, das sowohl gegen die Übel des Nationalismus wie auch gegen die deutsche Machtstaatstradition eingesetzt werden konnte. Ganz im Einklang mit der deutschen Traditionslinie föderaler politischer Organisation bot es aber auch ein Maximum an Einflussmöglichkeiten, ohne gleichzeitig die Gefahren heraufzubeschwören, die mit den Tendenzen der Macht- und Gegenmachtbildung in klassischen Großmächtekonstellationen einhergingen. Mit der deutschen Vereinigung, der sich anschließenden Vertiefung der europäischen Integration durch den Vertrag von Maastricht und der Öffnung europäischer Institutionen für unterschiedliche Formen der Ein- und Anbindung mittel- und osteuropäischer Staaten hatte Deutschland ein französisches und russisches Europa zugleich befördert – ein Europa, das letzten Endes aber auch deshalb sehr „deutsch" war, weil es deutschen Interessen der politischen und ökonomischen Ausdehnung nach Osten bei gleichzeitiger Vertiefung bestehender Strukturen des Regierens im Kontext der EU weitgehend entsprach. Da sich Europa für die Deutschen als ein politisches Erfolgsrezept erwiesen hatte, bestand aufgrund der sich wechselseitig verstärkenden negativen Assoziation mit den Konzepten Nation und Staat auf der einen und der positiven Konnotationen Europas auf der anderen Seite auch nach der deutschen Vereinigung 1990 eine hohe Wahrscheinlichkeit, dass die deutsche Politik den Integrationskurs fortsetzen würde. Jedenfalls hätte es tiefgreifender Veränderungen im gewachsenen Verständnis von Staat und Nation bedurft, um eine Rückkehr zu deutschen Machtstaatstraditionen oder einer starken Aufwertung der Nation (etwa vergleichbar zu Frankreich) zu rechtfertigen.

Dafür gab es aber in der Zeit der Regierung Kohl noch keine größere Unterstützung. Allerdings sind seit den späten 1990er Jahren vermehrt Stimmen zu hören gewesen, die eine „Normalisierung" sowohl des Umgangs mit der deutschen Geschichte wie auch mit deutscher Macht forderten. So argumentierte etwa der Berliner Historiker Arnulf Baring, dass das vereinigte Deutschland „eine aufgeschlossene Grundeinstellung" zu seiner eigenen, weit über Auschwitz hinausreichenden Geschichte entwickeln und dabei auch bereit sein müsse, an geschichtliche „Mythen" anzuknüpfen, die es ihm erlauben, heute als Nation „Großes" zu vollbringen (Baring 1999, S. 12 f.). Ähnlich forderte Egon Bahr, von der, wie er schrieb, „Machtentwöhnung" der Bonner Republik Abschied zu nehmen und ein „natürliches Machtbewusstsein einer Nation (zu) entwickeln, die stolz und ohne Überheblichkeit ihre Interessen vertritt, ihre Grenzen kennt und ihre Möglichkeiten

11.3 Diskursanalyse und deutsche Außenpolitik

ausschöpft" (Bahr 1999, S. 45). Auch Bundeskanzler Schröder hatte sich diese Sichtweise in seiner Amtszeit schon früh zu eigen gemacht und sowohl die „Normalität" „nationaler Interessen" hervorgehoben wie auch davor gewarnt, bei der Verfolgung dieser Interessen „leisetreterisch" zu sein. Dies sei „noch nie angetan" gewesen „Respekt auch bei den Partnern zu finden". Aus diesem Grund würden die Deutschen, „wenn wir das betonen, was in unserem eigenen Interesse liegt, (…) zugleich etwas für Europa" tun (Schröder 2002).

Die hier durchscheinende Differenzierung zwischen Deutschland als „normaler Nation" auf der einen Seite und „Europa" auf der anderen hat in den beiden letzten Jahrzehnten an Bedeutung gewonnen und unter anderem in der machtvollen Durchsetzung deutscher Interessen durch die Bundesregierung von Angela Merkel im Zuge der Staatsschuldenkrise 2010/2011 einen gewissen Höhepunkt erreicht (Hellmann 2011). Manche Beobachter*innen, wie etwa Jürgen Habermas, beschrieben Deutschland sogar als einen „selbstbezogenen Koloss in der Mitte Europas", der keinerlei europäische Gestaltungskraft mehr entfalte und sich insbesondere durch eine „um sich selbst kreisende und normativ anspruchslose Mentalität" auszeichne. Zwar reichten die tieferen Wurzeln dieser Veränderungen in die Zeit unmittelbar nach der Wiedervereinigung zurück, „wichtiger" aber sei „der Bruch der Mentalitäten, der nach Helmut Kohl eingetreten ist" (Habermas 2010). Für Wæver sind diese Entwicklungen allerdings nicht völlig überraschend, denn nach wie vor wird von der politischen Klasse die wechselseitige Verschränkung europäischer und nationaler Prozesse betont. Besonders pointiert hat es etwa Bundespräsident Frank-Walter Steinmeier in einer Rede bei der Münchner Sicherheitskonferenz 2020 formuliert als er sagte, dass „Europa (…) für Deutschland eben nicht nur ‚nice to have'" sei, sondern „unser stärkstes, unser elementarstes nationales Interesse" (Steinmeier 2020).

Zweitens zeigt sein diskursanalytischer Zugriff durch die Verknüpfung der Diskurse insbesondere in Deutschland und Frankreich, wie sehr hier zukünftige Entwicklungen von Wechselwirkungen abhängen. So argumentierte Wæver bereits im Jahr 2000, dass – aus einer gesamteuropäischen Perspektive betrachtet – das klassische „deutsche Problem" durch ein „französisches Problem" verdrängt wurde (vgl. auch Wæver 2000, S. 271–275). Der Erfolg einer dauerhaften gesamteuropäischen Stabilisierung mithilfe der EU, so Wæver, könnte an französischen Widerständen scheitern, die teilweise mit der Pariser Fixierung auf die gewachsene deutsche Macht zusammenhängen, teilweise aber auch dadurch hervorgerufen werden, dass in Frankreich seit den frühen 1990er Jahren (d. h. seit der deutschen Vereinigung und der innerfranzösischen Debatte über den Vertrag von Maastricht) die grundlegenden Überzeugungen über das Verhältnis von Staat, Nation und Europa wachsenden Spannungen ausgesetzt sind. Die hervorstechende Rolle, die das ökonomisch scheinbar erfolgreiche „deutsche Modell", aber auch die zunehmende machtpolitische Dominanz Deutschlands in der EU in den vergangenen französischen Präsidentschaftswahlkämpfen spielten, sind ein Beleg für die Tragfähigkeit dieser Analyse (Demesmay 2021, S. 501–505).

11.3.2 Außenpolitische Denkschulen und Gesamtkonzepte

Im Kontrast zu den Arbeiten Wævers habe ich mich in meinen frühen diskursanalytischen Arbeiten stärker auf vorherrschende Deutungsmuster und Argumente über die zentralen strategischen Fragen im außenpolitischen Diskurs Deutschlands konzentriert. Während Wæver an der Tiefenstruktur nationaler Identitäten ansetzte und auf dieser Grundlage gewisse Handlungskorridore für zukünftige deutsche Außenpolitik identifizierte, lag mein Schwerpunkt eher auf dem außenpolitischen Diskurs als einer an konkreten außenpolitischen Problemstellungen orientierten Debatte. In einer Untersuchung dieser Debatten in Deutschland in der ersten Hälfte der 1990er Jahre stand dabei z. B. die Frage im Mittelpunkt, wie fünf unterschiedliche außenpolitische Denkschulen, die als „pragmatische Multilateralisten", „Integrationisten", „Euroskeptiker", „Internationalisten" und „Normalisierungsnationalisten" bezeichnet wurden, die herausragenden Probleme definierten, mit denen sich deutsche Außenpolitik nach der Vereinigung konfrontiert sah und welche Lösungen sie anboten (vgl. Hellmann 1996, 1999). Anhand der Analyse divergierender Beschreibungen der zentralen Herausforderungen und Probleme deutscher Außenpolitik sowie unterschiedlicher Lösungsangebote zur Bewältigung dieser Probleme ließ sich nicht nur zeigen, wie im außenpolitischen Diskurs der Möglichkeitshorizont deutscher Außenpolitik umschrieben wurde, sondern auch, wo die wichtigsten Konfliktlinien verliefen. Dabei zeigte sich erstens, dass sich aus der Perspektive aller Denkschulen der Handlungsspielraum deutscher Außenpolitik nach der Vereinigung merklich vergrößert hatte. Zwar wurden die neuen Gestaltungsmöglichkeiten deutscher Außenpolitik unterschiedlich bezeichnet (als „gewachsene Verantwortung" etwa von pragmatischen Multilateralist*innen oder als „größere Macht" von realistisch inspirierten Euroskeptiker*innen) und auch unterschiedlich bewertet (eher als Chance etwa von pragmatischen Multilateralist*innen, eher als Risiko von Internationalist*innen), in der Analyse, dass es diese Veränderungen gegeben hatte und dass die neuen Gestaltungsmöglichkeiten auch genutzt werden sollten, stimmten allerdings die meisten weitgehend überein. Verändert hatte sich im Vergleich zur Zeit vor 1990 zweitens, dass alle Denkschulen die Stabilisierung Osteuropas zu einer der wichtigsten neuen außenpolitischen Aufgaben erklärten, einer Aufgabenstellung, die gerade im Lichte des

11.3 Diskursanalyse und deutsche Außenpolitik

russischen Angriffskrieges gegen die Ukraine neue Aktualität gewonnen hat. Genau welcher Stellenwert dieser neuen Aufgabe im Gesamtkontext deutscher Außenpolitik insgesamt zugewiesen wurde und wie sie bewältigt werden sollte, wurde allerdings unterschiedlich bewertet. Euroskeptiker*innen und Normalisierungsnationalist*innen sahen in dieser Beschreibung nicht nur größeren Handlungsbedarf, sondern auch größeres Konfliktpotenzial im Hinblick auf die westlichen Verbündeten als die anderen drei Denkschulen. Drittens schließlich zeigte sich, dass die europäische Integration noch mehr als früher als das zentrale Projekt deutscher Außenpolitik angesehen wurde, im Unterschied zu früher aber auch viel umstrittener war als jemals zuvor.

Wichtiger als diese Veränderungen war allerdings, dass das Spektrum außenpolitischer Wahlmöglichkeiten weiterhin als ausgesprochen begrenzt wahrgenommen wurde und dass die Einschätzungen der Wünschbarkeit und Realisierbarkeit außenpolitischer Zielvorstellungen eine Abkehr von den Grundorientierungen der Westbindung und des Multilateralismus als höchst unwahrscheinlich erscheinen ließen. In einem zweiten Schritt wurden daher die konkurrierenden Situationsbeschreibungen und Lösungsangebote mit fünf außenpolitischen Gesamtkonzepten (oder „grand strategies") in Verbindung gebracht, um dadurch ein genaueres Bild über mögliche zukünftige Entwicklungstendenzen deutscher Außenpolitik zu zeichnen. Dabei wurde zwischen fünf Konzepten unterschieden:

1. Weltmacht – die Vorstellung, dass das vereinigte Deutschland nach einer Weltmachtrolle streben und damit seine traditionelle Rolle einer Handelsmacht ablegen würde.
2. Erweiterter Westen – die Vorstellung, dass Deutschland in erster Linie darauf setzen würde, die beiden für seine eigene Sicherheit und Wohlfahrt entscheidenden westlichen Institutionen, die Europäische Union und die NATO, in enger multilateraler Abstimmung mit seinen westlichen Partnern nach Osten auszudehnen.
3. Karolingisches Europa – die Vorstellung, dass die sechs Gründungsmitglieder der heutigen Europäischen Union stärker ins Zentrum deutscher Außenpolitik rücken würden und Deutschland ein vorrangiges Interesse an einer noch engeren Verbindung mit diesem „Kerneuropa" habe.
4. Gesamteuropa – die Vorstellung, dass die Schaffung gesamteuropäischer, möglichst weitgehend integrierter Strukturen unter Einbeziehung Russlands Priorität genießen müsse und deshalb weder exklusiv „westliche", noch „kerneuropäische" Ziele ins Zentrum einer stärkeren institutionellen Verflechtung in Europa gerückt werden dürften.

5. Mitteleuropa – die Vorstellung, dass Deutschland seinem Interesse an einer Stabilisierung seines unmittelbaren östlichen Umfelds Priorität einräumen und dafür auch Konflikte mit wichtigen westlichen Partnern nicht scheuen, d. h. notfalls auch unilateral vorgehen sollte.

Die Bewertung dieser fünf Gesamtkonzepte aus dem Blickwinkel der fünf Denkschulen ergab sodann ein viel klareres Bild, welche Optionen im außenpolitischen Diskurs Mitte der 1990er Jahre (a) für wünschenswert oder nicht wünschenswert sowie (b) für wahrscheinlich (im Sinne ihrer Realisierbarkeit) oder unwahrscheinlich erachtet wurden (vgl. Abb. 11.1.).

Legende:
„–" = unerwünscht
„+" = erwünscht
„(?)" = (sehr) unwahrscheinlich (im Sinne von „undurchführbar")
„– –" = sehr unerwünscht
„++" = sehr erwünscht

„Grand Strategy" Denkschule	Weltmacht	Erweiterter Westen	Karolingisches Europa	Gesamteuropa	Mitteleuropa
Pragmatische Multilateralisten	-- (??)	++	+	+/-	-- (?)
Integrationisten	-- (??)	+	++	+/-	-- (?)
Euroskeptiker	-- (??)	++	- (?)	-	+/-
Internationalisten	-- (??)	+	+/-	++	-- (?)
Normalisierungsnationalisten	-	+/-	-- (??)	- (?)	+

Abb. 11.1 Außenpolitische Denkschulen und „Grand Strategies". (Quelle: Eigene Darstellung)

11.3 Diskursanalyse und deutsche Außenpolitik

Deutlich wurde dabei erstens, dass die Konzepte Mitteleuropa und mehr noch, Weltmacht von fast allen Denkschulen nicht nur für unerwünscht, sondern auch für unrealisierbar gehalten wurden und sich insofern das Spektrum der Optionen, die realisierbar bzw. wünschenswert erscheinen, auf die Konzepte erweiterter Westen, karolingisches Europa und Gesamteuropa reduzierte. In diesen drei Konzepten kam der fortgesetzten multilateralen Ausrichtung deutscher Außenpolitik eine herausragende Rolle zu. Unterschiede ergaben sich lediglich dahingehend, auf welche Regionen und auf welche Kooperationspartner Deutschland seine Energien konzentrieren und wie weit seine Integrationsbereitschaft reichen sollte. Abb. 11.1. verdeutlicht zweitens, dass alle Denkschulen das Konzept des erweiterten Westens zumindest als zweitbeste Lösung unterstützten. Daraus folgte, dass dieses Konzept nicht zuletzt deshalb auch mittelfristig am ehesten konsensfähig schien, weil die beiden realistischsten Alternativen – karolingisches Europa und Gesamteuropa – nicht nur weniger praktikabel erschienen, sondern auch innergesellschaftlich stärker umstritten waren. Drittens verdeutlicht das Schaubild, dass die Frage nach der Zukunft der europäischen Integration zum damaligen Zeitpunkt die stärkste Polarisierung in einer außenpolitischen Grundsatzfrage erzeugte.

Betrachtet man vor dem Hintergrund dieser Projektion im Rückblick die Entwicklung der deutschen Außenpolitik bis Mitte 2023, so erscheint die damalige Projektion zumindest als angemessene Beschreibung von Möglichkeitshorizonten und wahrscheinlichen Entwicklungspfaden. Weder das Konzept Weltmacht noch das Konzept Mitteleuropa haben in der deutschen Außenpolitik nachweisbare Wirkung entfaltet. Mit gewissen Abstrichen gilt dies auch für die Konzepte karolingisches Europa und Gesamteuropa. Im Kontrast dazu haben die handlungsleitenden Überlegungen des Konzeptes erweiterter Westen nicht nur die Politik der Bundesregierung von Helmut Kohl, sondern auch seiner Nachfolger Schröder, Merkel und Scholz wesentlich geprägt. Da die Verbündeten und Partner Deutschlands diese Politik weitgehend stützten, konnte in der zweiten Hälfte der 1990er Jahre bzw. im Mai 2004 nicht nur die NATO, sondern auch die Europäische Union erweitert werden. Damit nahm man aus der Rückschau des Jahres 2023 allerdings auch in Kauf, dass Russland sich nicht nur zunehmend ausgeschlossen, sondern auch bedroht sah.

Auch das konstatierte zentrale Spannungsverhältnis zwischen Integrationist*innen und Euroskeptiker*innen enthielt eine gewisse prognostische Kraft. Denn im Laufe der ersten beiden Jahrzehnte nach der Jahrtausendwende schälte sich graduell im Kernbereich des außenpolitischen Diskurses eine Neubeschreibung des Verhältnisses zur Europäischen Union heraus, die, wenn man sie im Jahr 2023 auf den Punkt bringen wollte, vielleicht am besten mit dem Begriff einer „Unionisten"-Denkschule zu beschreiben wäre. Gemeint ist damit die Herausbildung einer von vielen Deutschen geteilten Überzeugung, die einen Mittelweg zwischen der auf Supranationalität ausgerichteten integrationistischen und der auf Intergouvernementalität ausgerichteten euroskeptischen Denkschule darstellt. Demzufolge ist weder ein europäischer Bundesstaat („Vereinigte Staaten von Europa") der visionäre Fluchtpunkt außenpolitischen Handelns noch ein „Europa der Vaterländer", wie es dem früheren französischen Präsidenten de Gaulle vorschwebte. Vielmehr sollte eine Union weiterentwickelt werden, die mit eigenständigen Institutionen ausgestattet ist, den Mitgliedsstaaten aber ein zumindest gleichwertiges Mitgestaltungsrecht einräumt.[5] Die diskursanalytische Erfassung konkurrierender Problembeschreibungen und Lösungsvorschläge sowie ihre Verknüpfung mit gängigen außenpolitischen Gesamtstrategien bedarf insofern natürlich der Fortschreibung, wenn man neue Entwicklungen angemessen erfassen will. Selbst in der Rückschau von dreißig Jahren erweist sich jedoch ein solcher Zugriff als fruchtbar, weil nicht nur alternative Entwicklungswege zukünftiger deutscher Außenpolitik skizziert werden konnten, sondern diese sich auch im Hinblick auf Wahrscheinlichkeiten ihrer Realisierung alles in allem als vergleichsweise aussagekräftig erwiesen haben. Im Vergleich zu den Arbeiten Wævers ist dabei vor allem hervorzuheben, dass sich die Ergebnisse trotz unterschiedlicher Ansatzpunkte im Wesentlichen ergänzen und gegenseitig stützen.

11.3.3 Alte Begriffe, neue Bedeutung: Diskursanalyse und deutscher Multilateralismus

Ein drittes Beispiel der Anwendung der Diskursanalyse ist eine Untersuchung von Rainer Baumann (2002) über den Bedeutungswandel des „Multilateralismus"-Konzeptes im außenpolitischen Diskurs Deutschlands, der bis in die Gegenwart (Mitte 2023) anhält. Ausgangspunkt seiner Analyse war die Behauptung, dass gängige konstruktivistische Ansätze mit ihrer Fixierung auf ideelle Makrophänomene wie nationale Identität die Wirkungsmacht gradueller Veränderungen unterschätzten. Gerade die Analyse der Reproduktion von Akteuren und Strukturen via Sprache sei aber ein probates Mittel, um eher kleinteilige Veränderungen aufzuspüren. Im Kontext des außenpolitischen Diskurses Deutschlands in den 1990er Jahren eignete sich das Konzept des Multilateralismus zur Illustration nicht

---

[5] Die beste Umschreibung dieser Sichtweise findet sich einer programmatischen Rede von Bundeskanzlerin Angela Merkel, die sie im November 2010 in Brügge gehalten hat (Merkel 2010): „Abgestimmtes solidarisches Handeln – jeder in seiner Zuständigkeit, alle für das gleiche Ziel. Das ist für mich die neue ‚Unionsmethode'"; vgl. auch Schramm und Wessels 2022, S. 4–7.

11.3 Diskursanalyse und deutsche Außenpolitik

zuletzt deshalb, weil der fortgesetzte und immer an zentralen Stellen des Diskurses auftauchende Begriff auf den ersten Blick als Zeichen der Kontinuität deutscher Außenpolitik gewertet wird. Bei näherem Hinsehen zeigte sich allerdings, dass sich die Bedeutung des Konzeptes insofern bereits in den 1990er Jahren gewandelt hatte, als häufig andere Begründungen für die multilaterale Ausrichtung deutscher Außenpolitik angeführt werden als noch vor der deutschen Vereinigung (vgl. auch Baumann 2006, 2011).

Schon in seiner frühen Studie kam Baumann zu diesem Schluss aufgrund eines systematischen, mit Hilfe der qualitativen Inhaltsanalyse durchgeführten Vergleichs von insgesamt 47 prominenten außenpolitischen Reden aus den Jahren 1988/89 (25 Reden) und zehn Jahre später, 1998/99 (22 Reden). Die Analyse dieser Reden zeigte, dass in beiden Phasen drei Arten von Begründungsmustern für eine Orientierung an einer multilateralen Außenpolitik vorherrschten: (a) eine normbasierte Begründung, die darauf verweist, dass Multilateralismus aus prinzipiellen Erwägungen notwendig sei sowie zwei eher instrumentelle Begründungsmuster, die Multilateralismus entweder (b) als ein Mittel zur Maximierung deutschen Einflusses in internationalen Institutionen oder aber (c) als Mittel zur Vertrauensbildung gegenüber verbliebenen Restängsten vor deutscher Dominanz anführten. Interessant war nun, dass im Kontrast der beiden Perioden eine auffällige Verschiebung zu beobachten war. Zwar spielte das Konzept des Multilateralismus, wie in der Forschung weitgehend übereinstimmend postuliert wird, in einer durchweg positiven Konnotation in beiden Phasen eine zentrale Rolle in der Beschreibung deutscher Außenpolitik. Im Vergleich zur Zeit vor der Vereinigung, in der normbasierte Begründungen (a) eindeutig dominierten, war jedoch Ende der 1990er Jahre eine Verschiebung hin zu stärker einflussmaximierenden Begründungen (b) festzustellen. Dieser Befund wurde durch eine zweite Beobachtung noch erhärtet, denn eine andere Redeweise bzw. eine bemerkenswerte Bedeutungsverschiebung war auch bei zwei weiteren Konzepten zu beobachten, die häufig im Zusammenhang mit dem Konzept des Multilateralismus verwandt wurden. Der Begriff des „Interesses" oder des „nationalen Interesses" etwa tauchte im außenpolitischen Diskurs vor der Vereinigung nahezu gar nicht auf, spielte in der zweiten Hälfte der 1990er Jahre allerdings eine zunehmend wichtige Rolle. Noch wichtiger war die Beobachtung, wie sich die Bedeutung des Begriffs „Verantwortung" verändert hatte. Vor der Vereinigung bestand die vorherrschende Verwendungsweise vor allem darin, dass sich eine besondere deutsche Verantwortung vor dem Hintergrund der deutschen Geschichte ergebe und diese Verantwortung darauf gerichtet sein müsse, sich für die Überwindung der Teilung in Europa oder ganz allgemein für Frieden und Freiheit einzusetzen. Zwei Beispiele aus Reden von Hans-Dietrich Genscher zeigen dies:

„Der gemeinsamen Verantwortung für den Frieden stellen sich die Deutschen in beiden deutschen Staaten. (...) Von deutschem Boden darf nie wieder Krieg, sondern soll nurmehr Frieden ausgehen. Diese Verantwortungsgemeinschaft aller Deutschen dient allen Europäern." (Genscher 1988b, S. 723)

„Deutsches Schicksal war immer auch europäisches Schicksal. Hier wird der Kern unserer europäischen Bestimmung deutlich, und damit auch das Ausmaß unserer Verantwortung. Ich sage Verantwortung – nicht Macht." (Genscher 1988a, S. 1132)

Eine zweite Bedeutung des Begriffes, die auf eine gewachsene deutsche (Mit-) Verantwortung in der internationalen Politik aufgrund eines „gewachsenen Gewichts" verwies, kam demgegenüber vor 1990 nur am Rande vor. Zehn Jahre später hatte sich die Gewichtung geradezu umgekehrt. Die Verknüpfung zwischen Verantwortung und größerer Macht war zum gängigen Sprachspiel avanciert. Mehr noch, die Forderung, „mehr Verantwortung zu übernehmen", bedeutete nicht mehr, dass Deutschland sich in erster Linie als „Friedensmacht" definierte. Vielmehr lief sie nunmehr darauf hinaus, dass Deutschland sich stärker militärisch engagieren müsse (Scharping 1999, S. 584), eine Verschiebung, die sogar so weit ging, dass der damalige Außenminister Steinmeier 2014 mahnte, dass „Verantwortung" zu oft „auf militärisches Engagement verkürzt" werde und man „dieser Fehlwahrnehmung (...) unbedingt entgegentreten und klar machen" müsse, was mit „Verantwortung in der Außenpolitik" gemeint sei (Steinmeier 2014).

Während also Genscher Verantwortungspolitik von jener Machtpolitik alten Stils absetzen wollte, die Deutschland und Europa nur ins Verderben gestürzt hatte, wurde die Politik der militärischen Zurückhaltung im beginnenden 21. Jahrhundert zunehmend als vergleichsweise wenig verantwortliche Politik bewertet. Die inhaltliche Füllung des Verantwortungsbegriffs wurde sogar in ihr Gegenteil gekehrt: „Verantwortung zu übernehmen" war nicht mehr Synonym der militärischen Enthaltsamkeit, sondern gleichbedeutend mit der Forderung, dass Deutschland Einfluss ausüben und sich deshalb auch vollgültig als Bündnispartner an militärischen Einsätzen beteiligen müsse (vgl. hierzu auch Baumann und Hellmann 2001, S. 71 f.).

Baumanns Analyse konnte damit nachweisen, dass es im außenpolitischen Diskurs, wie er sich in den Reden der primär verantwortlichen außenpolitischen Entscheidungsträger*innen über die multilaterale Ausrichtung deutscher Außenpolitik abbildete, Verschiebungen gegeben hatte, die in den meisten Forschungsarbeiten unberücksichtigt oder sogar unbemerkt geblieben waren. Unter der Oberfläche einer scheinbaren Kontinuität deutscher Außenpolitik hatte sich eine bedeutsame Veränderung vollzogen, die mit Hilfe eines diskursanalytischen Zugriffs detailliert nachgezeichnet und belegt werden konnte. Zudem ergaben sich auch hier Schlussfolgerungen hinsichtlich der zukünftigen Orientierung deutscher Außenpolitik, denn die Abkehr von einem prinzipienorientierten Multilateralismus hin zu einem eher instrumentellen Verständnis ließ den Multilateralismus als Grundorientierung deutscher Außenpolitik weit weniger stabil erscheinen:

> „Es ist nur ein kleiner Schritt von der Aussage ‚Wir unterstützen Deutschlands multilaterale Einbindung, weil dies unseren nationalen Interessen dient' hin zu der Aussage ‚wir unterstützen Deutschlands multilaterale Einbindung, wenn dies unseren nationalen Interessen dient.'" (Baumann 2002, S. 25, eigene Übersetzung)

Mit anderen Worten: Im Kontrast zu früheren stärker normbasierten Begründungen des Multilateralismus erwies sich das Fundament der darauf aufbauenden außenpolitischen Praxis als weit weniger stabil. Deshalb ließ sich auch der Weg zu einer anders gearteten Praxis deutlich leichter beschreiben. Auch wenn Baumann daher von der Vorgehensweise und den Untersuchungsgegenständen ganz andere diskursanalytische Akzente setzt als Wæver oder Hellmann, kommt er doch wie diese zu einer fundierten Einschätzung möglicher zukünftiger Entwicklungstendenzen, die sich auch im Rückblick als ausgesprochen weitsichtig erwies (vgl. auch Maull 2020). Bestes Beispiel ist Deutschlands gemeinsame Enthaltung mit Russland und China bei der Entscheidung des UN-Sicherheitsrats im Frühjahr 2011, in Libyen zugunsten von Gaddafis Gegnern zu intervenieren. Bundeskanzlerin Merkel begründete diese, von zahlreichen Kritikern als Absage an die Verbündeten in EU und NATO gebrandmarkte Entscheidung nicht zuletzt damit, dass in Libyen (etwa im Vergleich zu Afghanistan) übergeordnete nationale Interessen nicht auf dem Spiel standen: „Man kann mit Fug und Recht sagen, dass in Afghanistan auch unsere Sicherheit verteidigt wird. Für ein Eingreifen in Libyen fehlt diese Begründung" (Merkel 2011).

11.4 Schluss

Diese drei Beispiele diskursanalytischer Arbeiten zeigen, wie unterschiedlich dieses Instrumentarium in der Außenpolitikanalyse eingesetzt werden kann – von der Analyse grundlegender, die Identität einer Nation umschreibenden Konzepte wie etwa Staat, Nation und Europa über die Untersuchung handlungsleitender außenpolitischer Problembeschreibungen und Lösungsansätze bis zur detaillierten Analyse des Bedeutungsgehaltes zentraler außenpolitischer Konzepte. Auch wenn diese Arbeiten jeweils unterschiedlich ansetzen, gibt es doch einige Gemeinsamkeiten, die sie von den zuvor behandelten Zugriffen auf die Analyse deutscher Außenpolitik unterscheiden. Im Mittelpunkt stehen erstens „Texte" (in einem breiten Sinne), die uns Aufschluss über handlungsleitende Überzeugungen individueller oder kollektiv vorgestellter Akteure geben. Dahinter steht, zweitens, die Annahme sämtlicher diskursanalytischer Ansätze, dass eine Trennung zwischen Sprache/Diskurs auf der einen Seite und außenpolitischem Handeln auf der anderen Seite nicht tragfähig ist. Zwar wäre es irreführend, jegliches außenpolitische Handeln auf die Stufe eines „Sprechaktes" zu reduzieren, aber die Zuweisung von Bedeutung zu einer bestimmten Handlungsweise geschieht selbst dann in der Form von „Texten" (als Protokollen sozialen Handelns), wenn wir außenpolitische Praktiken, wie z. B. den Abschuss einer Rakete oder die Umarmung zweier bislang verfeindeter Staatschefs beobachten. Die in allen diskursanalytischen Ansätzen unterstellte enge Verknüpfung zwischen Sprache und Denken einerseits und Handeln andererseits eröffnet daher nicht nur Einblicke in die Überzeugungssysteme außenpolitischer Entscheidungsträger*innen, sondern ermöglicht auch Einschätzungen über die Praxis der Außenpolitik eines Staates, die Ansätzen, die entweder auf der Mikroebene außenpolitischer Entscheidungen oder aber auf der Makroebene stabiler außenpolitischer Kultur ansetzen, verwehrt sind.

Literatur

Ashley, R. K. (1989). Living on Borderlines: Man, Poststructuralism, and War. In J. Der Derian, & M. Shapiro (Hrsg.), *International/Intertextual Relations: Postmodern Readings in World Politics* (S. 259–322). Lexington Books

Auswärtiges Amt (2012). *Globalisierung gestalten – Partnerschaften ausbauen – Verantwortung teilen: Konzept der Bundesregierung.* Erhalten am 14. März 2012, unter http://www.auswaertiges-amt.de/cae/servlet/contentblob/608384/publication-File/165762/Gestaltungsmaechtekonzept.pdf

Bach, J. P. G. (1999). *Between Sovereignty and Integration: German Foreign Policy and National Identity after 1989.* LIT Verlag

Bahr, E. (1999). Die „Normalisierung" der deutschen Außenpolitik: Mündige Partnerschaft statt bequemer Vormundschaft. *Internationale Politik*, 1/1999, 41–53

Baring, A. (1999). Die Berliner Republik: Erwartungen und Herausforderung. *Aus Politik und Zeitgeschichte*, B32-33, 9–15

Baumann, R. (2002). The Transformation of German Multilateralism: Changes in the Foreign-Policy Discourse since Unification. *German Politics and Society*, 20(4), 1–26

Baumann, R. (2006). *Der Wandel des deutschen Multilateralismus: Eine diskursanalytische Untersuchung deutscher Außenpolitik* (Schriftenreihe Internationale Beziehungen, Band 4). Nomos

Baumann, R. (2011). Multilateralismus: Die Wandlungen eines vermeintlichen Kontinuitätselements der deutschen Außenpolitik. In T. Jäger, A. Höse, & K. Oppermann (Hrsg.), *Deutsche Außenpolitik* (2. Aufl., S. 468–487). Verlag für Sozialwissenschaften

Literatur

Baumann, R., & Hellmann, G. (2001). Germany and the Use of Military Force: "Total War", the "Culture of Restraint", and the Quest for Normality. *German Politics*, 10(1), 61–82

Berenskötter, F., & Stritzel, H. (2021). Welche Macht darf es denn sein? Tracing 'Power' in German Foreign Policy Discourse. *German Politics*, 30(1), 31–50

Buzan, B. (1995). The Level of Analysis Problem in International Relations Reconsidered. In K. Booth, & S. Smith (Hrsg.), *International Relations Theory Today* (S. 198–216). Pennsylvania State University Press

Carlsnaes, W. (2013). Foreign Policy. In W. Carlsnaes, T. Risse, & B. A. Simmons (Hrsg.), *Handbook of International Relations* (2. Aufl., S. 298–325). SAGE

Davidson, D. (2006). *Probleme der Rationalität*. Suhrkamp

Demesmay, C. (2021). Deutschland als Projektionsfläche: Wahrnehmung der deutschen Europapolitik aus französischer Perspektive. In K. Böttger, & M. Jopp (Hrsg.), *Handbuch zur deutschen Europapolitik* (S. 495–510). Nomos

Erler, G. (2012). Redebeitrag zum Tagesordnungspunkt „Beratung der Unterrichtung durch die Bundesregierung: ‚Globalisierung gestalten – Partnerschaften ausbauen – Verantwortung teilen'". Deutscher Bundestag. Erhalten am 14. März 2012, unter http://dipbt.bundestag.de/dip21/btp/17/17159.pdf

Genscher, H.-D. (1988a). „Europäische Friedensverantwortung der Deutschen" (Rede aus Anlass der „Gerold-von-Braunmühl-Memorial-Lecture" in der School of Advanced International Studies). *Bulletin der Bundesregierung*, 124, 1131–1135

Genscher, H.-D. (1988b). Rede des Bundesministers der Auswärtigen vor der Sondergeneralversammlung der Vereinten Nationen am 6. Juni 1988 in New York. *Bulletin der Bundesregierung*, 75, 721–725

George, J. (1994). *Discourses of Global Politics: A Critical (Re) Introduction to International Relations*. Rienner

Gujer, E. (2007). *Schluss mit der Heuchelei: Deutschland ist eine Großmacht*. Körber-Stiftung

Habermas, J. (2010, 20. Mai). Wir brauchen Europa! Die neue Hartleibigkeit: Ist uns die gemeinsame Zukunft schon gleichgültig geworden? *Die Zeit*

Hellmann, G. (1996). Goodbye Bismarck? The Foreign Policy of Contemporary Germany. *Mershon International Studies Review*, 40(1), 1–39

Hellmann, G. (1999). „Machtbalance und Vormachtdenken sind überholt": Zum außenpolitischen Diskurs im vereinigten Deutschland. In M. Medick-Krakau (Hrsg.), *Außenpolitischer Wandel in theoretischer und vergleichender Perspektive: Die USA und die Bundesrepublik Deutschland* (Festschrift für Ernst-Otto Czempiel zum 70. Geburtstag, S. 97–126). Nomos

Hellmann, G. (2011). Das neue Selbstbewusstsein deutscher Außenpolitik und die veränderten Standards der Angemessenheit. In T. Jäger, A. Höse, & K. Oppermann (Hrsg.), *Deutsche Außenpolitik* (2. Aufl., S. 735–758). Verlag für Sozialwissenschaften

Hellmann, G., Weber, C., & Sauer, F. (2008). *Die Semantik der neuen deutschen Außenpolitik: Eine Analyse des außenpolitischen Vokabulars seit Mitte der 1980er Jahre*. Verlag für Sozialwissenschaften

Herschinger, E., & Renner, J. (2017). Diskursforschung in den Internationalen Beziehungen. In C. Masala, & F. Sauer (Hrsg.), *Handbuch Internationale Beziehungen* (2. Aufl., S. 313–337). Springer

Keller, R. (1997). Diskursanalyse. In R. Hitzler, & A. Honer (Hrsg.), *Sozialwissenschaftliche Hermeneutik: Eine Einführung* (S. 309–334). Leske + Budrich

Kleinwächter, L., & Krämer, R. (2007). *Militärmacht Deutschland? Zur aktuellen Debatte um Auslandseinsätze*. Universität Potsdam

Laclau, E. (1993). Discourse. In R. E. Goodin, & P. Pettit (Hrsg.), *A Companion to Contemporary Political Philosophy* (S. 431–437). Blackwell

Laffey, M., & Weldes, J. (2004). Methodological Reflections on Discourse Analysis. *Qualitative Methods*, 2(1), 28–31

Larsen, H. (1997). *Foreign Policy and Discourse Analysis: France, Britain and Europe*. Routledge

Maull, H. W. (1992). Zivilmacht Bundesrepublik Deutschland: Vierzehn Thesen für eine neue deutsche Außenpolitik. *Europa Archiv*, 47(10), 269–278

Maull, H. W. (2011). Deutsche Außenpolitik: Orientierungslos. *Zeitschrift für Politikwissenschaft*, 21(1), 93–117

Maull, H. W. (2020). Multilateralismus in der deutschen Außenpolitik: eine Bilanz. *SIRIUS*, 4(3), 258–275

Merkel, A. (2010). *Rede von Bundeskanzlerin Merkel anlässlich der Eröffnung des 61. akademischen Jahres des Europakollegs Brügge*. Erhalten am 18. Juli 2022, unter https://www.bundeskanzler.de/bk- de/aktuelles/rede-von-bundeskanzlerin-merkel-anlaesslich-der-eroeffnung-des-61-akademischen-jahres-des-europakollegs-bruegge-399506

Merkel, A. (2011, 17. März). Kanzlerin Angela Merkel kündigt Überprüfung aller Atomkraftwerke an (Interview mit Bundeskanzlerin Merkel). *Saarbrücker Zeitung*. https://www.saarbruecker-zeitung.de/nachrichten/politik/inland/kanzlerin-angela-merkel-kuendigt-ueberpruefung-aller-atomkraftwerke-an_aid-838566

Milliken, J. (1999). The Study of Discourse in International Relations: A Critique of Research and Methods. *European Journal of International Relations*, 5(2), 225–254

Peters, D. (2001). The Debate about a New German Foreign Policy after Unification. In V. Rittberger (Hrsg.), *German Foreign Policy since Unification: Theories and Case Studies* (S. 11–33). Manchester University Press

Rorty, R. (1989). *Contigency, Irony, and Solidarity*. Cambridge University Press

Sandschneider, E. (2012). Deutschland: Gestaltungsmacht in der Kontinuitätsfalle. *Aus Politik und Zeitgeschichte* 62(10), 3–9

Scharping, R. (1999). „Grundlinien deutscher Sicherheitspolitik": Rede am 8. September 1999 an der Führungsakademie der Bundeswehr in Hamburg. *Bulletin der Bundesregierung*, 56, 582–588

Schöllgen, G. (2000). Zehn Jahre als europäische Großmacht: Eine Bilanz deutscher Außenpolitik seit der Vereinigung. *Aus Politik und Zeitgeschichte*, 24, 6–12

Schramm, L., & Wessels, W. (2022). Das europapolitische Erbe Angela Merkels: Krisen, Führung, Vorbild. *Integration*, 45(1), 3–19

Schröder, G. (2002). *Interview mit Thomas Roth und Thomas Baumann in der ARD-Sendung „Bericht aus Berlin"*. Erhalten am 15. August 2002, unter http://www.bundeskanzler.de/Interviews.7716.428321/Interview

Singer, J. D. (1961). The Level-of-Analysis Problem in International Relations. In K. Knorr, & S. Verba (Hrsg.), *The International System: Theoretical Essays* (S. 77–92). Princeton University Press

Smith, S. (1996). Positivism and Beyond. In S. Smith, K. Booth, & M. Zalewski (Hrsg.), *International Theory: Positivism and Beyond* (S. 11–44). Cambridge University Press

Staack, M. (2000). *Handelsstaat Deutschland: Deutsche Außenpolitik in einem neuen internationalen System*. Schöningh

Stein, J. G. (2016). Foreign Policy Decision-Making: Rational, Psychological, and Neurological Models. In S. Smith, A. Hadfield, & T. Dunne (Hrsg.), *Foreign Policy: Theories, Actors, Cases* (S. 130–146). Oxford University Press

Steinmeier, F.-W. (2014). *Verantwortungsvolle Außenpolitik ist vorsorgende Außenpolitik: Krisen werden zur Normalität der nächsten Jahre gehören*. Meinungsbeitrag in „Huffington Post". Erhalten am 12. Februar 2015, unter https://www.auswaertiges-amt.de/de/newroom/ 141122-bm-huff-post/267086

Steinmeier, F.-W. (2020). *Eröffnung der Münchener Sicherheitskonferenz* (Rede des Bundespräsidenten zur Eröffnung der Münchner Sicherheitskonferenz). Erhalten am 23. November 2021, unter https://www.bundespraesident.de/SharedDocs/Reden/DE/Frank-Walter-Steinmeier/Reden/2020/02/200214-MueSiKo.html

Techau, J., & Mangasarian, L. (2017). *Führungsmacht Deutschland: Strategie ohne Angst und Anmaßung*. dtv Verlag

Wæver, O. (1990). Three Competing Europes: German, French, Russian. *International Affairs*, 44(2), 477–493

Wæver, O. (1994). Resisting the Temptation of Post Foreign Policy Analysis. In W. Carlsnaes, & S. Smith (Hrsg.), *European Foreign Policy: The EC and Changing Perspectives in Europe* (S. 238–273). SAGE

Wæver, O. (2000). The EU as a Security Actor: Reflections from a Pessimistic Constructivist on Post-sovereign Security Orders. M. Kelstrup, & M. C. Williams (Hrsg.), *International Relations Theory and the Politics of European Integration: Power, Security and Community* (S. 250–294). Routledge

Wæver, O. (2003). *European Integration and Security: Analysing French and German Discourses on State, Nation, and Europe* (unveröffentlichtes Manuskript)

Wittgenstein, L. (1984a). *Philosophische Untersuchungen* (Werkausgabe Bd. 1). Suhrkamp

Wittgenstein, L. (1984b). *Über Gewißheit* (Werkausgabe Bd. 8). Suhrkamp

Ausblick: Die Zukunft der deutschen Außenpolitik

12

Zusammenfassung

Dieses Kapitel bewegt sich auf das Terrain der Zukunft – eine Terrain, das Wissenschaft in der Regel vermeidet, weil Gewissheit und Wahrheit bestenfalls als Qualitäten gelten, die man für Aussagen über die Vergangenheit und Gegenwart machen kann. Da diese Auffassung allerdings zu kurz greift, wird zum Abschluss das Feld der (vermeintlichen) Gewissheit ganz bewusst verlassen und die Zukunft (und damit das eindeutig Ungewisse) genauer in den Blick genommen. Wir werden kurz diskutieren, wie die Wissenschaft ihre üblichen Instrumente (Theorien, Beschreibungen und Erklärungen) auf Zukünftiges bezieht und wo die Grenzen liegen, wenn wir Erkenntnisse, die auf der Untersuchung gegenwärtiger oder vergangener Ereignisse, Prozesse oder Strukturen beruhen, in die Zukunft extrapolieren oder anwenden wollen (Abschn. 12.2). In einem zweiten Schritt werden wir sodann eine Beschreibung der gegenwärtigen Lage „der" deutschen Außenpolitik anbieten und daran anschließend zwei mögliche Szenarien skizzieren (Abschn. 12.3). Das Kapitel (und das Lehrbuch) schließt mit einer Einschätzung wahrscheinlicher Entwicklungstendenzen, vor allem aber dem Plädoyer, dass die Zukunft deutscher Außenpolitik offener (und an manchen Stellen auch prekärer) ist als dies manche Beobachter wahrhaben wollen (Abschn. 12.4).

12.1 Einleitung

„Was die Zukunft bringen wird, das weiß ich nicht;
und denen, die es zu wissen glauben, glaube ich nicht.
Mein Optimismus bezieht sich nur auf das,
was man von der Vergangenheit und der Gegenwart lernen kann;
und das ist, dass vieles möglich war und möglich ist, Gutes und Böses;
und dass wir keinen Grund haben, die Hoffnung aufzugeben –
und die Arbeit für eine bessere Welt."
(Karl R. Popper[1])

„Alle geschichtliche Erfahrung bestätigt es,
dass man das Mögliche nicht erreichte,
wenn nicht immer wieder in der Welt
nach dem Unmöglichen gegriffen worden wäre."
(Max Weber[2])

Gewissheit und Wahrheit sind Qualitäten, die die Wissenschaft schätzt. Manche behaupten sogar, dass sie für die Wissenschaft konstitutiv sind. Beschreibungen und Urteile, die von Anbeginn strittig sind, haben daher einen schweren Stand, zumindest werden Wissenschaftler*innen alle Anstrengungen unternehmen, ihren Beschreibungen und Urteilen ein hohes Maß an Gewissheit bzw. Wahrheit zuzuschreiben. Dieses Phänomen ließ sich in den vorangehenden Kapiteln in unterschiedlichen Ausprägungen beobachten. Ihr Gegenstand waren unterschiedliche Dimensionen deutscher Außenpolitik, die sich auf einer Zeitachse immer in der Vergangenheit oder der Gegenwart abbilden ließen. Das ist das Terrain, auf dem sich die Wissenschaft zu Hause fühlt, das sind sozusagen „Heimspiele". Die Zukunft ist in diesem Sprachspiel ein „Auswärtsspiel", das die Wissenschaft gerne meidet.

Zum Abschluss werden wir das Feld der (vermeintlichen) Gewissheit ganz bewusst verlassen und uns der Zukunft (und damit dem eindeutig Ungewissen) zuwenden. Wir werden kurz diskutieren, wie die Wissenschaft ihre üblichen Instrumente (Theorien, Beschreibungen und Erklärungen) auf Zukünftiges bezieht und wo die Grenzen liegen, wenn wir Erkenntnisse, die auf der Untersuchung gegenwärtiger oder vergangener Ereignisse, Prozesse oder Strukturen beruhen, in die Zukunft extrapolieren oder anwenden wollen (Abschn. 12.2). In einem zweiten Schritt werden wir sodann eine Beschreibung der gegenwärtigen Lage „der" deut-

---

[1] Popper 1987, S. 156 f.
[2] Weber 1958, S. 185.

schen Außenpolitik anbieten und daran anschließend zwei mögliche Szenarien skizzieren (Abschn. 12.3). Das Kapitel (und das Buch insgesamt) schließt mit einer Einschätzung wahrscheinlicher Entwicklungstendenzen, vor allem aber dem Plädoyer, dass die Zukunft deutscher Außenpolitik offener (und an manchen Stellen auch prekärer) ist als dies manche Beobachter wahrhaben wollen (Abschn. 12.4).

12.2 Zukunft als Terrain wissenschaftlicher Analyse

Die Wissenschaft hat ihre herausgehobene Position in modernen Gesellschaften vor allem dadurch erlangt, dass sie mit Hilfe spezifischer Verfahren (Methoden) Wissensangebote (also z. B. Beschreibungen, Erklärungen, Modelle oder Theorien) verfügbar gemacht hat, die die Handlungs- und Steuerungsfähigkeit dieser Gesellschaften beträchtlich verbessert hat. Dies gilt unumstritten für die Natur- und Ingenieurwissenschaften, für viele gilt diese Feststellung allerdings auch für die Geistes- und Sozialwissenschaften. Insbesondere der Positivismus vertritt dabei die Auffassung, dass Erklärung (bezogen auf gegenwärtig beobachtbare bzw. vergangene Phänomene) und Prognose (bezogen auf zukünftige Ereignisse oder Prozesse) im Wesentlichen „strukturgleich" sind, d. h. dass es zwischen ihnen zwar einen pragmatischen, nicht aber einen systematischen Unterschied gibt. Theorien liefern in diesem Verständnis beides: ein axiomatisch-deduktives System von Aussagen, die entweder aufgrund bisheriger Erfahrungen oder zukünftiger Beobachtungen überprüfbar sind bzw. sein werden: „A good explanation is one that allows us to order our experience and produce accurate predictions" (vgl. Chernoff 2014, S. 16 sowie grundlegend Albert 1993).

Kritiker*innen des Positivismus, wie etwa der Pragmatismus, betonen demgegenüber, dass nicht nur bei der Erklärung vergangenen, sondern auch bei der Reflexion über zukünftiges Handeln von Individuen und kollektiven Akteuren eine Vielzahl von *möglichen* Handlungsweisen in Betracht gezogen werden müsse, und sich zudem diese möglichen Handlungsweisen in der Zukunft keineswegs im Repertoire bisheriger Handlungsweisen erschöpften. Denn nur wenn wir unterstellen, dass das Handlungsrepertoire von Individuen und sozialen Kollektiven sowohl begrenzt wie auch in seinen „Gesetzmäßigkeiten" bekannt ist, könnten wir sicher sein, dass zukünftiges Handeln vergangenem gleicht und insofern (in einem strengen Sinne) prognostizierbar ist. Genau dies wird allerdings von Pragmatist*innen in Frage gestellt (vgl. oben Abschn. 7.2). Da Individuen wie auch kollektive Akteure aufgrund der ihnen eigenen genuinen Kreativität ständig neue Rede- und Handlungsweisen „erfinden", gleicht die Zukunft nie der Vergangenheit. *Ähnlichkeiten* sind allerdings schon deshalb häufig wahrscheinlich, weil neben der Dimension der

Kreativität stets auch die Dimension der Erfahrung das Handeln anleitet und wir zudem aufgrund unserer kognitiven Möglichkeiten gewissen Begrenzungen unterliegen, „Neues" zu sehen. Diese „Ähnlichkeit" ist jedoch grundverschieden von dem, was die positivistische Tradition mit dem Konzept der „Gesetzmäßigkeit" assoziiert. Eine „Strukturgleichheit" zwischen Erklärung und Prognose wird zumindest indirekt aber auch von Pragmatist*innen eingeräumt – und zwar insofern, als wir vergangenes (und gegenwärtiges) Handeln wie auch zukünftiges Handeln zwar nicht in einem strengen Sinne (über Gesetzmäßigkeiten) „erklären", wohl aber durch ein systematisches Ausloten von *Möglichkeitshorizonten*, bei dem wir sowohl unsere Erfahrung wie auch unsere Vorstellungskraft zu Hilfe nehmen, besser „verstehen" können (vgl. Hawthorn 1994; Hellmann 2020).

So sehr das Vokabular der Außenpolitikanalyse im allgemeinen einem positivistischen Wissenschaftsverständnis zuneigt, so sehr wird es sich, wenn man das Nachdenken über zukünftige Entwicklungsmöglichkeiten (z. B. deutscher Außenpolitik) in den Mittelpunkt der Analyse rückt, schon deshalb eher einer Denk- und Ausdrucksweise annähern, wie sie Pragmatist*innen empfehlen, weil die Berücksichtigungsbedürftigkeit einer Vielzahl von „Variablen" nicht nur unter positivistischen Außenpolitikforschern, sondern auch von „systemischen" IB-Theoretiker*innen eingestanden wird (Hudson 2005; Waltz 1996). Nicht Gesetzesaussagen ähnelnde Prognosen sind deshalb zumeist gefragt, sondern Aussagen, die eine Einschätzung der skizzierten Zukünfte hinsichtlich ihres Realitätsgehalts erlauben. In dieser Hinsicht ist es sinnvoll, prinzipiell drei Dimensionen zu unterscheiden: was (a) *denkbar*, (b) *möglich* und (c) *wahrscheinlich* ist. Alle drei Dimensionen können schließlich noch mit einer stärker normativen Dimension verknüpft werden, indem man danach fragt, ob das jeweils Denkbare, Mögliche oder Wahrscheinliche (d) auch *wünschenswert* (bzw. *nicht wünschenswert*) ist.

(a) Das *Denkbare* markiert in dieser einfachen Typologie diejenige Zukunft, die am stärksten im Bereich des Fiktiven und damit am wenigsten nah an dem liegt, was nach Überzeugung der meisten Beobachter*innen der real existierenden Welt entspricht. In einem strengen Sinne durchaus *denkbar* ist beispielsweise, dass Deutschland als globale Hegemonialmacht die ganze Welt beherrscht. Von den Nationalsozialisten wurde diese Zukunft sogar konkret gedacht (vgl. Recker 2010, S. 56–64; Hildebrand 2009, S. 265–268; Schmidt 2002, S. 103–121). Es gibt allerdings keine seriösen Wissenschaftlerinnen oder kundige Beobachter, die diese Vorstellung prinzipiell für realisierbar oder gar wahrscheinlich hielten.

(b) Das *Mögliche* liegt im Vergleich zum Denkbaren zwar prinzipiell im Bereich des Realisierbaren, die meisten Beobachter*innen halten es allerdings nicht

12.2 Zukunft als Terrain wissenschaftlicher Analyse

unbedingt auch für wahrscheinlich. Wenn man sich beispielsweise in das Jahr 1987 zurückversetzt und überlegt, wie damals die Prognose beurteilt worden wäre, dass die DDR innerhalb von drei Jahren in die Bundesrepublik integriert wird, hätten wohl viele Beobachter*innen eingeräumt, dass dies nicht nur denkbar, sondern prinzipiell auch möglich sei. Allerdings hätten wohl auch die meisten Beobachter*innen behauptet, dass die Realisierung eines solchen Ziels aufgrund der Machtverhältnisse und der unterstellten Widerstände vor allem der Sowjetunion auf absehbare Zeit wenig wahrscheinlich sei.

(c) Das *Wahrscheinliche* bezeichnet im Vergleich zum bloß Denkbaren bzw. Möglichen jene Zukunft, deren Eintreten vergleichsweise realistisch, wenn auch nicht sicher ist. Wahrscheinlich in diesem Sinne war etwa, dass Deutschland nach der Vereinigung im Jahr 1990 zumindest auf absehbare Zeit weitgehend am außenpolitischen Kurs der alten Bundesrepublik festhalten würde. Dafür sprach nicht nur der Erfolg, den nahezu alle Beteiligten mit dieser Außenpolitik verbanden, sondern auch die Selbstverpflichtung der außenpolitischen Eliten auf einen Kurs der Kontinuität wie auch die anhaltenden Erfolgsaussichten dieser Strategie unter den neuen Rahmenbedingungen. Dass ein „Viertes Reich" entstehen würde – also eine Art moderner deutscher Machtstaat unter den Bedingungen des ausgehenden 20. Jahrhunderts – war denkbar (und wurde zum Zeitpunkt der Vereinigung von einzelnen auch gedacht bzw. für möglich gehalten),[3] die meisten Beobachter*innen hielten ein solches Szenario aber für sehr unwahrscheinlich.

---

[3] Die ehemalige britische Premierministerin Margaret Thatcher meinte damals, dass ein vereinigtes Deutschland für Europa „einfach zu groß und zu mächtig" sei und dass die Deutschen auch aufgrund ihres „nationalen Charakters" ständig „unvorhersehbar zwischen Aggression und Selbstzweifel hin und her geschwankt" hätten (Thatcher 1993, S. 791). Dieser „deutsche Charakter" war im Frühjahr 1990 auch Gegenstand einer Zusammenkunft Thatchers mit einer Reihe renommierter, ausschließlich männlicher Deutschland-Experten. Dem „streng vertraulichen" Protokoll dieser Zusammenkunft ist zu entnehmen, dass zumindest ein Teil dieser Experten in zwei Aspekten des „deutschen Charakters" Gründe dafür sah, „dass man sich um die Zukunft zu sorgen habe: Zum einen die Neigung der Deutschen, Dinge zu übertreiben, über die Stränge zu schlagen. Zum anderen ihre Neigung, ihre Fähigkeiten und die eigene Stärke zu überschätzen". Zwar hätten „mehrere Anwesende (…) mit Nachdruck" die Meinung vertreten, dass „die heutigen Deutschen sich von ihren Vorgängern sehr deutlich unterschieden", aber „selbst die Optimisten unter uns konnten gewisse Befürchtungen hinsichtlich der Auswirkungen der Vereinigung auf das Verhalten der Deutschen in Europa nicht unterdrücken. (…) Wir könnten nicht annehmen, dass ein vereintes Deutschland sich so reibungslos in Westeuropa einfügen würde wie die BRD." Zwar seien am Ende des Zusammentreffens zwischen Thatcher und den Deutschland-Experten „keine formellen Schlüsse gezogen" worden, die Kernbotschaft aber sei „unmissverständlich" gewesen: „Wir sollten nett zu den Deutschen sein" (Geheimprotokoll 1990, S. 110 ff.).

Da diese Unterscheidung im Wesentlichen auf dem vermuteten Realitätsgehalt bestimmter Zukünfte basiert und solche Einschätzungen immer divergieren, wird sich selten Einvernehmen herstellen lassen, in welche dieser drei Kategorien ein bestimmter Zukunftsentwurf fällt. Dies ergibt sich nicht nur aus den unvermeidlichen Unterschieden in den Perspektiven unterschiedlicher Beobachter*innen, sondern auch aus der unhintergehbaren Perspektivität eines spezifischen historischen Beobachtungszeitpunkts. Was zukünftig möglich oder wahrscheinlich sein würde, stellte sich aus dem Blickwinkel des Jahres 1988 anders dar als aus dem Blickwinkel des Jahres 1991, und es stellte sich wiederum anders dar, je nachdem ob sich dieser Blick im Oktober 2021 oder im März 2022 (kurz nach Beginn des russischen Angriffskrieges auf die Ukraine) in die Zukunft richtete. Entscheidend ist daher nicht, ob sich Einigkeit über die eindeutige Verortung zukünftiger Entwicklungen in dieser Dreier-Typologie erzielen lässt. Wichtig ist vielmehr, zumindest eine grobe Vorstellung davon zu entwickeln, welche Zukünfte deutscher Außenpolitik professionelle Beobachter*innen für wahrscheinlich bzw. möglich halten.

In diesem Zusammenhang wird dann auch die oben genannte vierte Dimension (das *Wünschenswerte* bzw. das *nicht Wünschenswerte*) von Bedeutung sein, denn unsere Erwartungen (dessen was möglich oder wahrscheinlich ist) sind immer von unseren Hoffnungen bzw. Befürchtungen geprägt. Auch hier sind grob drei Typen denkbar: In der stärksten Ausprägung wird das Denkbare mit dem Wünschenswerten bzw. dem nicht Wünschenswerten verknüpft. Für diese (zumeist raum- und zeitlosen) Zukunftsentwürfe steht der Begriff der *Utopie*. Utopien sind erdachte „Gegenwelten", die, so wünschenswert ihre Realisierung auch sein mag, nicht wirklich realisierbar sind. In der schwächsten Ausprägung werden für wahrscheinlich erachtete alternative Zukünfte mit bestimmten normativen Präferenzen verknüpft. In diesem Feld bewegen sich häufig jene Zukunftsdenker, die systematisch Szenarien entwickeln (vgl. Schwartz 1991; Neumann und Øverland 2004) und daraus manchmal auch konkrete Politikempfehlungen ableiten. Zwischen beiden könnte man das verorten, was der US-amerikanische Philosoph John Rawls als „realistische Utopie" bezeichnet: ein Zukunftsentwurf, der „die Grenzen dessen, was wir gewöhnlich für praktisch-politisch möglich halten, ausdehnt" und daher auch ganz bewusst „gewünschte zukünftige Welten" zum Gegenstand der Zukunftsreflexion macht (Rawls 2002, S. 4; Hellmann 2020, S. 54–57).

Die nachfolgenden Ausführungen werden sich an diesen Unterscheidungen orientieren. Im herkömmlichen Verständnis wissenschaftlicher Außenpolitikanalyse bewegen wir uns damit auf einem ungewohnten Terrain, denn die Reflexion über das Mögliche und Wahrscheinliche wie auch das (nicht) Wünschenswerte vollzieht sich zumeist in einem anderen Vokabular als die Erklärung von (gegenwärtigen oder vergangenen) Ereignissen, Prozessen oder Strukturen mit Hilfe von

Theorien. Die Rede ist beispielsweise von Prognosen oder Szenarien, von Tendenzen und Trends sowie bestimmten Annahmen, die diesen zugrunde liegen (vgl. Neumann und Øverland 2004). Im Folgenden wird daher zunächst eine Ausgangslage beschrieben – sozusagen ein bestimmter „Ist-Zustand" der Gegenwart, wie er sich dem Autor dieses Kapitels als Beobachter darstellt. Diese Ausgangslage ist nicht nur „pfadabhängig" (wie die Historiker*innen zu sagen pflegen) aus *spezifischen* Gründen und Ursachen entstanden, sondern sie setzt auch Rahmenparameter, die gewisse Bahnen vorzeichnen, in denen sich zukünftige Entwicklungen vollziehen werden. Diese Bahnen sind als mehr oder weniger breite, sich teils öffnende, teils (wie bei einem Trichter) verengende Kanäle mit einer teils größeren, teils kleineren Zahl realer Handlungsmöglichkeiten zu denken. Weil die Zukunft in diesem grundsätzlichen Sinne offen ist, hat sich in den letzten Jahren immer mehr die Auffassung durchgesetzt, dass es wenig sinnvoll ist, Prognosen (Vorhersagen) zu erstellen. Dem Kerngedanken der vielfältigen Variabilität trägt eher der Begriff des *Szenarios* Rechnung – der gedanklichen Skizzierung zukünftiger Trends sowie einer hypothetischen Aufeinanderfolge von Ereignissen. In einem zweiten Schritt werden sodann zwei Szenarien zur zukünftigen Entwicklung deutscher Außenpolitik vorgestellt.

12.3 Deutschland in Europa – Die nächsten Jahre

12.3.1 Die Ausgangslage

Es ist mittlerweile ein Gemeinplatz, dass sich in der Folge der deutschen Vereinigung und des Endes des Ost-West-Konflikts Deutschlands Lage in Europa und der Welt fundamental verändert hat. Im Rückblick von mittlerweile mehr als drei Jahrzehnten wirkt diese Veränderung sogar noch tiefgreifender als aus der Perspektive der Zeitgenossen im Jahr 1990. Denn Deutschland fand sich nach der Vereinigung nicht nur in einem radikal veränderten Umfeld wieder, sondern es sah sich auch mit der Herausforderung konfrontiert, seine Außenpolitik in gewisser Weise neu zu erfinden. Mit der Vereinigung hatte die deutsche Außenpolitik alle wichtigen Ziele erreicht. „Einheit in Frieden und Freiheit" – jene alte Formel, in der die Ziele Bonner Außenpolitik zusammengefasst wurden, war im Oktober 1990 in allen drei Dimensionen gesichert:[4] Der Auftrag des Grundgesetzes, die

---

[4] Vgl. „Die friedliche Revolution in der DDR 1989/90", Online-Version der Dauerausstellung des Deutschen Bundestages zur Parlamentsgeschichte, https://www.bundestag.de/besuche/ausstellungen/verfassung/tafel34 (22.07.2022).

Einheit Deutschlands anzustreben, war erledigt – und es war zudem gelungen, diese Einheit unter Fortbestand der Ordnung des Grundgesetzes und mit Zustimmung aller Nachbarn zu verwirklichen.

Diese lange Zeit für unmöglich erachtete und historisch beneidenswerte Lage zeitigte allerdings höchst widersprüchliche Folgen, die bis heute nachwirken. Deutschland war einerseits größer geworden: es war zur Gewährleistung seiner Sicherheit von seinen bisherigen Verbündeten weit weniger abhängig und es verlor zudem mit der Auflösung der Sowjetunion und des Warschauer Paktes die wichtigste Quelle der Bedrohung dieser Sicherheit – kurz: es war (in traditionellen Kategorien gemessen) *mächtiger* geworden. Andererseits begann mit der Vereinigung aber auch ein Prozess, der Deutschland zunächst in doppelter Hinsicht schwächte: zum einen verschlang der „Aufbau Ost" Jahr um Jahr hunderte Milliarden D-Mark bzw. Euro, ohne dass sich jene Erfolge („blühende Landschaften")[5] einstellten, die die politische Klasse versprochen hatte. Zum anderen wurde Deutschland – gerade weil die „deutsche Frage" friedlich und im Konsens mit allen Betroffenen endgültig beantwortet werden konnte – aus dem Zentrum der Weltpolitik eher in eine Randlage abgedrängt. Nichts schien forthin absurder als das, was bis weit in die 1980er Jahre hinein immer der Ernstfall war: ein neuer (diesmal womöglich nuklearer) Weltkrieg auf deutschem Boden und an der Schnittstelle zwischen Ost und West. Kurzum, Deutschland befand sich bis ins neue Jahrtausend hinein in einer paradoxen Lage: Versöhnt mit allen seinen Nachbarn (bzw. „umzingelt von Freunden", wie der frühere Verteidigungsminister Rühe Anfang der 1990er Jahre formulierte (zit. Hellmann 2018, S. 23)) und augenscheinlich mächtiger als jemals zuvor, zugleich aber auch weltpolitisch marginalisierter und ökonomisch geschwächt.

Erst im beginnenden 21. Jahrhundert haben sich sukzessive zwei Parameter verändert, die die machtpolitische Position Deutschlands auch in einer breiteren Wahrnehmung als derjenigen einer „Zentralmacht Europas" erscheinen ließen – einer Beschreibung, der sich Hans Peter Schwarz bereits in den 1990er Jahren bediente (Schwarz 1994; vgl. auch Baumann 2007; Münkler 2015). Zu diesen beiden Veränderungen zählen die Verbesserung der ökonomischen Lage im Innern bei gleichzeitiger (relativer) Verschlechterung der wirtschaftlichen Lage in den EU-Partnerstaaten einerseits und die zunehmend dominante Rolle Deutschlands in der EU im Gefolge der europäischen Staatsschuldenkrise nach 2009 andererseits.

---

[5] Vgl. Fernsehansprache von Bundeskanzler Helmut Kohl anlässlich des Inkrafttretens des Vertrages über die Währungs-, Wirtschafts- und Sozialunion am 1. Juli 1990, https://www.kas.de/en/statische-inhalte-detail/-/content/fernsehansprache-von-bundeskanzler-kohl-am-1.-juli-1990 (22.07.2022).

12.3 Deutschland in Europa – Die nächsten Jahre

Wie sehr sich diese Ausgangslage machtpolitisch inzwischen zugunsten Deutschlands verändert hat, wird an der Verschiebung der zentralen Koordinaten deutscher Außenpolitik deutlich. Die Beziehungen zu den früheren sogenannten „Siegermächten" des Zweiten Weltkrieges, die bis zur Vereinigung der beiden deutschen Staaten nicht nur formale Rechte in Bezug auf „Deutschland als Ganzes" hatten, sondern auch als Verbündete (im Falle der USA, Frankreichs und Großbritanniens) beziehungsweise als potenzieller Gegner (im Falle der Sowjetunion) das Außenverhalten der früheren Bundesrepublik wesentlich prägten, markiert diese Verschiebungen besonders eindrücklich. Die deutsche Vereinigung, die Beendigung des „Ost-West-Konflikts", die Auflösung des Warschauer Paktes und die sukzessive Erweiterung von EU und NATO um die mittelosteuropäischen Staaten bis 2004 hatten dem vereinigten Deutschland nicht nur ein historisch einmaliges Maß an Sicherheit gewährt, sondern zumindest vorübergehend auch frühere Abhängigkeiten deutlich reduziert bzw. ins Gegenteil verkehrt.

Bereits zwischen 2014 und 2017 begann sich das Blatt allerdings zu wenden – und zwar in einem, gerade für Deutschland besonders markanten, Sinne. Denn in diesem Zeitraum wurden gleich drei grundlegende Pfeiler bundesdeutscher Außenpolitik erschüttert, die in unterschiedlicher Weise seit den 1950er Jahren von tragender Bedeutung für die Positionierung Westdeutschlands waren: neben der Annexion der Krim und dem Krieg in der Ostukraine waren dies Großbritanniens „Brexit" und die Wahl von Donald Trump zum US-Präsidenten (vgl. zum Folgenden Hellmann 2017).

Die russische Annexion der Krim im Frühjahr 2014 und die militärische Unterstützung Putins für die Separatisten in der östlichen Ukraine markierte aus deutscher Sicht das zumindest vorläufige Ende der Hoffnungen auf eine „Modernisierungspartnerschaft" mit Russland, die gerade der damalige Außenminister Frank-Walter Steinmeier bereits 2008 als zeitgenössisches Äquivalent Brandt'scher „Neuer Ostpolitik" propagiert hatte (Steinmeier 2008). Diese Hoffnungen wurden anfangs genährt durch die Einschätzung, dass Russland schon alleine aufgrund seines Nuklearstatus nach wie vor zu den Großmächten zu rechnen war, auch wenn es ökonomisch sehr einseitig von seinem Energiereichtum zehrte und Deutschland für Russland umgekehrt der wichtigste Handelspartner in Europa und immer mehr auch das politische Schwergewicht in einer für Moskau zunehmend wichtiger werdenden EU war. Daher schien eine solche Modernisierungspartnerschaft wechselseitig gewinnbringend. Putins Vorgehen 2014 war in diesem Verständnis ein drastischer Einschnitt im größeren historischen Kontext deutscher Außenpolitik, weil es die seit den späten 1970er Jahren auf „Entspannung" und (nach 1990) „Anbindung" von Russland an westliche Sicherheitsstrukturen zielenden deutsche Außenpolitik einem Realitätsschock aussetzte.

Noch gravierenderer aus dem Blickwinkel deutscher Außenpolitik war allerdings die „Brexit"-Entscheidung der Briten und die Wahl Donald Trumps als US-Präsident, da beide die alte Westbindung unmittelbar erschütterten. Das Projekt der europäischen Integration gehörte zum Kern einer liberalen Weltordnung, wie sie Briten und Amerikanern seit langem vorschwebte – und zwar nicht nur, weil Demokratie, Rechtsstaatlichkeit und offene Märkte, sondern auch die Institutionalisierung intergouvernementaler und supranationaler Kooperation vorangetrieben werden sollte. Dies galt im Falle Großbritanniens bereits zu einem Zeitpunkt, zu dem die Briten selbst noch nicht Mitglied der (damaligen) EWG sein wollten. Seit den frühen 1950er Jahren war die europäische Integration auf einem Entwicklungspfad, der eigentlich nur eine Richtung kannte: „Vertiefung" im Sinne der stetigen Ausweitung intergouvernementaler und supranationaler Kooperation zwischen den Mitgliedsstaaten bei gleichzeitiger „Erweiterung" der Mitgliedschaft über den Kern der ursprünglichen sechs Gründungsmitglieder hinaus. „Brexit" markierte vor diesem Hintergrund einen Schock, weil damit der zentrale Stützpfeiler bundesrepublikanischer Nachkriegsaußenpolitik ins Wanken geriet. Vor dem Hintergrund eines in der Jahresmitte 2016 nicht völlig unplausibel erscheinenden Wahlsieges von Marine Le Pen bei den im Mai 2017 anstehenden französischen Präsidentschaftswahlen relativierte sich sogar die historische Bedeutung der „Eurokrise" nach 2009. Nun erschien sogar die Auflösung des Integrationsverbundes nicht nur als realistische, sondern auch als eine von manchen *gewollte* politische Option – und dies in der (formal) überzeugendsten Form einer Entscheidung des Souveräns im Rahmen eines lange vorbereiteten Referendums. Dass die EU diesen Austritt aus der Perspektive des Jahres 2023 alles in allem ganz gut (und weit besser als die Briten selbst) verkraftete, änderte nichts daran, dass das europäische Integrationsprojekt in Berlin seither umso mehr geschätzt und als doch vergleichsweise fragiles Gebilde umso mehr gepflegt wurde.

Noch deutlicher als durch das „Brexit"-Votum der Briten trat der radikale Wandel grundlegender Rahmenbedingungen deutscher Außenpolitik durch die Wahl Donald Trumps zum US-Präsidenten Ende 2016 zu Tage. Seit dem Ende des Zweiten Weltkrieges hatte es keinen vergleichbaren Einbruch in den sich stetig vertiefenden deutsch-amerikanischen Beziehungen gegeben, der das Grundvertrauen der Deutschen in die Schutzgarantien und die Verlässlichkeit der USA so massiv erschütterte. Gewiss gab es immer wieder Krisen, dabei wurden aber nie in vergleichbarer Weise von allerhöchster Stelle die Sicherheitsgarantien der USA und der enge bilaterale politisch-wirtschaftliche Verbund zwischen Deutschland und den USA in Frage gestellt wie dies durch Donald Trump vor und nach seiner Wahl zum US-Präsidenten der Fall war. In klassisch zurückhaltender Formulierung sah Angela Merkel mit ihm „die Zeiten, in denen wir uns auf andere völlig ver-

12.3 Deutschland in Europa – Die nächsten Jahre

lassen konnten (…) ein Stück weit vorbei" und mahnte die Europäer, nun ihr „Schicksal wirklich in die eigene Hand" zu nehmen.[6] Die Wahl von Joe Biden als Nachfolger Trumps Ende 2020 hat die Lage zwar etwas entspannt und gerade im Kontext einer zumindest anfangs recht geschlossenen westlichen Reaktion auf Putins Angriffskrieg zur transatlantischen Rückversicherung beigetragen, aber die Aussichten auf neuerliche republikanische Erfolge bei den Wahlen 2024 und einer eventuellen Rückkehr Donald Trumps ins Weiße Haus bleiben eine der zentralen Unwägbarkeiten in den deutsch-amerikanischen Beziehungen.

Alle drei Erschütterungen wirken bis in die Gegenwart nach, mit Putins Angriffskrieg gegen die Ukraine seit Februar 2022 hat sich die Lage sogar nochmals deutlich verschärft. Am besten verarbeitet wurde in Berlin und Brüssel noch der „Brexit", was auch damit zusammenhing, dass die beiden anderen Erschütterungen die EU stärker zusammenschweißten. Nach dem Ausscheiden Großbritanniens aus der EU und den Erschütterungen im deutsch-amerikanischen Verhältnis kam den bilateralen Beziehungen mit Frankreich in diesem Zusammenhang eine nochmals gewachsene Bedeutung zu – und das vor dem Hintergrund einer genauso stetigen wie grundlegenden machtpolitischen Verschiebung zugunsten Deutschlands, die der frühere französische Präsident Mitterand bereits 1990 im Gefolge der deutschen Vereinigung kommen sah. Für Berlin waren angesichts dessen die Wahl (2017) und Wiederwahl (2022) Emanuel Macrons zum Präsidenten umso mehr ein Segen als sowohl am linken wie auch rechten Rand jene französischen Parteien stetig an Zulauf gewannen, die unter anderem mit merklich deutschland-kritischen Untertönen aufwarteten.

12.3.2 Die Zeitenwende des russischen Angriffskrieges 2022

Vladimir Putins Angriffskrieg gegen die Ukraine im Februar 2022 markierte nicht nur „eine Zeitenwende in der Geschichte unseres Kontinents", wie Bundeskanzler Scholz in einer Regierungserklärung am 27. Februar bereits im ersten Satz konstatierte (Scholz 2022), sondern auch einen augenfälligen Einschnitt in der deutschen Politik. Dass „die Welt danach" gerade für die deutsche Sicherheitspolitik „nicht mehr dieselbe (war) wie die Welt davor", wie Scholz hinzufügte, kam Anfang Juni 2022 am deutlichsten mit der – dank der Unterstützung von CDU/CSU auch grundgesetzlich abgesicherten – Verabschiedung des „Gesetzes zur Finanzierung der Bundeswehr und zur Errichtung eines ‚Sondervermögens Bundeswehr'" zum

---

[6] Vgl. Merkel: Wir Europäer müssen unser Schicksal in die eigene Hand nehmen, in: Frankfurter Allgemeine Zeitung, 29.05.2017, S. 1.

Ausdruck.[7] Die ausdrückliche Bindung der Mittel des Sondervermögens „an den Zweck, die Bündnis- und Verteidigungsfähigkeit zu stärken und dazu ab dem Jahr 2022 die Fähigkeitslücken der Bundeswehr zu schließen" sowie die „Finanzierung bedeutsamer Ausrüstungsvorhaben, insbesondere komplexer überjähriger Maßnahmen" zu ermöglichen, markierten dabei einerseits das Eingeständnis der langjährigen Vernachlässigung der deutschen Streitkräfte (vgl. Mölling und Schütz 2022), andererseits aber auch die Bereitschaft, diese Defizite durch eine besondere Kraftanstrengung zügig aufzuarbeiten.

Wie massiv der Einbruch der Gesamtausgaben für die Außenpolitik über die letzten Jahrzehnte ausfällt, wird deutlich, wenn man sich die Veränderungen der Anteile der drei Ministerien im Bereich der Außen- und Sicherheitspolitik (d. h. des Auswärtigen Amtes, des Bundesministeriums der Verteidigung sowie des Ministeriums für Entwicklungszusammenarbeit) an den Ausgaben des Bundes insgesamt ansieht und sie mit drei Ministerien vergleicht, die primär innenpolitische Aufgaben haben. In dieser Perspektive hat sich der Anteil der drei Ministerien mit internationalen Aufgaben von einem gemeinsamen Anteil, der im Jahr 1990 noch bei etwa 21,5 % lag, auf einen Wert von etwas mehr als 15 % im Jahr 2018 deutlich reduziert (zwischenzeitlich lag es sogar noch deutlich tiefer). Umgekehrt hat sich der prozentuale Anteil dreier ausgewählter Ministerien mit innerstaatlichen Aufgaben – dem Ministerium für Arbeit und Soziales, dem Ministerium für Verkehr, Bau und Stadtentwicklung und dem Ministerium des Innern – im selben Zeitraum beträchtlich erhöht. Allein das Ministerium für Arbeit und Soziales konnte seinen Anteil am Bundeshaushalt zwischen 1990 und 2018 von gut 23 % auf etwas über 40 % nahezu verdoppeln (s. Abb. 12.1).

* Die Linie „Auswärtige Ausgaben" bündelt die Einzelpläne der Bundesministerien für Verteidigung, Entwicklung und Zusammenarbeit und Auswärtiges. Die Linie „Innerstaatliche Ausgaben" bündelt die Einzelpläne der Ministerien Arbeit und Soziales, Inneres und Verkehr, Bau und Stadtentwicklung. Für 2003 wurden keine Angaben gemacht, da die Ausgaben des Ressorts Arbeit und Soziales nicht verfügbar waren. In 2004, 2005 und 2018 kam es auf Grund veränderter Ressortzuschnitte zu einer anderen Zusammensetzung der „Innerstaatlichen Ausgaben". Am übergreifenden Trend ändert dies jedoch nichts.

Da der Staatshaushalt einer der besten Indikatoren dafür ist, welche Prioritäten eine Gesellschaft setzt und wie sie die Gewichte zwischen innerstaatlichen und internationalen Aufgaben verteilt, unterstreichen diese Zahlen nicht nur, dass der Sozialstaat seit jeher Vorrang hat, sondern seit der Vereinigung sogar noch deutlich an Bedeutung gewonnen hat. Hier eine Kehrtwende zu vollziehen, entsprach allerdings auch einer verbreiteten Stimmung in der deutschen Öffentlichkeit. „Dass die

---

[7] Vgl. https://www.gesetze-im-internet.de/bwfinsvermg/BwFinSVermG.pdf (24.07.2022).

12.3 Deutschland in Europa – Die nächsten Jahre

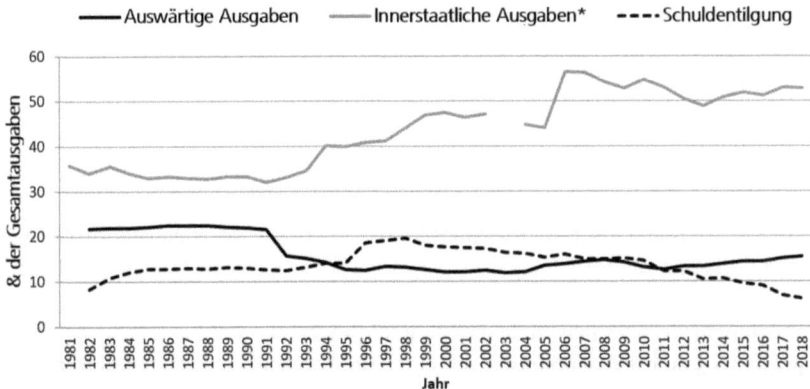

Abb. 12.1 Ausgaben für Auswärtige Politik sowie ausgewählte Felder der Innenpolitik im Vergleich, 1981–2018.* (Quelle: Eigene Zusammenstellung nach Angaben des Statistischen Bundesamtes (Die Daten entstammen dem jeweiligen Bundeshalt nach Angaben des Statistischen Bundesamtes. Für die Zusammenstellung dieser Daten danke ich Frank Sauer, Christine Andrä und David Bitterling. Die Originaldaten und detaillierten Berechnungen sind verfügbar unter Sauer et al. 2022))

Bundeswehr zur Aufrüstung 100 Mrd. € als Sondervermögen erhalten" sollte, fanden Anfang März 2022 56 % der Deutschen „auf jeden Fall" richtig, weitere 18 % stimmten dieser Aussage „eher" zu. Lediglich 19 % unterstützten eine solche „Aufrüstung" „auf keinen Fall" bzw. „eher" nicht.[8] Eine solche Neuausrichtung war nicht nur deshalb unumgänglich, weil Deutschland, wie der SPD-Vorsitzende Klingbeil im Sommer 2022 forumulierte, „nach 80 Jahren der Zurückhaltung" auch von bislang zögerlichen außen- und sicherheitspolitischen Eliten „eine neue Rolle im internationalen Koordinatensystem" zugewiesen wurde – und zwar dergestalt, dass es „den Anspruch einer Führungsmacht haben" und eine „neue Normalität" im Umgang mit der Bundeswehr auch explizit „militärische Gewalt als ein legitimes Mittel der Politik" einschließen müsste.[9] Sie schien der politischen Klasse in Berlin auch deshalb geboten, weil sich die globale und regionale Lage und Entwicklungsperspektiven, auf die sich deutsche Außenpolitik meinte einstellen zu müssen, im Lichte des Krieges in der Ukraine weiter verdüsterten.

---

[8] Vgl. Klare Mehrheit befürwortet Aufrüstung der Bundeswehr, in: Augsburger Allgemeine, 02.03.2022, https://www.augsburger-allgemeine.de/special/bayern-monitor/umfrage-klare-mehrheit-befuerwortet-aufruestung-der-bundeswehr-id61924381.html (24.07.2022).

[9] Vgl. die Grundsatzrede des SPD-Vorsitzenden Lars Klingbeil vom Juni 2022,. https://www.vorwaerts.de/artikel/sozialdemokratie-hat-chance-europa-praegen?fbclid=IwAR3RvHS-mzPSYNzfsaNcnqz5GuCdgQU2xLVFWDO1-iQd1JvbYhsV0i1-gP7s (24.06.2022).

Wohin man im Herbst 2023 auch blickte, Deutschland und die EU mussten sich rundum (und völlig abgesehen von den mit dem Anthropozän einhergehenden globalen Menschheitsherausforderungen wie der Klimaerwärmung und der Bedrohung der Artenvielfalt) auf ein krisengeschütteltes oder zumindest höchst krisenanfälliges regionales wie globales Umfeld einstellen (vgl. zum Folgenden Hellmann 2022a). Dies betraf in erster Linie den Fortgang und die Folgen des Krieges in der Ukraine, direkt oder indirekt damit zusammenhängend aber auch die Zukunft der transatlantischen Beziehungen wie auch die Beziehungen zu China. Denn wenn man die Beziehungen zwischen den vier globalen Machtzentren USA, China, Russland und Europa als strategisches Rechteck begreift, wurde unmittelbar deutlich, wie sehr sich die in diesem Rechteck bereits vorher vorhandenen Kooperations- und Konfrontationsmuster durch Russlands Krieg in der Ukraine nochmals neu akzentuiert hatten. In diesem Kontext von einem „strategischen Rechteck" zu sprechen, heißt zum einen, die vier Machtzentren in bilateraler Hinsicht jeweils als „bedeutsame Akteure" *füreinander* zu begreifen – natürlich mit der Maßgabe, dass die spezifische Bedeutung jedes einzelnen für die je anderen drei unterschiedlich ausfällt. Es heißt zum anderen aber auch, dass Muster der bündnispolitischen (Neu-)Ausrichtung, des machtpolitischen Wettbewerbs oder der gezielten Konfrontation in jeder bilateralen Teilbeziehung Auswirkungen auf die jeweils anderen beiden nicht unmittelbar beteiligten Seiten haben und somit die Dynamik im gesamten strategischen Rechteck beeinflussen und darüber hinaus auch erhebliche Auswirkungen auf die globale Ordnung insgesamt haben würde.

Russlands Krieg in der Ukraine hatte zunächst zur *Bipolarisierung* zwischen dem traditionellen „Westen" aus USA und EU einerseits und einem (aus chinesischer Sicht eher erzwungenen als gewünschtem) Schulterschluss zwischen Russland und China andererseits geführt. Zudem wurden die durch die Pandemie ohnehin schon unterbrochenen globalen Handelsbeziehungen durch die umfangreiche Sanktionspolitik des Westens und die Abhängigkeit insbesondere zahlreicher ärmerer Länder von ukrainischen Getreideexporten zusätzlich belastet. Gerade für die auf einen offenen Welthandel besonders angewiesene deutsche Wirtschaft gehen damit erhebliche Risiken für die zukünftige Entwicklung und damit die wirtschaftliche Unterfütterung einer potenziellen deutschen Führungsrolle einher.

Womöglich noch gravierender dürfte sich, Stand 2023, allerdings die Rückkehr des großen Krieges nach Europa und die parallele Verschärfung der militärischen Konfrontation zwischen China und den USA in Ostasien auswirken. Denn vor allem wenn man von der Annahme ausgeht, dass sich der Krieg (oder ein kriegsähnlicher Zustand) zwischen Russland und der Ukraine über die kommenden Jahre hinziehen wird, während sich parallel die Lage in Ostasien zuspitzt, werden einerseits die beträchtlichen militärischen Unterstützungs- bzw. Wiederaufbauleistungen

12.3 Deutschland in Europa – Die nächsten Jahre

für die Ukraine anhalten, andererseits aber auch die Forderungen der USA, dass die Europäer hier einen größeren relativen Anteil übernehmen müssen, in dem Maße zunehmen wie sich das eigentlich auf China fokussierte Augenmerk der US-Administration wieder den wachsenden Spannungen in Ostasien zuwendet. Sollte 2024 gar die erneute Wahl von Donald Trump zum US-Präsidenten erfolgen, würden Deutschland und die EU mit massiven globalstrategischen Herausforderungen konfrontiert werden – und dies nach derzeitiger Lage unter denkbar ungünstigen Voraussetzungen, weil die EU noch nicht über die politischen und militärischen Ressourcen verfügen würde, die nötig wären, ihre Sicherheit eigenständig zu gewährleisten oder mit nationalstaatlich organisierten und daher auch politisch weit einheitlicher agierenden Großmächten in Moskau, Beijing und Washington zu konkurrieren.

Für Deutschland und die EU besteht vor diesem Hintergrund die wichtigste und schwierigste Herausforderung darin, neben ihrer Ausrichtung auf ihr unmittelbares regionales Umfeld in der Nachbarschaft im Süden (Maghreb und Nahost), Osten (Ukraine und Belarus) sowie Westen (Großbritannien) die Neukalibrierung der Beziehungen zu den USA, China und Russland so auszutarieren, dass der innere Zusammenhalt gewährleistet wird. Den Anspruch einer „Führungsmacht", zumal im militärischen Bereich, auszufüllen wird allerdings nicht einfach sein, weil angesichts der prekären Ressourcenausstattung und einer sich verschärfenden weltwirtschaftlichen Lage einerseits und einer zugespitzten geopolitischen Konkurrenz andererseits nicht nur innenpolitische Unterstützung mobilisiert, sondern auch divergierende Interessen unter Partnern ausgeglichen und Konflikte mit Konkurrenten bzw. Gegnern ausgetragen werden müssen. Vier prioritäre Handlungsfelder deutscher Außenpolitik stechen hier besonders hervor: der innereuropäische Ausgleich, die Erneuerung der transatlantischen Allianz einschließlich Großbritanniens und die langfristige Neugestaltung der Beziehungen zu Russland und zu China.

Dass die Europäische Union mehr denn je im Zentrum deutscher Außen- und Sicherheitspolitik steht, ist vor dem Hintergrund des russischen Krieges gegen die Ukraine nicht weiter verwunderlich, denn auch wenn der EU institutionell (im Vergleich zur NATO) eine bestenfalls rudimentäre militärische Rolle zukommt, so war sie doch als Koordinierungsrahmen zentraler Politikfelder von existenzieller Bedeutung. Und selbst wenn die NATO – vor allem nach der Aufnahme der beiden zuvor neutralen EU-Mitglieder Schweden und Finnland – für die Verteidigung auch der EU-Mitgliedsstaaten der wichtigste Anker bleibt, so wird in dem Maße, in dem die USA den Schwerpunkt ihres militärischen Engagements mittel- bis langfristig nach Asien verlagern, auch die EU als Koordinierungsmechanismus für verteidigungspolitische Anstrengungen deutlich an Bedeutung gewinnen.

Für Deutschland ergibt sich daraus, neben der Stärkung seiner eigenen militärischen Fähigkeiten im Dienste der nationalen wie auch bündnispolitischen Verteidigung, vor allem die Aufgabe, den Ausgleich zwischen der traditionell auf eine Stärkung der „strategischen Autonomie Europas" ausgerichteten französischen Politik einerseits und der auf die NATO fixierten Orientierung der mittelosteuropäischen und baltischen Staaten andererseits zu fördern – Herausforderungen, die weiter wachsen würden, wenn die Beitrittsperspektiven der Westbalkan-Staaten sowie der Ukraine tatsächlich konkrete Formen annehmen sollten. Zudem sieht sich die EU angesichts der sich verschärfenden weltwirtschaftlichen Situation und den damit verbundenen Risiken für den Euro-Verbund in ihrem Kernbereich mit Herausforderungen konfrontiert, die wesentlich die Führungs- und Unterstützungsleistungen Deutschlands einfordern.

Umso wichtiger bleibt es für Deutschland, dass eine mittel- bis langfristige Neuausrichtung der Zusammenarbeit im transatlantischen Kontext einschließlich Großbritanniens gelingt. Viel hängt bereits aus dem Blickwinkel in des Jahres 2023 davon ab, wer die US-Außenpolitik nach den Kongress- und Präsidentschaftswahlen 2024 bestimmt. Sollte Donald Trump ein Comeback als Präsident gelingen, ist zu erwarten, dass sich die Lage der Europäer schon allein deshalb drastisch verschlechtern könnte, weil im Blick auf die Verteidigungszusagen der USA im Rahmen der NATO deutliche Einschnitte zu befürchten wären. Aber selbst wenn nach 2024 eine europafreundliche Administration die US-Außenpolitik bestimmen würde, wäre mittel- bis langfristig mit hoher Wahrscheinlichkeit davon auszugehen, dass sich deren Fokus deutlich nach Asien verschiebt – und dies umso mehr, je stärker China die USA in ihrem regionalen Umfeld herausfordert, ganz zu schweigen von einem möglichen chinesischen Versuch, Taiwan einzunehmen.

Die klaren Signale der Biden-Administration, dass die Europäer zukünftig stärker für ihre eigene Sicherheit einstehen müssen, werden zusätzlich akzentuiert durch die konfrontative Haltung, die Russland unter Präsident Putin gegenüber dem Westen eingenommen hat. Mitte 2023 scheint jedenfalls ausgeschlossen, dass in absehbarer Zeit wieder ein einigermaßen auskömmliches Verhältnis zwischen beiden Seiten hergestellt werden kann. Voraussetzung aus westlicher Sicht wäre dafür eine Rückkehr zum *status quo ante* in der Ukraine vor dem Einmarsch am 24. Februar 2022 bzw. im Minimum ein zwischen Ukraine und Russland ausgehandelter Waffenstillstand. Nichts davon ist derzeit absehbar. Für Deutschland wie Europa folgt daraus, dass mittelfristig mit beträchtlichen zusätzlichen Verteidigungsausgaben (auch jenseits der 100 Mrd. Sondervermögen Deutschlands) zu rechnen ist, die anhaltende (und im Verhältnis zu den USA tendenziell steigende) militärische Unterstützung der Ukraine noch nicht eingeschlossen.

12.3 Deutschland in Europa – Die nächsten Jahre

Notwendig werden in dieser Perspektive auf mittlere oder längere Sicht auch arbeitsteilige Arrangements zwischen den USA und den Europäern, im Falle einer neuerlichen republikanischen Administration ab 2024 womöglich sogar drastische zusätzliche Verteidigungsinvestitionen, weil in diesem Fall auch mit einem noch schwierigeren Verhältnis zu Russland zu rechnen wäre. Die Ausgestaltung des Verhältnisses zu China erscheint aus diesem Blickwinkel fast schon nachrangig, wird angesichts der sich zuspitzenden weltwirtschaftlichen Lage aber eher noch stärker an den zunehmend auch geopolitisch beeinflussten, nach wie vor gewichtigen ökonomischen Interessen der Europäer, insbesondere der Deutschen ausgerichtet werden müssen. In der Summe ergibt sich als Ausgangspunkt der folgenden Szenarienbildung, dass die kommenden Jahre beträchtliche Ungewissheiten und enorme Herausforderungen bergen.

12.3.2.1 Szenarienbildung 1: Krieg in Ostasien und schleichender Zerfall der EU

Welche Szenarien für die zukünftige Entwicklung deutscher Außenpolitik erscheinen vor diesem Hintergrund möglich bzw. (mehr oder weniger) wahrscheinlich? Im Folgenden soll ein eher düsteres und ein optimistischeres vorgestellt werden. Im ersten Szenario finden wir uns in der Rückschau des Jahres 2030 in einer Situation, in der sich zahlreiche krisenhafte Trends der frühen 2020er-Jahre in ihren krisenhaften Extrapolationen bewahrheitet haben – in Teilen sogar noch deutlich drastischer (und für die Lage innerhalb der EU daher wesentlich gravierender) als 2023 zu erwarten war.

Ende Januar 2029, kurz nach der Inauguration des neuen US-Präsidenten in Washington, D.C. nutzte die chinesische Führung die frühe Phase der Regierungsbildung und die Unerfahrenheit des neuen US-Präsidenten, Ron DeSantis, um die lange gehegte formelle Einverleibung Taiwans in den Herrschaftsbereich des nach wie vor kommunistisch regierten Festlandes mit militärsicher Gewalt umzusetzen. Der im Herbst 2024 neuerlich zum US-Präsidenten gewählte Donald Trump hatte in den vorausgegangenen vier Jahren seinen Teil dazu beigetragen, dass sich die Beziehungen zwischen China und den USA von einem ohnehin schon angespannten Verhältnis im Gefolge des russischen Angriffskrieges gegen die Ukraine im Februar 2022 weiter verschlechterten. Präsident Xi, der seine Macht nach dem 20. Parteikongress der Kommunistischen Partei Chinas Ende 2022 weiter gefestigt hatte, stand aufgrund seiner anhaltenden Versprechungen, Taiwan dem Festland einzuverleiben, unter wachsendem Druck, seinen Worten Taten folgen zu lassen. Auch wenn die militärischen Fähigkeiten der chinesischen Streitkräfte im letzten Jahrzehnt sukzessive ausgebaut worden waren und dabei insbesondere das Ziel im Auge stand, den USA einen militärischen Beistand für Taiwan aufgrund überlegener Kräfte zu verweigern,[10] hatte es die chinesische Führung vor dem Hintergrund der Unberechenbarkeit Donald Trumps und seiner Drohung einer nuklearen Eskalation für den Fall eines chinesischen Angriffs nicht gewagt, die lange gehegten Pläne umzusetzen. Erst nachdem Trump 2028 eine neuerliche Kandidatur verfassungsrechtlich unmöglich war, hatte sich die Chance einer Kandidatur des früheren Gouverneurs von Florida, Ron DeSantis ergeben. Und da die Demokraten nach ihrer Niederlage 2024 in der Wahrnehmung breiter Wählerschichten weiter an Wählbarkeit aufgrund der innerparteilichen Dominanz des linken Flügel verloren hatte, war DeSantis, wenn auch mit knapper Mehrheit gegenüber seinem demokratischen Mitbewerber Buttigieg zum Präsidenten gewählt worden. Im Unterschied zu Trump war DeSantis allerdings nicht geneigt, das militärische Risiko eines großen, primär konventionell ausgetragenen Krieges gegen China zu tragen, den die USA aufgrund der militärischen Kräfteverhältnisse im südchinesischen Meer kaum gewinnen konnten. Eine nukleare Eskalation war ihm die Wahrung US-amerikanischer Verteidigungsversprechen gegenüber Taiwan aber auch nicht wert – und genau darauf hatte Xi gewettet. Zwar dauerte die Einnahme der Insel durch die chinesischen Streitkräfte länger als ursprünglich erwartet, aber angesichts der aussichtslosen militärischen Lage und massiven Überlegenheit der Angreifer gab sich die Führung Taiwans angesichts zunehmender Geländegewinne der Invasionsstreitmacht und der unzureichenden Unterstützung der USA im Frühsommer 2029 geschlagen.

Der Krieg hatte massive weltpolitische Auswirkungen, vor allem im Blick auf die Stellung der Großmächte China und USA sowie, im Gefolge, deren Bündnisse. Die USA, die sich unter der republikanischen Administration DeSantis die instinktiv nationalistischen und isolationistischen Neigungen Donald Trump's („America First") bereits im Wahlkampf zu eigen gemacht hatten, konzentrierten sich zunehmend auf die Innenpolitik und die Wahrung der geostrategischen Interessen und der militärischen Verteidigung der westlichen Hemisphäre. Mit diesem weltpolitischen Rückzug überließ man weitgehend China das Feld in anderen Weltregionen, vor allem Asien. Entsprechend fanden sich insbesondere auch die Europäer, die bereits unter Donald Trumps zweiter Administration weitere Abstriche an US-Bündniszusagen für die Verteidigung des NATO-Territoriums hatten hinnehmen müssen, in genau jener Situation wieder, die man zwar seit längerem befürchten musste, auf die man aber angesichts der anhaltenden angespannten Situation im östlichen Europa nach wie vor unzureichend vorbereitet war: randständig in einer weltpolitischen Perspektive, im Innern ökonomisch geschwächt und als immer noch

---

[10] Vgl. Briefing. A shockingly possible war. China's growing military confidence puts Taiwan at risk, in: Economist, 01.05.2021, https://www.economist.com/briefing/2021/05/01/chinas-growing-military-confidence-puts-taiwan-at-risk (26.07.2022).

12.3 Deutschland in Europa – Die nächsten Jahre

stärker von den USA abhängiger Wirtschaftsverbund auch für China weit weniger von Bedeutung. Vor allem die NATO-fixierten mittelosteuropäischen EU-Mitgliedsstaaten hatten sich der Stärkung und Integration militärischer Fähigkeiten auf EU-Ebene lange widersetzt, genährt insbesondere durch Lockungen Trumps, die bilateralen Beziehungen zu stärken. Ihm ging es aber primär darum, den EU-Verbund, den er nach wie vor als einen der wichtigen wirtschaftlichen Konkurrenten der USA sah, zu schwächen. Zwar mussten auch die Mittelosteuropäer zusehen, wie der US-Präsident nach seiner Wahl im Herbst 2024 seine russlandfreundliche Politik wieder aufleben ließ und den nach wie vor schwelenden, immer wieder militärisch eskalierenden, aber ohne größere Landgewinne für eine der beiden Konfliktparteien gekennzeichneten Krieg in der Ukraine weitgehend desinteressiert verfolgte. Aber vor allem in Polen war man wenig geneigt, sich der wachsenden Macht Deutschlands durch zusätzliche Verflechtungen und Integration gerade im militärischen Bereich (noch mehr) unterzuordnen.

Russland, das formal nach wie vor von Vladimir Putin, de facto aber aufgrund von dessen prekärem Gesundheitszustand von einer Clique früherer Geheimdienstmitarbeiter aus Putins näherem Umfeld regiert wurde, hatte es nicht zuletzt dank der aufflammenden innerwestlichen Uneinigkeit nach dem Amtsantritt Trumps ohne allzu große Anstrengungen vermocht, den mittlerweile weitgehend in einem Stellungskrieg festgefahrenen Konflikt in der Ukraine auf kleiner Sparflamme fortzusetzen. Abgesehen von einigen wenigen Verbündeten und lediglich formaler politischer Unterstützung durch China war es aber nach wie vor weitgehend isoliert, was nicht zuletzt auch dadurch zusätzlich befördert wurde, dass Russlands Energieressourcen in dem Maße weltweit an Bedeutung verloren hatten, wie sich erneuerbare Energien vor dem Hintergrund der sich verschärfenden Klimaprobleme immer mehr durchgesetzt hatten. Und da sich China immer mehr auf seinen eigenen Konflikt mit den USA und den Ausbau seiner Wirtschaftsbeziehungen zu ökonomisch interessanteren Handelspartnern im unmittelbaren asiatischen Umfeld konzentriert hatte und die Beziehungen mit Russland eher zur Belastung geworden waren, hatte die Achse Moskau-Beijing deutlich an weltpolitischer Bedeutung verloren. Mit dem Taiwan-Krieg, den China weitgehend aus eigenen Kräften für sich entschied, war dieser Prozess sogar noch beschleunigt worden.

In dieser weltpolitischen Lage hatte die EU mit zunehmenden inneren Spannungen zu kämpfen, die in Teilen von außen, in Teilen aber auch durch innenpolitische Polarisierungen in einigen wichtigen Mitgliedsstaaten befördert wurden. Nach den italienischen Parlamentswahlen im Herbst 2022 hatte ein Bündnis rechter Parteien unter der Führung der neofaschistischen „Brüder Italiens" und der Ministerpräsidentin Meloni die Regierungsgeschäfte in Rom übernommen. Die Rückkehr des rechtspopulistischen slowakischen Ministerpräsidenten Fico im Herbst 2023 hatte das rechtspopulistische Lager in der EU weiter gestärkt. Vor diesem Hintergrund gelang es dem deutsch-französischen Verbund unter innenpolitisch ohnehin geschwächten Regierungen in Paris und Berlin immer seltener, einem integrations- und reformfreundlichen EU-Kurs zu Mehrheiten zu verhelfen.

Vor allem Deutschland fand sich nach dem nicht mehr allzu überraschenden Wahlerfolg Le Pens in Frankreich bei den Präsidentschafts- und Parlamentswahlen 2027 zunehmend in einer isolierten Position mit schwindender Unterstützung in anderen Partnerhauptstädten. Hatte die Inflation sich nach 2022 schon als zunehmende Belastung für die Einhaltung der EU-Staatsschuldenziele vor allem der südeuropäischen Mitgliedsstaaten, aber auch Frankreichs entpuppt, so verschärfte sich die Lage noch nach dem Wahlsieg von CDU/CSU und Grünen sowie der Formierung einer schwarz-grünen Koalition im Spätherbst 2025. Da die Schuldenbremse angesichts der auch in Deutschland deutlich gewachsenen Staatsausgaben in den vorangehenden Jahren im Wahlkampf von CDU/CSU zur Priorität erklärt worden war und zumindest in abgeschwächter Form auch Eingang in die Koalitionsvereinbarung fand, verschärften sich die Konflikte in der EU vor allem mit jenen Staaten, die eine austeritätslastige deutsche Haushaltspolitik immer schon sehr kritisch sahen. Der Krieg in Taiwan 2029 und der damit einhergehende Einbruch der globalen Finanzmärkte tat ein Übriges, um die EU weiter zu schwächen, die Konflikte zwischen den Mitgliedsstaaten zusätzlich anzuheizen und nationalistischen Kräften in der Innenpolitik weiteren Auftrieb zu bescheren. Vor allem im Rahmen des Ende 2026 beginnenden Planungs- und Verhandlungsprozesses über den langfristigen EU-Haushalt, den sogenannten „Mehrjähriger Finanzrahmen 2028–2034", waren insbesondere Paris und Berlin angesichts gerade abgeschlossener bzw. (für 2027) bevorstehender Wahlen auf Konfliktkurs geraten, der nach dem Wahlerfolg Le Pens im Frühjahr bzw. Sommer 2027 sich soweit zuspitzte, dass über die EU in Brüssel praktisch lediglich das unvermeidliche Alltagsgeschäft abgewickelt werden konnte.

Die im Januar 2026 neu ins Amt gekommene schwarz-grüne Bundesregierung hatte vor diesem Hintergrund von Anbeginn einen schweren Stand: einen schwelenden Krieg im Osten, eine zweite Trump-Administration in Washington, die den transatlantischen Verbund seit Anfang 2025 massiv geschwächt hatte, wachsende Spannungen zwischen den USA und China im südchinesischen Meer und eine mehr denn je gelähmte französische Politik, die als strategischer Kooperationspartner Berlins im Rahmen der EU weitgehend ausfiel – all dies vor dem Hintergrund anhaltender globaler wirtschaftlicher Probleme, den Folgen eingebrochener Exporterlöse im Gefolge der Weltwirtschaftsrezession 2024/25 und zentrifugaler Triebkräfte in einer Mehrheit der EU-Mitgliedsstaaten, die den Integrationsver-

12.3 Deutschland in Europa – Die nächsten Jahre

bund massiv schwächten. Dass vor diesem Hintergrund fehlender Partnerstaaten für ambitionierte gemeinsame EU-Initiativen, vor allem im sicherheitspolitischen Feld der Europäischen Zusammenarbeit, auch in Berlin eine Besinnung auf eine stärker national ausgerichtete Prioritätensetzungen für den Fall einer schleichenden Desintegration der EU einsetzte, war nicht ganz verwunderlich. Dass es diesen Prozess damit (ungewollt) weiter beförderte, schien nach der chinesischen Invasion in Taiwan im Januar 2029 fast schon unausweichlich.

12.3.2.2 Szenarienbildung 2: Die EU stärkt ihren inneren Kern

Es fällt nicht leicht, in der schon hinreichend tristen Gegenwart des Jahres 2023 ein alternatives und optimistisches Zukunftsszenario zu zeichnen, dem man in dieser Gegenwart eine vergleichbare intuitive Plausibilität zuschreiben könnte wie dem gerade skizzierten düsteren Szenario. Da dem so ist und da der Illustrationszweck des Nachdenkens über die Zukunft deutscher Außenpolitik bereits mit einem Szenario erreicht werden kann, wird diese optimistischere und aus gegenwärtiger Sicht weit weniger wahrscheinliche Alternative kürzer ausfallen.

An den globalen Rahmendaten hatte sich im Vergleich zum Negativszenario einige Parameter verändert: Joe Biden war im Herbst 2024 erneut zum US-Präsidenten gewählt worden. Allerdings schwelte auch in diesem Szenario der Konflikt zwischen Russland und der Ukraine weiter, wenn auch auf deutlich niedrigerem Niveau. Der entscheidende Unterschied in diesem Szenario war, dass es der Ukraine gelungen war, vor dem Hintergrund anhaltender militärischer Unterstützung des Westens im Laufe des Jahres 2025 wider Erwarten doch eine Wende im Kriegsgeschehen zu erzwingen und Russland sukzessive aus den eroberten Positionen im Donbas sowie in Teilen des Südostens der Ukraine entlang des Schwarzen Meeres zurückzudrängen. Zwar blieb die Landverbindung Russlands entlang der früheren Ostgrenze der Ukraine hin zur Krim bestehen. Angesichts der für den Fall einer Fortsetzung des Krieges anhaltenden Risiken weiterer Geländeverluste willigten Russland und die Ukraine aber schließlich im Sommer 2025 in Waffenstillstandsverhandlungen ein – die Ukraine, die sich zunehmend auf dem Vormarsch sah, allerdings erst nach massivem Druck seitens der EU und Drohungen, dass die militärische Unterstützung der Europäer eingestellt werden könnte, wenn Kiev sich nicht verhandlungsbereit zeigte. Nach mehrmonatigen Verhandlungen unter indirekter Beteiligung der USA und westlicher Staaten, darunter Deutschland, gelang es im November 2025 einen Waffenstillstand zu erreichen.

Angesichts der wachsenden Bedrohungswahrnehmung in Washington im Blick auf China nahmen hier allerdings die Spannungen im europäisch-amerikanischen Verhältnis zu. Angesichts des relativen westlichen Erfolgs in der Ukraine und der offenkundigen Schwächung Russlands im Gefolge des Waffenstillstandes unterließ es die chinesische Führung allerdings, weitergehende Forderungen im Blick auf Taiwan zu forcieren, sodass es zu keiner weiteren Eskalation kam.

Der Wahlsieg der „Bürgerplattform" unter dem früheren Präsidenten des Europäischen Rates, Donald Tusk, bei den Parlamentswahlen in Polen im Herbst 2023 hatte in der EU die europafreundlichen Kräfte in der EU deutlich gestärkt und trug auch zu einer Entspannung im Verhältnis zu Washington bei. Im wiederbelebten „Weimarer Dreieck" war im Sommer 2024 zwischen Paris, Berlin und Warschau eine Grundkonzeption für eine neue Arbeits- und Lastenteilung im Kontext von EU und NATO ausgearbeitet worden, die bei Biden auf offene Türen traf. Die angedachte neue Arbeitsteilung zwischen NATO und EU entlastete einerseits die USA im Blick auf ihren NATO-Beitrag und stärkte, zur Genugtuung Emanuel Macrons, den Ausbau der militärischen Fähigkeiten, die künftig unter europäischem Kommando zu gemeinsamen bzw. zwischen NATO und EU abgestimmten Vorhaben eingesetzt werden sollten.

Der Europäischen Union als Ganzes gelang es allerdings nicht, die Integrationsdynamik, die von manchen Regierungen, darunter den Deutschen und Franzosen, forciert wurde, für die gesamte Union in konkrete Fortschritte umzusetzen. Zu sehr gingen die Interessen zwischen zunehmend krisengeschüttelten Staaten bzw. integrationsskeptischen Regierungen (wie in Italien oder Ungarn) und jenen, die Lösungen für die anstehenden Probleme vor allem im europäischen Verbund sahen, auseinander. Die Tatsache, dass sich im „Weimarer Dreieck" höchst unterschiedliche Interessen bezüglich der strategischen Ausrichtung des EU-Projektes versammelt hatten und vor diesem Hintergrund auch bemüht waren, gemeinsame Linien auszuhandeln, die für möglichst viele tragbar waren, halfen im Vorfeld der französischen Wahlen 2027 allerdings, eine grundsätzliche Übereinstimmung zwischen allen EU-Mitgliedsstaaten dahingehend zu erreichen, dass eine weitere Vertiefung der „Ständigen Strukturierten Zusammenarbeit" im Bereich der Sicherheitspolitik möglich wurde, zu der sich neben neun weiteren Staaten insbesondere Polen unter den neuen Tusk-Regierung und die Regierungen in Berlin und Paris im Kontext ihrer Koordinierungen einer neuen transatlantischen Lastenteilung durchgerungen hatten. Die weit größere EU-Freundlichkeit der neuen polnischen Regierung hatte hier angesichts der sonstigen Rahmenbedingungen (chinesisch-amerikanische Rivalität und Russland) wichtige Voraussetzungen geschaffen, neue Kompromisslinien zur Grundsatzfragen der strategischen Ausrichtung der EU zu ermöglichen und konkrete Integrationsschritte zu gehen.

Die im Januar 2026 neu ins Amt gekommene schwarz-grüne Koalition hatte es vor diesem Hintergrund nicht allzu schwer, genügend EU-Partner für eine Revitalisierung alter „Kerneuropa"-Pläne in neuer Form zu gewinnen. Diese bezogen sich zum einen auf die erwähnte sicherheitspolitische Zusammenarbeit im Kontext neuer transatlantischer Kompromisse, als Entgegenkommen der Deutschen gegenüber integrationsbereiten Partnerstaaten in der EU aber auch auf eine stärkere Koordinierung der Wirtschafts- und Finanzpolitik im Rahmen eines weiteren Projekts der „Verstärkten Zusammenarbeit".[11] An dieser Stelle hatten vor allem CDU/CSU im Rahmen der Koalitionsverhandlungen im Blick auf die Schuldenbremse Zugeständnisse gegenüber den Grünen gemacht, die im Gegenzug einer Begrenzung der klimapolitischen Zielsetzungen im EU-Kontext zugestanden, um größere wirtschaftspolitische Impulse setzen zu können und es damit ermöglichten, zumindest alle anderen EU-Mitgliedsstaaten auf gewisse Minimalziele für den nächsten Klimagipfel 2027 zu verpflichten. Ambitioniertere Pläne ließen sich darüber hinaus allerdings nicht realisieren, da die Folgen der Weltwirtschaftskrise 2024/25 zu anhaltenden innenpolitischen Spannungen in zahlreichen Mitgliedsstaaten, vor allem im südlichen Europa, geführt hatten und die im Kontext der Coronahilfen zur Verfügung gestellten EU-Mittel bereits Anfang 2026 weitgehend ausgeschöpft waren. Lediglich für Italien waren noch knapp 20 Mrd. € für den Fall in Reserve, dass sich eine Nachfolgeregierung zur Regierung Meloni bereit erklären würde, den Reformpfad der Vorgängerregierung Draghi wiederaufzunehmen. Dass die schwarz-grüne Regierung in den Bundestagswahlen Ende 2029 im Amt bestätigt wurde, hatte sie nicht nur einer nach wie vor hinreichend stabilen, wenn auch geschrumpften politischen „Mitte" in Deutschland zu verdanken, die im Kontrast zu etlichen anderen EU-Staaten für stabile Regierungsmehrheiten sorgte, sondern auch der Tatsache, dass die EU trotz anhaltender Krisen auch dank ihrer Politik einigermaßen Kurs gehalten hatte und es gelungen war, den EU-Verbund nicht nur zusammenzuhalten, sondern in wichtigen Kernbereichen der Wirtschafts- und Sicherheitspolitik sogar auszubauen.

12.4 Schluss

Diese Form der Szenarienbildung und – ausschmückung könnte ins Unendliche fortgesetzt werden. Darin besteht aber nicht der Zweck dieses abschließenden Kapitels. Dieser besteht vielmehr darin (a) eine weit verbreitete (wenn auch hinsichtlich ihrer wissenschaftlichen Fundierung stärker strittige) Form der Reflexion über die Außenpolitik eines Staates vorzustellen und (b) anhand zweier Szenarien beispielhaft vorzuführen.

---

[11] Zur „Verstärkten Zusammenarbeit" vgl. https://www.bpb.de/kurz-knapp/lexika/das-europalexikon/177341/verstaerkte-zusammenarbeit/ (27.07.2022).

Für beide Szenarien gelten dabei die üblichen Einschränkungen: Gerade das erste Szenario besteht stärker aus einer Extrapolation *gegenwärtiger* Trends (Stand 2023). Diese Extrapolation von Trends ist zwar die naheliegendste, aber nicht notwendigerweise auch die überzeugendste Art der Reflexion über die Zukunft. Die Geschichte zeigt zuhauf, wie unvorhersehbare bzw. unvorhergesehene Ereignisse oder neue Tendenzen schon in kurzer Zeit gravierende Veränderungen in den Rahmenbedingungen bewirken können, die die (Innen- und Außen-) Politik einzelner Staaten beeinflussen. In der gegenwärtigen Situation gilt dies umso mehr, denn selbst die vermeintliche bloße „Extrapolation" gegenwärtiger Trends beinhaltet so viele Unwägbarkeiten, dass sich die Situation bereits zu jenem Zeitpunkt anders darstellen könnte, zu dem dieses Buches die Leser*innen tatsächlich erreicht. Hinzu kommt, dass man sehr wohl argumentieren kann, dass das erste Szenario von einer Art des „worst case"-Denkens geprägt ist, das gewachsene zwischenstaatliche Beziehungsmuster und Rationalitäten, die eine positive Gegendynamik erzeugen können, weitgehend ausblendet.

Dem ist nicht zu widersprechen. Trotzdem scheinen derzeitige Entwicklungen dem pessimistischen Ausblick eine größere Wahrscheinlichkeit zu verleihen als dem optimistischeren Szenario. Diese Einschätzung ergibt sich nicht zuletzt aus den kollektiven Erwartungen zu zukünftigen Entwicklungen, die Expert*innen der internationalen Politik immer wieder erstellen (vgl. National Intelligence Council 2021). Nun neigen sicherlich auch Expert*innen dazu, gegenwärtig absehbaren Trends eine höhere Wahrscheinlichkeit zuzuordnen als markanten Brüchen. Die historische Erfahrung zeigt jedoch, dass es immer wieder zu solchen dramatischen Umbrüchen kam. In manchen Situationen (wie etwa 1989/90) wurden solche Umbrüche von vielen als unerwarteter historischer „Glücksfall" gewertet, in anderen Fällen kam es eher zu einer Verknüpfung krisenhafter Entwicklungen, die (wie etwa im Falle der Angriffe von 9/11 und den Folgen für Afghanistan und den Nahen und Mittleren Osten) mit beträchtlichen Kosten einhergingen.

Über den Realitätsgehalt wie auch die Wünschbarkeit bestimmter Entwicklungen lässt sich daher vortrefflich streiten. Nicht streiten (oder zumindest: nicht sinnvoll streiten) lässt sich aber über die Feststellung, dass wir, auch wenn unsere Erkenntnis- und Einflussmöglichkeiten hinsichtlich der Zukunft begrenzt sind, nicht die Wahl haben, in Zukunft *nicht* zu handeln. Eine Folge dieses Handlungszwangs ist daher auch, dass sich zumindest die politischen Entscheidungsträger*innen notgedrungen mit solchen möglichen Zukünften auseinandersetzen müssen. Die systematische Reflexion unterschiedlicher Szenarien ist eine solche Form der Auseinandersetzung, denn sie kann helfen, unterschiedliche Möglichkeitsräume – und damit eben auch unterschiedliche Spielräume für alternative Handlungsweisen – sichtbar zu machen. Auch für die Wissenschaft ist dies ein legitimes (wenn auch nicht prioritäres) Feld der Forschung.

12.4 Schluss

Wenn man in diesem Sinne die beiden oben angedachten (und weitere) Szenarien durchspielt, wird schnell deutlich, dass die Zukunft deutscher Außenpolitik keineswegs völlig offen ist. Eine Führungsrolle der einen oder anderen Art wird sich kaum vermeiden lassen. Dem gewachsenen Machtanspruch und den Interessen, wie sie in Berlin formuliert werden, entsprechen allerdings auch Erwartungen im Umfeld Deutschlands. Die entscheidende Frage ist, wie die politische Klasse Berlins die Spannungen zwischen gesellschaftlichen Stimmungen und Präferenzen im Innern einerseits und den Erwartungen, die von den EU-Partnern an Deutschland herangetragen werden andererseits, auflösen wird.

Ob (bzw. inwiefern) eine solche Rolle Deutschlands dem eigenen Land wie auch seinen Nachbarn und Partnern zum Vorteil gereicht, bleibt eine offene Frage. Dass die Deutschen im vergangenen Jahrzehnt deutlicher denn je „aus Hitlers Schatten herausgetreten" sind (Schöllgen 2005, S. 372), scheint unstrittig. Ob sie allerdings auch „ihren Platz im europäischen Machtgefüge gefunden"[12] haben, hängt nicht nur von deutschem Handeln ab, sondern auch von Deutschlands Nachbarn und Partnern. Insofern scheint hier noch immer das Urteil eines anderen Beobachters bedenkenswert, der folgendes festhielt:

> „Mein ideales Ziel, nachdem wir unsre Einheit innerhalb der erreichbaren Grenzen zustande gebracht hatten, ist es stets gewesen, das Vertrauen nicht nur der mindermächtigen europäischen Staaten, sondern auch der großen Mächte zu erwerben, daß die deutsche Politik, nachdem sie die **injuiria temporum**, die Zersplitterung der Nation, gutgemacht hat, friedliebend und gerecht sein will. Um dieses Vertrauen zu erzeugen, ist vor allen Dingen Ehrlichkeit, Offenheit und Versöhnlichkeit im Falle von Reibungen oder von **untoward events** nötig. Ich habe dieses Rezept nicht ohne Widerstreben meiner persönlichen Empfindungen befolgt (…) und vermute, daß die Gelegenheiten, zur Anschauung zu bringen, daß wir befriedigt und friedliebend sind, auch in Zukunft nicht ausbleiben werden."

Diese Einschätzung stammt nicht aus den 1990er sondern aus den 1890er-Jahren. Sie wurde von Otto von Bismarck (1929, S. 544, Hervorh. im Original) zu Papier gebracht, lange bevor die Deutschen ihren Teil dazu beitrugen, dass es zu den beiden verheerendsten Kriegen kam, die die Welt je gesehen hatte. Mit diesem Zitat zu enden, soll nicht suggerieren, dass uns direkt ein neuer Krieg droht. Im Herbst 2023 scheint dies – trotz des Krieges in der Ukraine – keine extrem wahrscheinliche Zukunft für Deutschland. Dies gilt nicht zuletzt deshalb, weil Deutschland in den letzten Jahrzehnten eine Außenpolitik betrieben hat, die wesentlich dazu beitrug, den Frieden in Europa und in der Welt zu befördern. Das Zitat von Bismarck soll

---

[12] So die pointierten Feststellungen auf dem Einband von Schöllgen 2005; vgl. auch S. 355–375.

allerdings – neben der zeitlos gültigen Politikempfehlung für die außenpolitischen Entscheidungsträger*innen in Berlin im vorletzten Satz – nochmals darauf verweisen, wie offen die Zukunft ist, wie sehr sie von den Handlungen und Unterlassungen vieler Einzelner abhängt und wie prekär sie gerade aus einem deutschen Blickwinkel bleibt.

Literatur

Albert, H. (1993)[1957]. Theorien und Prognosen in den Sozialwissenschaften. In E. Topitsch (Hrsg.), *Logik der Sozialwissenschaften* (12. Aufl., S. 126–143). Hain Verlag

Baumann, R. (2007). Deutschland als Europas Zentralmacht. In S. Schmidt, G. Hellmann, & R. Wolf (Hrsg.), *Handbuch zur deutschen Außenpolitik* (S. 62–72). Verlag für Sozialwissenschaften

Bismarck, O. von (1929). *Gedanken und Erinnerungen* (vollständige Ausgabe der Bände 1 und 2 (von 1898) und 3 (von 1919)). Klett-Cotta

Chernoff, F. (2014). *Explanation and Progress in Security Studies: Bridging Theoretical Divides in International Relations.* Stanford University Press

Geheimprotokoll (1990, 16. Juli). „Wer sind die Deutschen?" Protokoll eines Treffens zwischen der britischen Premierministerin Margret Thatcher sowie den Deutschland-Experten Hugh Trevor-Roper, Norman Stone, Timothy Garton Ash, Gordon Craig und Fritz Stern am 24. März 1990. *Der Spiegel*

Hawthorn, G. (1994). *Die Welt ist alles, was möglich ist: Über das Verstehen der Vergangenheit.* Klett-Cotta

Hellmann, G. (2017). Deutschland, die Europäer und ihr Schicksal: Herausforderungen deutscher Außenpolitik nach einer Zeitenwende. *Zeitschrift für Staats- und Europawissenschaften*, 15(2–3), 329–346

Hellmann, G. (2018). ‚Von Freunden umzingelt' war gestern: Deutschlands schwindende Sicherheit. *Aus Politik und Zeitgeschichte*, 66(36–37), 23–28

Hellmann, G. (2020). How to Know the Future – and the Past (and How Not): A Pragmatist Perspective on Foresight and Hindsight. In A. Wenger, U. Jasper, & M. Dunn Cavelty (Hrsg.), *The Politics and Science of Prevision: Governing and Probing the Future* (S. 45–62). Routledge

Hellmann, G. (2022a). Die Zeichen stehen auf Sturm: Deutsche Außenpolitik in einer krisengeschüttelten Welt. *Politikum*, 3, 22–28

Hildebrand, K. (2009). *Das Dritte Reich* (7. Aufl.). Oldenbourg

Hudson, V. (2005). Foreign Policy Analysis: Actor-Specific Theory and the Ground of International Relations. *Foreign Policy Analysis*, 1(4), 1–30

Mölling, C., & Schütz, T. (2022). *Zeitenwende in der Verteidigungspolitik: Bundeswehr-Sondervermögen effektiv und nachhaltig ausgeben.* DGAP Policy Brief, 16. Erhalten am 24. Juli 2022, unter https://nbn-resolving.org/urn:nbn:de:0168-ssoar-80045-9

Münkler, H. (2015, 21. August). Wir sind der Hegemon. *Frankfurter Allgemeine Zeitung.* https://www.faz.net/aktuell/feuilleton/debatten/europas-zukunft/einzusehen-deutschland-ist-europas-zentralmacht-13760335.html

National Intelligence Council (2021). *Global Trends 2040: A More Contested World*. Erhalten am 20. Juli 2022, unter https://www.dni.gov/index.php/gt2040-home/introduction

Neumann, I. B., & Øverland, E. F. (2004). International Relations and Policy Planning: The Method of Perspectivist Scenario Building. *International Studies Perspectives*, 5(3), 258–277

Popper, K. R. (1987). *Auf der Suche nach einer besseren Welt: Vorträge und Aufsätze aus dreißig Jahren*. Piper

Rawls, J. (2002). *Das Recht der Völker*. De Gruyter

Recker, M.-L. 2010. *Die Außenpolitik des Dritten Reiches* (2. Aufl., Enzyklopädie Deutscher Geschichte, Bd. 8). Oldenbourg

Sauer, F., Andrä, C., & Bitterling, D. (2022). *Daten zu den Ausgaben des Bundes für die Außenpolitik Deutschlands sowie ausgewählte Felder der Innenpolitik im Zeitraum 1981–2018*. Erhalten am 24. Juli 2022, unter https://www.fb03.uni-frankfurt.de/122640983/Ausgaben_des_Bundes_1981_2018.pdf

Schmidt, R. F. (2002). *Die Außenpolitik des Dritten Reiches: 1933–1939*. Klett-Cotta

Schöllgen, G. (2005). *Jenseits von Hitler: Die Deutschen in der Weltpolitik von Bismarck bis heute*. Propyläen

Scholz, O. (2022). *Regierungserklärung von Bundeskanzler Olaf Scholz am 27. Februar 2022*. Erhalten am 24. Juli 2022, unter https://www.bundesregierung.de/breg-de/suche/regierungserklaerung-von-bundeskanzler-olaf-scholz-am-27-februar-2022-2008356

Schwartz, P. (1991). *The Art of the Long View*. Currency

Schwarz, H.-P. (1994). *Die Zentralmacht Europas: Deutschlands Rückkehr auf die Weltbühne*. Siedler

Steinmeier, F.-W. (2008). „*Für eine deutsch-russische Modernisierungspartnerschaft*". Rede von Außenminister Frank-Walter Steinmeier am Institut für internationale Beziehungen der Ural-Universität in Jekaterinburg. Erhalten am 19. Juli 2022, unter https://www.auswaertiges-amt.de/DE/Infoservice/Presse/Reden/2008/080513-BM-Russland.html

Thatcher, M. (1993). *The Downing Street Years*. HarperCollins

Waltz, K. N. (1996). International Politics Is not Foreign Policy. *Security Studies*, 6(1), 54–57

Weber, M. (1958)[1918]. Politik als Beruf. In ders. (Hrsg.), *Gesammelte Politische Schriften*. Mohr

MIX
Papier aus verantwortungsvollen Quellen
Paper from responsible sources
FSC® C105338

If you have any concerns about our products,
you can contact us on
ProductSafety@springernature.com

In case Publisher is established outside the EU,
the EU authorized representative is:
**Springer Nature Customer Service Center GmbH
Europaplatz 3, 69115 Heidelberg, Germany**

Printed by Libri Plureos GmbH
in Hamburg, Germany